기독교인들은 하나님이 모든 삶의 주님이시라고 고백한다. 그러나 하나님을 무시할 때가 많은데, 아이러니하게도 성경 해석학 분야에서 특히 그러하다. 성경 해석학 분야는 우리가 특히 더 하나님의 목소리 듣기를 갈망해야 하는 분야인데도 말이다. 이 책은 하나님의 말씀 행위의 전 과정을 그분의 삼위일체 존재 자체로부터 이끌어 낸다.

_존 프레임(John M. Frame, 올랜도의 리폼드 신학교 조직신학 및 철학 교수)

성경을 해석하는 일은 두 가지 오류에 빠지기 쉽다. 하나는 성경을 과거 시대의 산물로 보면서 인문학적 분석의 대상으로 접근하려는 인본주의적 오류이고, 다른 하나는 성경을 하나님의 말씀으로 신앙고백은 하되 진지하게 연구하지 않는 지나친 경건주의적 오류이다. 이 책은 이러한 오류를 경계하면서, 성경 해석의 기본을 삼위일체 하나님의 시각과 모형에서 재점검하게 만드는 시기적절한 책이다.

_김경식(웨스트민스터 신학대학원대학교 신약학 교수)

성경의 저자이신 하나님에 대한 지식을 바탕으로 한 성경 해석학 교재이다. 포이트레스 박사의 이 책이 그리스도인의 성경 읽기를 올바른 방향으로 인도하여 성경 속에서 하나님을 더 깊이 만나게 하리라 기대한다.

_김현광(한국성서대학교 신약학 교수, 대학원장)

이 책은 해석학의 시발점과 목표점을 삼위일체 하나님께 둔다. 성경은 삼위일체 하나님의 계시를 담은 책이고 하나님께서 인간에게 당신 자신을 계시하시는 수단이니, 성경을 해석하는 모든 과정에 삼위일체 하나님의 속성과 관계와 역할을 투영하는 본서의 가치는 실로 높이 평가받아 마땅하다.

_양용의(에스라성경대학원대학교 신약학 교수)

성경 해석을 하나님 중심으로 이해하는 것은 성경을 하나님의 의사소통으로, 또 삼위 하나님 사이의 담화로 이해하는 것이다. 이 책은 삼위 하나님에 대한 신앙고백을 이론적으로나 추상적인 개념으로 이해하는 것을 넘어 성경 해석에 적용한 탁월한 안내서다.

_오광만(대한신학대학원대학교 신약학 교수)

본서는 성경 해석의 구속(redemption)을 통해서 신학과 삶의 개혁을 추구하는 묵직한 책이다. 하나님께서는 말씀 속에 삼위로 거하시며 자기의 속성을 계시하시지만, 인간은 죄로 인하여 말씀과 자기 삶을 변질시키기 때문에 왜곡된 성경 해석들이 등장한다. 저자는 온갖 왜곡을 노출하여 비판하면서 성경 해석을 올바르게 회복해야 누릴 수 있는 삼위 하나님과의 건강한 교제로 우리를 초청한다.

_유해무(고려신학대학원 교의학 교수)

이 책은 현대의 다양한 해석학적 방향에 대한 이해를 바탕으로, 우리의 성경 해석은 하나님 중심이어야 함을 강조한다. 또한 하나님은 삼위일체이시기에 말씀도 삼위일체적 말씀이고 진리도 삼위일체적 성격을 지닌다는 것을 분명히 한다. 저자는 세상의 비합리주의와 합리주의를 거절하면서, 바른 성경 해석은 온전히 은혜에 근거할 때 가능한 것임을 잘 보여 준다.

_이승구(합동신학대학원대학교 조직신학 교수)

성경은 인간의 영웅전이 아니라, 하나님의 자기 계시이다. 이 굳건한 확신 위에서 세계적인 신약학자인 포이트레스는 『하나님 중심의 성경 해석학』이라는 탁월한 작품을 완성했다. 성경을 사랑하는 모든 이들에게 강력히 일독을 권한다.

_이우제(백석대학교 신학대학원 실천신학 교수)

포이트레스의 해석학은 삼위일체적 전제를 통해 성경을 읽는 것이며, 이러한 전제를 통해 우리는 성경의 저자가 말한 '바로 그 의미'와 더불어 성경의 풍성한 적용적 의미를 함께 발견한다. 이 책을 읽다 보면, 신기하게도 해석사와 해석 이론은 서서히 사라지고 말씀하시는 삼위 하나님이 더 크게 보일 것이다.

_이정규(시광교회 담임목사)

저자는 매우 뛰어난 신학적 통찰력으로 삼위일체 안에서의 의사소통을 성경 해석의 장에 적용하고 있다. 성경의 언어에 담긴 진리는 이러한 신적 원형으로부터 비롯되었음을 강조한다.

_전용란(건신대학원대학교 총장, 신약학 교수)

나는 포이트레스 교수의 강의를 들으면서 해석학에 입문했다. 이 책은 해석학적 반지성주의와 합리주의 모두에 만족하지 못하는 우리 시대의 그리스도인들에게 대안적 해석학을 제시한다. 독자들은 성경 해석도 구속(redemption)의 대상이라는 그의 말에 동의하게 될 것이다.

_정성국(아세아연합신학대학교 신약학 교수)

하나님 중심의
성경 해석학

하나님 중심의 성경 해석학

번 S. 포이트레스 지음
최승락 옮김

GOD-CENTERED BIBLICAL INTERPRETATION

이레서원

하나님 중심의 성경 해석학

God-Centered Biblical Interpretation

번 S. 포이트레스 지음
최승락 옮김

초판 1쇄 인쇄 2018년 5월 9일
초판 1쇄 발행 2018년 5월 21일

발행처 도서출판 이레서원
발행인 문영이
출판신고 2005년 9월 13일 제2015-000099호

편집장 이혜성
편집 송혜숙, 오수현
영업 박생화
총무 곽현자

경기도 고양시 일산동구 중앙로 1160 오원플라자 801호
Tel. 02)402-3238, 406-3273 / Fax. 02)401-3387
E-mail: jireh@changjisa.com
Website: jireh.kr / Facebook: facebook.com/jirehpub

책값은 표지에 있습니다.

ISBN 978-89-7435-504-3 03230

이 도서의 국립중앙도서관 출판예정도서목록(CIP)은 서지정보유통지원시스템 홈페이지(http://seoji.nl.go.kr)와 국가자료공동목록시스템(http://www.nl.go.kr/kolisnet)에서 이용하실 수 있습니다. (CIP 제어번호: CIP2018012401)

한국어판 저자 서문

먼저 나의 책을 한국어로 번역해 준 최승락 박사에게 감사드린다. 이 책은 1999년에 처음 영어로 출판되었다. 꽤 시간이 지나긴 했지만, 이 책에서 다루고 있는 주제들은 지금도 여전히 유효하고 적실하다. 그런 점에서 나는 한국 독자들이 이 책을 통해 앞으로의 시간들 속에서도 여전히 적지 않은 유익을 누릴 수 있기를 소망한다.

이 책을 쓸 때 나는 오늘날의 다양한 철학적, 문학적, 역사 비평적 해석 이론들과 직접적이고 광범위한 대응을 벌이지는 말아야겠다고 결심했었다. 이런 이론들은 오늘날의 지적 세계에 심대한 영향과 충격파를 던져 주었으며, 그 영향은 많은 그리스도인들과 비그리스도인들 사이에 폭넓게 확대되어 나갔다. 이런 이론들을 우리가 잘 알아야 하겠지만, 일단 이와 관련된 본격적인 논의에 들어가면 자칫 본류를 벗어나기 쉽다. 이 책에서 택한 방향은 보다 적극적 차원의 해석 원리들을 제시하고자 하는 것이다. 이 책은 성경적 세계관에 근거한 해석의 원리들을 발전시켜 보고자 하는 목적을 가진다. 이 성경적 세계관은 하나님에 대한 성경적 관점과 성경 자체에 대한 성경적 관점을 포함한다. 우리는 하나님의 본질 및 그분 말씀의 본질에 위배되는 세상의 원리들을 취해서 우리의 성경 해석을 오염시키는 일을 피해야만 한다. 오히려 우리는 삼위일체 하나님과 그분 말씀에 대한 우리의 근본적 인식, 진리와 의미, 목적, 역사 등의 근본적 실재들에 대한 우리의 인식을 새롭게 함으로써 성경에 대한 우리의 이해를 더 심화시키도록 힘써야 한다.

이 책에서 다루고 있는 생각이나 사고의 방향이 한국 교회 안에서 하나님의 영광을 드높이는 일에 기여가 될 수 있기를 기도한다. 더 나아가 한국의 그리스도인들이 동료 한국인들과 온 세계 민족들을 복음으로 섬기는 데에도 좋은 기여가 되기를 기도한다. “이 복음은 모든 믿는 자에게 구원을 주시는 하나님의 능력이 됨이라 먼저는 유대인에게요 그리고 헬라인에게로다”(롬 1:16). 성경의 메시지를 더 잘, 그리고 더 깊이 이해할수록 우리는 복음을 더 잘 이해할 수 있게 되고, 이를 통해 하나님의 영광을 높이며, 교회의 영적 건강을 증진시키고, 온 민족을 그리스도를 믿는 믿음의 자리로 부르는 일을 더 잘 감당할 수 있게 된다.

2018년 2월 26일
번 S. 포이트레스
웨스트민스터 신학교
필라델피아, 펜실베이니아

역자 서문

이 책은 매우 창의적이면서도 재미있게 구성된 책이다. 다루는 내용의 딱딱함을 완화하기 위해 각 장의 시작 부분에 대화와 토론 형식을 사용하고 있다. 대화 참여자들이 가지는 입장은 성경 해석과 관련된 관점들의 다양성을 대변한다. 그 각각이 진리의 단편들을 가지는 것은 사실이다. 그러나 한 단편만을 가지고 그것이 마치 진리의 전부인 것처럼 착각하거나 고집할 때는 문제가 일어난다. 이런 단편적 관점들을 넘어서는 하나의 통합적 구심점을 찾아야 하는데, 포이트레스는 이것을 하나님의 삼위일체적 존재 및 행위 방식에서 찾고 있다.

포이트레스는 이 책을 통해서 하나님의 존재 방식과 의사소통 행위 방식에 부합하는 방식으로 성경을 해석한다는 것이 무엇인지를 보여 주려 하고 있다. 그러기 때문에 그는 성경 해석의 방법을 성경 자체에서 찾아야 한다고 주장한다. 성경이 보여 주는 삼위일체 위격들 사이의 관계와 의사소통 방식이 성경 자체의 성격을 규정한다고 보는 것이다. 따라서 그는 되도록 일반 해석학의 개념적 틀에 손을 벌리지 않으려 노력한다. 물론 그렇다고 해서 그가 현대 해석학의 흐름에 무관심하다거나 그런 흐름과의 교류를 단절해야 한다고 주장하는 것은 아니다. 오히려 그 반대로 그는 일반 해석학의 동향을 계속 주시하면서 여러 해석 방법들의 장단점을 평가하고 있다. 웨스트민스터 신학저널(*Westminster Theological Journal*)에 앤서니 티슬턴(Anthony C. Thiselton)의 해석학 책들에 대한 지속적인 리뷰를 올린 사람도 포이트레스 교수이다(43/1호 1980년, 55호 1993년, 59/1호 1997년).

포이트레스의 지론은 우리가 성경을 해석하면서 하나님의 존재 방식과 말씀하심의 방식을 따르지 않으면 성경에 대한 중립적 해석은 고사하고 오히려 우상 숭배적 인간 중심의 해석의 길로 빠질 수밖에 없다는 것이다. 일반 해석학의 현장 속에서 흔히 발견할 수 있는 저자 중심의 해석이나 텍스트 중심의 해석, 또는 독자 중심의 해석 같은 것들은 나름대로 진리의 단편들을 가지기는 하지만 그 단편적 진리로 진리 전체를 대체하려 하기 때문에 모조 진리가 될 수밖에 없고 따라서 우상 숭배적 경향을 가질 수밖에 없다고 보는 것이다. 이런 경향들에 맞서서 포이트레스는 일종의 해석의 영적 전쟁을 선포하고 있다. "이 책의 각각의 장들이 모두 영적 전쟁에 관한 장이라고 생각하면 된다."라고 그는 말한다.

이 책은 폴 리쾨르(Paul Ricoeur) 등이 말하는 의구의 해석학(hermeneutics of suspicion)을 출발점으로 삼지 않고 오히려 믿음의 해석학(hermeneutics of faith)을 출발점으로 취한다. 그것이 일으키는 결과 중의 하나는 인간 중심의 진리에 대한 우상 파괴이다. 포이트레스의 하나님 중심의 성경 해석은 하나님의 존재와 계시의 방식대로 성경과 진리를 이해하는 길로 우리를 인도하고 있다. 그러면서 그것과 대립되는 인간 중심의 관점들이 가지는 허점과 우상 숭배적 자기도취를 날카롭게 파헤치고 또한 깨트린다.

포이트레스가 삼위일체의 일체성을 해석의 출발점으로 삼는 것은 역설적이게도 성경의 다양성을 더 잘 이해하고 존중할 수 있게 하는 토대의 역할을 한다. 우리가 성경이 가지는 다양한 역사적 사건들과 장르적 색채들을 더 잘 맛보고 누릴 수 있는 것은 하나님의 삼위일체 속에 나타나는 다양성과 일체성의 조화 때문이다. 더 나아가서 포이트레스는 성경의 유비적 적용에 대해서도 매우 개방적인 입장을 가진다. 성경의 기록과 오늘 우리 시대 성도들이 당하는 구체적인 경험들 사이에는 느슨한 연결점이라 할지라도 그 유비적 관계가 있다는 것을 포이트레스는 긍정적으로 보고 있고, 이를 찾고 살리는 일에 대해 매우 개방적이다. 성경을 성도들의 일상적 삶에 적용하는 일이 그만큼 중요하다는 것을 포이트레스는 강조하고 있다. 이를 위한 해석의 원리를 포이트레스가 제시하려 애쓰고 있기 때문에, 이 책은 목회자들의 목회적 성경 해석에 많은 실제적인 도움을 준다. 성경 공부 인도자들의 실제적인 고민들에 대해서도 많은 건설적인 지침들을 제공해 준다.

이 책은 포이트레스가 잇달아 내놓은 '하나님 중심의 접근'(God-Centered Approach)이라는 부제를 가진 책들의 모체 역할을 한다. 포이트레스는 이 책에서 제시한 원리들을 바탕으로 보다 구체적인 영역들에 대한 하나님 중심의 접근 방식들을 꾸준히 시도했다. 과학(*Redeeming Science*, 2006), 언어(*In the Beginning Was the Word*, 2009), 사회학(*Redeeming Sociology*, 2011), 철학(*Redeeming Philosophy*, 2014), 그리고 수학(*Redeeming Mathematics*, 2015)에 관한 책들이 그것이다. 이런 후속 연구들을 읽기 위한 기본 안내서로서 『하나님 중심의 성경 해석학』을 읽는 것은 꼭 필요하다.

이 책을 처음 번역하고자 시도했던 것은 벌써 15년 전의 일이다. 이 책이 출판된 지 얼마 지나지 않은 시점에 그 가치를 눈여겨보고 번역을 시도했지만, 당시의 여러 정황들 때문에 작업이 중단되고 말았다. 오랫동안 사장되어 있던 작업을 다시 복원시켜 마무리할 수 있도록 기회를 만들어 준 이레서원 이혜성 편집장에게 감사를 드린다. 이 번역 작업을 계기로 포이트레스 교수와 이메일로나마 교제를 나누는 기회를 가질 수 있어서 참 좋았고, 한국어판을 위한 서문을 써 주신 것에 대해서도 감사를 드린다.

최승락
고려신학대학원

나의 부모님께 이 책을 바칩니다.

하나님께서 나의 삶 속에 역사하시던 처음 시간부터

나의 부모님은 나에게 하나님의 가장 큰 축복입니다.

차 례

CONTENTS

제1장

성경 해석학이 맞고 있는 도전들

장소는 만민대학 캠퍼스. 자유주의자 유주가 성경 연구 모임에 친구들을 초청했다.

"

- **자유주의자 유주**: 이렇게 만나게 되어서 참 반가워. 성경은 내게 늘 새로운 자극을 주는 책이야. 너희들도 성경을 함께 보면서 나와 같은 체험을 했으면 좋겠어. 성경에서 내가 가장 좋아하는 인물은 아무래도 예수야. 그래서 오늘은 예수에 대한 본문 한 군데를 토론해 보았으면 좋겠어. 예수가 내게 일깨워 주는 사상 한 가지는 하나님은 모든 사람을 사랑하시며 모든 사람을 그분의 자녀로 삼으신다는 사실이야. 그뿐만 아니라 예수를 통해 나는 인간이 소중하다는 것과 그 겉모습이 아무리 험악해 보인다 해도 인간은 궁극적으로 선하다는 것을 배우게 되었어. 너희들도 나와 같은 생각을 가지게 되었으면 해.

  가만 있자. 모두 다 모인 거니? 쾌락주의자 락희는 어디 있지?
- **자연주의자 연주**: 락희는 새로 생긴 남자친구랑 해수욕장에 갔어.
- **자유주의자 유주**: 무관심주의자 관무는 어디 간 거야?
- **상대주의자 상호**: 걔는 오락실에 처박혀 있겠지 뭐.
- **자유주의자 유주**: 그래 좋아. 그럼 우리끼리 시작하도록 하자. 오늘 읽을 본문

은 누가복음 4장 31절에서 37절까지인데, 설희 네가 이 본문을 좀 읽어 줄래?

- **설화주의자 설희**: 좋아. 내가 읽을게. "갈릴리의 가버나움 동네에 내려오사 안식일에 가르치시매 그들이 그 가르치심에 놀라니 이는 그 말씀이 권위가 있음이러라 회당에 더러운 귀신 들린 사람이 있어 크게 소리 질러 이르되 아 나사렛 예수여 우리가 당신과 무슨 상관이 있나이까 우리를 멸하러 왔나이까 나는 당신이 누구인 줄 아노니 하나님의 거룩한 자니이다 예수께서 꾸짖어 이르시되 잠잠하고 그 사람에게서 나오라 하시니 귀신이 그 사람을 무리 중에 넘어뜨리고 나오되 그 사람은 상하지 아니한지라 다 놀라 서로 말하여 이르되 이 어떠한 말씀인고 권위와 능력으로 더러운 귀신을 명하매 나가는도다 하더라 이에 예수의 소문이 그 근처 사방에 퍼지니라"
- **자유주의자 유주**: 자, 그럼 우리 이 본문을 읽고 느낀 점을 한 명씩 이야기해 보자. 연주, 넌 어떠니?
- **자연주의자 연주**: 내가 늘 생각했던 그대로야. 성경은 역시 원시 시대의 산물이야. 미신적인 것이 가득해. 여기 나오는 사람들을 보면 정신병과 같은 지극히 자연적인 현상을 귀신 따위의 외부적 힘에 의해 생긴 것으로 보고 있지 않니? 그들은 하나님이나 초자연적 존재들을 통해 자기들의 두려움을 몰아내려 하고 있는 거야. 그런데 과학이 발전함에 따라 사람들은 이런 현상이 왜 일어나는지를 알게 되었지. 내가 추측하기로는 예수께서 정신적 질병을 가진 사람들에 대해 어느 정도의 인격적 영향력을 행사했던 것으로 보여. 그런데 이것을 제대로 알지 못하는 사람들이 이를 과장해서 귀신 어쩌고 하는 이야기를 만들었던 것이라고 생각해.
- **자유주의자 유주**: 그러나 어쨌든 예수께서 정신병 걸린 사람들을 불쌍히 여기셨다는 것은 감동적이지 않니?
- **자연주의자 연주**: 물론 예수께서 그들을 도우려 하셨던 것은 인정해. 그러나 그 역시 그 시대의 사람이었고, 따라서 그 시대 사람들이 가졌던 초자연적 인식들을 그 자신도 가졌던 것으로 보여. 유주, 네가 말하는 것만큼 그다지 흥미

로울 것은 없다고 봐. 훨씬 더 의미 있는 일들이 오늘날 과학적인 시대에 보다 개화된 모습으로 숱하게 일어나고 있는 것을 얼마든지 찾아볼 수 있지 않아?

- **비평학자 병주**: 현대의 역사 비평적 방법들을 고대 자료에 적용하는 것이 여전히 유효성을 가진다고 봐. 난 이 분야의 연구를 관심 있게 해 오고 있어. 오늘 본문의 이야기는 문자로 기록되기 이전에 초대 교회에서 얼마간 구전으로 전해지던 시기가 있었어. 이런 종류의 이야기들을 우리는 '기적 기사'로 분류하고, 좀 더 세부적으로는 '축귀 기사'라 부르지. 초대 교회에서는 이런 이야기들을 통해 예수의 신적 능력을 강조하고자 했고, 이를 통해 교회가 가르치는 가르침의 권위를 더 높이고자 했어. 곧 교회의 가르침이 예수 자신에게서 비롯된다는 것을 나타내고자 한 거야. 그런데 이 이야기가 전승되는 과정에서 다소의 변화가 생기게 되었고 덧칠이 들어가게 된 거야. 이 이야기에 다소간의 역사적 핵(core)이 간직되어 있는 것은 분명해. 하지만 이런 유형의 글에 있어서는 그 역사적 핵을 분명히 가려낸다는 것이 어려워. 실제로 무슨 일이 일어났느냐 하는 것은 우리가 알 수 없어.
- **자연주의자 연주**: 그렇다면 우리가 이 이야기를 가지고 왈가왈부할 필요가 어디 있어?
- **비신화화 해석자 혜석**: 너무 성급하게 굴지 마. 그렇다고 해서 이 이야기를 폐기처분해 버린다는 것은 큰 손실이야. 현대 사상의 대가인 마르틴 하이데거(Martin Heidegger)와 루돌프 불트만(Rudolf Bultmann)은 이런 종류의 신화적 이야기들 속에도 오늘날 우리가 귀 기울여야 할 숨은 메시지가 깃들어 있다는 것을 간파했어. 오늘 본문에 나오는 귀신 들린 사람은 다름 아니라 하나님으로부터 소외된 모든 사람들의 형편을 의미하는 것이지. 또한 다른 동료 인간들로부터도 소외된 사람을 뜻해. 이런 사람은 자신이 인정하기를 싫어하는 어떤 정신적 힘에 짓눌려 있는데, 그는 실상 혼란스럽고 비본질적인 삶을 살고 있는 거야. 그런데 이런 사람이 예수를 만난 거야. 예수께서는 이런 사람에게 참되고 자유로운 삶이 하나님과의 교통을 통해 이루어질 수 있다는 것을 보여 주신 거

지. 그분은 죽음과 숨은 권세들을 두려워하는 소외의 상태로부터 그를 불러내셔. 자아 고립의 상태로부터 타인을 사랑하고 존중하는 기쁨의 세계 속으로 그를 이끌어 주신 것이지.

예수께서는 이런 삶 속으로 우리를 부르고 계셔. 이런 부르심을 통해 우리는 오늘날도 여전히 하나님과의 실존적 만남을 가질 수 있어. 고대 사람들은 이런 진리를 신화적 형태로밖에는 표현할 수 없었지. 그들의 문화가 그랬으니까. 오늘 현대인이 누리고 있는 문화와는 많은 차이가 있어. 하지만 인간이라면 가지고 있는 근본적인 갈등은 그때나 지금이나 여전히 동일해.

- **심리치료사 치국**: 혜석이의 말이 의미심장하군. 뭔가 중요한 것을 지적해 주고 있다고 생각해. 하지만 너무 종교적인 면에 치우쳐 있어. 그때와 지금의 문화가 다르다는 것은 분명해. 그러나 변하지 않는 것 한 가지는 인간이 필요로 하는 자아존중감이야. 성경이 말하는 귀신 들린 사람은 다름 아니라 자아존중감이 낮은 사람이지. 그는 사실 좀 별난 삶을 살고 있었던 것인데 사람들이 이를 멸시하고 여러 나쁜 이름으로 그를 부르기 시작한 거야. 그러다가 결국은 그가 귀신 들렸다고 말하게 된 거야. 사람들이 그를 이렇게 부르니까 그 이름의 힘에 눌려서 그 사람도 자신이 그런 줄 알고 점점 귀신 들린 사람 행세를 하게 된 것이지. 그런데 예수께서는 그 사람을 사로잡고 있던 정신적 기능 장애의 문제를 그를 인정해 주심으로 해결해 주셨어. 예수께서는 그 사람의 본래 모습과는 다른 것, 곧 사람들이 그에게 주입한 낮은 자아존중 의식을 분리해 내신 거지. 귀신의 소리는 그로부터 분리되어 나간 낮은 자아존중감을 상징하는 거야.
- **뉴 에이지 신봉자 류지**: 그래, 치국이 네 말이 맞아. 결국 자아존중감이 문제야. 그런데 좀 더 깊이 따져 보면, 우리가 존중해야 할 자아라는 것이 도대체 뭘까? 이 자아의 본질을 사람들이 잘 알고 있는 걸까? 내가 보기론 사람들이 이 문제를 좀 더 깊이 성찰하지 못하고 저마다 일에 매여 바쁘게 돌아가고 있는 것 같아. 자신이 누구인지를 발견하기 위해 잠시 멈추어 명상해 보려 하지 않는다는 거지. 심리 치료가 이 면에 약간의 도움이 될 수는 있다고 생각해. 그러나 내 경

험으로 볼 때 심리 치료도 자아에 대한 가장 깊은 근저에는 미치지 못하고 있어. 이 근저에 놓인 것은 심리적인 것이 아니라 영적인 것이야.

내가 나 자신의 영적 자아에 관심을 가지기 시작했을 때 나는 내 주변의 모든 일들 속에 신비로운 영적 힘들이 작용하고 있다는 것을 알게 되었어. 나는 이 영적 힘들에 접촉하고자 노력하기 시작했어. 나의 자아존중감은 나의 내부에 있는 신적 자아를 발견하는 그 순간에 더욱 증진되기 시작했지. 예수께서도 이런 비밀에 대해 뭔가 알고 있었을 거라고 나는 생각해. 성경의 어떤 부분을 보면 예수께서 신이었다고 말하지 않아? 바로 그거야. 우리 모두가 우리 안에 이 신적 불꽃(divine spark)을 가지고 있는 거야. 예수께서는 이것을 아주 충만하게 발현하신 거지. 그 때문에 그에게는 영적 능력이 있었어. 바로 이런 분이었기 때문에 그는 영적 자아가 뒤죽박죽되어 있는 사람들에게 깊은 영적 영향력을 끼칠 수 있었던 거야.

내가 성경을 좀 더 깊이 연구하게 된다면 이런 면에서 아주 좋은 가르침을 얻을 수 있지 않을까 생각해. 곧 나의 신적 자아를 발현하는 비결을 예수께 배울 수 있다는 거지.

- **상대주의자 상호**: 지금 우리가 이야기하고 있는 것을 보면, 사람들은 주어진 사상에 대해 저마다 다 자기 방식대로 이해하고 반응하고 있다는 것을 잘 보여 줘. 한 가지 본문에 대해 생각하는 것이 사람마다 다 다르잖아? 저마다 다 자신의 기존 견해나 경험에 근거해서 본문을 보고 있는 거지. 그러니 본문에서 끄집어내는 생각들도 다 다를 수밖에 없는 것 아냐? 때로는 서로의 생각들이 아주 대립되는 경우도 있고 말이야. 우리는 서로의 다양한 견해들을 통해 이렇게 풍성함을 누리는 것이 아닐까? 성경을 통해 얻을 수 있는 유익도 많고, 성경 외에 다른 책들을 통해 얻을 수 있는 유익도 많아. 이 책들이 모두 우리의 사고를 자극시켜 주지. 우리 모두는 각자 자신이 진리라고 생각하는 것을 발견해야 해. 각자에게 의미 있는 그것이 곧 각 사람의 진리인 거야.
- **해체주의자 해리**: 상호야, 사람의 반응이 각각 다른 것은 언어 자체가 언제나

유동적이고 본질적으로 애매성을 가지기 때문이야. 오늘 본문의 경우에도 이 본문에 항구적인 의미를 부여할 수 있는 사람은 아무도 없어. 설사 그런 의미가 부여된다 할지라도, 의미라는 것이 다른 사람에게 전달될 때는 필연적으로 바뀔 수밖에 없는 거야.

- **마르크스주의자 만수**: 모든 언설이 다 선전이요 권력 게임이라는 것을 알아야 해. 누가가 이 본문을 쓸 때에는 자신이나 당대 교회 지도자들의 권위를 높이고자 하는 동기를 가지고 있었던 거야. 이 본문의 귀신 들린 사람은 당시의 소외 계층을 상징하고 있는 거지. 그런데 이 사람들이 구원을 받고 일단 교회에 들어온 이후에는 교회 지도자들의 권위에 복종하도록 요구받고 있는 거야. 예수는 바로 교회 지도자들의 권위를 상징하고 있어.
- **자유주의자 유주**: 이런, 벌써 시간이 다 되었네. 그런데 점성술사 점선, 설화주의자 설희, 페미니스트 미나, 사회주의자 희주에게서는 한마디도 못 들었군. 그럼 다음 주에 이 토론을 계속 이어서 하도록 하자.
- **사회주의자 희주**: 난 그리스도인 기호의 이야기도 들어 보았으면 해. 그를 부르는 것도 좋지 않을까?
- **자유주의자 유주**: 글쎄, 솔직히 말하면, 일부러 그를 초청하지 않았어. 알다시피 그는 너무 꽉 막힌 친구잖아. 성경이 문자적으로 하나님의 말씀이며, 또 그것이 온전히 참되다고 실제로 믿고 있는 친구거든. (일동 웃음)

”

하나님은 하나님 자신이신 분이다. 그분의 권능과 자비, 주권 등이 모두 그분에게 속한다. 하나님은 지극히 선하시며 우리가 흠모할 만한 분이시다(시 16:11; 27:4; 34:8; 84:10-12). 그런데 사람들은 왜 하나님을 전심으로 찾지 않으며 또한 높이지 않는가? 서구 사회를 보면 사람들이 영적인 일에 상당히 관심이 있는 것처럼 보인다. 서점이나 호텔 등 어디에서나 성경을 접할 수 있다. 그러함에도 불구하고 사람들은 하나님으로부터 점차 멀어지고 있다.

왜 그런가? 어떤 의미에서 하나님에 대한 적대적 반응은 결코 새로운 현상이 아니다. 죄가 들어온 이후로 사람들은 하나님을 피하여 숨는 경향을 가지게 되었다(창 3:8). 종교적 행위는 행하면서도 하나님은 피하고 있다(삿 2:11-13; 겔 8:9-18; 마 23장). 심지어 성경을 공부하면서도 하나님에게서는 멀어지기도 한다(마 22:29).

오늘날 서구 사회의 현실은 어떠한가? 무엇이 사람들로 하여금 자유주의자 유주의 성경공부 그룹에 속한 사람들처럼 성경을 논하기 위해 모이도록 만드는가?

모두 알다시피, 기독교는 서구 사회에서 수 세기에 걸쳐 하나의 주도적 종교였다. 그 긴 역사 동안 그리스도인들은 수많은 큰 죄악들을 저질렀고, 믿음의 가치를 실추시키는 부끄러운 실수들을 범했다. 더군다나 성경의 하나님에 대해 적대적인 많은 사람들이 수 세기에 걸쳐 하나님을 가리게 만드는 그럴싸한 문화적 전략들을 만들어 냈다. 어떤 것들은 헤아릴 수 없이 복잡하고 교묘한 것들도 있다.[1] 이런 것들이 사람들로 하여금 성경과 그 메시지에 대한 불감증에 빠지도록 만들고 있는 것이다. 사람들은 자신의 영적 빈곤을 감추기 위한 수많은 방법들을 가지게 되었다.

그리스도인들의 성경 읽기

이런 분위기 속에서 그리스도인인 우리 역시 많은 유혹을 받는다. 때로는 자연주의자들처럼 우리도 성경을 단순히 인간의 책으로 읽기 시작할 수도 있다. 아니면 세속 심리치료사들처럼 우리의 자아존중감을 증진시키기 위한 지혜로운 충고를 얻기 위해 또 하나의 출처로 성경을 사용할 수도 있다. 또는 뉴 에이지 신봉자들처럼 성경을 통해 천사나 마귀에 대한 생각, 그리고

---

1. 이에 대한 자세한 소개를 위해서는 폭넓게 읽히고 있는 프란시스 쉐퍼의 책들을 추천한다. 참조, Francis A. Schaeffer, *Escape from Reason* (Downers Grove, Ill.: InterVarsity, 1968), *The God Who Is There* (Chicago: InterVarsity, 1968).

의식 변성 상태를 추구하기도 한다. 아니면 쾌락주의자들처럼, 하나님 말씀을 묵상하는 일에는 관심이 없고 다만 자신의 쾌락을 추구하기 위한 수단으로 성경을 사용하기도 한다.

우리는 이런 노골적인 왜곡은 피해 왔을지도 모른다. 그러나 때로는 보다 교묘한 방식으로 왜곡된 성경 읽기를 하고 있을지도 모른다. 어떤 방식으로 이런 일이 이루어질 수 있는지 살펴보기 위해 또 다른 성경 공부반을 방문해 보자. 이 그룹은 그리스도인들로 구성되어 있다.

만민대학 캠퍼스의 또 다른 방에서, 그리스도인 기호와 여러 사람들이 성경 연구 모임에 참여하고 있다. 이들 역시 누가복음 4:31-37을 중심으로 토론을 벌이고 있다.

"

- **경건주의자 경민**: 성경의 가장 중심적인 목적은 하나님께 대한 인격적 헌신과 친밀감을 높이기 위한 것이라고 봐. 기독교 신앙이 전체적으로 이런 목적을 위해 존재하는 것이 아니겠어? 누가복음 4:31-37을 볼 때에도 예수님께서는 내 마음속의 죄의 성향들을 권위 있게 꾸짖고 계심을 볼 수 있어. 나는 그분을 인정하지 않을 수 없고, 또한 그분을 두려워하지 않을 수 없어. 그분은 나의 죄를 향해 "잠잠하고 그 사람에게서 나오라"라고 꾸짖고 계신 거야. 이 구절은 결과적으로 나의 구원에 대한 약속이기도 해. 나는 내 삶 속에 이루신 예수님의 사역으로 인해 놀라지 않을 수 없고, 이를 다른 사람들에게 열정적으로 전하지 않을 수 없어.
- **교리주의자 교선**: 가만, 넌 한 가지 놓친 게 있어. 성경의 가장 중심적인 목적은 건전한 교리를 확립하는 거야. 오늘 본문은 그리스도의 신성을 가르치고 있어. 그를 향해 "하나님의 거룩한 자"라고 부르고, 또 그의 신적 권위와 능력이 표현되고 있지 않니? 그뿐만 아니라 이 본문은 악한 영들의 세계가 있다는 것을 가르치고 있고, 또 이 영들이 사람을 사로잡을 수도 있다는 것을 보여 줘. 그러나

하나님의 주권과 은혜가 이 악한 영들로부터 사람들을 구원한다는 사실을 보여 주고 있어.

- **문화 변혁가 문호**: 내가 보기로는 너희 둘 다 핵심을 놓치고 있어. 성경의 가장 중심적인 목적은 이 세상을 변혁시키고자 하는 것이야. 오늘 본문은 그리스도께서 어떻게 이 세상을 변혁시키고 있는지를 보여 주고 있어. 이와 같은 그리스도의 권위에 힘입어 우리 또한 이 세상 변혁에 적극적으로 힘써야 한다는 것을 보여 주지.

  이 본문은 그리스도의 권위를 추상화된 교리로 보여 주는 것이 아니라, 이 권위가 어떻게 세상 변혁을 위해 적극적이고도 능력 있게 행사되고 있는가 하는 것을 보여 주고 있어. 사탄의 지배가 무너지고 성령이 능력 가운데 임한 것은 이 세상의 정치적, 사회적, 미학적, 언어적 구조 등이 재조정된다는 것을 의미해. 오늘 본문은 이런 재조정 과정이 어떤 방식으로 일어나고 있는지를 보여 주고 있지. 악이 전적으로 파괴되고, 전에 귀신 들렸던 사람이 새롭게 변화되고 있어. 그리고 모인 무리와 그 근처 지방 사람들의 반응 속에서 우리는 사회적 변화의 결과들이 일어나고 있음을 느낄 수 있어. 이 이야기를 보면서 우리는 다시 한 번 이 시대의 귀신 들린 것 같은 구조적 악에 대해 저항해야겠다는 결의를 다지게 되는 것이지.[2]

- **예전주의자 예지**: 성경의 가장 중심적인 목적에 대해 이야기하는데, 내가 볼 때 그 목적은 올바른 예배의 회복이야. 예배를 통해 우리의 삶 전체를 새롭게 하는 진정한 치유가 흘러넘치게 돼. 오늘의 본문은 예배가 어떤 순서를 따라 이루어져야 할 것인지를 잘 보여 주고 있어. 먼저는 하나님의 권위에 대한 선포가 있어야 해. 다음으로는 하나님의 거룩하심에 대한 놀람과 두려움이 있어야 해. 이어서 하나님의 구원의 말씀을 받아야 하고, 또한 이에 대한 감사의 반

---

2. 경건주의자, 교리주의자, 문화 변혁가의 입장에 대한 아이디어는 월터스토프에게서 얻은 것이다. Nicholas Wolterstorff, "The AACS in the CRC," *Reformed Journal* 24, no. 10 (December 1974), 9-16을 보라.

응이 있어야 하지. 마지막으로, 흩어져서 다른 사람들에게 하나님께서 행하신 일을 전해야 해.

- **선교학자 선자**: 그래, 이 이야기의 끝이 "예수의 소문이 그 근처 사방에 퍼지니라"라고 되어 있지 않니? 이는 우리의 사명이 복음의 기쁜 소식을 세상 끝까지 전하는 일임을 보여 주고 있어. 특히 어떤 지역에서는 아직도 악령과 귀신 들린 사람들과의 영적 싸움이 계속되고 있어. 선교지의 교회가 흑암의 세력과 싸울 때 어떻게 해야 귀신들을 내쫓을 수 있는지를 오늘 본문이 보여 주고 있어. 오늘 우리 서구인들은 너무 좁은 시야를 가지고 있다고 봐. 귀신 들린 일을 우리 주변에서 볼 수 없다는 것 때문에 그런 현상이 존재하지도 않는 것처럼 단정해 버리지. 우리 서구인들에게 문제가 되는 개인 경건이나 제도적인 악의 문제 같은 것만이 이 세상에 존재하는 문제들의 전부인 것처럼 생각하고 있어. 우리는 이 지구의 다른 곳, 다른 문화권 속에서 일어나고 있는 일에도 귀를 기울여야 해. 그렇게 할 때에만 우리는 이 본문이 가지는 강력한 힘을 충분히 느낄 수 있다고 봐.
- **사실주의자 상직**: 그런데 우리가 지금 너무 상상력에 의존하고 있는 것 아냐? 오늘 본문의 메시지는 아주 명백하고 단순해. 본문에 나타나고 있는 이런 일들이 예수의 지상 생애 중에 일어났다는 사실 그 자체야. 이런 기적들은 예수께서 자신이 주장하는 바로 그런 분임을 보여 주는 증거요, 또한 성경이 그 주장 그대로라는 것을 보여 주는 증거야. 이런 역사적 증거들이 있음으로 해서 우리는 불신자들에게 잘 대처할 수 있지.
- **긍정주의자 근주**: 난 너희들이 하는 말이 다 옳다고 생각해. 성령께서는 우리 각자에게 각기 다른 메시지를 주셔. 성령님은 각 사람의 필요에 따라 각기 다른 방식으로 우리의 필요를 채워 주시지. 우리의 필요에 맞게 우리에게 말씀해 주시는 분이야. 따라서 같은 본문을 두고 사람들이 각기 다른 말을 한다고 해서 이상하게 생각할 필요가 없어.
- **객관주의자 관수**: 난 근주의 생각에는 반대야. 사람마다 이해가 다 다르다

는 것은 좋은 해결책이 될 수 없다고 봐. 우리가 본문을 읽을 때 하나의 분명한 객관적 사실을 가지지 못하기 때문에 이렇게 곤경에 빠지고 있는 거야. 모든 사람이 다 자기 선입견에 따라 이리저리 휩쓸려 다니고 있어. 하나의 분명한 객관적 사실을 가지기 위해서는 한 본문에는 하나의 의미만이 있다고 봐야 해. 그래야만 의견의 일치가 가능해져. 오늘 우리가 토론하는 이 본문의 경우에 이 본문이 가진 단 하나의 의미는 그 저자인 누가가 가진 의도야. 누가가 의도한 그 의미가 객관적으로 먼저 존재하고, 거기에서부터 우리의 토론이 시작되는 것이지. 우리의 과제는 그 의미가 무엇인지를 결정하는 일이야. 그 의미(meaning) 외에 다른 모든 것은 허쉬(E. D. Hirsch)가 말하는 '의의들'(significances)에 해당하는 것이야. 다시 말해서 그 '의의들'은 단 하나의 그 의미와 우리의 외부 관심사를 이어 주는 연결고리 역할을 하지. 이 외부 관심사는 사람마다 다 다를 수밖에 없어. 따라서 많은 '의의들'이 있을 수 있겠지만, '의미'는 단 하나만 있을 뿐이야. 우리가 지금 토론하면서 계속 난관에 빠지는 것은 이 '의미'를 찾으려 하지 않고 저마다의 '의의'에 집착하고 있기 때문이지. 계속 자기의 개인적 의제만 성급하게 끄집어내려 하고 있지 않아? 우린 먼저 이 본문이 가진 단 하나의 의미를 찾기 위해 노력해야 해.[3]

- **해석학자 형진**: 관수야, 넌 우리가 모두 너의 의미 이론만을 따라야 한다는 거니? 너의 이론만이 옳다는 것을 어떻게 알 수 있지? 너의 이론 자체도 네가 싫어하는 '선입견들' 중 하나일 수도 있지 않아?
- **객관주의자 관수**: 내 이론은 옳아. 옳아야만 한다구. 개개인의 관심이 반영된 선입견들을 넘어가기 위해서는 이 이론 외에는 다른 길이 없어.
- **해석학자 형진**: 너의 이론대로 하자면, 본문에는 오직 하나의 객관적인 의미만이 있을 뿐이지. 그렇다면 경건주의자 경민의 입장에서 볼 때 너의 이론은 사태의 본질에 해당하는 하나님과의 인격적 교제라는 측면을 무시함으로써 근본

3. 이런 견해에 대해서는 다음을 참조하라. E. D. Hirsch, *Validity in Interpretation* (New Haven: Yale University Press, 1967).

적으로 해석을 왜곡하는 결과를 초래하게 돼. 그뿐인가? 문화 변혁가 문호의 입장에서 볼 때 너의 이론은 이론적 지식을 문화적 실천보다 상위에 둠으로써 역시 해석을 왜곡하고 있어. 예전주의자 예지도 마찬가지의 문제를 제기할 수 있어. 네가 이론적 지식을 예배보다 더 선호하고 있다는 거야. 선교학자 선자의 입장에서 볼 때, 너의 이론은 단일문화적 세계관에 근거하고 있어. 긍정주의자 근주 역시 너의 이론이 성령의 역사를 무시하고 있다고 반대할 거야.

관수 너는 이론적, 객관적 의미를 더 선호하고 있다는 것을 알아야 해. 다른 사람들은 각기 나름대로 선호하는 대상을 가지고 있어. 그렇다면 너가 선호하는 대상이 다른 사람들의 선호 대상보다 덜 '주관적'이라는 것을 어떻게 입증할 수 있겠니? 너의 견해에는 그 어떤 '선입견'도 없다는 것을 증명할 수 있겠어?

- **객관주의자 관수**: 어쨌든 우린 성경을 우선 객관적으로 연구해야만 해. 그렇게 한 뒤에 두 번째 단계로 성경이 우리의 경건이나 교리, 예배, 실천 등을 위해 어떤 효용을 가지는지를 따져야 해. 성경이 어떤 길을 가리키든지 우리는 그대로 따라야 한다구. 그렇게 할 때 우리는 성경의 지시에 따르는, 성경과 합치된 삶을 살 수 있게 되지.
- **해석학자 형진**: 내가 볼 때는, 네가 다른 사람들의 관점을 충분히 잘 이해하고 있다고 보이지 않아. 그들의 관점에서 볼 때 너의 이론은 사소한 실수 정도가 아니라 근본적인 판단 오류를 범하고 있어. 이 오류가 해석 과정 전체를 왜곡할 수도 있다는 것을 알아야 해. 넌 너의 이론을, 본문이 우리를 데려가고자 하는 목적지로 데려갈 수 있는, 믿을 만한 운송 수단으로 생각하고 있는 거야. 하지만 너의 이론은 미리 프로그램화되어서 컴퓨터로 조작되는 그런 운송 수단과 같아. 그 프로그램이 인식하지 못하는 다른 영역 속으로 그 운송 수단을 조종해서 들어가고자 하는 사람에게는 실망만을 안겨 줄 뿐이지.

넌 너의 이론이 다른 많은 견해들 속에서 하나의 중립적 잣대의 역할을 한다고 믿겠지. 그러나 우리가 볼 때 그것 역시 또 하나의 견해일 뿐이야. 우리가 성경을 이해하는 많은 방식들 속에 포함될 수 있는 또 하나의 관점이라는 거지. 다른 사람들의 관점보다 더 우위에 있는 것은 아냐. 그렇다면 왜 우리가 꼭 너의 관점만을 취해야 하니?

- **객관주의자 관수**: 그건 내가 옳고, 나머지는 다 틀렸기 때문이지.
- **해석학자 형진**: 너만이 옳다는 것을 객관적인 방식으로 보여 줄 수 있겠니?
- **객관주의자 관수**: 서로 대립되는 많은 해석들 가운데서 어떤 것이 옳은지, 그래서 진리가 무엇인지 결정하고자 하면 나의 접근 방식을 통하지 않으면 안 돼. 만일 우리가 해석의 과정 속에서 수십, 수백 개의 다른 목표들을 추구하려 한다면 우리가 얻는 것은 혼란일 뿐이야. 어떻게 우리가 일치에 이를 수 있겠어? 우리는 저자에게 통제권을 주지 않으면 안 돼. 저자는 자신의 표현 속에서 하나의 의미만을 제시할 뿐이야. 바로 그 의미를 찾는 것을 우리의 목표로 삼아야 해. 우리는 주어진 본문의 자료들을 엄격한 방법론을 적용해서 잘 분석하는 가운데, 이 하나의 의미라고 생각되는 것을 잘 테스트해 보아야 해.
- **선교학자 선자**: 비서구문화권 사람들은 너의 견해에 동의하기 어려울 거야. 모든 문화가 다 엄격한 방법론의 통제를 환영하지는 않아. 어떤 문화권에서는 왜 너처럼 객관적 의미에 그토록 큰 가치를 부여하려 하는지 이해하지 못하는 사람들도 많아. 예를 들어 아시아권 사람들은 단순히 이론적 합의만이 아니라 실천과 삶에 더 큰 비중을 두기도 해.
- **긍정주의자 근주**: 객관주의자들은 성령께서 우리를 이끄신다는 것을 더 잘 믿어야 해. 관수 넌 네가 말하는 방법이 성령보다 더 우월하다고 생각해? 나는 너의 방법 역시도 성령께서 너를 이끄신 일의 한 결과라고 생각해. 하지만 성령님은 다른 사람들을 다른 길로도 이끄실 수 있는 분이야.
- **객관주의자 관수**: 하지만 학자들은 우리가 대상을 객관적으로 통제할 수 있어야만 한다는 데 일치된 의견을 가지고 있어.
- **해석학자 형진**: 요즘에는 학자들이 다 그런 견해를 가지는 건 아냐.
- **객관주의자 관수**: 요즘의 학자들은 오히려 학문을 무너뜨리고 있어. 그러나 전통적으로 학자들은 해석이 객관적이어야 한다고 여겨 왔어.

- **해석학자 형진**: 그래? 그래서 역사비평가들은 자기들이 바라던 과학적 객관성을 이루어 내었다던가?
- **객관주의자 관수**: 그건 경우가 다르지. 그들은 기적이나 초자연적 현상에 대해 그들 나름의 선입견을 가지고 있었어. 우린 그런 선입견에서 자유로워질 필요가 있어. 그래야만 우리가 객관적이 될 수 있거든. 반(反)초자연주의 비평가들뿐 아니라 많은 보수주의 학자들까지도 객관적 의미에 동의하고 있고, 또 객관적 방법론이 필요하다는 것을 인정하고 있지.
- **해석학자 형진**: 학자들이 너의 이론을 좋아하는 이유는 그 이론이 그들의 전문 영역에 보다 적합하기 때문이지. 학자들은 어떻게 지적 내용을 획득하며 지적 통제를 이룰 수 있을 것인지에 관심을 쏟는 사람들이야. 따라서 그들은 직업상 그들의 업무 이해를 더 높일 수 있는 이론을 선호하게 되어 있어.
- **객관주의자 관수**: 물론 이 이론의 전문적인 형태는 학자들의 세계에서 비롯된다는 것을 인정해. 그러나 원리상으로 볼 때는 모든 사람들이 일반적으로 이 이론을 활용하고 있어.
- **해석학자 형진**: 하지만 너의 의미 이론은 경건주의자나 주관주의자의 입장을 비학문적이라고 보는, 숨은 선입견을 가진 것이 아닐까? 또는 선교학자의 비서구 문화 옹호에 반대하는 선입견을 가진 것은 아닐까?
- **객관주의자 관수**: 아냐, 아냐, 그렇지 않아. 내 관점은 선입견이 아니라 진리야.
- **해석학자 형진**: 네가 정말 객관적이길 원한다면, 너의 주장은 너 자신의 선호도나 일부 학자들의 선호도에 앞서는, 보다 깊은 어떤 기초 위에서 출발하는 것이 되어야 할 거야.
- **객관주의자 관수**: 나의 출발점은 다름 아닌 성경이란 것을 보여 줄 수 있어.
- **해석학자 형진**: 오, 그래? 너의 의미 이론이 성경에서 비롯된다는 것을 우리에게 보여 주겠다는 것이지?
- **객관주의자 관수**: 그렇지.
- **해석학자 형진**: 그럼 우리가 성경을 연구하기 위해 어떤 해석의 원리들을 사용

해야 하지?

- **객관주의자 관수**: 그야 물론, 내가 제시하는 객관적 원리들이지.
- **해석학자 형진**: 우리가 아직 너의 관점에 동의하지 않는다면?
- **객관주의자 관수**: 글쎄, 그것이 문제라는 것을 나도 인정해.
- **해석학자 형진**: 우린 이런 상황을 가리켜 해석학적 순환(hermeneutical circle)이라 부르지. 우린 모두가 해석에 임하기 전에 어떤 전제들을 가지고 있지. 이 전제들이 무엇인지를 우리는 비판적으로 잘 점검할 필요가 있어. 이런 문제점들을 좀 더 잘 알기 위해 20세기에 좀 더 발전된 해석학 관련 연구 자료들을 함께 읽어 보는 것이 어떨까?
- **교리주의자 교선**: 잠깐만, 형진아. 네가 객관주의자 관수에게 좀 더 생각해 보아야 할 것을 제시해 주었다는 것은 나도 인정해. 그건 관수만이 아니고 우리 모두가 잘 고려해 보아야 할 점들이야. 물론 너 자신도 예외가 아니겠지. 우린 모두가 전제를 가지고 출발한다는 것을 인정해. 그리고 어떤 전제가 해석을 위해 가장 적합한 것인지는 알 수 없어. 성경을 어떻게 해석해야 한다는 데 대한 일치된 견해를 가지기는 어려워. 그것뿐만이 아니야. 네가 관심 있게 생각하는 해석학적 자료들에 대해서도 우리는 어떻게 해석해야 할지 일치된 견해를 가지기가 어려워. 그렇다면 그런 자료들이 우리의 문제를 해결하는 데 도움이 될까?
- **경건주의자 경민**: 더군다나 해석학적 자료들을 만들어 내는 사람들이 대부분 불신자들 아냐? 우리가 이런 자료들을 읽다 보면 거짓 철학들의 영에 영향을 받을지도 몰라. 우리가 해석학적 자아성찰을 먼저 한답시고 성경으로부터 멀어지게 되면 결국 또다시 인간 중심의 명상에 빠지게 되겠지. 그렇다면 우린 힌두교의 수도자들과 다를 바가 없게 될 거야. 차라리 객관주의자 관수의 말처럼 성경에 근거해서 출발하는 것이 더 낫다고 봐.
- **해석학자 형진**: 하지만 성경을 어떻게 해석할 것인지에 대해 일치된 견해를 가지고 있지 못하잖아?
- **교리주의자 교선**: 그것이 그렇게 큰 문젠가? 성경이 그 자체를 밝히 드러내어

줄 거야. 성경은 스스로를 해석하니까. 비록 우리의 출발점이 편견에 사로잡혀 있다 할지라도, 하나님께서는 성경 속에 그 해석을 위한 충분한 지침들을 마련해 두셨어.

- **긍정주의자 근주**: 그래, 그리고 성령께서도 우리와 함께하시지.

99

기초의 재점검

사람들은 성경을 가지고 온갖 희한한 일들을 다 행한다. 성경을 통해 영적 유익을 얻고자 한다면, 우리는 먼저 하나님께서 요구하시는 것이 무엇인지를 생각해 보아야 한다. 사람들은 성경을 바르게 읽을 수도 있고 잘못 읽을 수도 있다. 무엇이 옳고 그른지에 대해서는 하나님 자신이 우리에게 말씀해 주신다. "여호와여 주의 율례들의 도를 내게 가르치소서 내가 끝까지 지키리이다 나로 하여금 깨닫게 하여 주소서 내가 주의 법을 준행하며 전심으로 지키리이다"(시 119:33-34).

성경 자체가 우리의 기초 자료이다. 그러나 우리는 다른 채널들을 통해 도움을 받을 필요가 있다. 성경을 해석함에 있어서 때로 우리는 자신의 기존 경험을 활용하기도 한다. 다른 교인들과의 교제가 우리를 영적으로 살찌우기도 한다. 가르침의 은사를 가진 사람들이 우리에게 모범을 제시하기도 한다. 좋은 책들이 실제적인 면에서 우리의 지침이 되기도 한다.[4]

---

4. 기초적 단계에서 가장 좋은 책으로 다음을 추천하고 싶다. Oletta Wald, *The Joy of Discovery in Bible Study* rev. ed. (Minneapolis: Augsburg, 1975). 그룹 성경 공부를 위한 지침서로는 다음을 참조하라. James F. Nyquist and Jack Kuhatschek, *Leading Bible Discussions*, rev. ed. (Downers Grove: InterVarsity, 1985). 조금 더 높은 단계의 책으로는 다음을 참조하라. T. Norton Sterrett, *How to Understand Your Bible*, rev. ed. (Downers Grove: InterVarsity, 1974). 보다 상세하게 성경 해석학 전반을 다루고 있는 책으로는 다음을 참조하라. Dan McCartney and Charles Clayton, *Let the Reader Understand: A Guide to Interpreting and Applying the Bible* (Wheaton: Victor Books, 1994); Louis Berkhof, *Principles of Biblical Interpretation* (Grand Rapids: Baker, 1950); 그 외 다수.

그러나 이 모든 이차 자료들은 우리를 오도할 수도 있다. 어떤 면에서는 이런 것들이 불확실한 기초 위에 놓인 경우가 많다. 언어, 의미, 역사, 인간 본성 등에 있어서 통속적인 이론들이나 검증되지 않은 전제들에 의존하고 있는 경우가 많은 것이다. 이런 전제들은 성경적 진리와 일치할 수도 있고 일치하지 않을 수도 있다. 이 책에서 차차 살펴보겠지만, 성경에 대한 현시대의 생각들은 전적으로 재검토될 필요가 있다.

따라서 우리는 가장 근본이 되는 질문들을 다시 점검하고자 한다. 하나님은 어떤 분이신가? 하나님과 성경의 관계는 무엇인가? 성경의 기록을 위해 사용된 언어는 어떤 특성을 가지는가? 의미란 무엇인가? 하나님은 우리가 성경에 대해 어떻게 반응하기를 바라시는가? 성경의 특성과 그에 대한 우리의 책임에 공정함을 기하는 해석의 절차는 어떤 것인가? 이 책에서 우리는 이와 같은 기초적인 질문들을 재점검하게 될 것이다.

보다 상세한 해석의 기술들을 단계적으로 살피는 과제는 또 다른 책을 위해 남겨 두고자 한다. 이런 실제적 기술들은 매우 중요하다. 하지만 이런 실제적 기술들이 바르게 작동하기 위해서는 바른 기초를 가지는 것이 중요하고, 무엇보다 하나님의 말씀이 제시하는 통제된 방향성을 가지는 것이 중요하다. 그렇게 하지 못할 때 우리는 예수님의 비유 말씀 속에 나오는 어리석은 사람처럼 굳건한 기초도 없이 모래 위에 그 집을 세우는 잘못을 범하게 될 것이다(마 7:24-27).

제2장

하나님의 삼위일체적 말씀과 성경 해석

그리스도인 기호의 성경 공부 그룹에서는 요한복음을 본문으로 해서 어떻게 성경을 해석해야 할 것인지 좀 더 알아보기로 했다.

"

- **그리스도인 기호**: 요한복음 첫 부분을 한번 볼까? "태초에 말씀이 계시니라 이 말씀이 하나님과 함께 계셨으니 이 말씀은 곧 하나님이시니라 그가 태초에 하나님과 함께 계셨고 만물이 그로 말미암아 지은 바 되었으니 지은 것이 하나도 그가 없이는 된 것이 없느니라 그 안에 생명이 있었으니 이 생명은 사람들의 빛이라"(1:1-4).
  대단히 심오한 말씀이지 않아? 이 복음서의 시작이 이런 방식으로 이루어지고 있는 이유가 무엇이라고 생각해?
- **경건주의자 경민**: 이 말씀은 예수님이 나에게 얼마나 중요한 분인가 하는 것, 또 그분과 교제하는 것이 얼마나 나의 삶에 중심적인 부분인가 하는 것을 보여줘. 다른 무엇보다도 그분께 대한 나의 헌신이 가장 중요해. 내가 예수님과 교제하는 것이 곧 창조주이신 하나님과 사귐을 갖는 것과 다를 바 없기 때문이지.
- **교리주의자 교선**: 나도 경민이의 말에 동의해. 하지만 그것이 이 본문의 요점은 아니라고 생각해. 하나님은 너와 나의 헌신이나 경건 생활에 비할 수 없이

더 크신 분이야. 이 본문이 그것을 말하고 있지 않아? 하나님은 영원하신 분이야. 하나님은 우리가 나기도 전에, 만물이 만들어지기도 전에 항상 계셨던 분이야. 하나님은 우리의 경건 생활의 필요를 채워 주기 위해 계시는 분이 아니야. 오히려 우리가 그분을 섬겨야 해.

이 본문은 교리적인 본문이야. 삼위일체 교리를 우리에게 가르쳐 주기 위한 하나의 명제적 진술이지. 예수께서 성부와 더불어 영원하신 하나님이라고 선언하고 있잖니? 다른 본문들을 통해 성령도 역시 삼위일체의 한 위격임을 알 수 있어.

- **문화 변혁가 문호**: 그래, 이 본문에는 교리적인 요소가 분명히 있어. 하지만 이 본문은 하나님이 가르치는 일을 하는 선생이라고만 말하고 있지는 않아. 하나님은 세상을 만드셨어. 그분은 행동하신 거야. 그분은 생명의 근원이야. 그리고 우리에게 세상을 변화시키는 힘을 주시는 분이야.
- **선교학자 선자**: 그래, 바로 그거야. 예수 그리스도는 온 세상에 생명을 주시는 분이야. 단지 우리 성경 공부 그룹만 그 생명을 가졌다고 생각하면 안 돼. 우리는 이 메시지를 온 세상의 모든 사람에게 전해야 할 책임이 있어.
- **예전주의자 예지**: 이 본문은 하나님의 행동에 대해서만 말하고 있는 것은 아니야. 하나님 그분 자신에 대해서도 말하고 있지 않아? 하나님은 세상 속에서 행동하시는 그 순간에만 존재하시는 분이 아니야. 하나님은 영원히 존재하시는 분이지. 이 본문은 영원한 아버지로서의 하나님, 그리고 말씀으로서의 하나님의 존재에 대해 이야기하고 있어. 삼위일체의 신비가 담겨 있는 거야. 이 신비를 다 헤아릴 수 있는 사람은 아무도 없어. 하나님의 위대하심은 우리의 상상을 초월하거든.

우리는 하나님을 분석하려 들 것이 아니라, 두려움 가운데 그분을 만나야 해. 하나님을 예배해야 해. 물론 이 본문에는 명제적 내용이 들어 있지. 교리주의자 교선이 말하는 '교리'가 포함되어 있는 것은 분명해. 그러나 여기에는 그보다 더 깊은 의미가 들어 있어. 말씀을 소개하고 있다는 것이지. 삼위일체의 제2위

되시는 이분은 명제 이상이야. 우리가 예배하고 섬겨야 할 인격이신 분이야.

- **교리주의자 교선**: 그래, 내가 그런 방식으로 생각해 보지 못했던 것은 인정해. 삼위일체 교리가 중요하다는 것을 믿어. 하지만 하나님이 불가해성을 가지신다는 것, 다시 말해서 그분이 우리의 명제적 요약보다 무한히 크신 분이라는 것, 그것 역시 하나의 건전한 교리야.
- **선교학자 선자**: 그렇지. 이 구절에는 내 생각을 넘어서는 그 이상의 의미가 담겨져 있음이 분명해. 단순히 선교의 확장 이상으로 하나님이 과연 누구냐 하는 문제가 제시되고 있다는 것이지. 그런 면에서 요한복음은 나의 지평을 넓혀 주고 있어. 마치 다른 문화권에 속한 그리스도인들을 접할 때 일어나는 것과 같은 현상이야.
- **사실주의자 상직**: 나는 성경이 바위같이 확고한 사실들을 담고 있는 책이라고 생각해. 그 사실들 가운데서도 가장 확고한 사실이 이 본문에 나타나고 있어. 말씀이 하나님이라는 사실, 그가 하나님과 함께 있었다는 사실이 바로 그것이지. 그런데 한 가지 특이한 것은 이 사실이 내가 살펴본 성경의 다른 사실들과는 너무도 다르다는 점이야. 예전주의자 예지의 지적이 맞아. 이것은 가장 기초적인 사실이야. 내가 좌지우지할 수 있는 그런 사실이 아니야. 하나님을 내가 다 헤아릴 수는 없어. 나는 그분을 좌지우지할 수 없어. 하나님께서 모든 것을 만드셨어. 자기가 만드신 이 세상 속에서 그분이 어떻게 일하시는지 나는 그 사실을 다 알 수가 없어. 이것이 나를 불안하게 만드는 요소야. 하나님이 만일 이런 분이라면, 그분은 내가 기대하는 것 이외의 점들을 성경 속에서 보여 주고 있을 것이라는 생각이 들어.
- **긍정주의자 근주**: 그래, 우리 모두가 뭔가를 계속 배워 가야 할 거야. 이 본문이 내 기대에 꼭 들어맞지 않는 어떤 것을 말하고 있다는 지적에 동의해. 본문이 말하고 있는 이 영원한 말씀이야말로 우리의 말들을 위한 잣대요 표준이라는 생각이 들어. 한 걸음 더 나아가서, 요한복음은 이제 곧 우리 인간의 이해에는 어두움이 자리 잡고 있다는 점을 지적하리라고 예견할 수 있어. 지금까지 내가

모든 사람들은 다 영적인 생각들을 하고 있으리라고 본 것이 너무 낙관적인 생각이었던 것 같아.

- **객관주의자 관수**: 우리가 본문에 대한 보다 정확한 이해를 가지고자 한다면, 인간 저자가 가지고 있는 단 하나의 의미를 찾아내어야만 해.
- **해석학자 형진**: 하지만 이 본문은 궁극적 의미를 말씀 자체에 두고 있지 않아? 요한은 자기 자신을 넘어 말씀을 가리키고 있어. 그렇다면 우리는 요한의 세계를 이해하는 선에서 그쳐서는 안 된다고 봐. 더 나아가서 하나님의 세계를 알고자 해야 하지 않을까?
- **객관주의자 관수**: 하나님은 요한이 의미하는 바를 완전하게 이해하고 계셔.
- **해석학자 형진**: 물론이지. 내가 말하고자 하는 요점은 하나님과 인간 저자 모두가 우리를 인간 저자의 한계 너머로 이끌고 있다는 점이야. 다시 말해서 말씀의 무한성을 생각하도록 만들고 있다는 말이지. 이 '말씀'은 삼위일체의 제2위격과 동일시되고 있어. 이는 본문의 의미 세계를 형성하는 초월적 원천이 텍스트와 결합되고 있다는 것을 말하지.
- **객관주의자 관수**: 하지만 우리가 붙들어야 할 것은 텍스트가 무엇을 말하고 있느냐 하는 점이야.
- **해석학자 형진**: 거기에 한마디 더 보태야 하지 않을까? 그 텍스트의 저자이신 하나님이 무엇을 뜻하고 있느냐 하는 점 말이야.

”

위의 토론을 통해서 우리는 간단하지만 중요한 한 가지 교훈을 배울 수 있다. 우리가 하나님을 어떤 분으로 아느냐 하는 것이 성경에 대한 우리의 인식을 근본적으로 좌우할 수 있다는 사실이다. 그렇다면 하나님을 안다는 것이 무엇을 의미하는지 먼저 생각해 보지 않을 수 없다.

우리 구원의 핵심에는 하나님을 아는 것과 예수 그리스도를 아는 것이 놓여 있다. "영생은 곧 유일하신 참 하나님과 그의 보내신 자 예수 그리스도를 아는 것이니이다"(요 17:3). 자신의 사역 말미에 예수님께서는 "내가 아버지의 이름을 그들에게 알게 하였고 또 알게 하리니"(요 17:26)라고 말씀하신다. 이와 같이 성경은 우리에게 단순한 정보를 주는 데서 그치는 것이 아니라, 하나님에 대한 관계적 지식을 준다. 그리고 이 지식은 또한 우리가 성경을 읽고 이해하는 데 영향을 미친다. 우리가 어떻게 성경의 저자에 대한 이해 없이 성경을 바로 이해할 수 있겠는가?

하나님이 어떤 분이신가 하는 것을 고려하게 될 때, 우리는 해석의 몇 가지 원칙들이 적합하지 않다는 것을 즉시 발견할 수 있다. 자연주의자 연주의 입장이 그러하다. 자연주의 세계관은 살아 계신 하나님을 용납하지 않으므로 성경을 해석하기에 올바른 것이 되지 못한다. 비평학자 병주의 접근 방식 역시 기적의 가능성을 배제하는 출발점을 가지기 때문에 올바르지 못하다. 상대주의자 상호의 접근 방식도 적합한 것이 되지 못한다. 그의 관점에 따르면 모든 사람의 견해는 다 동등한 지위를 가진다. 그러나 그가 고려하지 않은 점은, 하나님도 하나의 '견해'를 가진다고 볼 때, 그 하나님의 '견해'(곧, 그가 아는 바)는 모든 사람의 견해를 재는 기준이 된다는 사실이다. 더욱이 구원은 사람들이 그 마음속에서 고안하는 방식대로 오는 것이 아니라, 하나님이 마련하신 오직 한 가지 방식을 통해서만 온다는 사실이다. 곧, 하나님의 아들 예수 그리스도를 통해서만 구원이 임한다.

성경이 하나님을 어떤 분으로 말하고 있느냐 하는 점에 기초해서 우리는 그 밖의 다른 접근 방식들이 가지는 잘못들을 지적할 수 있다. 자유주의자 유주의 친구들은 성경 속에서 단지 인간의 말들만을 읽으려 하고 있다. 그리고 이 말들을 그들이 좋아하느냐 좋아하지 않느냐에 따라 받아들이기도 하고 거부하기도 한다. 그들이 근본적으로 실수하고 있는 것은 하나님께서는 사람들에게 말씀하실 수 있는 분임을 보지 못하고 있다는 점이다. 성경은 바로 이 하나님의 말씀인 것이다.

창조자이신 하나님은 그분의 피조물인 인간들과 구별되는 분이다. 따라서 뉴 에이지 신봉자 류지가 생각하는 것처럼, 우리가 자신의 내면을 깊이 성찰하는 가운데서 우리 내면의 소리를 들으며 우리 자신이 신적 존재임을 발견하는 그런 식의 인식으로는 창조주이신 하나님을 바르게 이해할 수 없다.

하나님은 인간과 동급이 아니라 절대 권위자이신 분이다. 따라서 성경 해석에 있어서 우리 인간의 생각을 성경과 동급으로 놓고 성경에 관여시키려는 입장은 적절한 것이 되지 못한다. 비신화화 해석자 혜석의 입장이나 심리치료사 치국의 입장이 그러하다. 우리는 하나님의 말씀을 들어야 한다. 때로는 그 때문에 놀라기도 하며, 또 우리의 마음이 바뀌기도 해야 하는 것이다.

인간은 하나님의 형상으로 창조되었다. 따라서 인간은 하나님과 교제할 수 있는 능력을 가지고 있다. 우리는 하나님의 도움으로 하나님을 이해할 수 있다. 해체주의자 해리처럼 회의와 절망에 빠질 필요는 없는 것이다.

하나님은 우리의 예배를 요구하신다. 그러므로 우리의 목표는 단지 성경에 대한 바른 정보를 우리 정신 속에 채우는 일이 아니라, 하나님을 예배하고 그분을 섬기는 일이다.

이런 요소들은 매우 기초적인 사항들이다. 그러나 우리 시대에는 이런 일들을 거듭 언급할 필요가 있다. 우리가 이런 점들을 고려할 때 자유주의자 유주의 성경 공부 그룹에 속한 사람들의 여러 도전적인 입장들을 물리칠 수 있다. 그뿐만 아니라 우리가 하나님의 성품으로부터 비롯된 접근 방식을 취하게 될 때, 그리스도인 기호의 성경 공부 그룹에 속한 사람들의 접근 방식에도 나름대로의 한계가 있음을 발견하게 될 것이다. 그들의 각기 제한된 시각으로 인해 때로 그 주장은 틀릴 수도 있고, 또는 부분적 진리에 그칠 수도 있다. 아무리 잘 봐준다고 하더라도 그 입장이 일방적이거나 반쪽짜리에 지나지 않는 경우도 많이 있다.

삼위일체와 하나님 말씀

그리스도인 기호의 그룹에 속한 사람들의 제한된 시각을 극복하기 위해 요한복음 17장 본문을 상고해 보도록 하자. 이 본문은 우리의 논의와 관련된 중요한 핵심 논제들을 다루고 있다. 곧, 하나님, 하나님의 말씀, 그리고 구원의 성취이다. 이 본문 속에는 삼위일체 가운데 두 위격이 서로 대화하는 모습이 나타난다. 이런 면은 우리가 언어와 의사소통을 이해하는 데 매우 중요한 역할을 한다.

요한복음 17장에서 예수님은 자신의 인성과 신성 양면을 다 나타내고 있다. 17장은 "예수께서 이 말씀을 하시고 눈을 들어 하늘을 우러러 이르시되" 라고 시작한다. 이 부분은 그의 인성을 전제한다. '눈을 들어 하늘을 우러렀다'는 것은 그가 제자들 앞에 육신적으로 현존해 있다는 것을 나타낸다. 제자들이 보고 만질 수 있는 인간 예수께서 요한복음 17장 전체를 말씀하고 계신다. 이 장은 보통 '예수님의 대제사장 기도'라는 이름으로 불린다. 자신을 십자가 위에 희생 제물로 바치기 전, 예수님께서는 제자들을 위하여(11절), 그리고 모든 믿는 자들을 위하여(20절) 기도하신다. 이스라엘의 대제사장이 이스라엘 사람들을 대신하여 자신을 하나님 앞에 보이듯이(히 7:23-28; 민 17:1-18:7; 출 28:29-30), 예수님도 우리 인간의 대표자와 중보자로 하나님 앞에 서신 것이다.

예수님의 말씀은 또한 그의 신성을 반영하기도 한다. "창세전에 내가 아버지와 함께 가졌던 영화"(17:5)에 대해 말씀하시는 것이 그러하다. 여기에 언급된 '나'는 누구이겠는가? 하나님의 아들이신 그분이 성육신의 순간에 사람이 되신 것이다. 이 '나'는 세상이 창조되기 이전에 이미 영광을 가지셨던 분이다. 이 구절은 그의 영원한 존재에 대해 말하고 있다. 곧 예수님의 신성을 나타내는 것이다. 그는 자신의 인성에 근거해서만 말씀하시는 분이 아니라, 자신의 신성에 근거해서도 말씀하시는 분이다. 이 양면이 17장 전체에 걸쳐서 강조되고 있다. 그의 '영광'에 대한 언급이 계속 반복된다. 이 장의 마지막 부분에 가서 예수님은 이렇게 말씀하신다. "아버지께서 창세전부터 나를 사랑하시므로 내게 주신 나의 영광을 그들로 보게 하시기를 원하옵나이다"(24절). 여기에 '아버지께서 나를 사랑하셨다'라는 언급이 나온다. 다시 한 번 '나'는 '창세전부터 존재하셨던 분'이다. 예수 그리스도의 신성을 재확인하고 있다.

이 5절과 24절은 비유적으로 말하자면 책의 앞표지와 마지막 표지 역할을 한다. 나머지 모든 부분들은 이 두 표지 사이에 포함되어 있다. 이를 볼 때 우리는 이 부분 전체가 '말씀'(삼위일체의 제2위)과 '아버지'(삼위일체의 제1위) 사이의 대화라는 것을 알 수 있다.[5]

예수님과 '아버지'의 관계를 우리는 어떻게 알 수 있는가? 삼위일체는 분명히 하나의 신비이다. 하나님은 셋이면서도 하나이다. 아버지와 아들은 모두 영원한 존재로서, 각각 구별되며 또한 서로 말씀을 나누신다. 그들은 서로 안에 거하시며, 따라서 하나이시다(17:21). 아버지는 하나님이시요, 아들 또한 하나님이다(요 1:1; 20:28). 그러면서도 하나님은 오직 하나이시다(신 6:4). 성령님은 "또 다른 보혜사"로서, 아버지와 아들과 구별된다(요 14:16). 그러나 성령의 내주 사역 속에는 아버지와 아들이 또한 함께 거하신다(요 14:23).

요한복음 17장 속에는 성령에 대한 언급이 명시적으로 나타나 있지는 않다. 그러나 성경 다른 곳에서는 성령과 하나님의 영광 사이에 긴밀한 관계가 있다는 것을 보여 준다.[6] 베드로전서 4:14은 "영광의 영 곧 하나님의 영이 너

5. 영어 성경 NIV에서 요한복음 17장 번역을 위해 사용하고 있는 용어들이 썩 만족스럽지는 못하다. NIV에서는 예수님의 대화와 관련하여 '기도하다'와 '기도'라는 단어를 여러 차례 사용한다. 이 단어들은 사람들로 하여금 이 본문을 예수님의 인성의 측면에서 이해하도록 만듦으로써 그의 신성을 도외시하게 할 수 있는 위험을 내포한다. 흔히 사람들은 기도하는 것은 사람이지 하나님은 아니라고 인식하고 있기 때문이다. 헬라어 원문에서는 '기도한다'는 특정 용어가 아니라 '구한다', '말한다'와 같은 일반 용어들을 사용하고 있다. 본문은 물론 예수님의 인성의 측면에서 볼 때는 기도의 성격을 가진다. 그러나 그의 신성의 측면에서 볼 때는 '구함'이며 '말함'임을 기억해야 할 것이다.

6. 참조, Meredith M. Kline, "The Holy Spirit as Covenant Witness," Th.M. thesis, Westminster Theological Seminary, 1972.

희 위에 계심이라"라고 말한다. 이는 구약의 장막 위에 하나님의 영광의 구름이 임했던 것을 연상하면서 읽어야 할 말씀이다.[7] 로마서 6:4과 8:11은 '영광'과 '성령'을 유사한 방식으로 연결시키고 있다. 이와 같이 '영광'은 성령과 긴밀히 연관되어 있다. 성령의 현현 또는 성령 역사의 결과가 영광으로 나타나는 것이다. 그렇다면 요한복음 17장에서도 '영광'이라는 말 속에 성령에 대한 간접적인 암시가 표현되어 있다고 추론할 수 있을 것이다.

하나님의 말씀

하나님의 말씀은 무엇인가?

요한복음 17장은 하나님의 지식과 하나님의 말씀을 결부시키고 있다. 성부와 성자 사이에 말씀이 오간다. 성자께서 성부에게 하시는 말씀을 이 본문 속에서 찾아볼 수 있다. 그뿐만 아니라 성자는 성부께서 그에게 주신 '말씀' 또는 '말씀들'에 대해 언급한다(17:8, 14, 17). 성자는 또한 제자들에게 '말씀들'을 주시며(8절), '이것들을' 말씀하신다(13절). 제자들에게 주신 이 말씀들은 바로 "아버지께서 내게[예수님에게] 주신 말씀들"이다(8절; 비교, 14절).

우리는 요한복음 17장에 나타난 여러 차원의 말씀들을 이렇게 나누어 볼 수 있다. 첫 번째로, 아버지가 아들에게 주시는 '말씀' 또는 '말씀들'이 있다. 두 번째로, 아들이 아버지에게 드리는 말씀이 있다. 17장 전체에 이 말씀이 나타난다. 특히 성자는 자신이 아버지의 말씀을 받았음을 밝힌다. 세 번째로, 아들이 그의 지상 생애 가운데 제자들에게 주시는 말씀이 있다. 아들이 말씀하실 때 아버지도 함께 말씀하신다. "내가 너희에게 이르는 말은 스스로 하는 것이 아니라 아버지께서 내 안에 계셔서 그의 일을 하시는 것이라"(요 14:10).

하나님의 말씀에 대한 이와 같은 언급들 속에는 오늘날 우리가 가지고 있

---

7. 참조, Edward G. Selwyn, *The First Epistle of St. Peter*, 2d ed. (London: Macmillan, 1947), 222-24.

는 기록된 문서로서의 신약성경이 직접 언급되고 있지는 않다. 그러나 이에 대한 암시는 많이 있다. 예수님의 관심은 자기 앞에 있는 제자들에게만 국한되지 않고 "그들의 말로 말미암아 나를[예수님을] 믿는 사람들"(17:20)에게도 미친다. 제자들을 통해 전파되는 메시지 속에는 하나님의 말씀이 현존한다. 그뿐만 아니라 "그들을 진리로 거룩하게 하옵소서 아버지의 말씀은 진리니이다"(17절)라는 예수님의 말씀을 통해 우리가 알 수 있는 것은 아버지의 말씀이 아들을 통해 제자들에게 전해짐으로써 그 말씀이 제자들 속에 있어 이것이 그들을 거룩하게 한다는 사실이다. 성령 또한 그들 가운데 신적 교사로 현존하실 것이다(요 14:26-27; 15:26-27; 16:12-15, 25-28). 이와 같이 아버지와 아들과 성령이 상호 내주하심을 통해 그 말씀에 있어서의 깊은 하나 됨을 이루고 있는 것이다. 예수님은 이렇게 말씀하신다.

> "… 그[성령]가 스스로 말하지 않고 오직 들은 것을 말하며 장래 일을 너희에게 알리시리라 그가 내 영광을 나타내리니 내 것을 가지고 너희에게 알리시겠음이라 무릇 아버지께 있는 것은 다 내 것이라 그러므로 내가 말하기를 그가 내 것을 가지고 너희에게 알리시리라 하였노라"(요 16:13-15)

성경의 역할에 대해 요한복음 17장은 명시적 언급을 주지는 않는다. 그러나 다른 맥락 속에서 볼 때 예수님께서는 구약성경의 참됨을 확인해 주신다(요 10:35; 마 5:17-20; 요 5:45-47). 또한 그는 사도들에게 그의 권위를 위임하신다(요 20:21-23). 신약성경은 여러 가지 방식으로 그 자체가 구약성경과 동일한 신적 기원과 권위를 가진다는 사실을 확인하고 있다(예: 고전 14:37; 15:2-3; 살전 2:13; 벧후 3:16; 계 1:1; 22:18-20 등).[8] 요한복음 17장 역시 신약성경이 영감으

---

8. 성경의 영감에 대해서는 복음주의 학자들의 많은 논의들을 참조할 수 있다. 가장 고전적인 작품으로는 다음을 참조하라. Benjamin B. Warfield, *The Inspiration and Authority of the Bible* (reprint, Philadelphia: Presbyterian and Reformed, 1967). 그 밖에 다음을 참조

로 기록된 것임을 보여 주는 한 예이다. 예수님이 사랑하시는 '그 제자'가 성령의 영감 아래에서 "그들[제자들]의 말로 말미암아 나[예수님]를 믿는 사람들"(17:20)의 유익을 위해 예수님의 말씀을 기록하고 있기 때문이다.

따라서 요한복음의 기록을 통해 오늘날의 독자들도 예수님의 말씀을 받을 수 있게 되었다. 우리는 요한복음에 나타나는 말씀들의 차원을 총 여섯 층으로 나누어 볼 수 있다.

1. 아버지가 아들에게 주시는 말씀(17:8)
2. 아들이 아버지에게 드리는 말씀(17:1-26)
3. 아들이 지상 사역 가운데서 제자들에게 주시는 말씀(17:13)
4. 성령이 아버지와 아들로부터 듣는 말씀(16:13)
5. 성령이 사도들 및 영감을 받은 다른 저자들에게 주시는 말씀(16:14-15)
6. 영감에 의한 기록들을 통해 성령이 우리에게 주시는 말씀(20:31)

삼위일체 안에서의 의사소통

위의 여섯 층들 가운데서 첫째, 둘째, 넷째 층은 특별히 중요한 의의를 가진다. 이는 삼위일체 위격들 사이의 의사소통을 보여 주기 때문이다. 앞서 이미 언급한 것처럼, 요한복음 17장에 기록된 예수님의 말씀은 그의 신성을 내포한다. 아들이신 하나님이 아버지이신 하나님께 말씀드리고 있는 것이다.

하라. Ned B. Stonehouse and Paul Woolley, eds., *The Infallible Word* (reprint, Grand Rapids: Eerdmans, 1953); John W. Montgomery, ed., *God's Inerrant Word* (Minneapolis: Bethany Fellowship, 1974); D. A. Carson and John D. Woodbridge, eds., *Hermeneutics, Authority, and Canon* (Grand Rapids: Zondervan, 1986).

왜 정경이 66권으로 제한되느냐 하는 것은 매우 중요한 질문이다. 이 문제를 이 자리에서 충분히 다루기는 어렵다. 신약 정경과 관련해서는 특히 다음을 참조하라. Herman N. Ridderbos, *Redemptive History and the New Testament Scriptures*, rev. ed. (Phillipsburg, N. J.: Presbyterian and Reformed, 1988). 구약 정경과 관련해서는 다음을 참조하라. Roger T. Beckwith, *The Old Testament Canon of the New Testament Church and Its Background in Early Judaism* (Grand Rapids: Eerdmans, 1985).

마찬가지로 아버지께서 아들에게 주시는 말씀도 신적 위격에게 주시는 신적 말씀이다.

요한복음 17장에서 예수님은 "아버지께서 내게 주신 말씀들"(8절)에 반응하여 행동하시는 분으로 나타나고 있다. 아들로서의 하나님은 먼저 아버지의 말씀을 듣고 이에 따라 반응하신다. 요한복음 17:8의 '내게'는 그 장 전체 속에 나타나고 있는 '나', '나를', '나의 것' 등의 표현들과 마찬가지로 예수님의 신성과 인성을 포함한 인격 전체를 나타낸다. 이 장 전체 속에 나타나고 있는 아버지에 대한 신적 지식이나 아버지와의 유일무이한 친밀성 등의 맥락을 무시하고 예수님의 순전히 인간적 '나'의 측면만을 추출해 내려 하는 것은 매우 부적절하고 인위적인 일이 아닐 수 없다. 요한복음 17장이 보여 주는 예수님의 말씀 속에는 신성과 인성을 포함한 그의 인격 전체가 전제되어 있다.

여기에서 이런 반대가 제기될 수도 있을 것이다. 곧, 요한복음 17장은 구속에 그 초점을 두고 있으며, 따라서 이 장을 역사 속에서의 구속에만 그 범위를 국한시켜서 이해해야 한다는 점이다. 과연 이 본문은 신적 행위에 대한 함의를 가지고 있는가? 이 문제에 답하기 위해 다시 한 번 "아버지께서 내게 주신 말씀들"(17:8)이라는 표현을 살펴보자. 여기에 사용된 '주신'이라는 단어는 18절에서 "아버지께서 나를 세상에 보내신 것같이"라고 할 때 사용된 '보내신'이라는 단어와 긴밀히 연결되어 있다. 아버지께서 '주시고 보내시는' 일을 하시는 주된 목적은 그리스도를 통해 구원의 메시지가 세상에 전해지며 또한 구원이 세상 가운데 존속되도록 하기 위함이다. 주심과 보내심은 이렇게 구속이라는 특수한 사역을 목표로 한다. 이 구속은 역사상의 특별한 시간과 공간 속에서 일어난다. 따라서 이 일은 성육신과 그리스도께서 인성을 가지고 세상 가운데 나타나심이 뒤따라야 하는 일이다.

그런데 그리스도를 세상 가운데 보내신다는 것은 보냄받기 전에 그가 이미 존재한다는 것을 전제한다. 요한복음 1:1은 그리스도의 이 존재 양상이 영원한 선존재임을 명시적으로 밝히고 있다. 따라서 그의 구속 사역은 그의 신성을 결코 배제하지 않는다. 오히려 그의 신성을 전제로 한다. 마찬가지 방식으로 인간으로서의 그리스도에게 무엇을 주심도 신적 아들에게 하나님 지식의 전체를 주심을 전제로 한다(마 11:27).

아버지와 아들이 성령과 의사소통을 나누시는 것 역시 전적으로 신적인 일이다. 성령의 들으심(요 16:13이 제시하듯)은 아버지이신 하나님과 아들이신 하나님께 듣는 것을 말한다. 요한복음 16:15에서 예수님께서 "무릇 아버지께 있는 것은 다 내 것이라"라고 말씀하시는 것은 매우 포괄적인 의미를 가진다. 아버지이신 하나님과 아들이신 하나님이 성령께 말씀하신다.

서구 근대 사상의 영향 아래에서 많은 신학자들은 '말씀하시는 하나님'에 대한 언어가 매우 부적절하고 빗나간 표현이라고 주장한다. 언어 너머에 존재하는 '전적 타자'를 언어 세계 속에서 이야기한다는 것이 논리적으로 모순이라는 것이다.[9] 이런 이야기들은 언어 너머의 초월자에 대한 조작된 제시에 지나지 않는다고 보는 것이다. 그러나 요한복음 17장은 매우 단호한 입장을 취한다. 여기에 기록된 구체적인 발화들은 하나님에 의해, 하나님께 드려진 말들이다. 곧, 신적 담화(divine discourse)인 것이다.

신적 무한 의미

의사소통의 당사자인 화자와 청자 모두가 신적 존재인 경우에는 그 담화의 깊이가 가장 심오해진다. 그렇다면 우리 유한한 인간들이 어떻게 그 의사소통의 깊이를 헤아릴 수 있을 것인가?

수년간 결혼 생활을 함께한 부부의 경우, 서로가 함께 나눈 풍부한 경험들의 기억에 근거해서 서로에게만 통하는 어떤 코드화된 말을 가지게 되는 경

9. 이에 대해서는 다음을 참조하라. Nicholas Wolterstorff, *Divine Discourse: Philosophical Reflections on the Claim That God Speaks* (Cambridge: Cambridge University Press, 1995), 1-74.

우가 많다. 예를 들어, 서로에게 "빨간 장미"라는 말은 오랫동안 함께 나누어 왔던 용서와 화해의 의미를 가질 것이다. 또는 "거꾸로 찬 기저귀"라는 말은 서로에게 유쾌한 웃음을 안겨 주는 공통의 기억을 떠올릴 것이다.

농담의 경우도 유사하다. 죄수 한 사람이 놀이 시설이라곤 하나도 없는 썰렁한 감옥에 수감되었다. 거기서 그는 옹기종기 모여 앉은 한 무리의 죄수들 속에 끼게 되었다. 그런데 말없이 앉아 있던 죄수 중 하나가 "14"라고 말하자 다른 죄수들이 웃기 시작한다. 이번에는 다른 죄수가 "29"라고 말하자 더 요란한 웃음이 터져 나왔다. 또 다른 죄수가 "55"라고 말하자 모든 죄수들이 포복절도를 한다.

새로 들어온 죄수는 궁금해서 견딜 수 없었다. "지금 무슨 이야길 하고 있는 거요?" 곁에 앉은 죄수가 설명해 주었다. "아, 이 감옥에는 말이요, 유머 책이 딱 하나 있지. 그 내용을 수도 없이 들었기 때문에 수감자들이 그 내용을 달달 외웠어. 그러니 이젠 번호만 이야기해도 그게 무슨 내용인지 다 안단 말이오."

이 말을 들은 신참이 자기도 해 보고 싶은 마음이 들어 견딜 수 없었다. 그래서 "17"이라고 큰 소리로 말했다. 그런데 웬걸, 웃는 사람이 아무도 없었다. "아니, 왜 아무도 웃지를 않는 거요?" 곁에 앉은 죄수가 말했다. "그것 하나만 썰렁한 이야기거든."

이렇게 사람들 사이에서도 몇 마디 말로도 풍성한 의미들을 나누는 것이 가능하다. 그렇다면 삼위 하나님 상호 간의 의사소통은 어떠하겠는가?

예를 들어, "아버지여 창세전에 내가 아버지와 함께 가졌던 영화로써 지금도 아버지와 함께 나를 영화롭게 하옵소서"(요 17:5)라는 예수님의 요청을 생각해 보자. 이 구절의 하나하나의 부분들이 아버지와 아들이 공유하는 지식의 깊이를 반영하고 있다. "영화"라는 말은 그들 서로가 알고 있는 신적 존귀와 위엄의 무한한 부요를 나타내는 말이다. "내가 아버지와 함께 가졌던"이라는 말은 삼위일체 위격들 사이의 상호 내주와 공유를 가리킨다. "나", "너

(아버지)"라는 말들은 신적 위격들 사이에서만 서로 온전히 알 수 있는, 신적 위격들 간의 관계의 충만함을 가리킨다. 특히 "아버지"라는 말은 아버지와 아들 사이의 친밀한 사랑을 비추어 준다. "나를 영화롭게 하옵소서"하는 말 속에는 구속 사역의 전체적인 계획이 담겨 있다. 그 속에는 예수 그리스도의 십자가 죽음, 부활, 승천, 하나님의 오른편에 앉으심, 그리고 다시 오심의 과정 전체가 다 포함된다(요 17:24-26). 상황에 따라 어떤 부분이 다른 부분보다 더 강조되기도 하겠지만, 하나님의 구속 계획 속에는 이 모든 것들이 다 포함된다. "아버지와 함께"라는 말은 오직 아들만이 알고 있는 아버지와 함께함의 특별한 경험을 나타내고 있다(요 1:1).

이것을 볼 때 아버지와 아들 간의 의사소통은 그 안에 무한한 내용을 담고 있음을 알 수 있다. 물론 누군가는 여기에서 하나의 역설을 지적할 것이다. 어떻게 유한한 인간의 언어가 이 무한한 내용을 다 담아낼 수 있겠는가 하는 점이다. 우리는 여기에 대해서 이렇게 답할 수 있을 것이다. 요한복음 17장의 인간 독자들에게 전달된 내용은 분명 유한하다. 그러나 그 의사소통에는 한 신적 위격이 다른 신적 위격에게 전하신 무한한 내용이 담겨 있다. 이런 상황 자체가 역설적일 수밖에 없다.

우리는 여기에서 이런 문제를 제기할 수 있다. 언어가 지칭하는 지시체는 무한한데 그 의미는 유한하다고 말할 수 있을 것인가? 언어의 뜻(sense)은 주어진 말의 유한한 기능에 한정된다. 그러나 그 말이 가리키는 지시체는 무한한 내용을 가질 수 있다. 하나의 예를 들어서 이를 설명해 보자. 가령 내가 이런 말을 한다고 하자. "웰링턴은 1815년의 워털루 전쟁에서 한 프랑스 장군을 물리쳤다." 내가 한 말은 나폴레옹에 대한 매우 제한된 정보만을 제공하고 있다. 보다 많은 정보는 백과사전에서 나폴레옹 항목을 찾아보면 얻을 수 있을 것이다. 우리는 여기에서 언어적 의미와 백과사전적 정보를 구분하고 있다. 유사한 방식으로 하나님에 대해서도 이렇게 말할 수 있을 것이다. 하나님은 모든 사실에 대한 완전한 백과사전적 지식을 가지고 계신다. 그러나 누군가에게 말씀하실 때 하나님은 그 말 속에 이 지식 모두를 다 담아서 말할 필요는 없다.

이렇게만 보면 문제가 간단한 것 같지만, 실제로는 문제가 그렇게 간단하지는 않다. 예를 들어 요한복음 17:5의 "나를 영화롭게 하옵소서"라는 말 속에는 하나님의 구원 계획의 정점을 이루는 모든 사건들, 그리고 그 구체적이고 일반적인 모든 의의 등이 다 포함된다. 이 말 속에는 여전히 무한성의 요소가 포함되어 있다. 앞의 나폴레옹의 유비가 이 경우에도 잘 통할 것인가? 나폴레옹에 대한 나의 제한된 언급을 어떤 역사 전문가가 듣게 되었다고 하자. 이 말은 그에게 나폴레옹과 관련된 수많은 기억들을 떠올리게 할 것이다. 그러나 그 기억들은 내 말 속에 함의되었던 바가 아니다. 심지어 그 역사 전문가가 알고 있는 사실들을 나는 모를 수도 있다. 그의 기억들을 불러일으킨 것은 실상 내가 의도하지 않았던 부차적 효과인 것이다.

요한복음 17:5의 경우는 어떠한가? 이 구절도 우리가 그런 방식으로 설명할 수 있을까? 그렇지 않다. 예수님께서 아버지께 요청의 말씀을 드릴 때에는 그의 말이 자신과는 상관없는 아버지의 기억들을 상기시키는 말로 그치지 않는다. 그의 말은 아버지와 아들이 공유하는 지식에 근거한다. 아들은 아버지께 서로가 알고 있는 계획의 범주 속에서 모든 일을 행하실 것을 요청하고 있다. 구속 계획 속에 포함된 A, B, C, D 등의 일들을 그 일들의 상호 관계와 그 전적인 의의 가운데서 하나도 남김없이 이제 이루어 주실 것을 요청하고 있는 것이다. 그는 행위들과 목적들의 무한성의 맥락 속에서 이를 요청하고 있다. 보다 쉽게 표현하자면, 그의 하나의 포괄적인 요청의 말씀 속에는 무한한 부가적 요청들이 함의적으로 포함되어 있다는 것이다. 아들은 그의 말과는 상관없는 별도의 무한성을 암시하고 있는 것이 아니다. 그는 자신의 요청 행위 속에 무한성을 담아서 표현하고 있다. 이 무한한 함의들을 아들은 아버지께 전하고 있고, 아버지는 이를 이해한다. 유한한 존재들인 우리 인간들로서는 우리의 말 속에 이 무한성의 차원을 다 담을 수 없지만, 성부와 성자 사이에서는 그 무한한 공유 지식 가운데서, 아들은 단 하나의 문장으로도 무한한 내용을 담은 요청의 말을 아버지께 드릴 수 있는 것이다.

이는 요한복음 17:4의 예수님의 선언적 말씀에 대해서도 동일하게 적용된다. "아버지께서 내게 하라고 주신 일을 내가 이루어 아버지를 이 세상에서 영화롭게 하였사오니"라고 할 때, "아버지께서 내게 하라고 주신 [그] 일" 속에는 무한대의 함의들이 포함된다. 다시 말해서 예수님은 '그 일'에 속하는 A, B, C, D 등의 일들을 다 이루셨음을 함의적으로 선포하고 있는 것이다.

이상을 종합해 볼 때, 요한복음 17장의 일부 신적 말씀 속에는 무한히 풍부한 내용, 곧 무한 의미가 포함되어 있다는 것을 알 수 있다. 그런데 요한복음 17장 속에는 다른 차원의 내용들도 많이 나온다. 많은 부분에서 우리는 아들이 아버지께 '이 세상에 속한' 일들과 사건들에 대해 말씀드리고 있는 것을 발견한다. 이런 일들은 유한한 성격의 일들일 뿐이지 않은가? 이 세상과 그 안의 창조물들은 유한하다. 그러나 이 세상 속에서의 중심적인 구속 사건들은 삼위일체 위격들의 상호 행위 가운데서 섭리적 행위들의 결과로 이루어진 사건들이다. 비록 이 세상 속에서 일어난 일들이지만 그 배후에는 신적 행위가 내포되어 있다. 하나님은 세상 속에서 일어나는 모든 일을 계획하시고, 조정하시고, 또한 능력 있게 배치하신다(애 3:37-38; 엡 1:11). 하나님이 행하시는 일들은 무한히 부요하시고 우리는 그 의미를 다 헤아릴 수 없다. 우리는 여기에서 요한복음 17장에 나오는 여타의 말씀들도 역시 그 신적 지식의 맥락에서 볼 때 모두가 무한 의미를 포함한다고 결론지을 수 있을 것이다. 삼위일체 하나님의 신적, 상호 인격적 관계 가운데서 서로를 향한 요청과 주장과 순종의 발화 행위들이 일어나고 있는 것이다.

어떻게 이런 일들이 가능한가? 우리가 생각하기에 말이란 인간 언어에 속할 뿐이다. 따라서 그 자체는 유한성을 가지며 파생적일 따름이다. 그렇다. 이런 언어의 세계 속에서 무한 의미를 말한다는 것은 하나의 영원한 신비이다. 우리가 이를 파헤치기 위해 여기에서 언어에 대한 광범위한 분석을 시도

하려 하면 이 책의 논점을 많이 벗어나고 말 것이다. 따라서 몇 가지 원리적인 요소들을 확인하는 것으로 만족하고자 한다.

첫째, 하나님은 요한복음 17장에 나타나는 단어들을 문장들로, 그리고 담화로 조합하신다. 하나님은 일상적 맥락 속에서 늘 사용되는 단어들을 통해 뭔가 새롭고, 뭔가 특별한 것을 말씀하신다. 요한복음 17장에 기록된 예수님의 말씀은 단어들을 기계적으로, 또는 되는 대로 쌓아 놓음으로 이루어진 것이 결코 아니다. 그 전체의 의미는 각 개별 단어들의 뜻을 합산한 것에 그치지 않는다. 오히려 전체로서 그 자체의 고유한 품격을 가진다.

둘째, 담화들이 의미를 갖는 것은 화자와 청자, 그리고 상황이라는 세 조건이 갖추어지는 맥락 속에서이다. 요한복음 17장 말씀이 신적 무한 의미를 가지게 되는 것은 이 특별한 말씀이 아들과 아버지가 공유하는 지식의 맥락 속에서 이야기된 것이기 때문에 그러하다. 남편과 아내는 단 몇 개의 단어만을 사용해서도 서로 간에 풍부한 지식을 나눌 수 있다. 판사가 재판의 맥락 가운데서 피고인을 향해 "유죄!"라고 선고하고 나면 엄중한 결과가 뒤따른다.[10]

셋째, 말은 인간적 기원을 가진 인간의 전유물만은 아니다. 흔히 물질주의적 시각에 경도된 서구 문화에는 이런 인식이 팽배해 있다. 그러나 그렇게 되는 원인은 서구인들이 하나님을 떠나고 있기 때문이다. 하나님의 현존으로부터 도피하고 있는 것이다. 성경은(특히 요한복음 17장은) 우리가 '인간' 언어라고 말하는 것이 결코 인간만의 언어가 아니라는 것을 상기시킨다. 우리는 언어를 하나님과 공유한다. 하나님은 이 언어를 통해 말씀하시고 또한 들으신다.

이런 상황은 태초부터 그러했다. 심지어 인간이 존재하기도 전에 하나님은 이 세상과 그 안에 있는 것을 창조하기 위해 말씀하셨다. "빛이 있으

10. 이와 같이 말을 '화행'(話行, speech-act) 곧 행위의 일환으로 이해하는 관점에 대해서는 다음을 참조하라. Wolterstorff, *Divine Discourse*, 85-89.

라" 하시매 빛이 있었다(창 1:3). 사람을 만드시기 전에 하나님은 자신에게 말씀하셨다. "우리의 형상을 따라 우리의 모양대로 우리가 사람을 만들고"(창 1:26). 여기에서 '우리' 또는 '우리의'라는 단어들은 복수로 되어 있다. 창세기 3:22에서 "우리 중 하나"라는 표현을 사용하심으로 이 복수성이 진정한 것임을 확인시켜 주신다. 해석자들에 따라서는 이 언급이 하나님 자신을 가리키는 것인지 아니면 수종 드는 천사들을 포함하는 말인지(욥 1:6; 2:1; 왕상 22:19-22; 시 89:5-7 등에서와 같이) 의견이 분분하다. 하지만 천사들의 회의라는 것도 하나님께서 자신의 지혜와 스스로 말씀을 나누시는 것에 대한 한 창조된 그림자나 반영에 지나지 않는다(참조, 잠 8:22-31). 따라서 우리는 이 표현을 하나님 자신에 대한 언급으로 보는 것이 가장 적합하다.

여기에 비추어 볼 때, 요한복음 17장에 기록된 아들과 아버지 사이의 대화는 결코 생소하고 낯선 현상이라고 말할 수 없다. 이는 태초부터 있었던 하나님의 말씀하심의 또 다른 한 예라고 볼 수 있다.

창세기에 기록된 말씀의 성격을 다시 한 번 살펴보자. 창세기 1:26의 하나님 말씀은 하나님께서 자신이 창조하신 사람들과 나누게 될 말씀의 기초를 이룬다. 사람을 창조하신 후에 바로 이어서 하나님은 사람에게 "생육하고 번성하여 땅에 충만하라, 땅을 정복하라"라고 말씀하신다(창 1:28). 하나님께서 자신이 지으신 것들에 이름을 주시듯이, 아담 역시 동물들에게 이름을 준다(창 2:19-20). 사람의 말이 가능한 것은 하나님께서 사람을 그분의 형상대로, 그분의 모양대로 만드셨기 때문이다. 사람의 말은 이렇게 하나님의 말씀을 본뜬 것이며, 또한 그것과 유비를 이룬다.

그뿐만 아니라, 사람의 말이 하나님과 사람 모두에 의해 공통적으로 사용되고 있다. 하나님과 사람은 사람의 말을 통해 서로 대화한다(창 3:9-19). 이렇게 볼 때, 언어는 하나님과 사람 모두가 이를 통해 인격적이고 영적이며 또한 책임 있는 관계를 서로 간에 표현하고 증진시킬 수 있는 가장 중요한 방식이다.

따라서 우리가 '인간' 언어라고 말하는 것은 일방적이고 또한 오도의 위험성을 가진 표현이다. "그는[하나님은] 우리 각 사람에게서 멀리 계시지 아니하도다"(행 17:27). 땅 위의 모든 인간 언어는 하나님의 언어이기도 하다. 하나님의 섭리와 지혜 가운데서 하나님이 말씀하시는 수단으로 이 언어들이 고안되고 통제되고 있기 때문이다.

어떤 사람들은 여기에 대해 이렇게 반대할 것이다. "그건 말도 안 되는 소리야. 인간의 언어는 인간의 성대, 인간의 청각, 인간의 두뇌, 그리고 물리적 파장 등을 포함하는 현상이야. 이런 요소들은 세상적 현상이지 결코 신적 현상이 아니야."

맞는 말이다. 예수 그리스도의 인성 역시 그러하다. 성육신 상태에서 예수님은 성대와 귀와 두뇌와 그 밖의 인간적 요소들을 다 가지고 계신다. 그리고 이 모든 것들을 사용하셔서 말씀하신다. 그렇다고 해서 이 수단들이 신적 성질을 가지게 되는 것은 아니다. 역으로 이런 수단들을 통해 말씀하신다고 해서 그의 신적 말씀이 신성을 상실하는 것도 아니다.

언어 수단이 변경된다고 해서 그 언어의 의미가 달라지는 것은 아니라는 점을 이해하는 것이 도움이 될 것이다. 어떤 사람이 하는 말은 공기 파장을 통해 전달될 수도 있고, 마이크를 타고 전달될 수도 있다. 또는 라디오를 통해 전달될 수도 있고 녹음테이프를 통해 전달될 수도 있을 것이다. 오늘날처럼 시디롬(CD-Rom)이나 더 발전된 수단들을 사용할 수도 있다. 심지어는 물리적인 기록들이 모두 없어져 버리고 난 뒤에라도 말은 사람들의 기억 속에 계속 남아 있을 수 있다.

예수님께서는 "천지는 없어질지언정 내 말은 없어지지 아니하리라"라고 말씀하신다(마 24:35). 이것이 무슨 의미인가? 예수님의 말을 담고 있는 성경책이나 다른 매체들이 닳지도, 타지도 않을 것임을 말하는 것이 아니다. 만일 가상적으로 모든 성경책이 다 없어지는 상황이 생긴다 할지라도, 그 말씀 전부를 하나님은 그분의 마음으로부터 얼마든지 다시 복원하실 수 있을 것이다(참조, 렘 36:28-32).

사람의 말이라도 시간이 흐른다고 해서 증발되거나 사라지지 않는다. "내가 너희에게 이르노니 사람이 무슨 무익한 말을 하든지 심판 날에 이에 대하여 심문을 받으리니 네 말로 의롭다 함을 받고 네 말로 정죄함을 받으리라" (마 12:36-37). 사람이 하는 말은 바위처럼 아무 의식 없이 덩그렇게 놓여 있는 그런 죽은 물체가 아니다. 사람의 말은 하나님 존전에서의 인격적 행위이다. 사람은 하나님의 영원히 존속하는 진리를 좇아 참된 것을 말한다. 아니면 진리를 따라 말하지 아니하고 결과적으로 진리를 거스르게 되기도 한다. 사람은 하나님의 명하심의 권위에 맞추어 명령의 말을 발한다. 아니면 하나님의 법도를 어기고 부당한 명령들을 발하기도 한다. 이와 같이 인간의 언어는 하나님의 말씀과 하나님의 지식, 하나님의 법도로 구성된 맥락의 그물망 속에 그 자리를 가진다. 언어의 맥락이 순전히 인간적일 뿐이라는 인식은 서구 근대 사회가 만들어 낸 영적 무지에 불과하다.

우리의 결론은 하나님께서 언어를 통해 인간에게 말씀하실 수 있다는 것이다. 과연 하나님은 그렇게 하시는가? 창세기 1:28 등은 하나님께서 그렇게 하시는 분이심을 보여 준다. 예수님이 지상 사역 중 제자들에게 말씀하실 때 하나님은 그 가운데서 말씀하셨다. 시내산에서 하나님은 이스라엘 백성에게 십계명을 큰 소리로 말씀하셨다(출 20:1-19; 신 5:22).

오늘의 우리는 성경을 통해 하나님께서 말씀하시는 것을 듣는다. 성경은 이와 같은 하나님의 말씀에 대한 후대의 기록, 또는 인간의 보고물일 뿐인가? 아니면 성경은 하나님의 말씀인가? 이것은 우리가 다음으로 다루어 보고자 하는 주제이다.

제3장

성경은 과연 어떤 책인가?

성경의 본질이 무엇인지를 생각해 보도록 하자. 그리스도인 기호의 성경 공부 그룹에서는 이 주제를 토의해 보기로 했다.

"

- **해석학자 형진**: 우리가 본문을 더 깊이 다루기 전에 먼저 성경이 무엇이며, 또 성경이 어떤 종류의 의사소통인지를 생각해 보아야 하지 않을까?
- **교리주의자 교선**: 형진아, 그건 쉬운 문제야. 성경은 하나님의 말씀이야.
- **해석학자 형진**: 하지만 오늘날에는 많은 사람들이 그렇게 믿고 있지 않아.
- **교리주의자 교선**: 네 말이 맞아. 불신자들이나 자유주의자들은 그 사실을 받아들이지 않지. 그러나 우리가 예수님의 가르침이나 성경의 다른 가르침들을 믿음으로 받아들인다면 문제는 달라져. 우리는 성경 본문을 영감설과 성경 권위 이론에 근거해서 공부할 수 있는 거야.
- **경건주의자 경민**: 난 그런 교리적인 출발점은 반대해. 우리는 적어도 성경이 하나님 말씀이라는 사실은 다 믿고 있는 것 아냐? 그렇다면 우린 모두 하나님이 말씀하시는 것을 듣기만 하면 되는 거야.
- **객관주의자 관수**: 그건 너무 성급한 결론이야. 우린 모두 인간 저자들이 말하는 것을 우선 들어야 해. 우리가 인간 저자들을 지나쳐 버리면 주관주의에 빠

지게 돼. 우리 생각에 하나님이 말씀하시는 것이라고 여겨지는 것, 또는 자기 머리에 떠오르는 좋은 생각 등을 하나님의 이름으로 말하게 될 위험이 크지.

- **문화 변혁가 문호**: 하나님 말씀이 창조 세계 전체를 다스린다고 성경 자체가 말하고 있지 않아? 그렇다면 우리가 하나님의 말씀을 어떻게 한 책의 테두리 안에서만 논할 수 있을까?
- **교리주의자 교선**: 아무래도 우린 하나님 말씀에 대해 성경이 뭘 가르치고 있는지 그것부터 먼저 공부해야 하겠어.
- **사실주의자 상직**: 그전에 우린 성경이 어떻게 생겨나게 되었는지 사실적인 면부터 알아야 하지 않을까? 이 사실들이 우리로 하여금 성경을 어떤 책으로 보아야 할 것인지 잘 알려 줄 것이라고 생각해.

99

하나님의 말씀

성경 자체가 성경이 곧 인간을 향한 하나님의 말씀이라고 가르친다. 성경이 말하는 것이 곧 하나님이 말씀하시는 것이다. 성경이 만들어지기까지 많은 사람들이 관여했다. 그러나 이 모든 과정을 이끌고 관장하신 분은 하나님이시다. 따라서 그 기록된 결과는 인간의 산물로만 그치는 것이 아니라 하나님께서 행하신 의사소통이다.

이런 사실을 단적으로 보여 주는 고전적인 본문이 베드로후서 1:21과 디모데후서 3:16이다. 베드로후서 1:21은 이렇게 말한다. "예언은 언제든지 사람의 뜻으로 낸 것이 아니요 오직 성령의 감동하심을 받은 사람들이 하나님께 받아 말한 것임이라." 디모데후서 3:16은 "하나님의 감동(*theopneustos*)"이란 용어를 사용하여 이런 점을 더욱 강조한다. 이는 성경이 하나님의 숨결로 기록된 책이라는 것을 말한다. 성경의 영감을 다루는 많은 고전적인 책들에서 상세히 다루고 있는 내용을 여기서 되풀이할 필요는 없다고 본다.[11]

예수님 또한 성경의 권위를 인정하신다. 그는 지상에서의 삶의 모든 순간 동안 자신의 행적들을 통해 구약이 성취되고 있다는 인식을 가지고 사셨다(마 26:54; 눅 24:24-27, 44-49). 그는 명시적으로 구약의 권위를 인정하셨다(마 5:17-20; 요 10:35). 창세기 2:24의 "남자가 부모를 떠나 그의 아내와 합하여 둘이 한 몸을 이룰지로다"와 같은 말씀을 인용하시면서도 이것이 하나님께서 말씀하신 것이라 밝히신다(마 19:5).

성경이 하나님의 말씀이라면, 당연히 거기에는 하나님의 신실하심, 의로우심, 정결하심이 담길 수밖에 없다. 우리는 성경이 주장하는 것을 믿어야 하고, 그 약속을 의지해야 하며, 그 명령에 순종해야 하고, 또한 그 기록된 내용들을 마치 하나님 자신을 대하듯이 대하지 않을 수 없다. 무엇보다 하나님은 거짓말하지 않으시는 분인 만큼(민 23:19), 성경 또한 거짓말을 하지 않는다. 성경이 말하는 것들은 전적으로 참되다. 성경에는 오류가 없다.[12]

성경의 핵심은 언약이다

하나님께서 인간을 상대하여 말씀하실 때 사용하시는 주된 의사소통 방식

---

11. 이와 관련된 주요한 책들로는 다음을 참조하라. Benjamin B. Warfield, *The Inspiration and Authority of the Bible* (reprint, Philadelphia: Presbyterian and Reformed, 1967); Louis Gaussen, *Theopneustia: The Bible, Its Divine Origin and Entire Inspiration* (reprint as *The Divine Inspiration of the Bible*, Grand Rapids: Kregel, 1971); Ned B. Stonehouse and Paul Woolley, eds., *The Infallible Word* (reprint, Grand Rapids: Eerdmans, 1953); John W. Montgomery, ed., *God's Inerrant Word* (Minneapolis: Bethany Fellowship, 1974); D. A. Carson and John Woodbridge, eds., *Scripture and Truth* (Grand Rapids: Zondervan, 1983); D. A. Carson and John Woodbridge, eds., *Hermeneutics, Authority, and Canon* (Grand Rapids: Zondervan, 1986).
12. 성경의 무오류성과 관련하여 많은 논란이 제기되고 있는데, 이에 대해서는 다음을 참조하라. Jack Rogers and Donald McKim, *The Authority and Interpretation of the Bible: An Historical Approach* (New York: Harper & Row, 1979); Donald K. McKim, ed., *The Authoritative Word: Essays on the Nature of Scripture* (Grand Rapids: Eerdmans, 1983). 이에 대한 응답으로는 다음을 보라. John D. Woodbridge, *Biblical Authority: A Critique of the Rogers/McKim Proposal* (Grand Rapids: Zondervan, 1982). 성경의 무오류성을 인정한다는 것은 성경 해석에 있어서 하나의 경직된 접근 방식을 취한다는 의미는 결코 아니다. 이에 대해서는 다음을 참조하라. Moisés Silva, "Ned B. Stonehouse and Redaction Criticism," *Westminster Theological Journal* 40 (1977-78): 77-88, 281-303.

은 언약이라는 형식을 갖는다. 예를 들어 보자.

"하나님이 노아와 그와 함께한 아들들에게 말씀하여 이르시되 내가 내 언약을 너희와 너희 후손과 … 세우리니"(창 9:8-10)

"그날에 여호와께서 아브람과 더불어 언약을 세워 이르시되 내가 이 땅을 애굽 강에서부터 그 큰 강 유브라데까지 네 자손에게 주노니"(창 15:18)

"언약서를 가져다가 백성에게 낭독하여 듣게 하니 그들이 이르되 여호와의 모든 말씀을 우리가 준행하리이다"(출 24:7)

"이것은 죄 사함을 얻게 하려고 많은 사람을 위하여 흘리는 바 나의 피 곧 언약의 피니라"(마 26:28)

"그가 또한 우리를 새 언약의 일꾼 되기에 만족하게 하셨으니 율법 조문으로 하지 아니하고 오직 영으로 함이니 율법 조문은 죽이는 것이요 영은 살리는 것이니라"(고후 3:6)

"이로 말미암아 그는 새 언약의 중보자시니 이는 첫 언약 때에 범한 죄에서 속량하려고 죽으사 부르심을 입은 자로 하여금 영원한 기업의 약속을 얻게 하려 하심이라"(히 9:15)[13]

---

13. 이 본문들을 인용하면서 나는 이 본문들의 해석과 관련한 학자들의 논의를 염두에 두고 있다. 하지만 이런 논의들, 특별히 주류 역사 비평적 접근 방식에 관한 것들을 일일이 소개하다 보면 우리의 글이 난삽해질 것이다. 이런 주류 학문적 논의들이 기반을 두고 있는 전제들이 얼마나 문제가 많은지는 나중에 이 책의 후반부에서 언급될 것이다. "수용된" 관점이라고 해서 무비판적으로 받아들여서는 안 된다. 재고되어야 할 것은 성경이 아니라 학자들의 학문적 기준이다.

시내산에서 모세를 통하여 세우신 시내산 언약은 특별한 중요성을 가진다. 왜냐하면 이는 "언약서" 또는 "언약의 책"(출 24:7)이라는 이름으로 문서화되어 있기 때문이다. 이 "책"은 아마도 출애굽기 20-23장을 가리키는 것으로 보인다. 이 언약의 중심에는 십계명이 놓여 있다. 이를 가리켜 "언약의 말씀"(출 34:27-28) 또는 간단하게 "그의 언약"(신 4:13; 참조, 5:2)이라 부른다. 하나님은 모세에게 십계명을 담고 있는(신 5:22) "언약의 돌판들"(신 9:9-11)을 "언약 궤"(신 10:2, 5, 8) 안에 넣으라고 명하신다. 이 언약의 중심이 되는 십계명 위에 또 다른 말씀들이 시간이 흐름에 따라 더하여졌다. "호렙[시내산]에서 이스라엘 자손과 세우신 언약 외에 여호와께서 모세에게 명령하여 모압 땅에서 그들과 세우신 언약의 말씀"(신 29:1)을 또한 주셨는데, 이 말씀은 신명기에 수록되어 있다. 모세는 이 기록을 레위인들에게 맡겨서 언약궤 곁에 두도록 명한다(신 31:24-26).

기록된 말씀을 잘 보관하도록 맡기는 이 일은 대단히 중요한 의미를 가진다. 클라인(Meredith G. Kline)은 이것이 정경 형성의 최초 단계라고 보고 있다. 하나님으로부터 산출된 일단의 거룩한 문서를 잘 보존하여 "너희에게 증거가 되게 하라"(신 31:26)라고 하신 것이다.[14] 우리는 클라인의 글을 여기서 길게 다룰 수는 없다. 다만 우리가 주목하고자 하는 것은 정경이 가진 언약의 구조이다. 역사 초기에 하나님께서는 인간들에게 구두로 말씀하셨다. 그러다가 처음으로 기록된 말씀이 생겨나기 시작했다. 십계명이 적힌 돌판 같은 것이 그것이다. 이 기록된 말씀은 곧 언약이다. 이후에 더하여진 말씀들은 "율법책"(신 31:25-26)과 같은 형태로 자리를 잡게 되었고, 이 역시 "언약"이라는 이름으로 불린다(신 29:1). 이 모든 기록 자료들은 그 자체가 거룩한 것들이기에 성막의 지성소에 보관되었다. 하나님은 이후에도 더 많은 말씀이 선지자들을 통해 주어질 것이라고 예고하신다(신 18:15-22). 이 이후의 말씀들을

---

14. Meredith G. Kline, *The Structure of Biblical Authority* (Grand Rapids: Eerdmans, 1972).

가리켜 하나님은 "내 말"(신 18:18)이라고 말씀하시는데, 실제로 이후의 선지자들은 "여호와께서 이같이 말씀하신다."라는 표현을 늘 사용했다. 결과적으로 이스라엘은 이 후대의 말씀들을, 먼저 주신 언약의 말씀들에 대한 보완이요 강화로 이해했다. 이런 방식으로 후대의 말씀들이 첨가된 형태로서의 정경 전체가 확고하게 언약의 성격을 가지게 된 것이다.

하나님께서 사람들과 맺으시는 개개의 특정 언약들은 성경 전체를 통해 하나님께서 하시는 일이 무엇인지를 들여다볼 수 있게 하는 하나의 창 또는 관점의 역할을 한다.

그렇다면 언약이란 무엇인가? 사람들과 맺으시는 하나님의 언약은 두 당사자들, 곧 주 되신 하나님과 그 종들인 사람들 사이의 합의이다. 하나님은 약속의 형태로 자신을 우리에게 묶으신다. 우리는 계명 준수의 형태로 하나님께 대하여 우리의 의무를 진다.

고대 근동에서는 언약 조약들 안에 이 외에도 다른 요소들이 더 포함되는 것이 통례였다. 그 내용은 이런 것들이다: 1) 언약의 종주가 누구인지를 밝힘; 2) 과거에 시혜된 특혜들이 무엇인지를 열거함; 3) 백성이 행해야 할 의무 조항들을 열거함; 4) 순종과 불순종에 따른 축복과 저주; 5) 언약을 어떻게 알릴 것인지와 관련된 조치들, 예를 들어 언약 문서의 보존, 공포, 다음 세대에의 전수 등.[15] 우리는 이런 요소들이 출애굽기 20장과 신명기에 등장하는 것을 볼 수 있다.[16] 좀 더 넓게 보자면, 신명기 31장에 근거할 때, 우리는 성경 전체를 이런 관점으로 바라볼 수 있다. 성경 전체는 언약의 종주이신 하나님을 중심으로 한다. 또한 성경은 하나님께서 우리의 유익을 위하여 행하신 일들의 역사를 기록한다. 또한 성경은 하나님의 약속들이 무엇이며 우리의 의무들이 무엇인지를 밝힌다. 또한 거기에 따른 축복과 저주가 언급되

15. Kline, *The Structure of Biblical Authority*.

16. Meredith G, Kline, *Treaty of the Great King: The Covenant Structure of Deuteronomy: Studies and Commentary* (Grand Rapids: Eerdmans, 1963).

고 있다. 더 나아가서 성경은 다가오는 모든 세대에 이 언약이 어떻게 전수되어야 할 것인지를 언급한다.

이처럼 하나님은 언약을 통해 그분 백성과의 사이에 매우 친밀한 개별적 관계를 이루어 가신다. 그것은 대표적인 언약 문구인 "나는 … 너희의 하나님이 되고 너희는 내 백성이 될 것이니라"(레 26:12; 비교, 출 6:7)라는 말씀 속에 잘 나타난다.

이와 유사한 방식으로 말과 행위와 친밀성이 함께 결합되는 형태는 요한복음 17장에도 그 예가 나타난다. 아버지께서는 아들에게 말씀을 주신다(8절). 아버지는 아들 안에, 또한 아들은 아버지 안에 서로 거하심을 통해 친밀한 상호 관계가 이루어진다(21-22절). 아버지와 아들은 서로 영광을 주고받는다(4-5, 24절). 아버지와 아들은 또한 서로의 것을 공유한다(10절).

그리스도인 기호의 성경 공부 그룹 토의에서 나타나는 경건주의자 경민의 입장은 인격적 친밀성의 차원에만 초점을 맞춘다. 반면 교리주의자 교선의 입장은 말로 표현된 언어적 내용(가르침)에만 초점을 맞춘다. 문화 변혁가 문호의 경우는 세상을 변화시키는 실천적 행위 차원에만 관심을 기울인다. 예전주의자 예지 같으면 하나님과의 언약을 확인하고 갱신하는 예전에만 관심을 가질 것이다. 그리고 사실주의자 상직은 과거에 일어난 사건들의 사실적 기록 외에는 달리 관심이 없을 것이다. 하지만 언약적 관계 안에는 이 모든 요소들이 포함되며, 이들이 모두 모여서 하나의 단일체를 이룬다.

이것이 성경을 해석하는 데 어떤 함의를 가지는가? 우리는 경건주의자, 교리주의자, 문화 변혁가, 예전주의자, 사실주의자가 가진 통찰 모두를 결합시켜야 한다. 성경을 이해한다는 것은 하나님과 우리 사이의 언약을 이해하는 것을 말한다. 이런 이해는 끝이 없다. 우선 성경에는 많은 중요한 특정 언약들이 나타난다. 노아와의 언약, 아브라함과의 언약, 이삭과 야곱과의 언약, 모세 언약, 다윗 언약 등이 그것이다. 하지만 성경 속에서 언약이 가지는 그 중심적 위치 때문에 우리는 이런 특정 언약들을 넘어 하나님과 인간의 관계

전체를 언약의 관점에서 바라볼 필요가 있다.[17]

하나님께서 우리 인간과 관계를 맺으시는 일을 기록하는 성경 전체의 내용은 우리의 언약 이해가 어떤 것이 되어야 하는지를 결정한다. 더 나아가서 이런 언약의 이해는 우리가 성경을 사용하는 방향을 지배한다. 다르게 말해서 우리는 우리의 전 존재를 기울여 하나님과의 관계 및 그분 말씀과의 관계 속으로 들어가야만 한다. 하나님께 대한 우리의 언약적 관계가 우리의 모든 것에 영향을 미치기 때문에, 전 존재를 기울인 우리의 반응이 우리의 성경 해석의 구체적 부분들 속에 나타나야 하는 것이다. 더욱이 성경의 개별 본문들은 하나님과 그분의 언약에 대해서 가르치고 있는데, 이 본문들은 우리의 언약적 반응이 어떤 것이 되어야 하는지를 결정한다.

우리가 하나님과의 언약 관계에 묶이면, 우리는 순종함으로 축복을 받든지 아니면 불순종함으로 저주를 받는다. 우리의 순종은 부족하고 불완전하기 때문에 우리는 우리를 대신하는 그리스도의 대속을 늘 필요로 한다. 성경에 반응함에 있어서 우리가 저주를 받지 않고 축복을 받기 위해서는 우리에게 그리스도 대속의 사역이 반드시 있어야만 한다.[18]

하나님이 말씀하시는 다른 방식들

하나님의 말씀하심은 여러 다른 형태를 가질 수 있음을 보았다. 시내산에서는 음성으로 그 백성에게 말씀하셨다. 또 돌판에 쓰인 십계명처럼 기록된

17. 언약 신학과 관련된 많은 저작들이 이 면에서 도움을 줄 것이다. 개혁주의 조직신학 분야의 책들이 이 주제를 폭넓게 다루고 있다. 참조, Louis Berkhof, *Systematic Theology*, 4th ed. (Grand Rapids: Eerdmans, 1968); Charles Hodge, *Systematic Theology* (reprint, Grand Rapids: Eerdmans, 1970). 보다 최근에 구속사적 관점에서 이 주제를 다루고 있는 책들로는 다음을 참조하라. Kline, *The Structure of Biblical Authority*; O. Palmer Robertson, *The Christ of the Covenants* (Grand Rapids: Baker, 1980); Geerhardus Vos, *Biblical Theology* (Grand Rapids: Eerdmans, 1966).
18. 참조, Vern S. Poythress, "Christ the Only Savior of Interpretation," *Westminster Theological Journal* 50 (1988): 305-21.

말씀을 주시기도 했다. 우리는 특별히 성경이 하나님 말씀하심의 다른 방식들과 어떤 연관성을 가지는지 생각해 볼 필요가 있다.

하나님은 온 우주가 생겨나게 하는 말씀을 하셨다. "하나님이 이르시되 빛이 있으라 하시니 빛이 있었고"(창 1:3). 여기서 "이르시되"는 하나님께서 진정한 발화(genuine speech)를 사용하셨다는 것을 보여 준다. 이 시점에서는 하나님이 인간에게 그 어떤 것도 말씀하시기 전이다. 창조 이후로 하나님은 계속해서 말씀하심을 통해 세상을 통치하셨다. 하나님은 그분의 말씀의 능력으로 모든 것을 다스리신다. "화와 복이 지존자의 입으로부터 나오지 아니하느냐"(애 3:38). 하나님의 아들 또한 "그의 능력의 말씀으로 만물을 붙드"신다(히 1:3).

하나님은 또한 인간을 상대로 말씀하기도 하신다. 하나님은 아브라함, 이삭, 야곱과 같은 조상들에게 구두로 말씀하셨다(창 12:1-3; 15:1, 4-5, 7 등). 하나님은 시내산에서 이스라엘 백성이 들을 수 있도록 말씀하셨다(출 20:1, 19, 22; 신 4:33; 5:22-27). 하나님은 또한 변화산에서 제자들을 대상으로 말씀하기도 하셨다(마 17:5).[19]

때에 따라서 하나님은 하늘로부터 직접 말씀하시는 대신 선지자와 사도들 같은 사람들을 자신의 대리자로 사용하셔서 말씀하기도 하셨다. 그들은 하나님의 말씀을 설교와 가르침을 통해 구두로 전달했고, 또한 기록을 통해서도 전했는데 이것이 곧 성경이다.[20] 하나님은 또한 예수 그리스도께서 지상에 계시는 동안에는 그 입의 말씀을 통해 말씀하기도 하셨다. 예수님의 말씀 중에는 성경에 기록되지 않은 것들도 많이 있다(요 21:25).

예수님은 삼위일체의 제2위로서, 요한복음 1장과 요한계시록 19:13에서

---

19. 참조, John M. Frame, *Perspectives on the Word of God: An Introduction to Christian Ethics* (Phillipsburg, N. J.: Presbyterian and Reformed, 1990), 23-24.
20. Frame, *Perspectives on the Word of God*, 24.

는 바로 그 자신이 말씀이라 불린다.[21]

종합해 보자면, 하나님은 매우 다양한 방식으로, 다양한 통로를 통해 말씀하심을 볼 수 있다. 성경의 기록을 볼 때에도 우리는 하나님께서 다양한 주제의 말씀들을 다양한 문학적 장르를 통해 말씀하시는 것을 볼 수 있다. 거기에는 역사도 있고 노래도 있으며, 교훈도 있고 예언도 있다.

우리는 이런 다양성을 어떻게 이해할 것인가? 이런 엄연한 다양성이, 이 모든 다양한 것들이 다 동일하게 하나님의 말씀 또는 하나님의 발화라는 사실과 어떻게 양립할 수 있는가? 보다 근원적 차원에서 이 질문에 답하기 위해 우리는 먼저 모든 하나님의 말씀이 신적 성격을 가진다는 점을 생각해 볼 필요가 있다.

하나님 말씀의 신성

하나님의 말씀이 취하고 있는 그 어떤 형식을 통해서든 하나님은 말씀하신다. 하나님께서 말씀하시는 모든 것에는 그분의 권위와 능력과 의와 진리가 배어 있다. 예를 들어 "빛이 있으라"(창 1:3)라는 하나님의 창조의 말씀은 창조의 행위로 귀결되었다. 오직 하나님의 능력만이 그와 같은 결과를 만들어 낼 수 있다. 따라서 하나님이 발하시는 그분의 말씀은 신적 능력을 가진다. 하나님은 또한 의로우신 분이기 때문에 그분의 모든 판결의 말씀들은 의롭다. "여호와여 주는 의로우시고 주의 판단은 옳으니이다"(시 119:137). 하나님은 참되신 분이기 때문에 그분의 말씀 또한 참되다(민 23:19; 요 17:17).

창세기 1장에 기록된 하나님의 창조 말씀에 해당하는 진리는 인간을 대상으로 하는 하나님의 말씀에도 동일하게 적용된다. 우선 하나님의 창조의 말씀과 인간을 향한 하나님 말씀 사이의 긴밀한 관계성을 주목할 필요가 있다. 시편에 보면, 이스라엘은 모세를 통해 주신 언약의 말씀을 높이고 찬양하

21. 보다 폭넓은 논의를 위해서는 다음을 참조하라. Frame, *Perspectives on the Word of God*, 3-35.

는데, 이 일이 창조 및 우주의 섭리적 운영에 관한 말씀과 나란히 언급되고 있다(시 19:1-11; 119:48, 89-96, 120, 129, 137, 144, 152, 160). 하나님의 창조의 말씀이 신적 능력과 의를 가진 것과 마찬가지로 인간을 향한 하나님의 말씀 역시 동일하게 그러하다. 하나님의 법은 완전하며 영원하고, 또한 생명을 준다(시 19:7; 119:50, 89; 벧전 1:25; 눅 21:33). 예수님께서도 하나님의 말씀이 가지는 심판의 권위를 인정하신다(요 12:48). 만일 하나님의 말씀이 하나님의 속성들을 드러내지 못한다면 그것은 하나님의 말씀일 수가 없다.

우리는 이런 근본적 원리를 모든 형태의 하나님 말씀에 대해 동일하게 확증할 수 있다. 특히 하나님의 말씀은 영원하다. 그 말씀은 영원히 굳게 선다(시 119:89; 마 24:35). 하나님의 말씀은 미래에도 영원히 선다. 그 말씀은 결코 지나가지 않으며 그 진리는 결코 변하지 않는다. 그것은 과거 차원에서도 마찬가지이다. 그 말씀이 처음 인간을 향해 발화되기 이전에 이미 그 말씀은 하나님의 지혜 속에 세상의 시초부터 감추어져 있었다(마 13:35).

하나님께서 어떤 말씀을 처음 인간에게 발화하셨을 때, 그분의 그런 행위가 믿기 어렵긴 하겠지만, 가장 믿기 어려운 행위인 성육신만큼은 아닐 것이다. 잠시 성육신에 대해 생각해 보자. 성육신을 통해 말씀이신 하나님의 아들이 사람이 되었다. 그는 언제나 하나님으로 존재하신다. 그런데 인간이 되심으로 그는 이전에 그가 아니었던 존재가 되셨다. 이런 성육신의 진리는 헤아릴 수 없이 신비하다. 우리는 그리스도께서 성육신하신 것을 하나님께서 성경에서 그렇게 말씀하시기 때문에 믿는 것이지, 우리 스스로 그것을 다 헤아릴 수 있기 때문에 믿는 것은 아니다.

하나님께서 성경을 기록하게 하신 것과 관련해서도 우리는 유사한 방식으로 생각해 볼 수 있다. 영원한 말씀이신 그분은 곧 진리이다. 예수님은 영원히 하나님이며 하나님과 함께 계신다. 이 진리는 영원 전부터 헤아릴 수 없는 하나님의 지혜의 표현으로 존속하면서도 또한 동시에 그것이 아니었던 것, 그전의 존재 양상과는 다른 존재 양상을 취했다. 곧 특정 인간 언어로 특정 인간에게 전달된 특정한 발화가 되었다.

다시 우리의 요점으로 되돌아가 보자. 모든 하나님의 말씀은 하나님의 속성들을 간직하고 있다. 따라서 하나님의 말씀은 그 자체가 신적이다.

많은 사람들은 성경이 인간의 언어로 이루어져 있기 때문에 그것은 결코 신적일 수 없다고 생각한다. 하지만 요한복음 17장을 통해 보았던 것처럼, 이런 논리는 오류가 있다. 예수님은 성육신 이후로 온전히 인간으로 계셨다(히 2:14). 그가 지상에 계시는 동안 사용하신 언어는 말할 것도 없이 인간의 언어였다. 하지만 예수님은 인간인 동시에 하나님이셨기 때문에 그가 하신 말씀은 또한 신적이었다. 성경이 가르치는 대로 예수 그리스도께서 하나님이시라면 우리는 그에게 전적으로 순종하지 않으면 안 된다. 우리는 그에게 순종하는 것과 그의 말씀에 순종하는 것을 분리할 수 없다(요 12:48-50). 그의 말씀은 말씀하시는 자의 권위, 곧 신적 권위를 가진다. 이런 신적 권위가 성경의 말씀에 동일하게 부과된다.

오늘 이 시대 인간의 교만이 이런 진리에 반감을 표하기 때문에 우리는 이 원리를 거듭 강조하지 않을 수 없다. 신명기 5:27-33에 따르면, 중재자로서의 모세의 역할은 적합하고 좋았다. 이스라엘 백성은 모세를 통해 전달된 하나님의 말씀에, 시내산에서 친히 말씀하시는 하나님의 음성에 순종하듯이(22절) 순종해야 했다. 또한 모세의 기록은 하나님의 손가락에 의해 기록된 돌판의 권위와 동일한 권위를 가졌다(신 31:24-29). 여기에는 그 어떤 권위의 감소도 없다. 하나님께서 말씀하신 것과 동일한 차원의 권위가 유지된다. 모세는 이후 선지자들의 모델이며(신 18:16-22), 십계명은 이후 성경 기록의 모델이다(신 31:24-29). 따라서 이후에 영감 받은 선지자들과 그들의 기록에도 동일한 원리가 적용된다.

어떤 사람은 여기에 대해서 "책을 예배하는 것은 우상 숭배다."라고 반론을 제기할지도 모른다. 그러나 우리는 하나님의 말씀을 종이와 잉크로 된 책과 동일시하는 오류를 범해서는 안 된다. 앞에서도 언급했던 것처럼, 하나님께서 우리에게 주신 메시지는 그것을 담는 그릇이 바뀌고 책들이 파괴되어도 변함없이 존속한다.

그리스도의 성육신(incarnation)과의 유비 속에서 볼 때, 우리는 하나님의 영원한 말씀과 그것의 성문화(inscripturation) 사이에서 아무런 갈등이나 충돌을 찾아볼 수 없다. 삼위일체의 제2위이신 아들은 하나님으로 영원히 존재하신다. 그의 신성은 바뀌지 않는다(말 3:6). 그의 영원히 불변하는 작정 속에서 그는 사람이 되셨다. 그리고 역사의 특정 시점 속에 사시면서 말씀하시고 행동하시고 또한 기적들을 행하셨다. 마찬가지 방식으로 하나님의 말씀 또한 항상 그 신성을 유지한다. 그러면서도 그 말씀은 특정 시점에 특정한 사람들에게 전달된 인간의 말이 되었다.[22]

---

22. 필자의 입장을 베르까우어의 입장과 비교해 보기를 바란다. 참조, G. C. Berkouwer, *Holy Scripture* (Grand Rapids: Eerdmans, 1975), 195-212. 베르까우어는 성육신(incarnation)과 말씀의 성문화(inscripturation) 사이의 유비 관계에 관한 신학자들의 긴 논의의 역사를 잘 소개해 주고 있다. 그는 이 문제와 관련하여 지속되어야 할 많은 민감한 문제들과 함의들을 잘 지적한다. 하지만 필자는 때로 그가 너무 지나치게 조심스럽거나 부정적인 입장을 취하는 것에 대해 다소 불편함을 느낀다.

    예를 들어 워필드나 베르까우어에 따르면 성경은 "인격적 결합" 곧 한 인격 속에 두 본성이 함께 있는 것을 말하지 않는다고 본다. 따라서 성육신과 성문화 사이의 유비는 "거리가 멀다"(202-2쪽). "인격적 결합"에 대한 언급은 엄격한 의미에서는 옳다. 하지만 그리스도의 존재의 유일성은 성육신의 유비의 관점으로 성경을 이해함에 있어서 그리스도가 필수 불가결함을 제시한다.

    우리가 고려해야 할 점은 이런 것이다. 우리는 죄인이지만 하나님은 거룩하신 분이다. 하나님의 말씀을 친히 듣고 우리가 어떻게 죽지 않을 수 있는가?(출 20:19) 이를 피할 수 있는 유일한 길은 하나님과 사람 사이의 한 분 중보자이신(딤전 2:5) 예수 그리스도를 통해서이다. 그리스도의 인격 속에서의 두 본성의 결합은 하나님께서 죄인인 인간에게 말씀하심을 위한 존재론적, 구속적 근거를 이룬다. 구약 시대에도 하나님의 말씀하심은 그리스도의 성육신과 구속 사역을 예고했다. 따라서 성경의 말씀하심을 예수님의 성육신을 통한 말씀하심이라는 원천적 범례와의 연결을 떠나서 이해할 수 있는 적절한 다른 방법은 없다. 더군다나 사람들은 구약의 반복적인 언약 구조 속에 나타나는 신-인 사이의 말씀의 상관성에 대한 사전 이해가 없이는 성육신 교리 자체도 이해할 수 없을 것이다.

    베르까우어는 이렇게 말한다. "성경은 경탄할 만한 기적의 분위기 속에서 우리에게 주어진 것이 아니다"(204쪽). 이는 마치 시내산에서의 음성이나 "하나님의 손가락"으로 돌판에 쓴 십계명이 기적이 아니라는 소리처럼 들린다. 아마도 베르까우어는 누가복음이 작성된 것과 같은 좀 덜 경탄할 만한 과정을 생각하고 있는 것 같다. 물론 지상에서의 예수님의 가르침도 때로 경탄할 만한 가시적 기적을 수반하지 않고 주어지기도 했다. 하지만 우리가 마술사의 재주에 이런 유비를 성경은 또 다른 방식으로 확인해 주고 있는데, 곧 언약의 언어를 통해서이다. 앞서 보았던 것처럼, 성경 전체는 언약의 특성을 가진다. 그런데 언약의 중심에는 하나님께서 자신을 그분의 백성에게 묶으시는 구원적 결속이 자리한다. 이런 결속의 최종적 표현이 다름 아닌 그리스도 자신이다. "하나님의 약속은 얼마든지 그리스도 안에서 예"이다(고후 1:20). "하나님과 사람 사이에 중보자도 한 분"이신데 그리스도가 바로 그 중보자이시다(딤전 2:5). 오직 그리스도를 통해서만 우리는 하나님과의 사귐에 합당한 존재가 된다(행 4:12; 히 10:14). 하나님의 모든 언약의 말씀들은 정도의 차이는 있지만 하나님과의 사귐을 위한 것인데, 따라서 이 모든 말씀들은 은연중에 그리스도의 사역을 전제로 한다. 오직 그리스도를 통해서만 우리는 하나님께 가까이 나아갈 수 있다. 언약들은 하나님과 사람을 하나로 묶는 기능을 하는데, 이는 하나님이요 사람이신 예수 그리스도 안에서의 하나님과 사람의 최종적 연합을 예고한다. 이사야 42:6과 49:8에는 장차 오실 여호와의 종으로서의 그리스도가 실제로 언약과 동일시되고 있다.

요한복음 1:1-3은 창세기 1장을 암시한다.[23] 창세기 1장에서 하나님은 말

놀라는 것처럼 놀라지 않는다고 해서 그리스도의 성육신 차원의 말씀이 덜 중대하고, 덜 경이로우며, 덜 무궁무진하다고 말할 수 있을까? 베르까우어가 하는 말의 진의가 무엇인지 의심스럽다.

또한 베르까우어는 우리가 성경 숭배를 거부해야 한다는 것 때문에 위의 유비 관계에 부정적 입장을 취한다(204쪽). 하지만 그는 필자가 위에서 언급했던 것처럼 외적 수단(돌판이나 종이와 잉크)과 메시지 자체(하나님의 말씀)를 구분해서 이해해야 한다는 것을 잘 고려하지 않는다.

베르까우어는 우리가 성경에 대해 그 인간적 요소를 부정하는 "가현론적"(docetic) 관점을 가져서는 안 된다고 잘 지적한다(198, 202쪽). 하지만 그는 우리 시대에 팽배하고 있는 "양자주의"(adoptionist)의 관점에 대해서는 얼마나 충분히 경계하고 있는가?

필자가 보기에 베르까우어의 논의는 중요한 요점 하나를 간과하고 있다고 본다. 예수님께서 이 지상에서 인간의 목소리로 말씀하실 때 그의 말은 성육신의 사실과 성경에 나오는 신-인간의 말씀의 현상 사이에 다리를 놓고 있다는 점이 그것이다.

23. 요한복음 1:1-3 및 "말씀"(*ho logos*)이라는 용어의 사용 배후에 어떤 자료나 암시들이 놓여 있는지에 대한 제안들은 차고 넘치는 편이다. 하지만 우리는 창세기 1장에 대한 자명한 암시를 놓쳐서는 안 될 것이다. 요한복음은 그리스도인 독자들로 하여금 이를 일차적으로 구약의 배경을 바탕으로 이해하도록 초청하고 있다. 예수님은 뒤에 가서 "모세를 믿었더라면 또 나를

씀하심을 통해 천지를 창조하신다. "빛이 있으라"라는 하나님의 발화는 창조의 첫 번째 구체적 행위이다(3절). 이어지는 창조의 항목들은 "~이 있으라"라는 반복되는 명령에 따라 이루어진다(6, 9, 11절 등). 때로 하나님께서는 창조된 것들에 이름을 붙이기도 하신다. "하나님이 빛을 낮이라 부르시고 어둠을 밤이라 부르시니라"(5절). 시편 33:6은 이를 종합해서 "여호와의 말씀으로 하늘이 지음이 되었으며 그 만상을 그의 입 기운으로 이루었도다"라고 말한다. 이와 유사한 방식으로 요한은 "만물이 그로 말미암아 지은 바 되었으니 지은 것이 하나도 그가 없이는 된 것이 없느니라"(요 1:3)라고 말한다.

우리는 이런 연결을 통해 창세기 1장이 말하는 말씀은 삼위일체의 제2위인 영원한 말씀과 최소한 유비를 이룬다고 볼 수 있다. 하지만 좀 더 세밀하게 살펴보면 요한은 이보다 훨씬 더 놀라운 주장을 하고 있다. 창세기에서 말하는 하나님의 발화들은 그 자체가 삼위일체로 계신 하나님의 자기표현이다. 요한복음 1:3은 삼위일체의 제2위이신 그분이 말씀의 모습으로 만물의 창조의 통로가 되었다는 것을 말하고 있다. 창세기 1장에서는 특정 발화들이 창조의 통로가 되었지만, 요한의 경우는 말씀 그 자체를 창조의 통로로 보고 있다. 이 특정 말씀들은 그 말씀의 구체적 표현들이다. 삼위일체의 제2위이신 그분의 현시요 행위인 것이다. 창세기의 구체적 발화들은 그 구체성과 특정성 때문에 말씀의 전부가 다 말해졌다고 볼 수 없다. 왜냐하면 그 후에도 또 다른 말씀들이 일어나기 때문이다. 그 각각의 발화들은 모두가 다 그 영원한 말씀의 행위이다. 이 영원한 말씀을 통해 모든 만물이 만들어졌다(요 1:3; 골 1:16; 고전 8:6; 히 1:2). 성부 하나님은 이 두 경우 모두에 있어서 영원한 화자로 계신다. 영원 전부터 하나님은 영원한 말씀을 말씀하시는 분이다. 또한 창조의 때에 창세기 1장에 기록된 특정 말씀들을 말씀하신 분도 성부 하나님이시다.

믿었으리니 이는 그가 내게 대하여 기록하였음이라"(요 5:46)라고 말씀하신다. 요한복음 전체에 모세 절기들에 관한 암시나 모세의 책들에서 채택한 상징 자료들이 풍성하게 나타난다.

우리는 이 하나님 말씀의 범주 속에 인간 외의 만물을 향한 하나님의 발화를 포함시켜야 할 뿐 아니라, 창세기 1:28-30에 나오는 인간과의 언어적 의사소통 또한 포함시켜야 한다. 이 언어적 의사소통 역시 다른 발화들과 마찬가지로 하나님께서 말씀하신 것이다. 이를 통해 하나님은 인간이 무엇을 위해 섬기고 애써야 하는지를 밝히신다. 이것이 "사람들의 빛"(요 1:4)으로 오신 그 생명이 하는 역할 가운데 하나이다. 예수님은 이를 자신의 말로 바꾸어 "내가 너희에게 이른 말은 영이요 생명이라"(요 6:63)라고 밝히신다.

게다가 하나님의 말씀은 하나님의 이름과도 긴밀히 연결되어 있다. 두 가지가 다 언어를 통해 표현된다. 요한복음 17장에 보면 예수님께서는 "내게 주신 말씀들"(8절)과의 긴밀한 연관 관계 속에서 "내게 주신 아버지의 이름"(11-12절)을 언급하신다. 출애굽기 34:5-7이 잘 보여 주는 것처럼 하나님의 이름은 하나님이 어떤 분이신지를 잘 나타낸다. 하나님의 이름의 임재는 하나님 자신의 임재와 직결된다(출 23:21; 신 12:5; 왕상 8:29). 그런 점에서 하나님의 이름은 신적이다. "하나님의 말씀"이라는 문구는 "하나님의 이름"과 동의어 관계는 아니지만, 하나님과 관련된 그 어떤 주제에 대해서도 포괄적 연관성을 가진다. 자신의 이름을 포함하여 하나님이 자기 자신에 대해서 말씀하시는 모든 발화는 하나님의 발화 전체의 한 부분을 구성한다. 넓은 의미에서 하나님의 모든 발화는 그분이 누구인지를 조금이라도 보여 주지 않는 것이 없고, 그런 점에서 그분의 성품의 표현이다. 우리가 하나님의 이름의 신성을 인정한다면, 그분 말씀의 신성을 인정하는 것은 여기서 그다지 멀지 않은 길이다.[24]

이런 상황을 우리는 어떻게 이해할 수 있을까? 하나님이 오직 한 분이시

24. 말씀의 교리에 관한 보다 상세한 논의를 위해서 존 프레임의 하나님 말씀의 교리에 관한 책을 소개하고 싶지만, 현재로서 이 자료는 캘리포니아 웨스트민스터 신학교의 강의 자료("하나님의 말씀의 교리")로만 사용할 수 있다. 보다 압축된 형태의 책으로는 Frame, *Perspectives on the Word of God*을 참조하라.

고, 하나님의 성육신한 말씀 또한 하나님이라면, 어떻게 그토록 다양하고 서로 다른 신적 말씀들이 있을 수 있는가? 하나님의 말씀이 신적이고, 그 자신이 곧 하나님이라면, 어떻게 그가 역사의 특정한 것들을 말할 수 있는가? 이 특정한 것들은 하나님 존재의 필요 요소가 될 수 없다. 하나님은 창조 이전부터 존재하셨다. 삼위일체의 제2위이신 그분은 영원히 존재하신다. 하나님은 그분의 말씀, 곧 삼위일체의 제2위이신 그분과 반드시 함께 존재하신다. 그러나 하나님께서 반드시 세상을 만드실 필요는 없었다. "빛이 있으라"라는 말씀을 발화하실 필요는 없었다.

우리는 이런 신비를 다 이해할 수는 없다. 하지만 우리는 요한복음 1장이 제공하는 출발점을 통해 이를 이해하는 데 필요한 좋은 도움을 얻을 수 있다. 요한복음 1장은 삼위일체 내에서의 영원한 신적 발화의 실재를 우리에게 보여 준다. 이 영원한 발화는 원천적 성격을 가진다. 우리 자신의 언어와 발화는 이차적이고 파생적이다. 사람은 하나님의 형상으로 만들어졌다(창 1:26-30). 그런데 골로새서 1:15이 보여 주는 것처럼, 삼위일체의 제2위이신 그리스도는 다른 모든 피조물이 기원하는 원천적 형상이시다. 우리는 이 원천적 형상을 반영하는 형상들이다. 삼위일체의 제2위이신 그분은 원천적 말씀이시다. 그는 다른 모든 만물이 그 위에 근원을 두는 원형(archetype) 곧 원천적 모델이시다. 다른 모든 말들은 파생적이요 유비적이다. 그 원천적 말씀인 원형을 모방하는 복사물이요 모형(ectype)이다.

이 삼위일체적 원형은 하나님의 말씀이 하나이면서 동시에 다수라는 사실의 궁극적 근거를 이룬다. 우선 일체성의 관점에서 보면, 그 말씀은 곧 아버지의 말씀이다. 그런 면에서 그 말씀은 아버지의 계획과 의지와 생각과 속성들을 드러낸다. 그는 아버지와 하나이시다(요 10:30). 그러면서도 여기에는 다양성이 있다. 그 말씀은 영원히 아버지와 구별된다. 아버지는 자신과는 구별된 것으로서의 그 말씀을 발화한다.

삼위일체 속에서의 일체성과 다양성은 그 자체가 하나의 원형이요 원천적 지위를 가진다. 여기에 근거해서 우리는 하나님의 말씀하심 속에서의 일체성과 다원성을 이해할 수 있다. 삼위일체 속에서의 존재론적 일체성과 다양성을 원형이라고 본다면, 우리를 향한 하나님의 말씀하심 속에서의 일체성과 다양성을 우리는 하나의 모형이라고 볼 수 있다. 그러면서도 우리를 향한 하나님의 말씀하심은 여전히 신적 성격을 가짐을 주목할 필요가 있다. 앞에서도 보았던 것처럼, 이 말씀들 속에는 신적 능력과 권위와 순결성이 담겨 있다. 하나님의 존재 자체의 원형이 그러한 것처럼 그 모형 곧 우리를 향한 하나님의 말씀도 역시 신적이다. 하나님의 형상으로 만들어진 창조된 모형 곧 인간이 있는가 하면 신적 모형들도 있는데, 삼위일체 하나님의 원형적 일체성과 다양성에서 비롯된 하나님의 특정 말씀들이 곧 그것이다. 하나님께서 특정 순간에 특정 대상을 향하여 말씀하시는 모든 말씀들은 다 신적이다. 그 특정 말씀들(곧 성경의 기록들)은 하나님과 함께 계신 그 하나의 말씀(곧 예수 그리스도)의 현시이다. 하나님께서 말씀하시는 모든 것은 아들이 아버지로부터 구별되는 것과 같은 구별성을 가진다.

상호내재(coinherence)[25]: 하나님이 그분의 말씀 속에 거하심

우리는 하나님의 말씀 속에서 하나님의 임재를 이해한다. 이를 위해 우리는 성령의 역할을 고려할 필요가 있다.

요한복음 3:34은 성령의 역할을 이해할 수 있는 한 가지 단서를 제공한다. "하나님이 보내신 이는 하나님의 말씀을 하나니 이는 하나님이 성령을 한량없이 주심이니라." 하나님은 아들에게 성령을 한량없이 주신다. 다시 말해서 성령은 아들에게 주시는 아버지의 선물이다. 이런 점에서 성령은 아버지의 사랑의 표현이다. "아버지께서 아들을 사랑하사 만물을 다 그의 손에 주

25. 역주: 페리코레시스(perichoresis)로 불리는 삼위일체 용어로서, 삼위일체의 세 위격들이 서로 안에 함께 내재하는 상태를 가리킨다. 이 책에서는 이와 같은 삼위일체 하나님의 독특한 존재 방식을 언어적 의사소통 국면들 속에서도 유비적 차원에서 확대 적용하고 있다.

셨으니"(요 3:35). 하나님은 아버지의 사랑을 우리에게 보여 주시기 위해 성령을 우리에게도 주셨다(요 14:23-27). 성령을 통해 아버지와 아들이 함께 우리 안에 거하신다(요 14:23). 아들이 우리 안에 거하시는 것은 아버지께서 아들 안에 거하시는 것과 유비를 이룬다(요 17:21-23). 다시 말해서 아버지께서 우리 안에 거하시는 것은 하나님께서 하나님 안에 거하시는 것의 형상이요 모형이다. 아버지는 아들 안에 거하신다. 그리고 아들은 아버지 안에 거하신다. 이런 거함의 관계는 상호 간의 사랑 곧 성령의 선물을 통해 이루어진다. 그러면서도 이런 상호 간의 거함은 위격들 간의 구별을 없애지 않는다. 각 위격은 다른 위격들과 구별된 상태로 머물면서도 또한 서로 안에 거한다.

아버지와 아들은 성령을 통해 서로 안에 거하신다. 각자가 다른 위격들의 활동 속에 임재하신다. 각자가 다른 위격들의 속성들을 공유하신다. 위격들 간의 이와 같은 관계를 우리는 상호내재(coinherence)라 부른다. 각각의 위격은 다른 위격들에게 속하며 또한 다른 위격들 속에 있다.[26]

삼위일체 위격들 사이의 이와 같은 상호내재 관계는 우리가 하나님 말씀의 성격을 이해하는 데 꼭 필요한 기초를 이룬다. 삼위일체의 위격들은 서로 안에 임재한다. 요한복음 1:1에 따르면 말씀(Word)이 하나님과 함께 있었다. 요한복음 1:18에 따르면 그 말씀은 "아버지의 품속에" 있다. 이런 상호내재는 모든 것의 원형이다. 창조와 관련하여 하나님께서 그의 말씀들 속에 임재하시는 것은 이 원형에 의거한 모형적 차원이다. 아버지는 아들 안에 계신나(요 14:10). 그러면서도 그는 아들과 동일하지는 않다. 유사한 방식으로 아버지는 그의 말씀들 속에 계시지만, 그 말씀들과 동일하지는 않다. 아들이 아버지 속에 있기 때문에 아들은 또한 하나님의 모든 말씀들 속에 임재하신다. 요한복음 1:1의 그 영원한 말씀(Word)은 하나님의 모든 특정한 말씀들(words) 속에 임재하신다. 따라서 모든 말씀들 속에는 일체성이 있다. 하나님의 모든 말

26. 조직신학에서는 이 관계를 표현하기 위해 circumcession, circumincession, perichoresis, emperichoresis 등과 같은 용어들을 사용해 왔다.

씀들은 화자이신 하나님으로부터의 말씀일 뿐만 아니라, 그 영원한 하나의 말씀(one Word)의 임재를 드러내는 말씀들이기도 하다.

우리는 또한 요한복음 14-17장에 나타나는 것처럼, 위격들 상호 간의 말씀하심과 들음이 어떤 의미를 가지는지 생각해 볼 필요가 있다. 우리는 한 위격이 다른 위격을 향하여 말씀하시는 많은 예들을 찾아볼 수 있다. 이 서로 다른 말씀들은 각 위격이 자신의 말씀 속에 거하시며 또 서로들 안에 거하신다는 이 사실에 근거하여 하나의 일체성을 확보한다. 예를 들어 아들은 아버지로부터 받은 말씀을 그의 제자들에게 주신다(요 8장). 결과적으로 제자들은 아버지와 아들로부터 말씀을 듣는 것이 된다. 아버지는 아들 안에 거하시며, 따라서 아들이 말씀하실 때 아버지 또한 말씀하신다. "내가 너희에게 이르는 말은 스스로 하는 것이 아니라 아버지께서 내 안에 계셔서 그의 일을 하시는 것이라"(요 14:10). 성령 또한 그가 들으시는 것을 말씀하신다(요 16:13). 따라서 이 말씀은 또한 아버지와 아들의 말씀이다.

우리는 이상의 내용을 하나님 말씀의 세 측면(또는 관점) 차원에서 원형적(original) 측면, 현시(manifestation)의 측면, 동시 발생(concurrence)의 측면으로 정리해 볼 수 있을 것이다.

표 3.1. 형상의 삼각대

첫째, 원형(original)의 측면이 가리키는 것은 하나님의 말씀하심은 하나님이 누구이신가와 일치한다는 것이다. 하나님은 그분의 원천적 작정이라는 영원한 진리에 부합하는 것들을 말씀하신다. 이런 원형의 관점에서 볼 때, 우리는 하나님의 말씀이 어떻게 하나님의 계획을 알리는 기능을 하는지를 알 수 있게 된다.

둘째, 하나님은 특정 현시들 속에서 특정 방식으로 말씀하시는 분이다. 현시(manifestation)의 관점에서 볼 때, 우리는 특정한 말씀의 표현이 특정한 형식으로 이루어진다는 것을 잘 이해할 수 있게 된다. 예를 들어, 예수님은 요한복음 15:7에서 그의 제자들에게 그 안에 거하는 것의 결과("무엇이든지 원하는 대로 구하라 그리하면 이루리라")가 무엇인지에 관한 특정한 말씀을 주신다.

셋째, 하나님은 모든 현시들 속에 임재하신다. 하나님은 그 현시들 안에 거하시기 때문에 그 어떤 현시 하나라도 그가 어떤 분이신지를 보여 주지 않는 것이 없다. 우리는 하나님의 원형적 계획을 그 현시를 통해 파악할 수 있다. 원형은 현시 속에 거하며, 현시는 또한 원형 속에 거한다. 이 둘은 서로에 대하여 동시 발생적이다. 이런 동시 발생적(concurrence) 관점을 통해서 우리는 다른 두 측면의 관계를 잘 볼 수 있게 된다. 원형적 측면과 현시적 측면은 이 둘이 서로 안에 임재한다는 점에서 동시 발생적이다. 원형적 계획은 특정 현시 속에 임재하고 그 현시를 통하여 표현된다. 예를 들면, 성부 하나님은 요한복음 15:7의 말씀을 통해 그분의 계획이 무엇인지를 제자들에게 알게 하신다. 이런 방식으로 아버지의 계획은 요한복음 15:7의 말씀 속에 나타난 특정 표현과 동시 발생한다.

또 다른 예를 들어서 설명해 보자. 아버지께서 아들에게 주시는 말씀은 원형적이다. 요한복음 17:8은 "나는 아버지께서 내게 주신 말씀들을 그들에게 주었사오며 그들은 이것을 받고"라고 말한다. 예수님께서 "내게 주신 말씀들"이라고 지칭하는 것은 아버지의 말씀 곧 원형적 말씀을 가리킨다. 그리고 아들이 제자들에게 주시는 말씀들은 현시적 말씀들이다. 아버지께서 아들 속에 거하시기 때문에 제자들은 아들의 말씀만 들은 것이 아니라 아버지의 말씀 또한 들은 것이다. 여기서 아버지와 아들의 말씀하심은 서로 동시 발생적이다. 이 두 화자는 성령의 연결 안에서 동시 발생하는 특성을 갖는다. 그러므로 원형과 현시와 동시 발생의 세 측면은 아버지와 아들과 성령 상호 간의 역할에 각각 상응한다.

이 세 측면들은 그 자체가 삼위일체의 각 위격들 사이의 상호내재에서부터 궁극적으로 도출된 것이기 때문에 서로 간에 공유적 일체성을 가진다. 각각의 측면 모두가 하나님이 어떤 분이신지를 알게 하는 관점을 제공한다. 현시의 측면인 아들의 말씀을 들음으로써 제자들은 아들이 누구신지를 안다. 또한 아들의 말씀을 통해 그들은 아버지의 말씀을 듣고, 이를 통해 아버지가 누구신지를 안다. 그들은 아들의 말씀을 통해 아버지가 말씀하시는 것을 듣는다. 따라서 이 말씀은 원형의 관점을 제자들에게 제공한다. 이런 방식으로 그들은 아버지와 아들의 상호내재를 경험하며, 또한 이 상호내재의 결속을 이루시는 성령님을 경험하게 된다.

이 각각의 관점들은 다른 관점들을 전제로 한다. 현시의 관점, 곧 아들의 말씀하심은 그가 알리시는 어떤 내용, 곧 아버지의 말씀이라는 원형의 측면을 전제로 한다. 이 원형의 측면은 제자들에게 오직 구체적이고 특정한 형식을 통해서만 알려진다. 따라서 아들의 사역을 전제로 한다. 그리고 아버지의 말씀과 아들의 말씀 사이에는 동시 발생 측면이 연결고리 역할을 한다. 아버지의 말씀과 아들의 말씀은 그 둘이 서로 일치를 이룬다는 면에서 동시 발생적이다. 현시적 측면이 진정으로 원형의 현시가 되기 위해서는 이 동시 발생의 측면이 전제되어야만 한다. 역으로, 이 동시 발생의 측면 또한 다른 두 측면을 전제로 한다. 다른 두 측면이 존재하지 않으면 동시 발생도 일어날 수 없다. 서로 동시적으로 발생할 수 있는 두 요소가 있어야 동시 발생이 가능하다. 따라서 동시 발생의 측면은 원형의 측면과 현시의 측면을 전제로 한다.

우리는 뒤에 가서 '관점'이라는 개념을 계속 사용할 것이기 때문에, 여기서 좀 더 구체적으로 예를 들어 이를 설명할 필요가 있다고 본다. 예수 그리스도를 통해 우리는 아들에 대해서뿐만 아니라 아버지에 대해서도 알게 된다(요 14:7; 마 11:27). 아들을 통하지 않고서는 아버지를 알 수 있는 길이 없다(요 14:6). 따라서 우리는 그리스도를 아는 것이 아버지를 아는 '관점' 또는 창문이라고 말할 수 있는 것이다. 사실 삼위일체의 각각의 위격들은 하나님을 아는 데 있어서 하나라도 빠질 수 없는 요소들이다. 아버지를 통해서만 우리는 아들이 누구인지를 안다. "아버지 외에는 아들을 아는 자가 없고"(마 11:27). 또한 "아버지께서 이끌지 아니하시면 아무도 내게 올 수 없으니"(요 6:44). 우리는 또한 오직 성령님을 통해서만 아버지와 아들을 안다. "육에 속한 사람은 하나님의 성령의 일들을 받지 아니하나니 이는 그것들이 그에게는 어리석게 보임이요, 또 그는 그것들을 알 수도 없나니"(고전 2:14). 삼위일체의 각각의 위격들은 고유한 역할을 가진다. 아버지는 모든 지식의 원천이고, 아들은 통로이며, 성령은 우리의 마음이 진리를 수용할 수 있도록 바꾸시는 분이다.

그와 동시에 각각의 위격은 다른 위격의 사역을 가리키며 또한 그 사역을 전제로 한다. 아들은 그를 보내신 아버지의 위임에 근거하여 지식의 담지자 역할을 가지신다. 아들의 사역은 우리가 그를 한 인간으로만 볼 때는 도저히 설명할 수 없고, 오직 유일하신 아들이라는 관점에서 볼 때 설명이 가능하다. 이렇게 아들은 아버지를 전제한다. 역으로, 아버지의 계시는 또한 아들을 전제한다. 아버지는 거룩하신 분이기 때문에, 자신을 오직 중보자(딤전 2:5)이신 아들을 통해서만 죄인들에게 나타내신다. 성령 또한 아버지와 아들이 보내신 분으로서만 활동하신다. 성령은 아버지와 아들의 행위를 전제로 한다. 이와 동시에 아버지를 우리가 알 수 있는 것은 오직 마음의 변화를 통해서일 뿐인데, 이런 변화는 오직 성령을 통해서만 일어난다. "진실로 진실로 네게 이르노니 사람이 물과 성령으로 나지 아니하면 하나님의 나라에 들어갈 수 없느니라"(요 3:5). 따라서 아버지와 아들을 알기 위해서는 성령의 사역이 전제되어야 한다.

요약해 보자면, 삼위일체의 세 위격들은 하나님이 어떤 분이신지를 알게 함에 있어서 상호 내재한다. 우리는 위에서 한 예를 들었을 뿐이지만, 하나님은 그의 모든 사역들 속에서 이 상호내재성을 나타내신다. 하나님은 삼위일체의 존재 속에서 영원히 상호 내재하시는 분이기 때문에 그의 모든 특정 사역 속에 이 상호내재성을 나타내실 수밖에 없다. 하나님은 그 자신 속에서 그가 어떤 분이신지를 나타내시는 방식으로 우리를 향하여 일하신다.

가장 근본적인 상호내재성은 삼위일체의 각 위격들 속에서의 상호내재성이다. 우리는 하나님께서 자신을 나타내시는 일들 속에서 파생적(derivative) 상호내재를 경험한다. 그것이 바로 우리가 앞에서 살펴보았던 원형과 현시와 동시 발생의 관점들이다.

우리는 이 세 관점들이 항상 서로 간에 긴밀히 연결되어 있으며 결코 따로 분리될 수 없다는 것을 잘 이해해야 한다. 우리는 이런 사실을 요한복음 16:13-14에 나타나는 성령의 사역을 통해 잘 포착할 수 있다. 성령은 "스스로 말하지 않고 오직 들은 것을 말"한다. 성령은 듣는 자로서 아버지와 아들로부터 말씀을 받는다. 성령의 말씀은 아버지의 원형적 말씀에 비추어 볼 때 현시적 말씀이다. 따라서 우리는 성령을 현시의 측면에서 바라볼 수 있다. 그런데 또한 성령에 대한 우리 인간의 말의 관점에서 본다면, 성령은 원형적이다. 말씀하시는 분으로서의 아버지와 성령의 관계는 조화의 관계이다. 그런 점에서 성령은 아버지와 동시 발생적 관계를 가진다. 우리가 어떤 관점을 취하느냐에 따라서 성령은 원형적일 수도 있고, 현시적일 수도 있으며, 또한 동시 발생적일 수도 있다.

앞에서는 우리가 이 세 측면들을 삼위일체의 한 위격에게 각각 한정시켜서 원형의 측면은 성부에게, 현시의 측면은 아들에게, 동시 발생의 측면은 성령에게 연결시켜서 설명했다. 하지만 하나의 측면을 한 위격에게 한정시키는 것은 실제로는 너무 지나친 단순화이다. 이 세 측면들은 서로 분리되지 않는다. 삼위일체의 한 위격 안에 이 세 측면들이 다 적용된다. 세 위격들이 서로 안에 상호적으로 거하시기 때문에, 우리는 이 궁극적 신비를 온전히 다 헤아리지는 못한다.

형상의 삼각대

우리는 이런 관계를 형상의 언어를 사용하여 다르게 표현해 볼 수 있다. 골로새서 1:15과 히브리서 1:3에 따르면 아들은 아버지의 정확한 형상이다. 따라서 그는 아버지를 세상에 정확히 드러내실 수 있다. "나를 본 자는 아버지를 보았거늘"(요 14:9). 아버지는 아들 안에 내주하심을 통해 사람들 가운데 임재하신다. "내가 아버지 안에 거하고 아버지는 내 안에 계신 것을 네가 믿지 아니하느냐"(요 14:10). 아버지와 아들은 서로 안에 거하시기 때문에, 아들은 아버지를 제자들 앞에 드러내시는 아버지의 형상이다. 앞에서 보았던 것처럼, 아버지가 아들 안에, 그리고 아들이 아버지 안에 거하는 것은 성령과 긴밀하게 연관된다. 성령은 이 연합의 끈이다. 아들은 성령을 통한 아버지의 형상이다. 성령은 동시 발생의 측면에서 아버지와 아들의 관계를 대변한다. 원형과 현시와 동시 발생의 세 측면은 형상의 관계와 서로 긴밀한 연관성을 가지기 때문에, 우리는 이 세 측면이 구성하는 삼각대를 형상의 삼각대라 부르는 것이다.

유일하고 독특한 차원에서 아들은 아버지의 정확한 형상이다. 하지만 성경은 형상의 언어를 인간을 위해서도 사용한다. "하나님이 자기 형상 곧 하나님의 형상대로 사람을 창조하시되"(창 1:27). 사람은 하나님의 형상이다(고전 11:7). 이 형상의 개념은 첫 인간의 창조에만 사용되고 끝난 것이 아니다. 창세기 5:1-3에서도 계속 그 용례가 나타난다.

> "하나님이 사람을 창조하실 때에 하나님의 모양대로 지으시되 남자와 여자를 창조하셨고 그들이 창조되던 날에 하나님이 그들에게 복을 주시고

그들의 이름을 사람이라 일컬으셨더라 아담은 백삼십 세에 자기의 모양 곧 자기의 형상과 같은 아들을 낳아 이름을 셋이라 하였고"

하나님은 자기의 형상대로 인간을 만드시고 그 인간을 "사람"이라 부르셨다. 아담은 자기 형상을 가진 아들을 낳았고 그 이름을 셋이라 불렀다. 아담은 이러한 행동으로 하나님을 모방했다. 아담은 다른 형상을 만들어 내는 면에 있어서 하나님의 모습을 반영한다. 셋은 아담의 형상이다. 그리고 아담은 하나님의 형상이다. 그리고 하나님은 그 자신 속에 아버지와 아들 간의 형상의 관계를 가지고 계신다. 이처럼 각각의 파생적 형상 관계는 그 자체가 보다 높은 차원의 형상 관계를 반영한다([셋→아담]→[아들→아버지] - 역주).

형상화의 행위는 인간을 묘사하는 곳 어디에나 나타난다. 이는 결코 놀라운 일이 아니다. 아버지가 아들을 사랑한다면(요 3:35!) 그분이 세상을 창조하실 때 자신의 모든 일을 사랑으로 행하심이 마땅하며, 따라서 창조 세계 안에 사랑의 그림들을 그려서 그 사랑을 드러내지 않으실 수 없다.

우리는 이런 상황을 앞에서 제시했던 원형과 현시와 동시 발생의 세 측면 또는 관점의 삼각대를 사용하여 이렇게 표현해 볼 수 있을 것이다. 아들은 아버지를 형상화한다는 데서부터 출발해 보자. 아버지는 원형이시다. 그리고 아들은 그 현시이며, 성령은 그 둘 사이의 관계를 보여 준다는 점에서 동시 발생적이다. 하나님께서 사람을 만드셨을 때, 하나님은 원형이요 사람은 현시적이며, 숨을 불어 넣음(창 2:7)을 통해 이 형상 관계를 영구히 발생시킨 측면은 동시 발생적이다.

이 동시 발생적 측면, 곧 하나님과 사람 사이의 형상적 관계를 좀 더 깊이 생각해 보자. 이런 형상적 관계는 아담이 자기 형상을 따른 아들을 가진 데서 재현된다. 창세기 5:1-3이 놓인 문맥에서 본다면, 하나님과 사람의 관계는 원형적이며, 아담과 셋의 관계는 현시적이다. 이 둘 사이의 모방적 관계는 동시 발생적이다.

유사한 방식으로 아버지와 아들 사이의 형상적 관계는 하나님과 사람 사이의 현시적 형상 관계에 비해 원형적이다. 성령은 이 사이에서 항상 결합의 끈으로 존재하시는데, 그분의 역할을 통해 이 두 종류의 형상 관계는 동시 발생적이게 된다. 요한복음 17:21-23에서 하나님과 사람 사이의 새롭게 회복된 형상의 관계가 거주의 언어로 표현되고 있는 것을 잘 주목해 볼 필요가 있다.

> "아버지여, 아버지께서 내 안에, 내가 아버지 안에 있는 것같이 그들도 다 하나가 되어 우리 안에 있게 하사 세상으로 아버지께서 나를 보내신 것을 믿게 하옵소서 내게 주신 영광을 내가 그들에게 주었사오니 이는 우리가 하나가 된 것같이 그들도 하나가 되게 하려 함이니이다 곧 내가 그들 안에 있고 아버지께서 내 안에 계시어 그들로 온전함을 이루어 하나가 되게 하려 함은 아버지께서 나를 보내신 것과 또 나를 사랑하심같이 그들도 사랑하신 것을 세상으로 알게 하려 함이로소이다"

원형과 현시와 동시 발생의 세 용어를 잘 기억하도록 하자. 우리가 앞에서 이미 보았던 것처럼, 이 세 용어들은 하나님의 계시 행위 속에서 아버지와 아들과 성령의 역할이 각각 무엇인지를 설명하기 위해 고안한 용어들이다. 계시의 행위는 근본적으로 하나님이 어떤 분이신지를 보여 주기 위한 행위이므로, 이 세 용어는 삼위일체 내적 관계를 보여 주는 하나의 그림 또는 거울이다. 이 용어들은 삼위일체로 존재하시는 하나님이 어떤 분이신지를 보여 준다. 하나님이 진정으로 어떤 분이신지(곧 원형의 측면)는 특정 계시의 형식을 통해 현시된다. 이 현시의 측면은 동시 발생성을 통해 원형과 연결된다. 이렇게 세 요소는 서로 안에 거한다. 하나님은 삼위일체로 존재하신다. 따라서 하나님의 현시들은 반드시 삼위일체적 성격을 가지지 않을 수 없다.

존재론적 삼위일체와 경륜적 삼위일체

성경의 많은 부분은 우리에 대한 하나님의 관계하심과 그의 역사적 구속 행위에 집중되어 있다. 하나님의 삼위일체적 존재의 특성은 삼위일체의 각 위격들이 그 속에서 각각의 독특한 역할들을 가지시는 구속의 사건들 속에서 가장 완전하고 아름답게 그 모습을 드러낸다(예를 들어, 마 3:16-17; 행 2:33; 롬 8:11; 1:4; 요 16:13-15 등). 하나님은 세상 속에서 자신이 하시는 일들을 통해 자신을 계시하신다. 우리는 삼위일체 위격들 사이의 상호 관계를 창조와 구속과 최후 완성을 위한 사역에서의 각각의 역할들을 통해 이해할 수 있다. 세상 속에서 삼위일체가 행하시는 이와 같은 현시의 사역을 전통적으로 "경륜적"(economic) 삼위일체라 불러왔다. (여기서 'economic'이라는 말은 집안을 관리하는 일과 관련된 옛 의미를 따른 것인데, 오늘날 우리가 흔히 이해하는 상품이나 서비스 생산 및 배분과 관련된 경제 행위를 가리키는 것이 아니다.)

성경은 때때로 요한복음 1:1이 보여 주는 것처럼 "존재론적" 삼위일체를 직접 언급하기도 한다. 이는 창조 이전 또는 창조와 상관없이 하나님 자신의 존재 방식이 어떤 것인가와 관련된 차원이다. 하지만 우리는 이 차원에서도 성경의 언어가 우리의 믿음을 성장시키고, 우리의 이해를 확장시키고, 우리의 구속을 촉진하는 것과 같은 목적을 염두에 두고 고안되었음을 볼 수 있다. 엄밀한 의미에서는 이런 "존재론적" 진술들조차도 "기능적" 목적들과 긴밀한 연관성을 가진다.

하나님 자신이 우리의 표준이기 때문에 그분의 말씀 또한 우리의 표준이다. 하나님의 자기 계시보다 우리에게 더 궁극적인 것은 없다. 우리는 하나님이 참되신 분이심을 믿는다. 하나님은 자신을 참되게 계시하신다. 여기에는 가장이나 허상이 있을 수 없다. 우리는 하나님께서 참되시다는 것을 하나님이 그렇게 말씀하시기 때문에 믿는다. 하나님이 어떤 분인가 하는 것은 그분이 자신을 계시하시는 것과 일치한다. 요한복음 17장은 하나님께서 말씀하시는 것이 단지 우리에게만 아니라 그 자신에게도 말씀하신 것임을 보여 준다. 따라서 하나님이 말씀하시는 것은 그가 어떤 분이신지와 전적으로 일치한다. 경륜적, 기능적 행위 차원의 삼위일체는 존재론적 삼위일체를 계시한다. 따라서 우리는 삼위일체와 관련하여 전적으로 기능적(경륜적)이기만 하거나, 아니면 존재론적이기만 한 진술을 가질 수는 없다. 피조물에 불과한 우리가 그런 일을 시도한다는 것은 피조물 됨을 부정하는 일이 될 것이다.

성경을 공부하며 경외감을 느끼다

성경을 공부하는 일과 관련하여 우리의 결론은 무엇인가? 우리는 성경을 공부함으로써 하나님의 말씀을 공부한다. 하나님의 말씀은 다양한 모습을 가진다. 하나님은 피조물에게도 말씀하시는 분이다(시 147:15, 18). 삼위일체의 제2위이신 분이 말씀이기도 하다. 성경은 하나님 말씀의 많은 형태 중 하나로서 다른 형태들과 상호내재성을 가진다. 그리스도 자신이 성경의 말씀 속에 거하신다. 따라서 특정 말씀은 항상 하나의 맥락을 가지는데, 그 맥락은 하나님 안의 상호내재성이라는 맥락이다. 이 맥락은 결코 소진되지 않는다. 따라서 하나님의 말씀은 결코 소진되지 않는다. 우리가 이 책에서 초점을 맞추는 것은 성경이라는 말씀의 형태이기 때문에, 이 책의 나머지 부분에서 우리가 하나님의 말씀을 이야기할 때는 다른 것이 아니라 성경을 가리킨다. 그렇지만 하나님 말씀의 더 큰 그림이 배후에 항상 있다는 것을 잊어서는 안 된다.[27]

---

27. 현대주의 신학은 이런 결정적인 결론을 전반적 측면에서 부정한다. 일부 현대주의자들은 명백한 방식으로 성경의 가르침을 대적한다. 신정통주의 신학은 좀 더 매력적인 모습을 가지고 있다. 하나님의 말씀과 관련하여 신정통주의는 매우 괜찮아 보이는 주장들을 많이 하고 있다. 하지만 그들이 말하는 "하나님의 말씀"이 무엇을 의미하는지 명확히 알기 어렵다. 그것은 성육신 후의 성육신하신 예수 그리스도를 가리키는가? 아니면 성육신 이전과 이후 모두에서의 삼위일체의 제2위이신 그리스도를 가리키는가? 아니면 예수 그리스도와 성경의 하나님의 말씀 모두를 가리키는가? 아니면 성경을 가리키는가? 신정통주의가 성경을 가리켜 하나님의 말씀이라고 부를 때는 그 의미가 매우 애매하다. 성경이 하나님의 말씀이 "되는" 것은 오직 이런 경우에서만 그러하다. 곧 그것이 본래적 의미에서의 하나님의 말씀인 예수 그리스도를 극적으로 가리키는 역할을 할 때에만 그러하다.

하나님의 말씀은 신적이기 때문에, 엄밀한 의미에서 말한다면 그 말씀을 다 이해하는 것은 불가능하다. 물론 이 말은 우리가 그 말씀을 인지하지 못한다거나 그 말씀이 우리에게 의미가 없다는 것은 아니다. 바울이 "말씀이 네게 가까워"라고 말한 것처럼(롬 10:8), 우리는 하나님의 말씀에 쉽게 접근할 수 있다. 마치 하나님께서 우리 가까이에 계시듯이 말씀도 우리 가까이에 있다. 우리는 하나님을 바르게 알고 있고, 또한 하나님과 관련된 많은 진리들을 알고 있다. 그러나 하나님은 또한 신비 가운데 계신다. 우리는 하나님의 지혜의 깊이를 다 헤아리지 못한다. 비슷한 방식으로 우리는 하나님의 말씀이 무엇을 말하는지 안다. 그러나 동시에 그 말씀은 신비 가운데 있다. 우리는 그것을 온전히 다 헤아리지 못한다.

유사한 예를 하나 들어 보도록 하자. 요한복음 2:16은 이렇게 말한다. "비둘기 파는 사람들에게 이르시되 이것을 여기서 가져가라 내 아버지의 집으로 장사하는 집을 만들지 말라." 우리는 이 구절을 감히 다 이해하지 못한다고 본다. 물론 우리가 그 문자적인 의미를 인지하지 못하는 것은 아니다. 예수님은 성전 안에서 비둘기를 팔고 있는 사람들에게 그 파는 것들을 성전 영역 밖으로 가지고 나가라고 말씀하신다. 예수님은 단도직입적인 지시를 주셨고 또 사람들이 즉각 반응할 것을 기대하셨다. 이런 면은 우리가 쉽게 이해할 수 있는 부분이다. 하지만 여전히 우리는 그 내포된 의미를 다 알지는 못한다.

신정통주의는 성경에 큰 강조점을 두지만, 종국적으로는 성경과 반대되는 차원에서(참조, 요 12:47-50), 우리가 예수 그리스도를 높이면서도 동시에 그의 말씀은 높이지 않을 수 있다는 사상을 몰래 들여온다. 신정통주의의 성경관에 대한 비판으로는 다음을 보라. John Frame, "Scripture Speaks for Itself," in *God's Inerrant Word*, ed. Montgomery, 178-200; J. I. Packer, *"Fundamentalism" and the Word of God* (Grand Rapids: Eerdmans, 1958). 신정통주의는 거대한 학문적 작업과 깊이와 영리함 배후에 하나님은 현상적 세계 속에, 특히 인간의 언어의 세계 속에 그 자신을 현시할 수는 없다고 보는 칸트의 사상을 몰래 숨겨서 들여온다. 성경이 아니라 하나님을 대적하는 인간 철학의 가르침을 따라 그들은 성경이 실제로 하나님의 말씀이 아니라, 다만 우리 인간 영혼과의 의미 있는 접촉을 때때로 일으키는 말씀을 "전달"할 뿐이라고 말한다.

표면에 드러나는 의미는 하나도 어려울 것이 없다. 하지만 예수님의 명시적인 지시는 간접적 차원에서 더 깊은 의미를 가리킨다. 명시적 지시 배후에는 이 말씀의 동기가 놓여 있다. 이 지시는 예수님의 열심을 보여 준다. 바로 이어지는 구절이 이를 밝혀 준다. "주의 전을 사모하는 열심이 나를 삼키리라." "내 아버지의 집으로 장사하는 집을 만들지 말라"라는 말씀 안에도 동일한 이유가 담겨 있다. 예수님은 이 금지의 말씀을 통해 성전이 장사를 위한 곳이 아님을 밝히신다. 역으로, 성전은 이와 다른 목적을 가진다는 것을 암시하는데, 이 목적은 구약 전체를 통해 확인할 수 있는 바이다. 성전은 하나님을 예배하기 위한 곳이다. 성전은 하나님께서 그분의 이름을 두신 곳이다(왕상 8:29). 성전은 하나님의 위엄이 어린 곳이고 죄인들이 하나님을 만나는 곳이다. 이사야가 말하는 것처럼 마지막 날에 "내[하나님의] 집은 만민이 기도하는 집이라 일컬음이 될 것"이다(사 56:7; 비교, 막 11:17).

예수님의 진술은 구약성경 전체를 통해 전개되어 온 성전의 전체 의미를 지시한다. 따라서 요한복음 2:16은 그 구절에 나타난 표면적 의미만 볼 것이 아니라, 구약의 가르침을 염두에 둔 함축적인 의미까지도 함께 바라보도록 우리를 초청한다.

이렇게 말하면 어떤 사람들은 우리가 요한복음 2:16이 아니라 각기 그 자체의 의미를 가지는 다른 본문들을 다루는 것이라고 반박할지 모른다. 그러면서 요한복음 2:16의 본문을 그 자체로 두고 볼 때는 이런 폭넓은 함의를 가지지 않는다고 반박할지 모른다. 물론 이런 주장에도 일말의 진리는 있다. 말할 것도 없이 우리는 이 해당 구절이 말하는 것과 그에 연관된 다른 구절들이 말하는 것 사이에 차이가 있을 수 있다는 것을 인식하지 않으면 안 된다. 하지만 요한복음 2:16의 본문을 "그 자체로" 본다는 것이 무엇을 말하는가? 보다 근본적 차원에서 본다면, 어떤 본문을 "그 자체로" 본다는 것은 어불성설이다. 요한복음 2:16은 성경의 한 부분이며, 하나님은 우리가 이 본문을 성경의 다른 부분들과의 관계 속에서 읽고 이해하기를 원하신다. 하나님께서 이 어구들이 요한복음 안에 기록되도록 하셨다는 것은 지금 우리가 그 말씀을 보는 것처럼, 다시 말해서 하나님의 목적을 밝혀 주는 다른 본문들과의 관계 속에서 읽도록 의도하셨다는 것을 보여 준다.

한 가지 더 지적하자면, 요한복음 2:16에서 예수님은 성전을 "내 아버지의 집"이라 지칭하신다. 이를 통해 예수님은 자신이 하나님과의 특별한 관계 속에 있다는 것을 주장하신다. 하나님은 그의 아버지이시다. 이런 이유 때문에 예수님은 성전에 대하여 특별한 관심과 열심을 가지시는 것이다. 예수님은 요한복음 2:18-20에 나타나는 유대인들의 반대와 요구에도 불구하고 자신이 아들로서 성전 위에 권위를 가지시는 분임을 나타내신다. 성전과 관련된 예수님의 선언과 요구는 성전을 향한 그의 열심과 아버지의 영예를 위한 그의 열심에서 비롯된 것이다. 이 열심은, 돌려서 말하면, 아버지에 대한 그의 특별한 이해와 사랑에서 비롯되었다. 이런 이해와 사랑 때문에 예수님은 아버지의 목적이 무엇인지를 아신다. 이 목적을 사람들이 장사 행위를 통해 어기고 있는 것이다. 이런 위반에 대해 예수님께서 단호하게 행동하시는 것은 그가 아버지에 대한 확실한 지식을 가지고 있기 때문에 가능하다. 따라서 요한복음 2:16의 진술은 아들의 아버지에 대한 지식과 그분과의 사귐을 전제로 한다. 이 사귐은 예수님께서 하나님을 아버지로 부르는 데서 더욱 분명하게 표현된다. 이 구절은 아버지와 아들 사이의 무한히 깊은 사귐의 관계를 보여 준다. 따라서 이 구절은 우리가 다 헤아릴 수 없이 무한히 깊은 차원을 계시한다.

우리는 요한복음 17장을 통해서도 동일한 것을 배운다. 하나님은 예수님이 말씀하시는 것을 들으신다. 아들은 요한복음 17장에서 아버지께 말씀을 건네신다. 동일한 방식으로 요한복음 2:16의 "내 아버지의 집으로 장사하는 집을 만들지 말라"라는 말씀은 우리 인간을 향하여 하시는 말씀일 뿐만 아니라 아버지를 향하여 하는 말씀이기도 하다. 아버지는 아들이 말씀하는 것을 듣고 계신다. 성부 하나님은 아들이 "내 아버지의 집"이라고 말하는 것을 통해 드러내시는 친밀함을 알고 계신다. 그뿐만 아니라 "이것을 여기서 가져

가라"라는 말씀 속에 배어 있는 아들의 열심이 무엇인지를 아신다. 아버지는 아들을 아시기 때문에 우리가 전적으로 다 알 수 없는 뉘앙스의 깊이와 공유된 지식의 깊이를 알고 계신다. 하나님은 예수님이 하시는 말씀을 들으실 때 심도 깊게 이해하신다. 왜냐하면 그 말을 들으면서 하나님은 아들에 대한 사전 이해를 거기에 결부시키기 때문이며, 이 사전 이해는 말 자체에 대한 이해를 더 풍성하게 만들기 때문이다. 아버지께서는 우리가 포착하지 못하는 함의까지도 다 포착하신다. 여기에는 우리가 요한복음 17장에서 조금 맛볼 수 있는 무한히 충만한 차원의 의미가 포함되어 있다.

하나님 말씀의 압축된 형태라고 볼 수 있는 하나님의 이름은 동일한 측면을 우리에게 보여 준다. 우선 하나님의 이름은 진정으로 하나님을 계시한다. 그분의 이름은 그분의 성품을 정확하게 묘사한다. "여호와께서 구름 가운데에 강림하사 … 여호와의 이름을 선포하실새 여호와께서 그의 앞으로 지나시며 선포하시되 여호와라 여호와라 자비롭고 은혜롭고 노하기를 더디하고 인자와 진실이 많은 하나님이라 인자를 천 대까지 베풀며 악과 과실과 죄를 용서하리라 그러나 벌을 면제하지는 아니하고 아버지의 악행을 자손 삼사 대까지 보응하리라"(출 34:5-7). 여기에서 하나님의 이름을 선포한다는 것은 곧 하나님의 성품을 묘사하는 것임을 보여 준다. 하나님은 자비로우신 분이며 또한 은혜로우신 분이다

하나님의 이름은 하나님이 어떤 분이신지를 분명하게 보여 준다. 그가 실제로 어떤 분이신지, 또한 그분에 대한 우리의 책임이 무엇인지를 말해 준다. 하나님의 이름은 하나님을 우리 가까이 데려다 준다. 이는 하나님의 "이름"이 예루살렘에 거한다는 표현 속에서 잘 드러난다(신 12:5; 왕상 8:29). 그런데 이와 같은 하나님의 이름 역시 신비에 잠겨 있고 두려우며 초월적이다. 우리는 그 이름이 함유하는 모든 것을 온전히 다 포착할 수 없다. 예를 들어, 야곱과 씨름했던 주의 사자는 야곱을 하나님과 대면하게 했다(창 32:28, 30). 그러나 그 사자는 이름을 밝히기를 거부한다(29절). 유사한 방식으로 마노아에

게 나타난 사자는 후에 신적 존재라는 것이 확인된다(삿 13:22). 이 사자는 자신의 이름을 “기묘자”라고 밝힐 뿐이다(18절). NIV 성경은 이를 “이해를 넘어섬”(beyond understanding)으로 번역한다. 시편에는 하나님의 이름과 그 탁월성에 대한 찬양들이 많이 나온다(시 8:1, 9; 9:2; 34:3; 44:8; 54:6; 72:19; 86:12 등). 하나님의 이름은 영광스럽고 고귀하며 거룩하고 놀랍다(시 72:19; 103:1; 148:13; 145:21; 99:3; 111:9 등). 하나님의 이름은 인간의 분석과 지식을 초월한다. 하나님의 말씀 또한 하나님의 이름과 마찬가지로 고귀하며(시 138:2) 인간의 지식을 초월한다.

하나님 말씀의 초월성은 우리가 어떤 자세로 이 말씀에 접근해야 하는지에 대한 함의를 가진다. 겸손이 필요하다. 우리는 해석의 깊이를 단순하게 해결할 수 있다는 인식을 경계해야 한다. 언어와 의사소통을 다 통달했다고 주장하는 것에 대해서도 회의의 시각을 던지지 않으면 안 된다.

이 문제를 조금 다르게 표현해 보자. 삼위일체의 제2위이신 분은 태초부터 다 이해하기가 어려운 분이셨다. 그의 성육신 상태에서도 우리는 그를 다 이해할 수 없다. 성육신은 그를 우리가 접할 수 있는 분으로 만들어 주었고, 또한 그의 인성의 차원에서 그를 이해할 수 있도록 만들어 주었다. 하지만 그렇다고 해서 신비가 다 극복된 것은 아니다. 오히려 성육신은 기존의 신비 위에 또 하나의 신비를 덧보탠다. 어떻게 하나님이 인간이 되시며, 그러면서도 동시에 하나님이실 수 있는가?

요한복음 17장은 성육신하신 그리스도의 말씀이 우리의 이해를 넘어선다는 것을 잘 보여 준다. 그의 말씀은 무한히 풍성한 의미를 담고 있다. 우리는 성경 전체에 대해 동일한 것을 말할 수 있다. 하나님의 말씀은 그것이 기록 문헌이 되었음에도 불구하고 여전히 우리가 다 이해할 수 없다. 성경의 정착성, 접근 가능성, 구체성, 명료성 등에도 불구하고 우리는 그 불가해성을 다 해소하지 못한다. 오히려 또 하나의 신비가 따라온다. 어떻게 하나님의 영원하고 전능한 말씀이 인간의 말이 될 수 있으며 그러면서도 동시에 신적일 수 있는가?

제4장

성경의 기록 목적

성경의 목적은 무엇인가? 목적을 이해하는 것이 해석에 있어서는 결정적 자리를 차지한다. 우리는 밀턴의 『실낙원』을 여러 가지 용도로 사용할 수 있을 것이다. 영어를 가르치는 데 사용할 수도 있고, 글자 세기 실습을 위해 사용할 수도 있고, 영시의 리듬을 연구하는 데 사용할 수도 있을 것이다. 그러나 밀턴이 이 시를 쓴 주된 목적은 이런 것들과는 거리가 멀다. 사람들이 자기 나름대로의 목적에 따라 이 시를 사용한다면 정작 이 시의 중심 포인트를 놓치게 될 것이다.

자유주의자 유주의 성경 공부 그룹에서 오간 대화들의 문제점이 이와 관련이 있다. 대화의 참석자들은 성경을 읽으면서 자신들이 자아낸 스스로의 관심사들을 개진하고 있다. 그러면서 정작 성경을 주신 하나님의 목적이 무엇인지에 대해서는 합당한 관심을 기울이지 않는다. 그리스도인 기호의 그룹에서도 사람들의 견해는 각자의 관심에 따라 차이가 난다. 경건주의자 경민은 성경의 목적이 헌신된 삶이라고 생각한다. 교리주의자 교선은 성경의 목적이 교리를 가르치는 데 있다고 보고 있다. 문화 변혁가 문호의 경우는 성경의 목적이 사람의 행동을 변화시키는 것이라고 생각한다. 선교학자 선자는 하나님의 메시지를 모든 문화 속에 전달하는 것이 그 목적이라고 생각한다.

이런 문제와 관련해서 그리스도인 기호의 성경 공부 그룹에서 오가는 대화를 좀 더 들어 보도록 하자. 성경의 목적이 무엇인지를 두고 진지하게 토론하는 그들의 모임 속으로 들어가 본다.

“

- **객관주의자 관수**: 성경에 나오는 구절에는 모두 반드시 목적이 있는데, 그 목적은 인간 저자가 그 구절을 표현하면서 가졌던 바로 그 목적이라고 생각해.
- **사실주의자 상직**: 명백한 반대 사실이 제시되지 않는 한, 성경의 목적은 사실적으로 일어난 일이 무엇인지, 또 사람들이 믿고 있는 일이 무엇인지를 말해 주는 데 있다고 추정해야 해.
- **해석학자 형진**: 우리가 책 전체를 두고 보면 더 큰 목적이 부각되는 것 아니겠어? 예를 들어 이사야의 예언을 생각해 봐. 이사야는 한 구절 한 구절을 기록하면서 보다 큰 전체 목적을 염두에 두고 있었던 거지. 이사야가 그랬다면 하나님은 더욱더 그렇지 않으실까? 하나님께서 정경 전체를 우리에게 주실 때는 개별 저자들이 가진 것보다 더 큰 목적을 염두에 두면서 그렇게 하신 것이 아닐까?
- **긍정주의자 근주**: 난 성령님께서 성경을 읽는 개개인을 위해 각기 다른 목적을 밝혀 주신다고 생각해.

”

성경의 많은 목적

성경은 많은 목적을 가지고 있다. 이는 성경 자체가 이야기하는 내용이다. 성경은 “교훈과 책망과 바르게 함과 의로 교육하기에 유익하니 이는 하나님의 사람으로 온전하게 하며 모든 선한 일을 행할 능력을 갖추게 하려 함이라”(딤후 3:16-17). 바울은 디모데에게 “말씀을 전파하라 때를 얻든지 못 얻든지 항상 힘쓰라 범사에 오래 참음과 가르침으로 경책하며 경계하며 권하라”

라고 명한다(딤후 4:2). 성경의 많은 부분들이 서로 다른 많은 기능들을 수행한다. 교훈을 위한 기능, 책망을 위한 기능, 권면을 위한 기능 등이다. 그러면서도 동시에 하나님은 한 분이시기 때문에 이 모든 말씀 속에는 목적의 통일성이 있다. 하나님의 모든 말씀들은 그분의 영광을 드러낸다(요 17:1). 모든 말씀을 통해 하나님은 우리에게 "내가 거룩하니 너희도 거룩할지어다"라고 요구하신다(벧전 1:16; 레 19:2; 20:7). 또는 야고보가 표현하는 것처럼 "너희는 말씀을 행하는 자가 되고 듣기만 하여 자신을 속이는 자가 되지 말라"(약 1:22)라고 촉구하신다. 모든 성경은 그리스도를 가리킨다(눅 24:44-49).

만일 우리가 성경에 오직 하나의 목적만 있다고 생각하거나, 아니면 모든 목적들을 하나로 환원시켜 버리거나, 아니면 그 목적들을 다른 것들과 분리해서 마치 각각이 따로따로 존재할 수 있는 것처럼 생각해서 그렇게 인위적으로 분리시켜 버린다면 우리는 크게 잘못 생각하고 있는 것이다. 이런 분리와 환원의 잘못을 피하기 위해서 다시 한 번 삼위일체 모델로 돌아가 보기를 바란다. 우리는 앞에서 하나님 말씀의 다양한 형태들을 생각해 보면서 다양성 속에 일체성이 있으며 또한 일체성에도 불구하고 다양성이 있다는 것을 이미 살펴본 바 있다. 이런 일체성과 다양성의 원형은 다름 아닌 하나님 자신 속에 놓여 있다. 그러므로 우리는 하나님의 삼위일체 성격을 출발점으로 삼아 성경의 목적에 관한 우리의 논의를 풀어 나가면 좋겠다.

삼위일체적 목적

요한복음 17장에 따르면 아들은 아버지께서 그에게 주시고 또한 그가 전달한 "말씀"을 말하는 것으로 자신의 사역의 성격을 규정하신다. 아들은 상호 내주(21-23절)와 영광을 나타냄(4-5, 24절)에 대해서도 말씀하신다. 또한 "나를 사랑하신 사랑"(26절)을 전함에 대해서, "아버지의 이름"(26절)을 알게 함에 대해서, 제자들이 세상 속에서 그의 사역을 이어감(18절)에 대해서 말씀하신다. 우리는 여기에서도 많은 목적을 발견한다. 그러나 이 많은 목적은 하나의 목적, 곧 아버지의 구속의 총괄적 계획을 서로 다른 각도에서 바라보는 관점들이라고 보면 된다. 아들은 이 하나의 총괄적인 계획을 하나 이상의 방식으로, 또한 하나 이상의 관점에서 묘사하고 있다.

이와 같은 표현상의 관점들은 어떤 점에서 삼위일체의 위격들 사이에 있는 다양성과 일체성을 반영하는 것이라고 볼 수 있다. 아들이 자신의 "일"에 대해 이야기하는 것은 일차적으로 지상에서의 자신의 사역을 가리킨다. 아들은 "아버지께서 내게 하라고 주신 일"(4절)을 이루셨다. 이를 바탕으로 해서 제자들은 그들의 일을 위해 보냄받은 것이다(18절).

아들은 자신의 일과 관련하여 여러 가지 다른 표현을 사용하신다. 하지만 이 모든 것은 다 하나의 일을 가리키기 때문에 그 일과 관련된 단 하나의 표현이라도 원리상 그 안에는 그리스도의 사역 전체가 포함된다. 편의상 우리는 이 "일"과 관련된 다양한 표현들을 아버지와 아들과 성령의 존재 속에 있는 다양성과 일체성에 상응하는 방식으로 세 개의 항목들로 압축을 해 보는 것이 좋겠다.

첫째, 아들은 아버지께 제자들을 준비시켜 주시고 보호하시고 거룩하게 해 주시기를 간구한다. 하나님의 일은 아버지 편에서 볼 때 시행과 능력과 통제이다. 우리는 하나님의 일 전체를 '통제'(control)의 관점에서 이해할 수 있다. (우리는 이 통제를 아버지와 연결시키고자 한다.)

둘째, 하나님의 일은 아들을 통하여 진리를 주고받는 일을 포함한다. "내가 아버지의 이름을 그들에게 알게 하였고 또 알게 하리니"(26절); "나는 아버지께서 내게 주신 말씀들을 그들에게 주었사오며 그들은 이것을 받고 내가 아버지께로부터 나온 줄을 참으로 아오며 … 믿었사옵나이다"(8절). 진리가 아들 안에서 현시되었다(요 14:6). 우리는 하나님의 일 전체를 '의미'(meaning)와 진리와 앎의 관점에서 이해할 수 있다. (우리는 의미를 아들과 연결시키고자 한다.)

셋째, 하나님은 제자들과 인격적으로 함께하시는데(21-23절), 이 일은 성령의 내주를 통해 이루어진다. 따라서 우리는 하나님의 일 전체를 인격적 '임재'(presence)의 관점에서 이해할 수 있다. (우리는 임재를 성령과 연결시키고자 한다.)

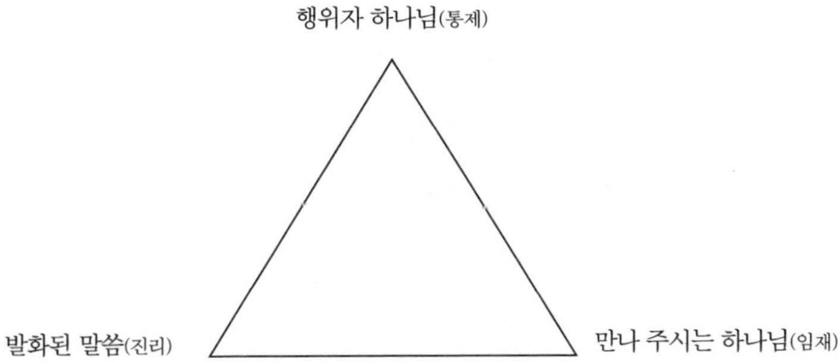

표 4.1. 목적의 삼각대

이렇게 해서 우리는 통제와 의미와 임재의 세 관점을 얻는다.[28] 이 세 축은 세상 속에서의 하나님의 일을 바라보는 세 가지 관점이다. 우리는 하나님을 모든 사건을 주관하시고 통제하시는 분으로 바라본다. 우리는 하나님께서 알게 하시는 의미와 진리를 바라본다. 우리는 하나님께서 이 세상과 그분의 백성 속에 임재하시는 것을 바라본다. 이 관점들은 하나의 창문과 같아서 그 어떤 관점을 통해서든 하나님께서 하시는 특정한 일이나 그분의 일들을 전체적으로 내다볼 수 있다. 요한복음 17장에서 예수님이 그렇게 하고 계신다. 각각의 관점은 전체를 볼 수 있게 하는 통로이다.

우리는 이제 이 세 관점의 삼각대를 하나님의 말씀에 구체적으로 적용해 보고자 한다. 예수님은 말씀의 소통에 대해 언급하신다(요 17:8, 14, 17). 이 측면은 다른 측면들과 일관성을 이루며 또한 다른 측면들을 현시한다. 하나님

28. 이 세 용어들은 존 프레임이 제시하는 권위, 통제, 임재의 삼각대를 다소 변형시킨 것임을 밝힌다(권위와 통제의 순서를 바꾸어서). 참조, John Frame, *The Doctrine of the Knowledge of God* (Phillipsburg, N. J.,: Presbyterian and Reformed, 1987), 15-18, 42-48.

의 말씀은 세상 속의 모든 사람과 사건들을 통제한다. 또한 하나님의 말씀은 의미를 가진 진리를 표현하고 제시한다. 또한 하나님의 말씀은 하나님 자신을 우리 가운데 임재하게 만든다. 하나님은 스스로를 그분의 말씀을 듣는 사람들과의 접촉 속으로 이끄신다.

이런 요소들을 하나씩 별도로 좀 더 자세히 생각해 보도록 하자. 첫째, 하나님의 말씀은 제자들의 성화를 통제하고 주관한다(요 17:17). 제자들은 하나님의 이름(하나님의 말씀과 긴밀히 연결된)을 통해 "보전"된다(11-12절). 둘째, 요한복음 17장에서 예수님께서 말씀하시는 말씀들은 그 자체가 하나님의 말씀을 대변한다. 거기에는 무한한 의미가 담겨 있다. 셋째, 예수님께서 말씀하시는 그 말씀들을 통해 아들뿐만 아니라 아버지께서도 인격적으로 제자들 가운데 임재하신다(요 14:9-10). "내 말이 너희 안에 거하면"(요 15:7)이라는 말과 "내가 그들 안에 있고"(요 17:23)라는 말은 서로 짝을 이룬다. 말의 화자는 그가 말하는 말 안에 임재한다. 제자들 안에 그 말이 거하게 될 때 그들 속에는 그리스도와의 연합으로 말미암는 말의 열매들이 맺히게 된다.[29] 이상의 세 가지 요소(통제, 의미, 임재)가 이루는 삼각대를 목적의 삼각대라 부르도록 하자. 이 각각의 용어들은 하나님께서 그분의 목적을 나타내시는 방식과 연관되기 때문이다.

통제와 의미와 임재는 요한복음 17장에서 잘 드러나는 것처럼 각각 아버지와 아들과 성령과 연관이 된다. 하지만 이 상호 관계는 신비를 가진다. 우리는 이것이 이야기의 전부를 이룬다고 말하지는 못한다. 삼위일체 위격들 사이에는 상호내재성이 있기 때문에 각 위격들은 통제와 의미와 임재를 공유하신다. 예를 들어, 성령의 임재(요 14:16-17)를 통해 아들이 오셔서 함께할 것이다(18절). 아버지와 아들은 함께 믿는 자 속에 거하신다(23절). 따라서 세 위격 모두가 신자들과 함께하는 하나님의 인격적 임재에 참여하신다. 유사

29. 권위와 통제와 임재의 삼각대에 대해서는 다음을 참조하라. Frame, *The Doctrine of the Knowledge of God*, 15-18, 42-48.

한 방식으로 세 위격 모두가 하나님의 일 속에서 통제를 행하신다. 세 위격 모두가 하나님의 말씀 안에서 의미를 표현하신다. 세 위격 모두가 하나님의 한 목적을 공유하신다.

우리가 앞에서 살펴보았던 형상의 삼각대를 다시 떠올려 보자. 형상의 삼각대는 원형과 현시와 동시 발생성의 세 관점으로 구성된다. 이 형상의 삼각대가 지금 이야기하는 목적의 삼각대와 어떤 관계를 가지는가? 물론 여기에서 우리가 수학적 동일성 차원의 일치를 찾기는 어렵겠지만, 이 둘 사이에는 상당한 유사성이 있다. 이 두 삼각대는 똑같은 하나의 일에 대한 두 가지 다른 이름 같은 것은 아니다. 형상의 삼각대는 하나님께서 자신을 어떻게 드러내시느냐 하는 데 그 초점이 모아진다면, 목적의 삼각대는 하나님께서 자신의 목적들을 어떻게 이루시느냐 하는 데 그 초점이 모아진다. 따라서 이 두 삼각대는 하나님 안에 있는 일체성과 다양성을 이야기하는 두 가지 다른 방식이다. 따라서 하나의 삼각대를 구성하는 각각의 용어들은 다른 삼각대를 구성하는 용어들과 서로 상관성을 가진다.

예를 들어, 하나님의 통제의 요소는 하나님의 전능성의 속성을 가지기 때문에 원형의 측면을 포함한다. 또한 하나님의 통제는 그분이 만드신 모든 것들에 대한 그의 실제적 통제 행위를 말하는 것이기 때문에 현시의 측면을 포함한다. 나아가서 하나님의 통제는 그 통제 행위가 전능성의 측면에서 하나님이 어떤 분이신가 하는 것과 조화를 이루기 때문에 동시 발생성의 측면을 포함한다. 유사한 방식으로 하나님의 의미 차원 또한 원형과 현시와 동시 발생성을 포함한다. 하나님의 진리는 영원히 그분의 것이라는 측면에서 원형적이다. 또한 하나님의 진리가 우리에게 알려졌다는 면에서 그것은 현시적이다. 더구나 우리가 아는 것과 하나님의 원형적 지식이 일치한다는 점에서 그 진리는 동시 발생적이다.

이처럼 한 삼각대의 세 요소들이 다른 삼각대의 요소들을 다 포함하지만, 그러면서도 이 두 삼각대 사이에는 흥미로운 관계가 있다. 하나의 삼각대가 다른 삼각대를 거울로 비추듯이 비춘다는 점이 그것이다. 예를 들어, 하나님의 의미 측면을 생각해 보자. 하나님의 의미는 그것이 현시되기 전에도 이미 존재한다. 그런 점에서 이것은 원형의 측면과 긴밀하게 연관되어 있다. 그러므로 어떤 면에서 의미는 원형의 측면을 거울로 비춘다. 하나님의 통제는 그분의 행위를 포함하기 때문에 이를 통해 하나님이 어떤 분이신지가 드러난다. 이런 점에서 통제는 현시를 거울로 비춘다. 하나님은 내주의 방식으로 우리 속에 임재하시는데, 여기에는 동시 발생적 측면이 들어 있다. 따라서 임재는 동시 발생성을 거울로 비춘다. (통제보다 의미를 먼저 언급한 것을 주목하기 바란다. 두 삼각대를 서로 비교하고자 할 때는 이런 순서상의 변화가 일어날 수 있다.)

통제와 의미와 임재의 삼각대는 삼위일체 위격들 사이의 영원한 관계 속에 원형 차원으로(archetypally) 존재한다. 우리와 세상을 향한 하나님의 의사소통 속에 이것이 반영될 때 우리는 그것을 모형 차원에서(ectypally) 경험한다. 우리를 향한 하나님의 말씀은 하나님의 본래적 차원의 통제와 의미와 임재를 밖으로 드러낸다. 이런 원리는 인간이 서로를 향하여 의사소통하는 일 속에서도 모형 차원으로 적용된다. 우리는 의사소통을 통해 통제를 시행한다. 우리는 말을 하면서 무엇인가를(진리이든, 거짓이든) 말한다. 우리는 또한 그것을 다른 누군가를 향해 말한다. 이를 통해 우리는 다른 누군가(임재)와의 관계 속으로 우리 자신을 가져간다. 자리를 바꾸어서, 우리가 누군가의 의사소통을 받는다는 것은 이 통제에 반응하는 것을 말하며, 그 사람이 말한 의미를 듣는다는 것을 말하며, 또한 의사소통 속에 임재하는 그 사람에게 귀 기울인다는 것을 말한다.

이 삼각대가 어떻게 성경에 적용될 수 있을까? 성경은 인간을 향한 하나님의 말씀이다. 따라서 여기에도 역시 모형 차원에서의 통제와 의미와 임재의 요소가 각각 작용한다. 성경을 통해 우리는 하나님의 통제로 말미암는 변화를 경험한다. 성경을 통해 우리는 진리(의미)를 듣는다. 성경을 통해 우리는 하나님(인격적 임재)을 만난다. 이런 점에서 우리는 성경의 목적을 세 가지로 정리할 수 있을 것이다. 하나님이 사람들을 변화시키고자 하신다는 것, 하나님이 사람들에게 진리를 가르치고자 하신다는 것, 그리고 하나님이 사람들 속에 임재하기를 원하신다는 것이 그것이다.

또한 이 세 가지 목적은 따지고 보면 하나이다. 통제와 진리(의미)와 인격적 임재로 구성된 목적의 삼각대는 삼위일체 위격들 사이의 상호 관계에서 비롯된다. 곧 삼위일체의 원형으로부터 비롯된 모형이다. 삼위일체의 각 위격들이 상호내재성을 가지는 것처럼, 위의 세 요소들 또한 모형적 차원에서 상호 내재한다. 다시 말하자면 이 세 요소들은 상호 간에 서로를 포함한다. 하나님을 인격적으로 만나는 것은 그분에 대하여 무엇인가를 아는 것, 곧 진리의 지식을 반드시 포함한다. 진리를 아는 것은 진리이신 하나님을 아는 것을 포함한다. 하나님을 만나는 것은 그분의 임재를 통해 우리가 변화되는 것을 포함한다. 우리가 하나님의 임재 앞에 압도되는 그런 만남을 가지고서도 변화되지 않은 채 그대로 남아 있을 수는 없다. 우리가 설혹 하나님을 거역하게 되더라도 우리는 이전 모습 그대로 남아 있을 수 없다. 우리는 이전보다 더 많은 죄책감을 느끼지 않을 수 없게 된다(참조, 출 7:5, 17; 14:4). 우리에게 이런 변화가 일어나는 것은 오직 우리 안에서 역사하는 하나님의 능력을 통할 때뿐이다(빌 2:13; 비교, 애 3:37-38; 엡 1:11; 시 103:19).[30]

이것이 실제적인 성경 공부에 대하여 어떤 함의를 가지는가? 일차적으로 하나님은 성경을 통해 다양하고 풍성한 목적을 가지고 계신다는 것을 인정해야 한다. 우리는 이 모두를 획일적으로 묶어 단 한 가지 목적으로 축소시켜 버려서는 안 된다. 예를 들어, 우리는 성경의 목적을 인격적 만남이라는 하나의 측면으로 축소시켜서는 안 된다. 우리는 개념적 진리는 도외시한 채

---

30. 관점들의 관계에 대한 더 많은 예들을 위해서는 다음을 참조하라. Frame, *The Doctrine of the Knowledge of God;* Frame, *Perspectives on the Word of God; An Introduction to Christian Ethics* (Phillipsburg, N. J.: Presbyterian an Reformed, 1990); Vern S. Poythress, *Symphonic Theology: The Validity of Multiple Perspectives in Theology* (Grand Rapids: Zondervan, 1987).

하나님과의 인격적 만남만 이루려 하는 그런 신비주의자들이 되어서는 안 된다. 그리스도인 기호의 성경공부 그룹에 나오는 경건주의자 경민의 입장이 이것과 가깝다. 그뿐만 아니라 우리는 성경을 인식적 의미 차원으로 축소시켜 버려서도 안 된다. 우리는 하나님과의 만남이나 실천적 삶(성경이 말하는 것을 행함)은 도외시한 채 지식만 쌓아올리려 하는 주지주의자들이 되어서는 안 된다. 이것은 교리주의자 교선의 입장과 가깝다. 또한 우리는 성경의 진리성이나 말씀하시는 하나님 자신에 대한 관심은 도외시한 채 보이는 효과 차원의 행동 변화에만 집중하는 실용주의자들이 되어서는 안 된다. 이것은 문화 변혁가 문호의 입장과 가깝다.

성경 목적의 다양성을 강조함과 더불어 우리는 그 일체성도 함께 인정해야 한다. 성경의 각각의 목적들은 다른 것들을 가리킬 뿐만 아니라 그것들을 포함하기도 한다. 예를 들어 진리(의미)를 바르게 아는 것은 진리이신 하나님(요 14:6)을 아는 것을 포함한다. 따라서 우리가 그것을 바르게 이해한다면 의미는 인격적 임재를 포함한다. 진리를 아는 것은 또한 실제적 효과를 산출한다(고후 3:18; 요 17:3). 진리를 알 때 변화가 일어난다. 따라서 의미는 통제를 포함한다. 역으로, 행위 차원의 반응 곧 순종의 실천적 측면은 인지적 행위 곧 진리를 아는 것을 포함한다. 이 반응이 합당한 것이 되려고 한다면 예배 차원에서 하나님과의 인격적 만남에까지 나아가는 반응이 되어야만 한다. 따라서 통제(변화)의 측면은 인격적 임재의 측면을 포함한다. 유사한 방식으로 삼각대의 각각의 측면은 다른 두 요소들을 포함한다는 것을 볼 수 있다.[31] 이 세 요소들은 상호 내재하는 관계를 가진다.

우리는 이런 상호내재성이 매우 구체적인 함의를 가지는 것을 볼 수 있다. 진리와 적용은 분리될 수 없다. 이 둘은 서로 독립적으로 존재하지 않는다. 이 둘은 하나의 상호내재적 삼각대의 두 측면을 이룬다. 진리는 성경의 내용

---

31. 보다 일반적 맥락에서의 이 세 측면들의 상호내재적 관계에 대해서는 다음을 참조하라. Frame, *The Doctrine of the Knowledge of God*, 17-18.

측면(의미 측면)이며, 적용은 성경이 우리 자신과 우리의 생각 및 행위에 대하여 가지는 작용의 측면(통제 측면)이다. 이 두 측면은 상호내재적이다.

하나님은 소정의 내용을 담은 진리를 소통하기를 의도하시고 뜻하신다. 하나님은 또한 그 진리가 적용되기를 의도하시고 뜻하신다. 따라서 적용은 의미의 본래적 요소이다. 의미는 적용을 포함한다. 역으로, 적용 또한 의미를 포함한다. 하나의 구체적 적용이 일어나는 것은 소정의 의미를 가진 진리의 적용이 일어나는 것을 말한다. 그것은 특정 단어들이나 본문의 의미가 적용되는 것을 말한다. 따라서 하나의 적용은 그것이 기반을 두고 있는 어떤 의미의 예시이다. 더 나아가서 적용을 전체적으로 이해할 때는 거기에 정신 내적 차원에서의 적용도 포함된다. 한 구절을 적용하는 것은 그것을 우리의 믿는 바에 적용하는 것을 포함한다. 그 구절이 말하는 것에 맞추어 우리는 우리의 믿는 바를 변경시킨다. 이런 면에서 적용은 그 구절의 의미에 관심을 기울이는 것을 포함한다.

좀 더 단순한 예를 들어서 이 문제를 생각해 보자. 에스라 3:4에는 이스라엘 백성이 "기록된 규례대로 초막절을 지켜 번제를 매일 정수대로 날마다 드리고"라는 언급이 나온다. 여기서 "기록된 규례"는 민수기 29:12-38이나 레위기 23:33-43과 같은 모세 율법의 규례들을 가리킨다. 민수기 29:12-38을 의미 측면에서 볼 때 이 본문은 이스라엘이 정한 번제를 드림으로 특정 절기를 지켜야 한다는 것을 말한다. 이 의미가 가지는 하나의 함의는 스룹바벨 시대의 이스라엘 사람들도 이 일을 행해야 한다는 것이다. 스룹바벨 시대 사람들의 행위는 모세 시대의 텍스트가 규정하고 있는 것의 한 적용이다. 이 적용은 스룹바벨 이전 시대 텍스트의 의미에 함축되어 있었고, 따라서 그 적용은 그 의미의 한 요소이다. 우리는 이를 또 다른 관점에서 바라볼 수도 있다. 민수기 29장의 적용은 내적 적용 측면을 또한 포함한다는 점이다. 우리는 하나님께서 규정하시는 것의 의미를 정신 내적 차원에서도 포착해야 한다. 스룹바벨과 또 다른 사람들이 하나님의 규례를 내면적 차원에서도 바르게 파악할 때 그들은 그 의미를 파악한 것이 된다. 따라서 의미는 그 정신내적 영역에서의 적용이다. 이 경우 의미는 적용의 한 요소이다.

의미와 적용의 이와 같은 상관관계는 요한복음 17장과 같은 중심 본문에서도 동일하게 찾아볼 수 있다. 아버지는 아들에게 그분의 말씀을 주셨고, 아들은 그 말씀을 제자들에게 주셨다(14절). 제자들에게 그 말씀을 주실 때 아들이 의도하신 것은 아버지께서 진리로 그들을 거룩하게 하시리라는 것이다(17절). 이 거룩함이 말씀을 주신 의도이며 또한 그 효과이다. 예수님의 의사소통적 행위의 하나의 의미 측면이 이 거룩함이다. 이런 점에서 의미는 적용을 포함한다. 역으로, 거룩함의 여러 측면들 중의 하나는 내적 거룩함이며, 이는 말씀의 의미를 이해함을 통해서 이루어진다. 그런 면에서 의미는 적용의 한 측면이다. 의미와 적용은 신적 행위의 차원에서 이를 바라볼 때 더욱 긴밀한 상관성을 가지는 것을 볼 수 있다. 아버지의 거룩하게 하시는 사역 속에서 시행되는 통제의 측면과, 아들의 말씀을 통해 표현된 진리의 측면은, 함께 하나의 총괄적 사역을 이루기 위해 아버지와 아들이 서로 안에 거하시는 상호내재의 관계를 가진다.

우리가 충분히 기대할 수 있는 것처럼, 이와 같은 상호내재적 일체성과 다양성의 관계는 성경 어느 부분에서나 쉽게 찾아볼 수 있다. 그것은 우리의 초점이 하나님과의 인격적 사귐이나 진리 자체나 삶의 적용 어디에 놓이든 상관이 없다. 예를 들어 하나님과의 인격적 사귐의 문제를 생각해 보자. 하나님은 한 분이시고, 따라서 모든 그리스도인의 사귐은 이 한 분 하나님과의 사귐이다. 사귐은 하나님의 불변하심의 성품에서 비롯되는 일체성 위에 그 기반을 둔다. 이것이 사귐의 일체성이다. 그러면서도 사귐에는 다양성이 있다. 많은 사람은 하나님과의 사귐을 고린도전서 12장이 암시하는 것처럼 다양한 성장의 맥락 속에서 다양한 방식으로 경험한다.

적용의 경우를 생각해 보자. 우리는 우리가 사는 다양한 상황들 속에서 다양한 적용들을 발견하게 된다. 그러면서도 모든 적용들은 단일한 목적을 가진다. 곧 우리의 거룩함이다(히 12:14; 벧전 1:15-16). 이 모두는 또한 하나님을 영화롭게 하기 위한 목적을 가진다(고전 10:31). 좀 더 다르게 표현하자면, 이 모든 적용들이 지향하는 것은 우리가 그리스도와 같이 되는 것, 곧 그리스도의 형상을 따라 변화하는 것이다(롬 13:14; 고후 3:18; 고전 15:49).

마지막으로 진리의 문제를 생각해 보자. 성경 속에는 많은 다양한 본문들 속에서 많은 다양한 진리의 형태들이 나타나고 있다. 하지만 이 모든 것들은 진리 자체이신 그 한 분 속에서 일체를 이룬다(요 14:6).

성경의 중심이신 예수 그리스도

우리는 성경적 진리가 그리스도 중심적 특성을 가진다는 것을 좀 더 자세히 잘 살펴볼 필요가 있다. 성경의 많은 구절들이 그리스도가 성경의 중심이요 진리의 중심이라는 것을 다양한 방식으로 증언한다. 요한복음 14:6의 "나는 … 진리요"라는 말씀은 그중의 하나이다.

골로새서 2:3은 "그 안에는 지혜와 지식의 모든 보화가 감추어져 있느니라"라고 말한다. 여기서 말하는 "모든 보화" 중에는 성경의 모든 구절이 가지는 진리도 포함되는 것이 분명하다. 이 모든 진리들이 그리스도 안에 감추어져 있다.

요한복음 1:1과 요한계시록 19:13은 예수 그리스도가 하나님의 말씀이라고 밝힌다. 우리가 앞에서 보았던 것처럼, 창세 이후로 주어진 모든 특정한 하나님의 말씀들은 이 하나의 영원한 말씀(Word)의 현시들이다.

고린도후서 1:20은 "하나님의 약속은 얼마든지 그리스도 안에서 예가 되니"라고 말한다. 하나님께서 주신 약속들은 모두 그리스도 안에서 성취된다. 물론 성경 안에 명백한 약속의 형태로 주어진 말씀은 제한적이다. 그러나 언약의 관점에서 바라보면, 하나님께서 그분의 백성에게 말씀하시는 것 자체가 그 자신을 그들에게 결탁시키는 행위이기 때문에, 그런 점에서 모든 성경이 다 약속의 측면을 가진다고 말할 수 있다.

디모데전서 2:5과 같은 구절은 그리스도가 하나님과 인간 사이의 유일하고도 불가결한 중보자라고 밝힌다. 우리는 오직 그리스도를 통해서만 구원받고, 하나님의 말씀을 들을 때 죽지 않을 수 있다. 그리스도는 우리가 성경을 바르게 받는 데 꼭 필요하신 분이다. 더군다나 성경은 우리에게 구원을 가져다주는 기능을 하기 때문에 성경은 근본적으로 그리스도에 관한 책이라고 말할 수 있다. "설교는 신학적이어야만 한다. 구원은 하나님의 것이며, 복음의 메시지는 하나님 중심적 메시지이다. 곧 우리의 구원을 위한 하나님의 계획이 예수 그리스도 안에서 어떻게 펼쳐지는지에 대한 이야기이다. 그러므로 말씀을 설교하는 자는 반드시 그리스도를 설교해야 한다."[32]

누가복음 24:25-27과 24:44-49의 진술은 특별히 중요하다. 엠마오로 향하던 제자들은 그리스도의 십자가 형 이후에 큰 실망에 잠겨 있었다. 하지만 예수님은 그들에게 나타나셔서 그들을 책망하신다(25-27절).

> "미련하고 선지자들이 말한 모든 것을 마음에 더디 믿는 자들이여 그리스도가 이런 고난을 받고 자기의 영광에 들어가야 할 것이 아니냐 하시고 이에 모세와 모든 선지자의 글로 시작하여 모든 성경에 쓴 바 자기에 관한 것을 자세히 설명하시니라"

엠마오 길에서의 이 선언을 통해 다름 아닌 예수님 자신이 구약성경은 처음부터 끝까지 모두가 바로 예수님 자신에 대한 것임을 분명히 하신다.

때로 사람들은 예수님이 여기저기 흩어져 있는 몇몇 구절들 속에서만 장차 오실 메시아를 증언하실 뿐이라고 주장한다. 물론 어떤 구절들은 보다 직접적으로 그리스도를 증언하는 것이 사실이다. 하지만 구약성경 전체가 하나님의 구원에 관한 책이다. 이 구원은 오직 그리스도 안에서만 발견된다. 따

---

32. Edmund P. Clowney, *Preaching and Biblical Theology* (Grand Rapids: Eerdmans, 1961), 74.

라서 구약의 일부 구절들만 산발적으로 그리스도에 대해 말하는 것이 아니다. 누가복음 24:44-47은 이 사실을 더욱 분명하게 밝힌다.

> "내가 너희와 함께 있을 때에 너희에게 말한 바 곧 모세의 율법과 선지자의 글과 시편에 나를 가리켜 기록된 모든 것이 이루어져야 하리라 한 말이 이것이라 하시고 이에 그들의 마음을 열어 성경을 깨닫게 하시고 또 이르시되 이같이 그리스도가 고난을 받아 제삼일에 죽은 자 가운데서 살아날 것과 또 그의 이름으로 죄 사함을 받게 하는 회개가 예루살렘에서 시작하여 모든 족속에게 전파될 것이 기록되었으니"

"모세의 율법과 선지자의 글과 시편"은 구약의 거의 전부를 일컫는 표현이다. 유대인들은 편의상 구약성경을 모세 율법과 선지서와 나머지 글들이라는 세 부분으로 나눈다. 모세 율법은 창세기에서 신명기까지의 오경을 가리킨다. 선지서는 여호수아, 사사기, 사무엘상하, 열왕기상하와 같은 역사적 책들인 "전(前) 선지서들"과 이사야에서 말라기에 이르는 "후(後) 선지서들"로 구성된다(다만 다니엘서는 통상 세 번째 그룹에 포함되었다). 그리고 나머지 부분은 '글들'의 분류에 속하는데, 그중에서 가장 두드러진 것이 시편이다. 이 '글들'의 범주 속에는 여러 종류의 책들이 포함되어 있고, 훨씬 후대에 이르기까지 표준적인 이름을 가지지 못했다.[33] '시편'은 편의상 이 세 번째 그룹에 붙여진 이름이다.[34] 예수님은 아마도 우리가 지금 시편이라 부르는 그 책만이 아니라 이 세 번째 '글들'의 범주에 속하는 모든 책들을 시편이라고 지칭하시는 것으로 보인다. 그렇지 않고 다만 우리가 아는 그 시편만을 염두에 둔 것

---

33. 시락서 1:1을 보라. 또한 참조, Roger T. Beckwith, *The Old Testament Canon of the New Testament Church and Its Background in Early Judaism* (Grand Rapids: Eerdmans, 1985), 특히 110-80.
34. Beckwith, *The Old Testament Canon of the New Testament Church*, 111-17.

으로 보더라도, 예수님은 구약 전체를 거의 다 언급하고 계시는 셈이다.

특히 45절에서 예수님께서 "그들의 마음을 열어 성경을 깨닫게 하시고"라고 한 것을 주목할 필요가 있다. 여기서 "성경"은 흩어져 있는 몇몇 메시아 본문만을 가리키는 것이 아니라 구약 전체를 가리킨다. 46-47절은 이것이 무엇을 의미하는지를 밝힌다. 그 성경 전체가 "나를[예수님을] 가리켜 기록된 것"이고 그 내용은 "그리스도가 고난을 받아 제삼일에 죽은 자 가운데서 살아날 것"에 관한 것이다. 이런 결론은 누가복음 24:25-27에서 말한 것을 재확인한다. 구약 전체는 메시아를 통한 구원의 일이 반드시 이루어져야만(44절) 한다는 것을 예고하고 있다는 점에서, 그리스도의 사역을 중심으로 한다.

그리스도가 신약 전체 메시지의 중심을 이룬다는 것에 대해서는 이의를 제기할 사람이 많지 않을 것이다. 하지만 누가복음 24장은 신약뿐만 아니라 구약에 대해서도 동일한 것을 말하고 있다. 그리스도의 사역은 신약뿐만 아니라 구약 전체의 목적과 취지의 핵심을 이룬다. 하지만 이것이 어떻게 해서 그렇게 되는 것인가? 우리는 어떻게 이런 이해에 도달할 수 있는가? 우리는 인위적인 방식으로 기독론적 메시지를 구약 본문들 속에 억지로 넣으려 해서는 안 된다. 만일 그렇게 한다면 이는 그 성경 본문에 대한 "이해"가 아니라, 다른 본문(신약)의 의미를 강요하는 것에 지나지 않을 것이다. 그렇다고 해서 누가복음 24장이 던지는 도전을 피하려 해서도 안 된다. 구약에 대한 그리스도 중심적 이해가 아닌 이해는 그리스도께서 원하셨던 이해가 아니라는 점에서 바른 이해라고 할 수 없다.

구약성경이 가지는 그리스도 중심적 성격을 이해하는 것은 결코 쉬운 일이 아니다. 성경은 심오하며 그 함의들은 무궁무진하다. 이와 관련한 좋은 출발점은 신약에 인용된 구약 본문들이나 직접 암시된 본문들을 공부해 보는 방법이다. 그런 본문들을 통해 우리는 그리스도 자신이나 사도들이 합당한 구약 이해에 대해 가르치는 것을 배울 수 있다. 특별히 히브리서는 이런 면에 있어서 대단히 중요한 책이다. 신약의 전체 책들 중에서도 히브리서는 구약이 그리스도 안에서 어떻게 성취되고 있는지를 가장 자세히 보여 준다.

우리가 이런 문제를 충분히 다루려고 하면 별도의 책 한 권을 써야만 할 것이다. 실제로 그리스도 안에서의 구약 성취와 관련된 책들이 많이 나와 있다.[35] 관심 있는 독자라면 이런 책들을 통해 많은 도움을 받을 수 있을 것으로 보기 때문에, 우리는 구약의 기독론적 함의에 대해 더 자세히 언급하는 대신 다른 주제로 넘어가 보도록 한다.

---

35. 이 주제와 관련된 좋은 안내서들로는 다음을 보라. Clowney, *Preaching and Biblical Theology*; E. P. Clowney, *The Unfolding Mystery: Discovering Christ in the Old Testament* (reprint, Phillipsburg, N. J., Presbyterian and Reformed, 1991); Vern S. Poythress, *The Shadow of Christ in the Law of Moses* (reprint, Phillipsburg, N. J., Presbyterian and Reformed, 1995); Mark R. Strom, *Days Are Coming: Exploring Biblical Patterns* (Sydney: Hodder and Stoughton, 1989). 모형론과 관련한 이전 책들도 많은 도움이 된다. 참조, Patrick Fairbairn, *The Typology of Scripture* (reprint, Grand Rapids: Baker, 1975).

제5장

진리는 삼위일체적 성격을 가진다

❝

- **해석학자 형진**: 자, 우리가 지금까지 하나님에 대해 이야기를 해 보았고, 또 그 분이 말씀하신다는 것이 무엇을 의미하는지 생각해 보지 않았니? 그렇다면 이제 언어에 대해서 한번 생각해 보는 것이 좋겠어. 성경은 결국 인간의 언어로 기록되었단 말이야. 그렇다면 이 사실이 하나님께서 말씀하시는 것을 어느 정도 제한하지 않을까? 성경이 인간의 언어로 기록되었다는 사실이 함축하는 의미들이 무엇일까? 더불어서 진리라는 것이 대체 어떤 성격을 가지는지 생각해 보아야 하지 않을까?
- **선교학자 선자**: 언어는 인간의 문화와 긴밀하게 연관되어 있어. 성경을 읽을 때도 우리의 이해는 우리가 속해 있는 문화적 상황의 영향을 크게 받게 되어 있지. 따라서 우리는 우리 자신의 문화적 상황이 가지는 한계를 넘어설 필요가 있어. 그렇지 않으면 우리의 문화에 익숙한 것에만 귀 기울이는 위험에 빠지게 될 거야.
- **객관주의자 관수**: 그렇지만 우리가 어디에서 출발하든지, 또는 우리의 문화가 가진 편견들이 무엇이든지 간에 진리란 그 자체는 항상 동일한 것이 아닐까? 성경의 객관적 의미, 뜻이 분명하고 고정된 의미, 그것이 곧 영원한 진리라고

생각해.

- **긍정주의자 근주**: 그렇지 않아. 내 생각에는 성령이 각 사람에게 각기 다른 진리를 적용해 주신다고 봐. 따라서 각각의 사람들마다 하나님이 자신에게 주시는 진리가 무엇인지를 찾아야 하는 것이지.
- **교리주의자 교선**: 인간의 언어는 창조 교리에 그 기초를 두고 있어. 그렇다면 창세기를 살펴보는 것이 어떻겠니?

”

이제 우리는 진리와 언어의 문제를 좀 더 자세히 살펴보고자 한다. 성경을 해석할 때, 우리는 끊임없이 성경의 언어와 그 진리의 문제에 봉착하게 된다. 그렇다면 언어란 무엇일까? 또 진리란 무엇일까?

하나님을 반영하는 언어

인간이 말을 하고 또 언어를 이해하도록 창조되었다는 것이 성경의 기본적인 입장이다. 그런데 우리는 인간 창조 이전에 하나님께서 말씀하신 사실을 볼 수 있다. "하나님이 이르시되 빛이 있으라 하시매 빛이 있었고"(창 1:3). 이 사실은 하나님의 언어와 하나님의 말씀하심이 인간의 언어와 인간의 말함에 선행한다는 것을 보여 준다.

우리는 여기에서 또 하나의 형상의 예가 나타나는 것을 발견한다. 인간이 언어를 사용하는 것은 언어를 사용하시는 하나님을 본받는 행위이다. 하나님의 말씀하심이 인간이 말하는 것의 원형이다. 인간이 말하는 것은 하나님께서 말씀하심의 형상 혹은 반영이다.

진리의 삼위일체적 성격

인간의 언어가 담고 있는 진리 역시 신적 원형으로부터 비롯된다. 예수님은 그 자신이 진리라고 말씀하신다(요 14:6; 비교, 18:37). 그의 신성 안에서 예수님은 인간의 모든 진리의 원형이 되신다. 진리에 관해 요한복음이 말하고 있는 내용은 예수님이 자신의 성육신 안에서 하나님을 결정적으로 계시하셨다는 사실과 긴밀히 연관되어 있다. "율법은 모세로 말미암아 주어진 것이요 은혜와 진리는 예수 그리스도로 말미암아 온 것이라 본래 하나님을 본 사람이 없으되 아버지 품속에 있는 독생하신 하나님이 나타내셨느니라"(요 1:17-18).

이를 볼 때, 진리는 삼위일체적 성격을 가짐을 알 수 있다. 예수님 자신이 진리이다. 동시에 그는 성부 하나님에 관한 진리이다. 또한 그는 성령의 능력으로 현시된 진리이다(사 61:1). 물론 우리가 여기서 말하는 진리는 일차적으로 하나님과 관련된 종교적 진리를 말한다. 그러나 이 진리는 모든 진리와 연관되어 있다. 하나님은 사람들에게 그들이 알고 있는 모든 진리를 가르치신다. 그가 바로 그 모든 진리의 원천이시다(시 94:10; 롬 11:33-36). 골로새서는 하나님의 비밀인 예수 그리스도 안에 "지혜와 지식의 모든 보화가 감추어져 있느니라"라고 일러 준다(골 2:2-3).

우리는 앞서 사용했던 형상 삼각대를 통해 진리의 핵심적 측면을 이렇게 정리해 볼 수 있을 것이다. 첫째, 성부 안에 있는 진리는 원형적 실재이다. 둘째, 아들 안에 있는 진리는 이 원형적 실재의 형상, 또는 역동적 현시이다. 셋째, 성령 안에 있는 진리는 아버지와 아들의 상호 내주 관계 안에서 이루어지는 그들 사이의 조화이다. 다시 말해서 이 진리는 아버지와 아들이 서로와 함께, 또 서로 안에 임재함이며, 양자 사이의 동시 발생이다. 이렇게 우리는 진리의 세 축을 가진다. 곧, 원형적 실재, 원형의 역동적 현시, 그리고 원형적 실재와 그 현시 사이의 동시 발생성이다. 이 세 축은 삼위일체의 세 위격들 사이의 관계를 나타낸다. 그런데 이 삼위일체의 내적 관계는 인간의 진리 경험 속에 반영된다. 우리가 진리를 경험하는 것을 살펴보면 거기에는 실재가 있고 동시에 구체적 현시가 있다. 이 현시는 달리 표현하면 특정 계시를 통하여 실재가 무엇인지를 파악하는 방식이다.

진리 이해에 나타나는 이와 같은 다양성 속의 일체성의 특성을 우리는 사복음서의 예를 통해 설명할 수 있을 것이다. 왜 한 그리스도를 나타내는 데 네 개의 복음서가 필요한가? 이 네 복음서가 나타내는 진리에는 일체성이 존재한다.[36] 그러면서도 동시에 그 강조점에 있어서나 그리스도를 묘사하는 방식에 있어서는 다양성이 존재한다. 마태복음의 경우, 그리스도는 무엇보다도 다윗의 계열을 잇는 왕으로 묘사되고 있다. 따라서 마태는 다윗의 계열을 잇는 왕들의 계보 속에 예수 그리스도를 위치시킨다. 요한복음의 경우, 그리스도는 하나님의 아들로 묘사된다. 아버지를 알리고 나타내는 것이 그리스도의 주된 사역이다. 누가복음의 경우에는 그리스도가 가난한 자들에게 구원을 가져오며, 희년의 자유를 선포하는 분(눅 4:18-19)으로 묘사된다. 마가복음의 경우 인자이신 예수 그리스도는 사탄의 통치를 깨트리는 분으로 그려진다. 이와 같이 네 복음서가 가지는 다양성은 각 복음서 기자들이 가지는 개별적 특성이나 관심, 그들이 처했던 상황 등에 기인한다. 그러나 하나님 자신도 이런 다양성을 원하셨다. 단순히 인간적, 상황적 이유 때문만이 아니라 신적 이유에서도 이런 다양성이 일어나게 된 것이다.

일체성뿐만 아니라 다양성을 그 특징으로 가지는 사복음서는 그리스도의 생애에 대한 하나님의 해석이 무엇인지를 보여 준다. 우리는 이 다양성 배후에 놓여 있는 '사실적'(real) 그리스도를 찾으려고 할 필요가 없다. 네 복음서들 가운데 단 하나의 복음서만 읽어도 우리는 그 하나의 복음서가 가진 특정 시각에서 묘사되고 있는 예수 그리스도를 앎으로써 이미 사실적 그리스도를 알게 되는 것이다. 물론 이것 하나만이 우리가 알아야 할 참된 것에 대한 유일한 가능성은 아님을 또한 잊어서는 안 될 것이다.

진리가 가지는 상호내재성으로 인해, 하나의 진리는 다중적 표현들을 가

---

36. 하나님은 스스로 일관되신 분이요 또한 진리는 하나이므로, 복음서들은 서로 상충하지 않는다. 때로 우리는 '명백한' 모순이라고 보이는 부분들을 발견할지 모르나, 좀 더 자세히 살펴보면 적절하게 조화를 이루는 것을 볼 수 있다. 때로 우리 인간의 제한된 시야 때문에 이렇게 조화를 이루는 부분을 찾지 못하는 경우에라도 하나님은 언제나 그런 부분을 알고 계신다.

지는 것이 가능하며, 동시에 그 다중적 표현들은 하나의 진리를 나타낸다. 진리의 다양한 현시들은 상호내재성을 가진다.

이와 같은 진리 이해를 일반적으로 잘 알려진 다른 대안들과 비교해 보도록 하자. 먼저 합리주의의 경우이다. 합리주의는 진리의 일체성, 안정성, 자기일관성을 강조하는 면에서 진리의 한 단면을 보여 준다. 이 관점에 따르면 하나님은 한 분이고, 또 자신에게 충실하다. (객관주의자 관수가 취하는 입장을 좀 더 비약시킨 형태라고 보면 된다.) 그러나 합리주의는 하나님으로부터 그분의 인격성과 그 위격의 복수성(diversity)을 제거하고, 아들이 아버지와 가지는 역동적 관계를 무시함으로써 하나님의 실재를 왜곡하고 있다. 이런 방식으로 합리주의는 진리의 현시들 가운데 나타나는 다양성과 창의성을 희생시킨다. 그 결과 사람들은 구체적 현시들의 다양성을 초월할 때에만 참된 진리를 찾을 수 있다고 생각하기 시작했다. 이렇게 하면 진리는 세상으로부터 동떨어진 추상성 속에 머무는 것이 되고 만다. 진리가 세상으로부터 멀어지게 되고 말았다.

이와 달리 상대주의의 경우에는, 상이한 사람들의 다양한 관점들과 현시들을 강조하는 면에서 일말의 진리를 가지고 있다. (이는 긍정주의자 근주의 입장을 좀 더 비약시킨 형태라고 보면 된다.) 하지만 상대주의는 절대적 진리가 없다는 주장을 통해 일종의 모조품 진리를 제시한다. 상대주의자들은 하나님의 일체성과 진리의 일체성을 부정함으로써 하나님의 본질을 왜곡한다. 결과적으로 진리는 상이한 개인 및 공동체들 사이의 상충하는 견해들로 말미암아 결국 분열되고 만다.

삼위일체적 진리의 경우, 우리는 다양성을 위해 일체성을, 또는 일체성을 위해 다양성을 희생시킬 필요가 없다. 삼위일체는 그 상호내재를 통해 상대주의의 잘못을 시정한다. 그뿐만 아니라 현시나 관점의 다양성은 진리의 붕괴 혹은 진리에 대한 접근 불가능성을 의미하지 않는다. 오히려 하나님은 성령을 통해 말씀하신다. 따라서 진리는 접근 불가가 아니라 오히려 모두에게 불가피한 것으로 다가온다.

다시 한 번, 복음서들의 예를 통해 이를 설명해 보자. 우리는 복음서들 중 어느 한 복음서만을 읽더라도 예수 그리스도를 충분히 올바르게(전적으로는 아니더라도) 알 수 있다. 진리 되신 예수 그리스도는 어느 하나의 복음서 안에서라도 성령을 통해 우리를 만나 주시며 우리에게 다가오신다. 그뿐만 아니라, 한 복음서에 나타난 진리는 다른 복음서들에 나타난 진리와 일관성을 이룬다.

하나님은 하나이시며 스스로 모순을 빚으시는 분이 아니다. 우리는 피조물로서 지식의 한계 속에 살고 있기 때문에, 때로 모든 진리에 대한 최종적 조화를 얻지 못할 수도 있다. 그뿐 아니라, 우리의 죄로 인하여 진리를 왜곡하고 굽게 만들 수도 있다. 그러나 이와 같은 우리의 한계에도 불구하고 우리는 하나의 복음서를 통해서든 아니면 사복음서 전체를 통해서든 예수 그리스도가 어떤 분이신지를 잘 알 수 있다.

우리는 각각의 복음서가 가지고 있는 특이한 강조점들을 잘 살려야 한다. 그와 동시에 네 복음서들 사이의 일체성을 부인해서도 안 된다. 우리가 진리를 알고 또 파악하는 길은 모든 상이한 관점들과 인간 한계들을 초월할 수 있는 능력에 달려 있는 것이 아니다. 오히려 우리가 어떤 위치에 놓여 있든 하나님께서 우리에게 공급해 주시는 것을 활용하고 누리는 데 있다.

한 가지 더, 우리에게 복잡하고 어려운 문제로 다가오는 것은 선교학자 선사가 제시하는 것과 같은 문화적 다양성이나 상황화의 문제에 어떻게 답할 것인가 하는 점이다. 우리의 기본적 출발점은 창조자이신 성령 안에서 하나님은 어떤 문화들 속에나 한결같이 임재해 계신다는 사실이다. 물론 인간의 문화들은 죄로 말미암아 오염되어 있다. 하나님은 세상 가운데 축복으로 자신을 나타내시기도 하지만, 죄에 대한 심판과 형벌로 임하기도 하신다. 어떤 경우에나 분명한 한 가지 사실은 인간은 그 죄에도 불구하고 하나님을 피하지는 못한다는 점이다. 사람들은 하나님에 대한 진리를 알고서도 이를 거부한다(롬 1:18-21). 하나님으로부터 멀리 도망하려 하지만, 결코 하나님을 피할 수 없다(시 139).

따라서 우리는 하나님을 바르게 알기 위해 중국 문화나 고대 히브리 문화 등의 특수성을 초월하는 자리로 올라갈 필요는 없다. 다만 죄로부터 해방되는 것이 필요할 따름이다. 이 죄는 개인적 특성을 가질 뿐만 아니라 문화적 특성을 가지기도 한다. 하나님과 그분의 진리는 죄 속에 놓여 있는 우리의 자리에까지 내려온다. 따라서 우리는 성경에 나타난 하나님의 진리를 알기 위해 고대 근동의 문화적 배경 같은 것을 벗겨낼 필요가 없다. 물론 이것은 가능한 일도 아니다. 우리 자신은 이미 어떤 한 문화 속에 속해 있기 때문이다. 인류학자들은 모든 문화적 특수성들을 객관적으로 내려다보는 위치에 자신들을 세우려 하겠지만, 이것 역시 한계성을 가진다. 그들이 사용하는 학문적 방법론이나 도구들이 이미 서구의 이론 문화인류학의 한 범주에 속해 있기 때문이다. 따라서 우리는 어떤 경우에도 성경의 진리를 그 문화적 특수성과 분리시킬 수 없다. 오히려 그 문화적 배경 속에 스며들어 있는 형태대로의 진리를 알 수 있을 뿐이다. 진리의 현시적 단면들은 원형적 진리를 각각 드러낸다. 그런 점에서 진리의 각 단면들은 그것이 현시하는 진리와 동시 발생성을 가진다.

진리에 대한 세속 이론들

우리는 이와 같은 삼위일체적 진리의 토대 위에 서서 진리에 대한 세속주의 이론들을 어떻게 보아야 할지 생각해 보고자 한다. 여기에는 세 가지 주된 이론들이 있다. 정합설(coherence), 상응설(correspondence), 주관성 이론(subjectivist)이다.[37] 정합설에서는 한 사상 체계가 일관성을 이룰 때 그것이 참되다고 본다. 하나님은 그 자신 속에서 일관되신 분이다. 그 일관성은 하나님의 일체성에 의해, 그리고 삼위일체 위격들 간에 성령으로 말미암는 상호

37. 이에 관해서는 다음을 참조하라. John M. Frame, *The Doctrine of the Knowledge of God* (Phillipsburg, N. J.: Presbyterian and Reformed, 1987), 133-34, 141-42, 149-64.

내주를 통해 입증된다. 우리의 사상이 우리 안에 내주하시는 성령의 생각과 일치하고 일관성을 이룰 때 그것은 참된 사상이 된다.

상응설의 입장에서는, 한 사상이 밝혀진 다른 진리에 상응할 때 그것을 참된 것으로 본다. 하나님의 형상으로서 아들은 아버지에 상응한다. 아들이 아버지에 상응하는 이것이 곧 진리이다. 하나님의 형상으로 만들어진 인간의 경우, 우리의 사상이 참일 수 있는 것은 이것이 아들의 사상에 상응할 때, 곧 그것의 형상이 될 때이다.

주관성 이론의 입장에서는, 한 인격적 주체에 의해 참된 것으로 인정되는 그것이 진리이다. 진리는 성부 하나님이 아시는 것, 그것이다. 나의 진리는 내가 인정하는 것, 그것이다. 물론 나 혼자만 인정하는 것이 아니라, 나를 진리로 인도하시고 내주하는 성령(요 16:13)이 함께하시는 한에서 그러하다.

세속주의자들의 이해에 근거한 위의 세 이론들은 모두가 일말의 진리를 내포하고 있다. 그러나 모두가 진리를 왜곡하기도 한다. 각각 한 입장만을 고집할 때 이들은 삼위일체적 진리의 모조품에 지나지 않게 된다.

진리의 유비적 성격

우리가 하나님 성품의 관점에서 출발할 때, 진리는 본질적으로 유비적 성격을 가짐을 알 수 있다. 우리는 유비(analogy)와 은유(metaphor) 없이 진리를 논할 수 없다. 우리 언어의 특성 부분이 주로 문자적 성격을 가지든, 아니면 주로 은유적 성격을 가지든, 그것은 하나님의 신적 언어와 하나님의 진리의 형상으로서의 특성을 가진다. 이런 형상적 연관성은 아버지와 아들 사이의 원형적 형상 관계와 유비적으로 맞물려 있다. 하나님은 유일하신 분이고, 인간은 이 하나님의 형상이다. 이런 관계는 삼위일체의 제2위이신 아들이 아버지의 형상이라는 사실과 유비(물론 동일한 것은 아닐지라도) 관계를 이룬다. 아들이 아버지와 동일하지 않은 것처럼, 창조된 형상들은 스스로 계신 존재와 동일하지 않다. 아버지와 아들이 상호 내재하시는 것처럼, 하나님의 진리는 인간의 지식 속에 있는 그 형상과 일관성을 이룬다. 우리는 하나님을 피조물과 같은 차원에 결코 놓을 수 없다. 그러나 성경은 하나님에 대해 참된 것이 인간에 대해서도 참되다는 점에서 둘 사이에 유비 관계가 있음을 보여 준다. 예를 들어, 요한복음 17:21은 믿는 자들의 하나 됨을 아버지와 아들의 하나 됨과 비교하고 있다. 양자가 같은 차원의 하나 됨은 아닐지라도 서로가 유비적 관계를 가지는 것은 분명하다.

이와 같은 유비와 은유의 차원을 무시하고 모든 것을 순전히 문자적 언어의 차원으로 단일화하려는 시도는 이와 같은 상호내재의 신비를 바르게 이해하는 데 실패하고 말 것이다.

제6장

의미의 의미

- **해석학자 형진**: 그럼 이번에는 의미에 대해 토론해 볼까? 그런데 '의미'란 말의 의미가 뭐지?
- **선교학자 선자**: 의미는 듣는 사람이 속해 있는 문화에 따라서 그 의미가 달라지는 것이 아닌가?
- **객관주의자 관수**: 그렇다면 각기 다른 문화가 그 각각의 편향성을 가지고 있다는 말 아냐? 의미는 그 어떤 문화에 상관없이 다 공통적인 것이라고 봐. 의미란 표현된 말이나 글이 가지고 있는 고정된 내용이라고 생각해.
- **긍징주의자 근주**: 하지만 같은 구절이라도 사람에 따라 그 받아들이는 의미가 다를 수 있지 않아? 의미란 성령님께서 각각의 사람들에게 밝혀 주시는 그런 것이 아닐까?
- **문화 변혁가 문호**: 의미는 행동 속에서 드러나는 것이야. 그렇지 않다면 의미는 아무것도 아니지. 그런 건 위선에 지나지 않아.
- **예전주의자 예지**: 참된 의미는 예배에 참여할 때만 발견할 수 있어.
- **교리주의자 교선**: 의미는 하나님의 의중에 있는 것을 말해.
- **객관주의자 관수**: 천만에, 의미는 인간 저자의 의중에 있는 것을 말해.

의미에 대한 이와 같은 다양한 견해들은 앞에서 본 성경에 관한 토론들 속에 빈번히 나타났던 주제들임을 알 수 있다. 우리는 여기에서 의미의 문제를 좀 더 본격적으로 다루어 보고자 한다. 만일 모든 특정 진리들이 서로 간에 일관성을 이루며, 따라서 하나의 관점을 통해 다른 것들을 일관되게 이해할 수 있다면, 텍스트는 하나의 의미를 가지는가, 아니면 여러 개의 의미를 가지는가?

우선 우리가 물어야 할 질문은 이것이다. '의미'라고 할 때 우리는 이 말로 무엇을 의미하는가?

구체적인 예로 요한복음 17:4을 생각해 보자. "아버지께서 내게 하라고 주신 일을 내가 이루어 아버지를 이 세상에서 영화롭게 하였사오니"라는 말씀이 그것이다. 이 구절의 의미는 무엇일까? 이 의미가 성경의 다른 구절들과는 어떻게 연결될까? 이 구절이 우리 자신에게는 어떤 의미를 가지는 것일까?

내용 차원에서의 일체성과 다양성

요한복음 17:4이 말하는 내용은 매우 분명하다. 요한복음이나 성경의 다른 구절들 중에서 이 구절과 똑같은 것을 말하는 구절은 없다. 다 각각 다른 것을 말하고 있다. 그러면서도 요한복음의 다른 구절들과 성경의 모든 구절들은 이 구절과 합치되며 또한 함께 하나의 일관된 진리를 말하고 있다. 서로 간 모순을 일으키기보다는 서로가 함께 조화를 이루어 내고 있는 것이다. 진리에는 일체성과 다양성이 공존하는 것처럼, 성경의 서로 다른 구절들의 의미 속에도 역시 일체성과 다양성이 공존한다. 진리와 의미에 있어서의 이와 같은 일체성과 다양성을 이해하기 위해서도 역시 우리는 하나님의 삼위일체적 성격이 그 원형의 역할을 하고 있음을 발견한다. 서로 다른 구절들의 의미나 진리가 각각 다르면서도, 이들이 함께 어울려 더 큰 전체를 형성하는 것이다.

이와 같은 일체성과 다양성의 관계를 보다 잘 이해하기 위해 우리는 앞서 생각해 보았던 진리의 한 원형과 그 다양한 현시 사이의 관계를 좀 더 발전시켜 보도록 하자. 단순히 그것을 반복하기보다는 세 축을 새롭게 재구성한 삼각대를 제시해 보고자 한다.

말씀(Word)은 그분의 성육신의 형태로 하나님이 항상 어떤 분이신지를 현시한다. 말씀은 하나님이다. 따라서 그가 행하는 모든 일이 하나님이 어떤 분이신지를 나타낸다. 그와 동시에 그는 삼위일체 하나님의 한 위격이다. 따라서 그는 하나님을 한 특수한 방식으로 나타낸다. 그는 육신이 된 말씀이다. 성육신하신 분은 아버지가 아니라 아들이다. 아들은 성육신 가운데서 자신이 다른 위격들과 구별되는 한 특정 위격임을 보여 준다. 여기에는 한 하나님으로서의 일체성이 있으며, 또한 성육신하신 아들로서의 특수성 속에서 드러난 다양성이 있다. 이와 같은 다양성 속에서의 일체성을 우리는 삼각대 형식으로 꾸며 볼 수 있을 것이다.

첫째, 우리는 하나님 속에 있는 일체성을 말씀을 통한 하나님의 계시라는 '분류적'(classificational) 측면과 연결시킬 수 있을 것이다. 하나님은 하나이시며 역사 전체를 통해 동일하신 분으로 존재한다. 하나님의 모든 특정 행위들은 모두가 '하나님'이라는 분류적 명칭의 현시이다. 계시되는 하나님은 항상 동일한 그분이다. 이 분류적 측면은 하나님이 어떤 분이신지를 계시해 주는 모든 특정 사례에 하나의 일체성을 부여한다. 물론 삼위일체의 세 위격 모두가 역사 전체를 통해 동일한 분으로 존재한다. 그러나 말씀이 육신이 되신 것이나 오순절에 성령이 부은바 된 것과 같은 다양성 속에서도 언제나 동일한 분으로 머무시는 분은 성부 하나님이시다. 그런 점에서 우리는 '분류'의 축을 성부 하나님과 연결시키고자 한다.

둘째, 우리는 하나님의 여러 행위들 속에 나타나는 다양성을 하나님 계시의 '예시적'(instantiational) 측면이라고 말할 수 있을 것이다. 다시 말하면, 하나님의 모든 행위는 각각의 개별성을 가지고 있다. 하나의 행위는 다른 시기에 행해진 다른 행위들과 구별된다. 각각의 행위는 하나님의 행위의 개별적 예이다. 특히 말씀이 육신이 되신 일(요 1:14)은 하나님이 어떤 분이신지를 보여 주는 하나의 예시적 사건이다. 그런 점에서 우리는 '예시'의 축을 삼위일체의 제2위이신 분과 연결시키고자 한다.

셋째, 우리는 다양성 속의 일체성, 또는 일체성 안의 다양성을 '조합적'(associational) 측면이라 부를 수 있을 것이다. 다시 말하자면, 하나님의 행위의 각기 다른 예들은 모두가 그분이 어떤 분이신가 하는 점과 조화를 이룬다. 하나님의 다양한 행위들이 하나님의 영원불변의 속성과 조화를 이루며, 또한 하나님이 행하신 다른 일들과도 조화를 이룬다. 이 조합적 측면에 있어서는 그 주된 초점이 개별적 '예시'와 일반적 '분류' 사이의 관계에 모아진다. 요한복음에서는 이 조합적 측면을 "이 말씀이 하나님과 함께 계셨으니"(요 1:1)라는 말로 표현하고 있다. 말씀이 하나님과 조합을 이룬다. 이 조합은 앞서 본 것처럼, 상호 내주(요 17:21)의 방식으로 이루어진다. 그리고 이 일은 성령을 통해 매개된다. 그런 점에서 우리는 '조합'의 축을 성령과 연결시키고자 한다.[38]

이렇게 우리는 '분류'와 '예시'와 '조합'의 세 축을 얻게 되었다. 이 세 요소는 상호내재적 관점의 삼각대를 형성한다.[39]

---

38. 보다 상세한 논의를 위해서는 다음을 참조하라. Vern S. Poythress, "Reforming Ontology and Logic in the Light of the Trinity: An Application of Van Til's Idea of Analogy," *Westminster Theological Journal* 57 (1995): 187-219.

39. 이 세 범주들은 필자가 이전에 사용했던 용어들인 대조(contrast), 변형(variation), 분배(distribution)와 각각 긴밀한 연관성을 가진다. 참조, Vern S. Poythress, *Philosophy, Science and the Sovereignty of God* (Nutley, N. J.: Presbyterian and Reformed, 1976), 123; Vern S. Poythress, "A Framework for Discourse Analysis: The Components of a Discourse, from a Tagmemic Viewpoint," *Semiotica* 38, no. 3/4 (1982): 289-90. 앞서 필자가 사용했던 이 용어들은 케네스 파이크의 구분인 형태 모드(feature mode), 현시 모드(manifestation mode), 배분 모드(distribution mode)에서 차용된 용어들이다. 참조, Kenneth L. Pike, *Language in Relation to a Unified Theory of the Structure of Human Behavior*, 2nd rev. ed. (The Hague: Mouton, 1967), 84-93; Kenneth L. Pike, *Linguistic Concepts: An Introduction to Tagmemics* (Lincoln: University of Nebraska Press, 1982), 41-65. 필자는 여기서 이전의 용어들을 새롭게 고쳐서 사용하고자 한다. 이렇게 함으로써 요한복음 1:1에 나타나는 삼위일체적 진리를 더 잘 드러내고 더 폭넓게 적용할 수 있기 때문이다. 이 새 용어들은 하나님의 삼위일체적 존재 방식에 기반을 둘 뿐만 아니라, 유비적 차원에서 창조의 모든 영역도 다 포괄한다. 이 용어들은 일반적 차원에서는 파이크의 용어들과 겹치는 부분을 가지

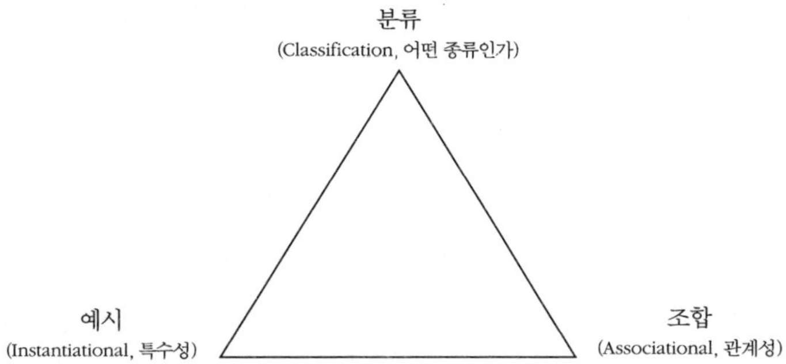

표 6.1. 일체성-다양성 관계의 삼각대

이 관점을 통해 살펴보면, 그리스도의 지상 생애에 있어서의 모든 특정 사건들은 분류상 항상 동일하신 분으로 존재하시는, 한 하나님의 예시 또는 현시이다. 그리고 이 특정 예시들이 모두 한 하나님과 관계된다는 것을 보증하시는 분은 성령이다. 이 예시들은 모두가 하나님이 과연 어떤 분이신지를 나타낸다.

특정 사건들에 대한 특수 진리들은 모두가 예시들과 그 작용 방식이 동일하다. 하나이신 하나님은 이 특수 진리들을 다 아신다. 따라서 이들은 모두가 분류상 단일한 '진리'의 범주에 속한다. 게다가 이 진리들은 모두가 일관되거나 혹은 일치한다.

예를 들어 여기에 하나님과 관련된 두 진리들이 있다. 하나는 하나님이 의로우시다는 것이고, 다른 하나는 하나님이 모든 것을 아신다는 것이다. 이 두 진술들은 별개의 것이며 따라서 특수하다. 그럼에도 불구하고 이 둘 모두가 한 하나님을 묘사한다. 각각이 또한 서로를 비추는 역할을 한다. 하나님의 의는 모든 것을 다 아는 차원의 의이다. 또한 하나님의 지식은 의로운 지식이

고 있다. 나의 이전 용어들인 대조, 변형, 분배는 언어학적 분석에 사용되는 용어들이기 때문에 그 적용 범위가 더 좁다. 이 용어들은 하나의 언어학적 단위 분석이라는 특정 영역에 적용되는 분배, 예시, 조합의 측면들과 더 잘 어울린다.

다. 만일 하나님의 지식이 불의한 지식이라고 한다면 우리는 그것을 바르게 이해할 수 없다. 그뿐만 아니라, 만일 하나님의 의가 온전한 지식으로 우리에게 알려지지 않는다고 한다면 우리는 그것을 이해할 수 없게 된다. 그러므로 이 두 가지 측면은 서로를 밝혀 주며 서로 간에 깊이 연관되어 있다. 하나의 진술이 성립하자면 다른 하나가 전제되어야 한다. 이런 방식으로 두 진술은 상호 내재한다. 둘은 하나의 진리, 곧 하나님은 하나님이시라는 진리의 상이한 측면들인 것이다.

위의 두 진술이 상호 간 연결을 맺고 있는 것을 볼 때, 우리는 여기에 분류적 측면과 예시적 측면, 그리고 조합적 측면이 동시에 작용하고 있음을 알 수 있다. 분류의 관점에서 볼 때는 두 진술이 하나님에 관한 하나의 진리를 말하고 있다. 예시의 관점에서 볼 때는 두 진술이 각기 구별되는 특수한 내용을 말하고 있다. 조합의 관점에서 볼 때는 두 진술이 상호 내재하며 서로가 서로를 해석하며 밝혀 주고 있다.

마찬가지 방식으로, 복음서들 속에 나타나는 그리스도 생애의 많은 개별 사건들은 많은 예시들을 포함하고 있다. 각각의 개별 진술 또는 사건들이 그 자체로서 특수하다. 따라서 이는 예시적 측면을 보여 준다. 그러면서도 이 각각은 하나의 전체 내러티브에 속해서 이 모든 사건들 속에 늘 동일한 분으로 계시는 예수 그리스도가 어떤 분인지를 보여 준다. 이는 분류의 측면과 관계된다. 그뿐 아니라 각각의 진술들이나 사건들은 서로가 서로를 해석하며 밝혀 준다. 이는 조합의 측면에 해당된다.

삼위일체의 본질 자체와 마찬가지로, 분류와 예시와 조합의 세 측면들은 삼위일체적으로 상호 내재한다. 이 셋은 성경에서 발견되는 삼위일체적 진리와 유비적 상관성을 가진다. 분류와 예시와 조합이라는 이 세 측면은 성경에서 발견되는 개개의 모든 진리와, 또한 성경에서 발견되는 개개의 모든 의미와도 상호 내재하는 관계를 이룬다.

의미의 삼각대

우리는 분류와 예시와 조합으로 이루어진 이 삼각대를 성경의 어느 본문에든 적용해 볼 수 있을 것이다. 하나의 성경 본문은 이 세 가지 분류적, 예시적, 조합적 측면들을 다 포함하고 있다. 이 중요한 주제를 다소 다른 각도에서 살펴보기 위해 몇 가지 용어를 더 추가하고자 한다. 뜻(sense), 적용(application), 함의(import)가 그것이다.

먼저 우리는 어떤 한 구절의 분류적 측면을 그 구절의 '뜻'이라고 말할 수 있다. 우리는 동일한 '뜻'을 유지하면서도 하나의 표현을 얼마든지 다른 표현들로 바꾸어서 나타낼 수 있다. 어떤 뜻을 옮기는 한 특정 표현은 한 특정 시간과 장소에서 발화된 일련의 특정한 말이나 문장을 포함한다. 우리는 하나의 동일한 진리를 다른 말들로 표현할 수 있다. 이때 우리가 나타내고자 하는 '뜻'은 근본적으로 동일하게 유지된다. 하나님은 언제나 동일하신 분이다. 그분은 항상 자신에 대해 신실하신 분이다. 하나님에 대한 많은 진리들도 이 한 하나님과 마찬가지로 늘 동일하다. 이런 점에서 하나님은 '뜻'의 안정성을 위한 보증이 되신다.

예를 들어, 요한복음 17:4의 "아버지께서 내게 하라고 주신 일을 내가 이루어 아버지를 이 세상에서 영화롭게 하였사오니"라는 말씀을 생각해 보자. 이 구절은 말하고 있는 그대로를 말해 준다. 아버지를 영화롭게 하신 분은 다름 아닌 아들 자신이다. 아들은 이 일을 다른 어떤 곳에서가 아니라 "이 세상에서" 행하셨다. 또 아들은 세상에서 아무 일도 하지 않은 채 남에게 의존해서 지낸 것이 아니라 어떤 특정 사역을 이루셨다. 이처럼 아들에 관한 특정 진리를 나타내고 있는 것이 이 구절의 '뜻'이다.

두 번째로, 우리는 어떤 한 구절의 예시적 측면을 그 구절의 '적용'이라고 말할 수 있을 것이다. '적용'은 명령과 관련된 구절에 가장 잘 부합된다. 예를 들어, 어떤 한 선생이 "쉬지 말고 기도하라"(살전 5:17)라는 말을 가르친다고 할 때, 그 사람은 이 구절을 다양한 방식으로 제시할 수 있을 것이다. 이 명령문을 그대로 말할 수도 있을 것이고, 아니면 표현을 다르게 바꾸어 말한다든지, 혹은 하나의 예를 들어서 말할 수도 있을 것이다. 이 각각의 방식들이 다 그 교사가 가르치고자 하는 내용의 각기 다른 '적용'이다. 성경의 한 진리에서 도출되는 다양한 추론은 바로 그 진리의 적용이다. 이런 의미에서의 '적용'은 명령에 대한 순종의 경우에만 국한되는 것은 아니다. 성경의 각종 주장, 질문, 명령, 묵상 등의 의사소통 행위에 대한 인식(인지), 말(verbal), 행동, 태도 차원에서의 모든 합당한 반응들이 모두 이 '적용'의 범주에 포함된다.

'적용'은 어떤 한 본문을 말로나 행동으로 예시하는 것을 말한다. 그 본문을 세상 속에서의 특정 상황 속에서 예증하거나 실행하거나, 혹은 그 결과를 펼쳐 보이는 것이 바로 '적용'이다. 다양한 '적용'들은 먼저는 하나님께서 그분의 무한한 지혜 가운데서 미리 계획하시고 알고 계신 일이다. 사람이 그 본문을 접하기 이전부터 이미 하나님은 어떤 적용들이 가능할지를 모두 알고 계신다. 따라서 '적용'은 궁극적으로 하나님께서 의도하신 것이지, 인간이 그 성취를 통해 이루어 내는 것이 아니다.

세 번째로, 우리는 어떤 한 구절의 조합적 측면을 그 구절의 '함의'라 말할 수 있을 것이다. 한 구절의 함의는 이 구절이 다른 구절들과 어떻게 다양한 연관 관계를 맺고 있는지, 또 어떻게 서로가 서로를 비추어 주는지를 통해 나타난다. 요한복음 17:4이 좋은 예이다. 이 구절에 나오는 "내가 이루어"라는 말씀은 예수님의 지상 사역 전체를 암시한다. 따라서 이 문구의 의미를 알려면 요한복음 전체를 보면서 예수님이 어떤 특정 사역을 염두에 두고 계시는지 생각해 보지 않을 수 없다. 그뿐만 아니라 "아버지께서 내게 하라고 주신 일"이라는 문구도 요한복음의 다른 구절들 속에서 아버지께서 아들에게 어떤 일들을 맡기고 있는지를 살펴봄으로써 그 의미를 보완할 수 있다. 이처럼 요한복음 17:4을 요한복음의 나머지 부분들과 견주어 봄으로써 우리는 이 구절을 분리시켜 놓고 볼 때에는 드러나지 않는 전체적인 의미를 파악할 수 있게 된다.

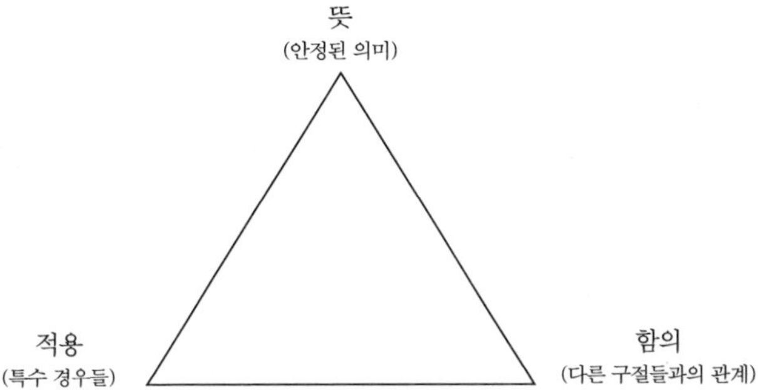

표 6.2. 의미의 삼각대

이렇게 해서 우리는 분류와 예시와 조합의 삼각대에 병행하여 뜻과 적용과 함의의 의미 삼각대를 가진다. 이 세 요소들은 상호 내재하며, 각각이 다른 요소들을 위한 관점을 제공한다. 많은 사람들은 "의미"(meaning)라고 하면 단순하게 "뜻"(sense) 차원만을 생각하는 경향이 있다. 의미를 우리가 그 자체의 분리된 차원에서만 생각한다면 어떤 텍스트의 중심 메시지를 풀이 방식으로 재진술한 것이라고 볼 수도 있다. 우리는 하고자 했다면 "의미"와 "뜻"을 동일한 것으로 정의할 수도 있었을 것이다. 하지만 중요한 것은 이 삼각대의 세 요소를 각각 어떻게 정의하느냐 하는 것이 아니라, 오히려 이 셋이 어떻게 상호 내재하는지를 보는 것이다.

적용은 뜻을 전제로 한다. 적용이란 무엇인가를, 곧 뜻을 가진 어떤 내용을 적용하는 것을 말한다. 구체적인 특정 사례들은 그것이 속한 보다 일반적 차원의 의미 맥락 속에서만 그 의미를 가진다. 역으로, 뜻 또한 적용을 전제로 한다. 적용이 없이는 뜻이 파악되지 않는다. 어떤 특정한 경우들을 통해 뜻이 인지적, 개념적, 행동적 차이들을 만들어 내지 않는다면 우리는 그 뜻을 파악할 수 없다. 어떤 한 아이가 "도둑질하지 말라."라는 말을 앵무새처럼 따라할 수는 있다. 그런데 이 아이가 이것이 무엇을 의미하는지를 다른 말로 설명하거나 행동으로 예시하지 못한다면 그는 그 말의 뜻을 제대로 이해한 것이 아니다.

뜻은 함의를 전제로 한다. 뜻은 어떤 텍스트가 놓여 있는 역사적, 문학적 맥락 속에 존재하고 또한 그 맥락의 바탕 위에서 파악이 가능해진다. 맥락과의 관계에서의 뜻이 바로 함의이다. 역으로, 함의 또한 뜻을 전제로 한다. 함의는 뜻들 사이의 관계에서 도출된다. 뜻은 적용의 특수성을 통해 파악되는데, 함의는 이 뜻들이 서로 연결되는 곳에서 파악이 가능하다. 적용은 함의의 맥락 속에서만 가능하게 된다. 곧 하나의 뜻이 그것이 적용되는 특정 상황과 어떤 관계를 가지는지를 해석할 수 있게 하는 의미들(함의)의 맥락 속에서만 적용은 가능해진다.

우리가 어떤 텍스트를 이해한다는 것은 뜻과 구체적인 적용과 풍성하게 연결된 맥락들(함의)의 상호 관계를 잘 파악한다는 것을 말한다. 사람들은 어떤 텍스트를 읽고 해석할 때 본능적으로 이런 상호 관계를 파악하려 애쓴다. 하지만 어떤 사람들은 이런 연관성을 무시하고 텍스트의 뜻 차원에만 좁게 의미를 제한하여, 적용과 연관성의 무한히 넓은 맥락과는 독립된 해석의 이론들을 구성하기도 한다.

함의의 깊이

하나의 텍스트와 그것이 놓인 보다 넓은 맥락 사이의 연관성은 무한히 확장된다. 따라서 한정성을 가지는 '뜻'은 무한정하게 깊은 '함의'와 서로 연결된다. 우리는 이를 요한복음 17:4을 통해 확인할 수 있다. 앞에서도 보았던 것처럼 요한복음 17장은 하나님께서 우리에게 말씀하시는 말씀만이 아니라, 하나님께서 하나님에게, 곧 아들이 아버지께 말씀하시는 말씀을 담고 있다.

말할 것도 없이 요한복음 17장은 요한에 의해 기록되었다. 이 본문은 아들이 아버지께 드린 말씀의 기록이다. 우리는 요한의 기록이라는 창문 또는 관점을 통해 아들의 발화 그 자체를 듣게 된다. 요한은 영감을 받은 기록자이기 때문에, 그의 관점은 원래의 발화를 신실하게 잘 재현하고 있다고 우리는 믿는다.

아들이 아버지께 말씀드리는 이 신적 발화 속에는 "내가 아버지를 영화롭게 하였다"라는 말씀이나 "내게 하라고 주신 일을 이루어" 같은 말씀이 나오는데, 여기에는 무한한 의미가 담겨 있다. 왜냐하면 아버지와 아들의 사귐은 무한히 풍성한 지식의 공유를 포함하며, 이 지식에 근거하여 위와 같은 말씀들이 표현되었기 때문이다. 이 어구들이 가지는 한정적 뜻이 이런 풍성한 의미를 잃어버리는 것은 아니다. 오히려 그 풍성한 암시들을 보유한다.

인간인 우리는 요한복음 17:4이 가지는 무한한 지식의 깊이를 한순간에 다 포착하지는 못한다. 그러나 우리는 우리의 이해가 성장하게 될 것을 믿는다. 다른 구절들을 통해 주님께서 우리에게 그 자신에 대한 지식을 더 많이 허락해 주심에 따라 우리는 전 생애를 통하여 하나님을 더 많이 알게 될 것이며, 더 깊은 곳에 이르게 될 것이다(요 17:7, 21, 25-26). 우리가 하나님을 더 많이 알게 됨에 따라, 우리는 요한복음 17:4에 기록된 아들과 아버지 사이의 신적 의사소통에 포함된 함의들을 더 많이 이해할 수 있게 될 것이다. 따라서 이 구절이 가지는 무한히 깊고 풍요한 의미는 우리에게까지 확장되어 온다.

요한복음 17:4은 뜻과 적용과 함의가 상호내재를 이룬다는 것을 보여 주는 좋은 예이다. 이 세 요소는 깔끔하게 분리되지 않는다. 적용의 범주 속에는 아들이 세상 속에서 이루신 모든 특정 사역들이 포함된다. 이 특정 사역들은 그 자체로 고립되지 않고, 하나의 전체적 사역 곧 "아버지께서 내게 하라고 주신 [그] 일"의 맥락 속에서 그 특수성의 구체적 사례들이다. 이 구절의 뜻에는 예수님께서 언급하시는 이 일이 포함된다. 모든 적용들, 곧 모든 특정 사역들은 이 하나의 뜻, 곧 아들이 일반적 차원에서 언급하는 그 일의 특정 경우들이다. 아들이 "[그] 일"을 이루었다고 말하는 것은 다른 모든 특정 사역들을 다 이루었다고 말하는 것이다. 그는 물로 포도주를 만들었고, 니고데모와 대화를 나누셨고, 사마리아 여인과 대화를 나누었으며, 오천 명을 먹이셨고, 그 밖의 많은 일들을 행하셨다. 이 일들은 "[그] 일"의 의미의 부분들이며, 따라서 그 뜻에 포함된다.

엄밀한 의미에서 '뜻'은 요한복음 17:4을 구성하는 단어들에 돌려지는 뜻을 말하는 것은 아니다. 오히려 그 '뜻'은 그 말들이 특정 시간과 장소에서 아들에 의해 발화되던 때의 말들이 가지는 뜻이다. 이 뜻은 오직 맥락 속에서만 해석될 수 있다. 그렇다면 이 뜻은 아들의 "[그] 일"을 이루는 특정 사역들을 말해 주는 다른 구절들과의 함의 관계를 떠나서 이해될 수 없다. 역으로, 이 연관된 모든 구절들이 취합되어서 이루는 함의는 개개의 구절들이 가지는 뜻을 이해할 때만 이해될 수 있다. 이런 점에서 뜻과 적용과 함의는 상호침투의 관계를 이룬다.

의미와 적용

의미와 적용에 관한 이와 같은 이해는 다른 견해들과 비교해 볼 때 어떤 장점을 가지는가? 이 접근 방식이 가지는 세 가지 장점을 주목해 볼 필요가 있다. 첫째, 하나님을 출발점으로 가진다는 사실은 의미에, 그리고 뜻에 안정성을 부여한다. 하나님께서는 존재하실 뿐만 아니라 의미의 궁극적 원천이 되시기 때문에 그 의미는 절대 허튼소리가 아니다. 의미는 인간이 원하는 대로 마음껏 조작할 수 있는 인간의 고안물에 불과한 것이 아니다.

둘째, 하나님은 성경 말씀의 저자이실 뿐만 아니라 또한 그 해석자이시기도 하다. 이런 사실은 요한복음 17장과 같이 하나님께서 명시적으로 하나님께 말씀을 드리는 이런 본문 속에서 두드러지게 드러난다. 하지만 이런 본문에만 국한되지 않고 다른 본문들에 대해서도 동일한 결론을 내릴 수 있는 이유는 우리의 해석을 도우시는 성령님께서 "들은 것"을 말씀하시는 분이기 때문이다(요 16:13).

셋째, 일부 인기 있는 의미-적용 이론들과 달리 우리의 의미 삼각대 속에서는 의미와 적용이 상호내재를 이룬다. 각각의 요소가 다른 요소들을 이해하는 관점을 제공하며, 그 어느 요소도 다른 요소들에 대한 암묵적 이해가 없이는 이해될 수도, 논의될 수도, 파악될 수도 없다.[40] 하나님은 그분의 말씀들이 그것을 읽는 사람들에게 효과를 일으키기를 원하시고 또 그것을 의도하신다. 이런 의도 속에는 역사 전체를 통해 이루어지는 모든 세밀한 적용들도 다 포함된다. 적용들 또한 하나님의 의도의 한 부분이다. 따라서 의미를 저자의 의도와 동일시하는 의미 이론 속에서는[41] 모든 적용이 또한 의미의 일부가 된다. 역으로, 모든 적용은, 그것이 최소한 적용이 되고자 하면, 무엇인가의 적용이 되지 않으면 안 된다. 적용은 하나님의 의도의 표현 또는 예시이다. 의도는 하나의 적용 그 이상을 포괄한다. 따라서 적용이라는 개념 자체는 의미의 일체성을 전제하며, 이 일체성은 하나님의 계획의 일체성에 기반을 둔다.

우리는 의미를 분류 측면과 연결하고, 적용을 예시 측면과 연결시킬 수 있다. 또한 다른 진리들과 다른 의미들의 맥락을 통해 의미와 적용의 관계를 설정할 수도 있다. 곧 함의(import)의 맥락이 의미와 적용을 이어 준다.

복음주의자들은 일반 문학 이론에서 말하는 독자 반응 이론이 의미의 안정성을 훼손한다는 면에서 그 위험성을 잘 지적해 온 바 있다. 모든 사람이 "각자 자기 눈에 옳은 대로" 의미를 취하고자 하는 것이라는 문제이다. 이와

---

40. 의미와 적용의 연관 문제에 대해서는 다음을 참조하라. John M. Frame, *The Doctrine of the Knowledge of God* (Phillipsburg, N. J.: Presbyterian and Reformed, 1987), 83. 프레임은 이 두 용어를 구분 없이 섞어서 사용하지만 필자는 이를 잘 구분해야 한다고 본다. 용어 사용의 문제와는 별도로 필자와 프레임의 견해에 있어서는 별 차이가 없다. 왜냐하면 필자 역시도 의미와 적용은 상호 내재하고, 따라서 양자를 엄격하게 분리시킬 수는 없다는 입장을 가지기 때문이다.

41. 예를 들어, E. D. Hirsch, *Validity in Interpretation* (New Haven: Yale University Press, 1967). 우리는 이와 유사한 입장을 복음주의 해석자들과 분석 철학자들 속에서 폭넓게 찾아볼 수 있을 것이다. 의미와 적용의 상호내재를 강조하는 입장에 대한 간략한 소개를 위해서는 다음을 참조하라. Frame, *The Doctrine of the Knowledge of God*, 83-84, 97-98. 프레임은 '의미가 곧 적용이다'(97쪽)라는 도발적인 주장을 하고 있다. 그러면서 두 용어를 상호 호환적인 방식으로 사용할 것을 제안한다(83쪽). 하지만 내가 볼 때 이 두 용어는 기술적 차원에서는 구분하되 관점적 차원에서는 서로 관련된 것으로 이해하는 것이 더 좋다고 본다. 뉘앙스에 있어서는 두 용어가 차이가 있지만, 본질적 차원에서는 차이가 없다.

대조적으로 하나님을 출발점으로 가지는 것은 의미에 안정성을 부여한다. 하나님은 변함이 없으신 분이기 때문에(말 3:6), 그분의 말씀 또한 변함이 없다. 하나님은 처음부터 종말을 아신다(사 46:10; 비교, 시 139:16). 하나님은 그분의 무한한 지혜 속에 그분 말씀의 함의의 맥락을 가지신다.

하나님의 지혜의 한 측면이 역사에 대한 하나님의 계획 속에 나타난다. 사건들은 시간의 흐름 속에서 발전해 간다. 유한한 인간에게 있어서는 함의의 맥락이 오직 점진적 차원에서만 접근 가능하다. 우리는 후에 발생한 사건들을 앞서 일어난 사건들에 비교해서 이해할 수 있을 뿐이다. 우리는 함의의 관점을 이용해서 독자 반응 차원에서의 진리의 작은 알갱이 정도를 이해할 수 있다.

성령님은 오늘날에도 여전히 믿는 자들에게 말씀하시며 그들을 가르치신다(고후 3:16-18; 요일 2:20-27; 비교, 요 16:7-16, 이는 일차적으로는 제자들에게 적용되는 말씀이지만 이차적으로는 모든 신자에게도 적용된다). 정경으로서의 성경은 이미 완성되었지만, 구속 역사는 그리스도의 통치를 통하여 계속 펼쳐지고 있다. 따라서 우리의 성경 이해는 계속 변화하며 성장한다. 이 성장은 하나님께서 성경을 통해 계속해서 말씀하고 계심의 결과이다. 그분의 말씀은 변함이 없다. 하나님은 성경을 통해 말씀하심을 통해 계속 우리를 가르치신다. 이런 의미에서 의사소통은 아직 종결되지 않았다. 역사적 발전의 관점에서나, 개개인의 경험의 관점에서나, 교회의 생명의 관점에서나, 인간을 위한 함의의 맥락은 아직 미완이며 극적으로 변화되어 가고 있다. 종국은 재림과 함께 임할 것이다(고전 13:12).

성경의 신적 요소와 인간적 요소

우리는 앞에서 의미의 다양한 국면을 말씀의 주체이신 하나님을 중심으로 생각해 보았다. 그러면 인간 화자 또는 저자의 역할은 무엇인가?

하나님은 그분의 형상대로 인간을 만드셨다(창 1:26-27). 인간의 언어는 하나님의 언어를 반영한다. 인간의 언어는 하나님의 언어가 풍요함을 반영한다는 측면에서 역시 파생적 차원의 풍요함을 가지고 있다. 인간의 말은 뜻과 적용과 함의를 가진다. 인간의 주장과 명령의 말들 역시 특정한 현시 또는 적용을 통해 표현되는 안정된 뜻을 가진다. 그 뜻은 또한 함의를 구성하는 더 넓은 의미 네트워크의 맥락 속에 그 자리를 가진다.

그렇다면 신적 의미와 인간적 의미 사이의 관계는 어떻게 되는 것일까? 성경 속에서 신적 요소와 인간적 요소는 어떤 관계를 가지는 것일까? 성경의 각각의 책에는 신적 저자뿐만 아니라 인간 저자도 있다. 신적 저자의 의미와 인간 저자의 의미는 일치하는가, 아니면 서로 다른가?

우리는 다시 한 번 요한복음 17장의 예를 모델로 삼고자 한다. 이 본문에 보면 신적 그리스도께서 말씀하심과 동시에 인간 그리스도께서 말씀하신다. 그리스도의 한 인격의 일체성의 관점에서 보면 말씀하시는 분은 한 분이시다. 요한복음 17장의 특정 말씀은 한 단일 인격(하나님인 동시에 인간인)에 의한 하나의 단일 발화이다. "아버지여 창세전에 내가 아버지와 함께 가졌던 영화로써 지금도 아버지와 함께 나를 영화롭게 하옵소서"(5절)와 같은 신적 발화는 우리가 보았던 것처럼 무한의 의미를 가진다. 그러나 인간 발화의 관점에서 보면 이 말씀은 화자 측면에서의 유한한 지식을 표현한다. 하나님으로서 아들은 모든 것을 아신다(마 11:27). 그러나 사람으로서 그의 지식은 제한성을 가신다(눅 2:52). 우리는 이런 신비를 어떻게 이해할 수 있을까? 우리는 그 신비를 다 천착할 수 없다. 이것이 성육신의 신비이다.

그럼에도 불구하고 우리는 이런 신비를 통해 하나님께서 그리스도 안에서 계시하신 것을 이해할 수 있게 된다. 우리는 신적인 것과 인간적인 것 사이의 조화를 발견한다. 인간 그리스도는 하나님의 계획의 세부적인 것들까지 모든 것을 다 알지 못한다. 그러나 그는 아버지의 계획 속에서 자신의 역할이 무엇인지를 기본적으로 알고 계신다. 여기에는 자신의 신적 본질에 대한 이해도 포함된다(요 17:5). 인간 그리스도는 그의 신적 본질 속에 자신이 아는 것보다 더 많은 지식이 있다는 것을 알고 계신다. 이 무한한 지식을 그는 요한복음 17:5에서 암시하신다. 인간 본질 속에 계심에도 불구하고 그리스도는 신적 무한성을 포함하는 언어를 사용하고 계신다.

역으로, 영원한 아들로서의 그리스도는 하나님 계획의 세부적인 것들까지 모든 것을 다 아신다. 이 지식 속에는 그의 인간 본질에 대한 지식까지 포함된다. 또한 구속의 사역 곧 성육신의 상태에서 "그들과 함께 있을 때에"(요 17:12) "아버지께서 내게 하라고 주신 일"(요 17:4)을 이룸에 있어서 인간 본질을 통한 그의 구체적 역할이 무엇인지를 아는 지식도 다 포함된다. 성자 하나님은 그의 인간 본질 속에서의 행위들이 가지는 특정한 의의가 무엇인지를 다 아시고 인정하신다. 암묵적으로 그는 자신의 인간 본질 속에서의 발화에 수반되는 지식의 한계가 가지는 의의가 무엇인지를 인정하신다. 무한한 신적 계획 중에서 그 모든 것이 아니라 특정한 지식의 부분이 선별되어 그리스도의 인간 본질에, 그리고 그의 제자들에게 소통되었던 것이다.

지금 우리가 다루고 있는 이 주제는 매우 독특하다. 왜냐하면 이는 그리스도의 성육신 상태의 독특성에 속하는 것이기 때문이다. 그러면서도 그리스도의 성육신의 독특성은 하나님이 항상 어떤 분이신지를 계시한다. 우리는 여기에서 형상의 삼각대가 작용하는 것을 발견한다. 이 삼각대는 원형과 현시와 동시 발생의 세 관점으로 구성된다. 그리스도의 성육신의 경우, 원형의 관점은 그의 신적 본질과 연결되며, 현시의 관점은 그의 인간 본질과, 그리고 동시 발생의 관점은 이 두 본성이 한 인격 속에서 일체를 이루는 것과 연관된다. 이 세 관점 중 어디에서 출발하더라도 우리는 이 셋 모두를 인정하는 지점에 도달하게 된다. 이 셋은 결코 서로 분리될 수 없이 서로 연결되어 있다.

정리하자면, 그리스도의 인간 본질이 가지는 유한한 의미 차원은 그의 신적 본질이 가지는 무한한 의미 차원을 가리키며 또한 서로 연관된다. 어느 관점에서 시작하든 다른 것에 반드시 닿게 된다.

우리는 요한복음 17장을 통해 배우는 교훈을 성경 모든 부분에 다 확대시킬 수 있다. 그리스도는 마지막 선지자이시다(행 3:20-26). 그런 면에서 그는 지극히 독특하신 분이다. 하지만 바로 이런 면에서 그는 성경의 모든 선지자들의 역할이 무엇인지를 보여 주는 모델이 되고 있다. 죄인인 우리는 오직 그리스도의 중보자 되심을 통하여 하나님의 말씀을 받고도 죽지 않을 수 있다. 다른 선지자들의 사역은 이와 같은 그리스도의 사역을 전제로 하며, 따라서 신학적으로 그리스도 위에 기반을 두고 있다.

선지자들은 그들의 발화 행위 중에 하나님의 임재를 은연중에 드러낸다. 선지자들이 "여호와께서 이같이 말씀하신다."라고 말하는 것은 그들의 말이 단지 인간의 말이 아니라 하나님께서 그들의 말을 통해 말씀하신다는 것을 나타낸다. 역으로, 하나님께서는 우리로 하여금 선지자들에게 주목하도록 하심으로써 선지자들이 하는 역할을 인정해 주신다. "누구든지 내 이름으로 전하는 내 말을 듣지 아니하는 자는 내게 벌을 받을 것이요"라고 하나님은 경고하신다(신 18:19).[42]

베드로후서 1:20-21은 하나님의 행위와 인간의 행위를 명시적으로 하나로 묶고 있다. "먼저 알 것은 성경의 모든 예언은 사사로이 풀 것이 아니니 예언은 언제든지 사람의 뜻으로 낸 것이 아니요 오직 성령의 감동하심을 받은 사람들이 하나님께 받아 말한 것임이라."

선지자적 영감에 있어서 신적 측면과 인간적 측면은 내적 조화를 이룬다. 그렇다고 해서 신적 측면과 인간적 측면이 완전히 똑같다거나 분리 불가능하다는 것은 아니다. 요한복음 17:5을 보면 인간으로서의 그리스도는 자신의 인간 본질의 유한한 한계를 초과하지 않으면서도 동시에 그의 인간 지식의 한계 너머의 것을 말씀하신다. 하나님으로서의 그리스도는 아버지를 향하여 하나님으로서 말씀하실 때, 자신의 인간 본질의 한계에 매이지 않으면서도 동시에 그 한계 안에 거하신다.

42. 보다 상세한 논의를 위해서는 다음을 참조하라. Vern S. Poythress, "Divine Meaning of Scripture," *Westminster Theological Journal* 48 (1986): 241-79.

우리는 요한복음 17장을 읽으면서 우리의 시야를 "인간" 그리스도에게 제한할 수 없다. 특히 5절이 그렇게 해서는 안 된다는 것을 보여 준다. 이것이 성경을 읽는 것과는 어떻게 연결되는가? 그리스도는 신적 본질과 인간적 본질을 동시에 가지신다. 성경 또한 하나님의 말씀임과 동시에 인간의 말이다. 이 양자 사이의 유비 관계가 정확하게 일치하는 것은 아니지만, 우리가 성경을 해석할 때 성경을 인간의 말로만 제한하고 접근해서는 안 된다는 것은 분명하다. "여호와께서 이같이 말씀하신다."라는 선지자들의 말 자체가 이를 잘 보여 준다.

다시 한 번 무한한 의미의 문제로 돌아가 보자. 우리가 요한복음 17:5에서 본 것처럼, 하나님(아들)께서 하나님을 향하여 말씀하시는 본문을 다룰 때 우리는 무한한 의미의 문제를 다루는 것이 된다.

하지만 어떤 사람은 이렇게 반대할지도 모른다. "잠깐만! 요한복음 17장은 복음서 기자인 요한이 우리에게 주는 말이 아닌가? 그렇다면 우리는 우리의 관심을 요한이 제시하는 유한한 의미에 제한시켜야 하지 않는가?" 그렇지 않다. 이 기록을 통하여 요한이 의도하는 것은 우리가 아들이 말씀하시는 것을 들어야 한다는 것이다. 아들은 요한복음 17:5에서 자신의 신성을 밝히고 계신다. 요한은 비록 그 자신이 이 구절의 무한한 의미를 그 깊이 그대로 다 파악하지는 못하지만, 그럼에도 불구하고 우리로 하여금 그 무한 의미 차원을 그와 함께 묵상하도록 초청한다는 것을 자백하고 있다. 그의 의도는 그 자신도 온전히 다 알지 못하는 그 무한의 차원을 어느 정도까지는 계시하는 데 있다. 따라서 우리가 복음서 기자의 의도에 충실하기 위해서는 그의 의도 너머, 아니 그의 이해의 한계 너머로까지 나아가야 한다. 요한의 인간적인 중개는, 그 역할이 기반을 두고 있는 그리스도의 인간적인 중개와 마찬가지로, 무한을 가로막는 것이 아니라 오히려 그것에 접근하도록 이끄는 데 있다.

이제 우리는 객관주의자 관수의 문제에 대해 좀 더 잘 대답할 수 있는 자리에 이르렀다고 본다. 객관주의자 관수는 의미를 인간 저자 차원에만 제한시키려 하고 있다. 그러면서 정확한 하나의 의미만을 고집하고 있다. 물론 그의 말이 다 틀린 것은 아니다. 그가 우리를 향한 하나님의 메시지가 가지는 인간적 측면의 중요성을 강조하는 것은 잘하는 일이다. 그뿐만 아니라 그가 안정된 의미, 다시 말해서 안정된 '뜻'을 강조하는 것도 옳다. 하지만 뜻은 적용 및 함의와 상호 내재한다. 따라서 뜻을 온전히 고립시켜서 다루려 하는 것은 일종의 환상에 지나지 않는다. 더구나 선지자적 저자들의 인간 차원의 의미는 신적 의미와 상호 내재한다. 따라서 순전히 인간 차원의 의미에만 스스로를 제한하는 것도 역시 하나의 환상에 지나지 않는다.

신적 저자의 말씀 방법의 다양성

요한복음 17장은 신적 저자의 발화 방식의 다양성을 이해하는 면에 있어서도 좋은 모델이 된다. 하나님의 말씀하심에는 아버지의 말씀하심, 아들의 말씀하심, 성령의 말씀하심이 포함된다. 그들은 서로를 향해 말씀하시기도 하고 또한 사람을 향해 말씀하시기도 한다. 요한복음 14-17장 속에는 이런 다양한 말씀의 형태들이 나타나는데, 이는 삼위일체 안의 위격들의 복수성(plurality) 때문에 일어나는 현상이다.

유사한 방식으로 하나님께서 사람을 향해 말씀하시는 경우에도 이런 다양성이 나타난다. 하나님은 시내산에서 하셨던 것과 같이 들리는 목소리로 사람들에게 말씀하기도 하신나(출 20:18-19). 그분의 손가락으로 돌판 위에 말씀을 쓰기도 하신다(출 24:12; 31:18; 32:16). 그분은 모세와 같은 선지자적 중보자를 세우기도 하신다(신 5:22-33; 18:15-18). 선지자들은 "여호와께서 이같이 말씀하신다."라는 말씀 형식을 통해 일인칭 화법으로 하나님의 말씀을 선포한다(예: 출 32:27; 사 43:14). 때로 선지자는 자신에게 말씀하신 하나님의 말씀을 인용하기도 한다. "여호와께서 내게 이르시되 이 백성이 네게 말하는 그 목소리를 내가 들은즉 그 말이 다 옳도다"(신 5:28). 선지자는 자신의 목소리로 하나님께 말씀을 드리기도 한다. "이제 그들의 죄를 사하시옵소서 그렇지 아니하시오면 원하건대 주께서 기록하신 책에서 내 이름을 지워 버려 주옵소서"(출 32:32).

하나님께서 선지자에게 직접 말씀하신 말씀만 하나님의 말씀이고, 그 외에는 선지자가 자기 목소리로 백성에게 이야기한 것일 뿐이라고 생각한다면 이는 단순한 생각이다. 백성을 향한 선지자의 발화 역시 하나님의 말씀하심의 한 형태이다. 선지자가 자기에게 말씀하신 하나님의 말씀을 단지 인용하는 것으로 보아서는 안 된다. 이는 인용을 넘어서, 백성을 향해 하나님의 말씀을 직접 전달하는 한 방식이다. 선지자는 자신이 들은 것을 전달하는 역할을 한다. 이런 전달의 역할은 요한복음 17장에서도 그 예를 찾아볼 수 있다. 제자들에게 주신 아들의 말씀은 아들에게 주신 아버지의 말씀의 전달이다. 따라서 아들의 말씀은 아버지의 말씀이기도 하다. 백성을 향한 선지자의 말은 또한 백성을 향한 하나님의 말씀이기도 하다.

요한복음 17장에 나타나는 또 하나의 말씀 형식을 살펴보자. 아들이 제자들에게 말씀하실 때, 그의 말씀 속에는 아들 안에 거하시는 아버지께서 말씀하심이 또한 포함된다(요 14:10). 마찬가지 방식으로 선지자가 백성에게 하나님의 이름으로 말할 때 하나님은 선지자를 통해 백성에게 말씀하신다. 아들이 제자들에 관하여 아버지에게 말씀드리는 것처럼, 선지자는 영감을 받은 상태 속에서 백성에 관하여 아버지께 말씀드리기도 하는 것이다(출 32:32).

따라서 우리는 "여호와께서 이같이 말씀하신다."라는 하나의 발화 형식만 선지자를 통한 신적 발화의 전부라고 하는 생각을 떨쳐 버려야 한다. 성경 속에서 우리는 매우 다양한 발화 형태를 발견한다. 예를 들어 시편에 보면, 인간 시인들은 하나님을 향하여 자신들의 투쟁과 회의와 신뢰의 표현들을 거침없이 쏟아 놓는다. 이 시들은 인간이 하나님을 향하여 말씀드리는 말씀의 형태이다. 어떤 해석자들은 이런 인간적 표현들 속에서는 신적 요소를 찾을 수 없다고 결론짓기도 한다. 하지만 이런 결론은 잘못이다. 요한복음 17장에서 우리는 한 인간이 하나님을 향하여 드리는 말씀을 보지만, 동시에 그것은 하나님(아들)이 하나님을 향하여 드리는 말씀이기도 하다. 마찬가지 방식으로 시편은 인간의 말들로 이루어지지만, 이 인간 시인들은 또한 "성령의 감동하심을 받은 사람들"(벧후 1:21)이다. 따라서 그들의 말은 신적이기도 하다.

시편은 하나님이요 사람이신 예수 그리스도의 한 인격 안에서 사람이 하나님을 향하여 말씀드리는 이 완전한 예를 예고한다. 로마서 8:26-27이 말하는 것과 같은 방식으로, 성령께서 시편 기자들 안에서 신음하셨다. 그 결과 하나님과 사람이 함께 의사소통의 행위에 참여하게 된 것이다. 하지만 이 두 주체의 발화 방식은 동일하지 않다. 시편에 나오는 "나"는 인간 탄원자를 가리킨다. 성령께서는 문자적으로 이 "나"가 되어 말씀하시는 것이 아니라, 시편 기자들과 우리가 어떻게 기도해야 하는지를 가르치심을 통해 말씀하시는 것이다. 성령의 내주 때문에 이와 같은 공동 발화가 가능하게 된다. 이는 오순절 이후 우리가 경험하는 신약 시대의 성령 내주가 구약 시대에 먼저 경험된 형태이다.

물론 성경의 모든 부분들이 다 동일한 방식으로 우리에게 다가오는 것은 아님을 우리가 기억할 필요가 있다. 하나님이 인간에게 말씀하신 것인지, 인간이 하나님께 말씀드린 것인지, 인간이 하나님의 말씀을 인용한 것인지에 따라서, 그 말씀의 질감은 다양하다. 우리는 이 다양한 질감을 하나의 단조로운 단일 색조로 전락시켜서는 안 된다. 우리가 이런 다양성을 인정한다고 해서 신적 임재를 제거해 버리는 것은 아니다. 오히려 그 반대로 신적 임재의 삼위일체적 성격이 가진 풍요로움을 더 인정하는 것이 된다.

이 풍요로움은 매우 경이롭다. 하지만 객관주의자 관수의 입장에서 볼 때는 이런 관점이 탐탁지 않을 수도 있다. 우리는 누구의 의미에 초점을 맞추어야 한다는 말인가? 인간 화자 속의 신적 화자의 임재를 생각해야 할 뿐만 아니라, 신적 화자 속의 신적 화자의 임재를 또한 생각해야 한다. 또한 우리는 아버지와 아들과 성령의 구별된 목소리들을 다루어야 한다. 우리는 이 세 위격을 때로는 일체성 차원에서, 때로는 그 다양성 차원에서 각각 이해하고 다루어야 한다. 이런 접근 방식이 삼위일체적 다양성에 대한 고려 없이 단순하게 하나의 단일 의미 차원만을 염두에 두고 있는 객관주의자 관수의 입장에서는 수용하기 어려운 접근 방식일 수도 있을 것이다.

학자들의 관심사

객관주의자 관수의 입장은 많은 사람들의 관심사를 대변한다. 특히 많은 학자들이 이런 방식의 해석적 구도를 취하는 경향이 있다. 그들이 볼 때 가장 이상적인 해석은 "거기"(there)에 존재하고 있는 하나의 객관적인 의미를 추적하고 발견해 내는 일이다. 언어와 역사적 배경에 대한 충분한 정보만 확보하면 이 일이 가능하다고 생각한다. 이 축적된 지식을 충분한 지적 정교함과 적절한 기술을 활용하여 잘 처리하면 소기의 객관적 의미를 발견할 수 있을 것으로 희망한다. 이런 객관적 의미를 잘 도출해 내기 위해서는 해석자의 주관적 반응을 개입시켜서는 안 된다고 보고 있다. 과연 이와 같은 학자들의 관심은 정당한가?

객관성에 대한 이와 같은 추구는 많은 질문을 불러일으킨다. 과연 무엇을 객관적 의미라고 볼 것인가? 뜻 차원인가, 아니면 함의 차원인가? 의미 차원인가, 아니면 적용 차원인가? 해석의 안정성이 우선인가, 아니면 활발한 반응이 우선인가? 객관성이 우선인가, 아니면 주관적 개입이 우선인가?[43] 텍스트에 대한 우리의 반응은 지적인 것이어야 하는가, 아니면 감정적인 것이어야 하는가?

이런 모든 질문들이 다 우리에게 딜레마를 제공한다. 하지만 이런 대안들 자체가 일방적이며 잘못된 것이다. 합당한 성경 해석은 서로 양립될 수 없을 것 같아 보이는 이런 양극이 사실은 조화를 이룬다는 것을 보여 준다. 하나님께서 우리를 깨끗하게 하실 때, 우리는 성경 텍스트가 전하는 메시지의 객

---

43. 프레임(Frame, *The Doctrine of the Knowledge of God*)은 객관성과 주관성을 두 양극으로 잘못 설정하는 문제와 관련된 많은 가치 있는 자료들을 제시하고 있다.

관적 측면에 겸손하게 귀 기울이기 시작한다. 그런데 이런 객관적 메시지는 또한 우리를 주관적 측면에서 변화시키는 능력을 가지고 있다. 성실한 적용이 우리를 성화로 이끈다. 우리가 더욱 거룩해짐에 따라 우리는 텍스트의 뜻을 더 분명하게 붙잡을 수 있게 된다. 그 뜻을 더욱 깊이 이해하게 될수록 우리는 더욱더 성실하게 그것을 적용하게 되고 더 큰 경건의 깊이를 경험하게 된다.

우리는 위와 같은 양자택일 방식의 접근 방식을 거부한다. 이것은 진리의 양면을 보지 못하는 일방성의 예에 지나지 않는다. 우리는 뜻과 적용과 함의 모두를 다 취할 필요가 있다.

첫째, 우리는 먼저 뜻을 이해해야 한다. 하나님께서 말씀하시는 것이 무엇인지를 먼저 들음으로써 하나님을 찾아야 한다. 또한 성경 각각의 구절들이 가지는 뜻을 보다 정확하게, 그리고 보다 깊이 파악하기 위해 노력해야 한다. 성령은 기록된 하나님의 말씀과 대립을 일으키지 않는다. 성령은 "오직 들은 것"을 말씀하신다(요 16:13). 그뿐만 아니라 창조의 영이신 성령은 우리가 언어와 문화 속에서 발견하는 모든 좋은 것들의 원천이 되시는 분이다. 성령은 모든 경건한 학문의 후원자이시다. 따라서 우리가 성경 텍스트의 뜻을 찾는 과정 속에서는 경건한 학문의 최고의 도구들이 매우 가치 있는 기능을 한다.

둘째, 성령은 우리를 적용으로 이끄신다. 성경이 우리로 하여금 적용하라고 요구하는 것을 무시한다면 우리는 성경을 바르게 해석한 것이 아니다. "너희는 말씀을 행하는 자가 되고 듣기만 하여 자신을 속이는 자가 되지 말라"(약 1:22). 적용은 우리가 그리스도를 본받도록 이끌며, 이를 통해 우리는 그리스도의 마음을 더 잘 알게 된다. 이것이 우리가 성경을 좀 더 정확하게 해석하는 길이다.

셋째, 성령은 우리를 가르침에 있어서 함의의 맥락을 사용하신다. 우리는 성경의 한 부분을 자세히 이해할 뿐만 아니라 성경 전체의 메시지가 무엇인지를 잘 이해해야 한다. 바울은 고린도 교인들이 이 전체적인 관점을 잊지 않도록 하기 위해 고린도전서 15:1-4에서 그의 메시지 전체를 요약해 준다.

성령은 위의 세 영역 모두에 있어서 우리를 가르치시는 분이다(요일 2:20-27). 그러나 우리는 잘 배우지 못하는 경향이 있다. 우리는 앞에서 제시한 양극을 조화롭게 보는 면에 있어서 매우 서툴다. 조금 과장해서 표현하는 것이 허락된다면 나는 다음과 같이 이 상황을 묘사해 보고 싶다. 오늘날 교회 안에는 학자 그룹과 비학자 그룹이 양분되어 있다. 학자 그룹은 성경의 문법적-역사적 뜻을 엄정하고도 객관적인 차원에서 재발견하는 일에만 관심을 기울인다. 반면 비학자 그룹은 성경이 정확히 무엇을 말하는지를 알아 보기도 전에, 성경을 읽는 동안 자신들의 마음에 떠오르는 것을 삶 속에 경건하게 적용하는 일에만 관심을 기울인다. 이런 두 가지 접근 방식 모두 합당치 못한 반응들이다.

다행히 사람들은 하나님께 배우며, 또한 교회 안에서 다른 지체들을 통해 배운다(고전 12장). 방금 묘사한 이런 양극단의 분열은 갈수록 계속 치유가 될 것이라고 본다. 하지만 아직도 교회 안에 이런 두 방향으로의 경향이 남아 있는 것을 부정할 수는 없다.[44]

학자 그룹에 속한 사람들은 수는 적지만 잘 배운 사람들이고 영향력도 크다. 어쩌면 이것은 우리 자신의 모습인지도 모른다. 잘 배운 사람들로서 우리는 그렇지 못한 일반 대중의 문제가 무엇인지를 알고 또 그들의 필요가 무엇인지를 안다고 생각한다. 그래서 그들에게 우리를 따라오라고 요구한다. 우리는 스스로를 지도자요 선도자라고 생각한다. 성경의 가르침을 더 깊이 알고 있다고 생각하는 것이다.

교회 안에서 이런 역할도 필요하다는 것을 인정한다. 학자들의 통찰을 통

44. 이와 관련하여 객관주의자 관수와 경건주의자 경민 사이의 대화를 주목하라. 경건주의자 경민은 적용을 강조하는 한쪽 극단에 속한다. 반면 객관주의자 관수는 문법적-역사적 객관성을 강조하는 또 다른 극단에 속한다. 교리주의자 교선과 사실주의자 상직은 또 다른 양극 관계의 예이다.

해 많은 사람들이 유익을 얻는 것이 사실이다. 그러나 학자들은 적어도 두 가지 면에서 큰 오해를 하고 있다. 첫째, 우리 학자들은 우리 자신이 생각하는 것처럼 그렇게 부요하지 못하다는 점이다. 우리에게는 많은 영적 결핍이 있다. 우리 자신이 하나님을 더 깊이 알아야 하고, 우리가 아는 것들을 우리의 학문적 활동이나 매일의 삶에 더 신실하게 적용해야 한다. 이런 적용이 있을 때 우리는 학문적 차원에 있어서도 더 풍성한 결실을 얻을 수 있을 것이다.

학자들이 그리는 자화상의 두 번째 문제점은 비학자 그룹의 사람들 속에 역사하는 성령의 역할을 교묘하게 평가 절하한다는 점이다. 성령은 학자들뿐만 아니라 모든 일반 신자들 속에도 거주하시며 또한 그들을 진리에로 이끄신다.

특히 우리는 비학자 그룹의 일반 그리스도인들이 하나님께서 주신 통찰들을 사용하여 성경 텍스트에 접근하는 다양한 방식들을 주의 깊게 살펴볼 필요가 있다. 학자들은 이런 것들을 무지와 통제되지 않은 주관성의 산물이라고 생각하는 경향이 있다. 물론 그들이 옳을 때도 있다. 하지만 때로는 매우 심오한 통찰이 나타나기도 한다. 많은 학자들의 눈에 의심스럽게 보이는 것이 실제로는 하나님의 역사일 수도 있다.

유비를 통한 설명

비학자 그룹의 일반 그리스도인들이 대단히 주관적인 상상력을 사용하는 것 같아 보이는 시도들을 할 때 실제로 그들이 사용하는 것은 유비이다. 어떤 성경 구절을 읽으면서 그들은 자신들이 경험했던 어떤 상황이나 이전에 들었던 진리 혹은 이론을 떠올리는 것이다. 그들이 이렇게 할 수 있는 것은 대부분의 주의 깊은 학자들의 경우와 마찬가지로, 그들이 하나님의 진리가 가지는 풍요로운 연결의 관계망('조합'의 측면)을 사용하기 때문이다. 그들은 어떤 구절이 가지는 '함의' 차원의 가깝고 먼 영역들을 살피고 있다.

여기에서 우리가 주의해야 할 것이 있다. 땅 위의 우리 인간은 모두가 죄성을 가지고 있다. 우리 마음에 떠오르는 것이라고 해서 모두가 하나님께서 주시는 것은 아니다. 그럼에도 불구하고 우리의 마음은 하나님께 의존되어 있다. 진리들이나 혹은 우리가 참되다고 생각하는 의견들 사이의 연관성이 무엇인지를 살피는 면에 있어서도 우리는 하나님께 의존되어 있다. 심지어 다소 엉뚱한 실수를 할 때에도 우리는 하나님 자신이 정하시고 주관하시는 연결성에 의존하고 있다는 사실에서 벗어나지 못한다.

따라서 사람들이 찾는 연결점이 때로 이상해 보일지 모르지만, 이 또한 사람의 산물이라기보다 하나님께서 이루신 일이라고 볼 수 있다. 하나님은 이런 연결이 일어나기를 인간에 앞서 생각하시고, 특정한 때에 특정한 맥락 속에서 사람들이 그런 연결을 찾도록 해 놓으셨다고 볼 수 있다.

때로 사람들은 하나님의 진리를 이상한 방식으로 발견한다. 어떤 한 텍스트의 뜻을 상당히 동떨어진 의미로 이해했음에도 불구하고 그 도달한 결론은 성경의 다른 부분들에 의해 인정을 받는 결과가 일어날 수도 있다. 이런 일은 그리스도인 삶의 세계 속에서 심심치 않게 일어난다. 예를 들어 이제 막 회심한 젊은이가 사도행전 18:2을 읽고 있었다. "글라우디오가 모든 유대인을 명하여 로마에서 떠나라"라고 한 말씀이 그것이다. 이 청년은 이 구절을 자기의 옛 생활과 단절하라는 하나님의 명령으로 받아들였다. 그래서 그는 여자 친구의 아파트를 떠나 더 이상 그녀와 잠자리를 같이하지 않았다. 결론은 성경적이지만, 그러나 이를 뒷받침하는 본문은 사도행전 18:2이 아니라 성경의 다른 본문들이다.

좀 더 복잡한 예를 하나 생각해 보자. 이사야 54:4-5의 예가 그것이다.

> "두려워하지 말라 네가 수치를 당하지 아니하리라
> 놀라지 말라 네가 부끄러움을 보지 아니하리라
> 네가 네 젊었을 때의 수치를 잊겠고
> 과부 때의 치욕을 다시 기억함이 없으리니

이는 너를 지으신 이가 네 남편이시라
그의 이름은 만군의 여호와이시며
네 구속자는 이스라엘의 거룩한 이시라
그는 온 땅의 하나님이라 일컬음을 받으실 것이라"

한번은 어떤 과부가 이 본문이 자신에게 얼마나 큰 위로가 되었는지 간증하는 것을 들은 적이 있다. 남편을 잃었을 때 하나님께서 이 본문을 자신에게 주셨다는 것이다. 그리고 이 본문을 통해 그녀는 하나님께서 친히 그녀의 남편이 되어 주시겠다는 약속을 주셨다고 간증했다.

이 본문의 원래의 역사적 문맥을 잘 알고 있는 학자들은 이사야가 말하는 과부가 다름 아닌 예루살렘(사 52:9-10을 보라)이라는 것을 잘 알고 있다. 예루살렘이 과부로 의인화되어 있는 것이다. 한 걸음 더 나아가서 예루살렘은 하나님께서 그분의 백성 전체를 어떻게 다루시는지를 보여 주는 하나의 예이다. 이 본문의 뜻은 예루살렘과 하나님 백성의 영적, 물리적 회복과 관계된다. 문자적 의미에서 과부를 위로하는 것과는 상관이 없다.

따라서 앞서 말한 여인의 해석은 학자들의 관점에서 볼 때는 순전히 자의적인 비약에 지나지 않는다. 하지만 우리는 다양한 개념들 사이에 느슨하고 유비적인 연결 관계가 있다는 것을 무시할 수 없다. 그런 연결성이 없다면 이 여인은 자신의 상황과 그 본문 사이에서 그 어떤 연관성도 찾지 못했을 것이다. 따라서 이 본문이 그녀에게 그토록 큰 위로가 되지 못했을 것이다.

유비적 연결은 하나님의 진리가 담고 있는 다양한 요소들 사이의 연결성을 가리킨다. 위로와 관련한 많은 진리들이 성경의 여러 다른 곳에서 나타나고 있다. 우리는 이와 관련한 진리들을 유추를 통하여 함께 연결시킨다. 예를 들어, 고린도후서 1장에 따르면 하나님은 여러 다양한 역경 속에 놓인 자신의 자녀들을 위로하시는 분이다. 과부가 되는 것도 그런 역경 중의 하나이다. 그러므로 이 여인은 과부가 된 상황 속에서 당연히 하나님의 위로의 약속을 기대할 수 있는 것이다.

이 여인이 내린 결론은 잘못된 것이 아니다. 이사야 54:4-5이 말하는 과부가 된 상황 속에서의 위로와 자기 자신이 과부가 된 상황 속에서의 위로 사이에 느슨한 연결점이 있다고 생각한 것도 잘못이 아니다. 물론 이 여인이 해당 이사야 본문의 '뜻'이 그녀 자신을 위로하는 것이라고 주장한다면 그것은 명백한 잘못이다. 하지만 이 여인은 그 본문의 정확한 뜻이 무엇인지를 밝히고자 하는 방식으로 이 본문을 읽고 있는 것이 아니다. 오히려 그녀는 "주께서 이 본문을 나에게 이런 방식으로 적용시켜 주셨다."라는 것을 말하고 있다. 대부분의 비학자 그룹의 성도들은 '뜻'에 대한 기술적인 개념을 떠올리지 않는다. 그들은 뜻과 함의와 적용과 느슨한 연결 등의 개념을 정확하게 구분하지도 않는다. 이 여인 또한 이런 개념들을 주의 깊게 구분하면서 해당 본문을 자신에게 적용하는 것이 아니다. 오히려 무의식중에 이 모든 요소들이 함께 뒤섞여서 작용하고 있다.

이 여인이 행하고 있는 일 속에 성령께서 작용하고 계시는가? 그녀는 그리스도인으로서 하나님의 위로나 약속과 관련된 성경적 진리가 무엇인지를 배웠다. 그녀가 포괄적인 차원에서 배운 진리가 이사야 54:4-5의 일차적인 뜻과 정확히 일치하지 않을 수는 있다. 하지만 그녀는 여기에 느슨한 연결점이 있는 것을 보았다. 이런 상황을 어떻게 보아야 할까? 이것도 하나님의 역사인가? 이 느슨한 연결점을 사용하여, 성령께서는 과부가 된 그녀를 하나님이 위로해 주시리라는 성경적 진리를 그녀가 절실히 경험할 수 있도록 하신 것인가?

나는 그렇다고 본다. 하지만 우리는 이것을 어떻게 알 수 있는가? 하나님께서 인간의 마음(이 과부의 마음을 포함하여) 너머에서 역사하시는 주권자이심을 인정할 때 그 사실을 알 수 있다. 그리고 고린도후서 1장을 감안할 때 그 마지막 결과가 성경적 진리와 일치한다는 것을 알 수 있다. 이 과부가 경험한 위로는 전체 성경의 가르침과 충돌하지 않는다. 오히려 그 가르침과 일치를 이룬다.

사실 이 구체적인 경우에는, 이사야 54:4-5과의 연결이 우리가 처음에 생각했을지도 모르는 것처럼 그렇게 느슨하지 않은 것일 수도 있다. 갈라디아서 4:27은 이사야 54장의 예루살렘을 향한 약속이 천상의 예루살렘, 곧 교회 속에서 성취되었음을 보여 준다. 우리가 예로 들었던 과부는 신자이다. 그녀는 천상의 예루살렘에 속해 있다. 그리스도께서 교회를 위하여 값 주고 사신 각종 혜택들이 이미 그리스도와 연합된 그녀에게도 흘러가고 있다. 에베소서 5:22-33이 보여 주는 것처럼 그리스도는 교회의 남편이시다. 그녀는 그리스도 교회의 한 일원이기 때문에, 그리스도는 그녀에게도 남편이 되신다. 이사야 54:4-5이 말하는 과부의 이미지가 그녀의 상황과 중첩됨으로써 이 구절이 말하는 위로가 유비적 차원에서 그녀에게 더욱 절실한 것으로 각인된다. 우리가 이와 같은 성경적 맥락을 충분히 고려한다면, 그녀가 생각하는 방식 그대로 이 구절이 그녀에게 적용된다고 말할 수 있는 것이다.

전문적 성경 해석 훈련을 받지 않은 일반 그리스도인들이 이런 모든 단계들을 다 밟아서 유비적 연결점들을 찾기에는 한계가 있다. 앞에서 과부 자신이 갈라디아서 4:27이나 에베소서 5:22-33을 인용하고 또 신약에서의 구약 성취와 관련된 신학을 제시하면서 자신의 독특한 해석을 방어하고 있는 것은 아니다. 하지만 성령님은 이 모든 연결점을 알고 계시며 그 외에도 가능한 논증들이 무엇인지를 다 알고 계신다. 가장 중요한 것은 성령님께서는 자신이 이 여인에게 행하시고 있는 일을 잘 알고 있다는 점이다.

간단히 말해서 이사야 54:4-5 본문에 대한 이 여인의 결론은 근본적으로 건전하다. 하지만 우리는 사람들이 행하는 모든 것을 다 건전하다고 말할 수 있을까? 물론 그렇지는 않다. 죄성이 있는 인간은 성경을 읽으면서도 얼마든지 이단이 될 수 있고, 또한 다양한 방식으로 성경을 왜곡하기도 한다. 그렇다면 우리는 이 여인의 결론과 이단적인 결론의 차이를 어떻게 구별할 수 있을까? 앞에서 갈라디아서 4:27과 에베소서 5:22-33에 호소했던 것과 같이,

우리는 성경으로 돌아가서 과연 성경이 이를 뒷받침하고 있는지를 살펴야 할 것이다. 성경은 모든 것의 궁극적 표준이다. 성경과 위배되는 모든 결론은 다 거부하지 않으면 안 된다.

따라서 모든 것이 다 가능하다고 말하는 것은 옳지 않다. 우리는 긍정주의자 근주가 하는 것처럼 모든 것을 다 옳다고 인정해 주어서는 안 된다. 그렇지만 우리는 성령님께서 때로는 신비로운 방식으로 사람들을 가르치신다는 것을 인정하지 않으면 안 된다. 성령님은 자명한 논리를 사용하실 뿐만 아니라 광범위한 유비적 연결들도 사용하신다.

우리는 앞서 언급한 과부의 경우를 바탕으로 이보다 더 생소한 유비들도 생각해 볼 수 있을 것이다. 이를테면 사도행전 18:2을 "잘못" 사용해서 여자 친구와의 관계를 청산한 젊은이의 경우도 여기에 포함시킬 수 있다. 성령님은 성경 텍스트를 하나의 도약대로 삼아서 신자들의 정신을 자극하거나 고양시키기도 하신다. 언어에 관한 한 그것의 창조자요 주권자가 되시는 성령은 모든 연결들과 유비들을 맺으시고 또한 감찰하시는 분이다. 그는 여기에 해당 텍스트의 '뜻'과 매우 밀접한 관계를 이루는(그래서 학자들의 인정을 받는) "밀도 높은" 유비들을 포함시키실 뿐만 아니라, 영적 직관을 통해 포착할 수 있는 "느슨한" 은유적 유비들도 포함시키신다. '함의'의 맥락은 하나님의 전체 계획에 속하는 모든 진리 차원으로 확장되며 또한 그 모든 진리를 품는다.

우리의 정신이 하나님을 향해 잘 조율되어 있고 또한 성령의 인도를 잘 따르게 되면, 우리는 해석 과정 속에서 거듭거듭 성경적 결론에 도달하게 된다. 학자들은 이런 결론들이 그다지 건전하지 않다고 말할지 모른다. 하지만 성령은 주이시며, 다른 모든 사람들과 마찬가지로 학자들도 주관하시는 분이다. 우리는 풀어쓰기를 하는 것과 언어의 정확한 뜻을 가리는 것 사이에는 차이가 있다는 학자들의 말에 동의하지 않을 수 없다. 우리는 어떤 한 구절이 가지는 안정된 뜻을 인정해야 한다. 그러면서도 우리는 직관을 따르는 비학자 그룹의 그리스도인들과 함께 하나님의 진리에 이르는 유비의 길들이 많이 있다는 것을 인정하지 않으면 안 된다.

아우구스티누스는 이와 유사한 방식을 말한 적이 있다.

> 성경을 연구할 때 우리 모두는 우리가 읽고 있는 저자의 의미를 발견하고 파악하려고 힘을 쓰고 있으며, 그가 진리를 계시하고 있다고 믿을 때 우리가 알고 생각하기에 틀린 것을 그가 말했다고 생각하지 않나이다. 각각의 해석자가 성경에서 저자의 뜻을 발견하려고 애를 쓰는 동안, 그가 제시하는 석의가 모든 진실한 영혼들의 빛이신 주님에 의하여 참된 것으로 밝혀졌다면, 그가 읽고 있는 책의 저자가 그런 개념을 갖고 있지 않았으며, 저자가 진리를 파악하였지만 해석자가 본 그것을 분별하지 못하였다 해도 그것이 무슨 해가 되겠나이까?[45]

이 문장의 전반부에서 아우구스티누스는 성경 본문의 안정된 뜻("[인간] 저자의 의미")을 포착하려고 애쓰는 학자들의 관심에 초점을 맞추고 있다. 그러나 후반부에 와서 아우구스티누스는 하나님께서 그 구절을 사용하여 또 다른 진리를 가르치실 수도 있다는 것을 인정한다. 이것이 합당한 일인 이유는 한 분 하나님 안에서 진리가 일체성을 이루고 있기 때문이다. 아우구스티누스는 또 이렇게 말하기도 한다.

> 진리를 아는 자는 그 빛을 알며, 그 빛을 아는 자는 영원을 아나이다. 영원한 진리와 참된 사랑과 사랑스러운 영원이여! 사랑은 그 빛을 아나이다. 주님은 나의 하나님이시며, 나는 밤낮으로 주님께 탄식하나이다.

45. Augustine, *Confessions, in A Select Library of the Nicene and Post-Nicene Fathers of the Christian Church*, ed. Philip Schaff (reprint, Grand Rapids: Eerdmans, 1979), 12.18. 『고백록』(김기찬 역, 고양: 현대지성사, 2000).

> 우리 모두가 당신이 말하는 바가 옳다는 것을 본다면, 우리 모두가 내가 말하는 바가 참되다는 것을 본다면, 그대에게 묻노니, 우리가 이것을 어디서 보겠소? 나는 그것을 그대 안에서 보지 아니하며 그대는 그것을 내 안에서 보지 아니하고, 우리 둘 다 그것을 변할 수 없는 진리 안에서 보나니, 그것은 우리의 정신을 넘어서오.[46]

우리는 아우구스티누스가 전제하는 요점 한 가지를 여기에 더 보탤 필요가 있다. 진리와 오류 사이에는 큰 차이가 존재한다는 점이다. 우리는 학문적 논리를 사용했든, 아니면 직관적 유비를 사용했든, 우리가 도달한 결론을 잘 걸러야만 한다. 인간의 모든 생각들이 다 수용할 만한 것이 되지는 못한다. 인간은 기본적으로 죄인들이다. 하나님은 유비를 어리석은 자가 자신의 어리석음에 빠져 있게 하는 도구로도 사용하시며, 신실한 자들을 위로하기 위한 도구로 사용하기도 하신다.

비록 원리적 차원에서는 하나님을 섬기는 자들과 그렇지 않은 자들 사이에 대비의 선이 그어지는 것이 사실이지만, 이 세상에 사는 동안 우리 모두는 다 일관되지 못한 측면을 가진다. 우리가 신자라고 해서 어떤 식의 어리석음에든 빠지지 않을 것이라고 안심해서는 안 된다. 우리의 상상력이 완벽하게 좋아서 우리 머리에 떠오르는 것은 뭐든지 하나님께서 다 받아 주실 것이라고 착각해서도 안 된다. 우리는 우리에게 여전히 남아 있는 죄악의 성향을 가볍게 생각해서는 안 된다. 사탄의 유혹을 가볍게 여겨서도 안 되며, 하나님을 시험하는 죄(예를 들어, 사탄이 예수님께 성전 꼭대기에서 뛰어내리라고 요청하는 것과 같은)를 범해서도 안 된다. 우리는 우리 속에서 일어나는 강한 확신이라고 해서 그것을 다 용납해서도 안 되며, 성령이 우리를 감동시킨다고 생각되는 우리 자신의 느낌을 성령의 감동과 동일시해서도 안 된다. 교회의 역사

---

46. Augustine, *Confessions*, 7.10; 12.25.

속에는 자신들이 "성령의 직접적 영감"[47]을 받았다고 무비판적으로 주장하고 나섰던 수많은 성령 운동의 난파선들이 가득하다.

그렇다면 우리는 하나님께서 인정해 주시는 생각들 및 유비적 연결들과 하나님께서 인정하지 않으시는 것들을 어떻게 구별할 수 있는가? 다시 한 번 우리는 하나님의 말씀인 성경이 이 모든 것의 표준이라는 사실을 강조한다. 그뿐만 아니라, 한 본문이 가진 보다 직접적으로 포착되는 '뜻'이 그다음 단계의 사유를 위한 적합한 출발점이라는 사실을 강조한다. 성경은 이 점에 있어서 분명한 입장을 취한다. "여호와의 율법은 완전하여 영혼을 소성시키며 여호와의 증거는 확실하여 우둔한 자를 지혜롭게 하며"(시 19:7). 하나님은 성경의 가르침에 위배되는 것은 그 무엇이든 인정하지 않으신다.

우리는 또한 하나님께서 외적 행위나 신학적 결론들뿐만 아니라 마음의 태도까지도 판단하시는 분임을 기억해야 한다. 어떤 사람이 사상이 유사한 본문들 사이에 다소 색다른 연결을 시도했다고 가정해 보자. 그 시도가 좀 특이하긴 하지만 그래도 그 결론이 성경적이라면 하나님은 그 결론을 인정하실 것이다. 하지만 하나님은 마치 이것이 성경적 사유의 이상적인 예이기나 한 것처럼 그 논증의 과정을 인정하시지는 않는다. 그뿐만 아니라 이런 시도를 하는 그 사람을 반드시 인정하시는 것도 아니다. 매우 적극적이고 좋은 직관을 가진 사람이 자신의 재능을 이용하여 게으름을 피우는 것에 대한 변명을 고안해 내는 것은 얼마든지 가능하다. 그러나 그런 자세 자체는 악한 것이다. 아무리 결론이 정통적이라 해도 그 자세가 잘못된 사람은 하나님이 인정하지 않으신다.[48]

47. 이와 관련해서는 다음을 참조하라. Richard F. Lovelace, *Dynamics of Spiritual Life: An Evangelical Theology of Renewal* (Downers Grove, Ill.: Inter-Varsity, 1979), 262–69.

48. 아우구스티누스는 이런 점을 거듭해서 강조한다. "그러나 나는 모세가 말하고자 한 것이 내가 말하는 바가 아니라 그들이 말하는 바라고 그들[논쟁자들]이 주장할 때 그것을 받아들이지도 않고 시인하지도 않나이다. 그리고 그렇게 하는 것은, 설령 그것이 그럴지라도 그와 같은 무모함은 지식에서 나온 게 아니라 건방짐에서 나온 것이기 때문이옵나이다. 그것은 통찰에서 나오지 않고 기만에서 나오나이다. 그러므로 주여, 주님의 판단을 경외하며 붙들어야 하오니, 주

나의 결론은 이것이다. 하나님은 자신의 목적을 이루시기 위해 그분의 진리 체계 안에서 느슨한 연결들을(때론 이상해 보이는 것일 수도 있지만) 사용하기를 원하시며, 또 실제로 사용하기도 하신다. 이것이 그분의 의도의 한 측면이라면, 이 또한 '함의'(import)의 한 부분을 이룬다고 말할 수 있다. 성경의 함의와 적용은 그 범위가 대단히 넓다. 우리가 그 범주의 범위를 가장 넓게 잡는다면, 하나님께서 성경 속에서 가르치는 진리 전체를 다 아우른다. 전체로서의 진리는 어느 한 구절이 담고 있는 진리와 상호내재의 관계를 이룬다. 함의가 이처럼 넓은 범주를 가짐에도 불구하고 '뜻'은 안정성을 가진다. 하나님 자신이 안정성을 가지는 것처럼 하나님의 모든 목적들 또한 안정성을 가진다.

우리는 이 결론을 앞서 언급한 동시 발생성과의 관련 속에서 다시 한 번 확인할 수 있다. 하나님의 모든 진리들은 하나님 안에 거한다. 하나님 자신이 무궁무진하신 것처럼, 그분의 진리들 또한 서로 간에 동시 발생적 관계를 가진다. 그 어떤 하나의 진리라도, 그것이 하나님의 존재와 영광에 대한 계시인 면에 있어서, 자연스럽게 우리를 다른 모든 진리들로(성령께서 그것을 우리에게 계시해 주셔서 우리가 그것을 알 수 있는 한) 이끌어 간다. 하나의 성경적 진리로부터 다른 진리로의 "비약"은, 비록 그것이 학자들에게는 이상하게 보일지 모르지만, 그 존재론적 근거를 하나님 계획의 일체성과 그분 지혜의 일체성에 두고 있다. 모든 개개의 진리는 다른 모든 진리와 동시 발생성을 가진다. 그 근거는 하나님께서 무소부재하신 분이라는 사실과 또한 그분이 성령을 통하여 그 자신 속에 스스로 임재하시는 분이라는 사실이다(고전 2:10).

님의 진리는 나의 것도 아니고 그의 것도 아니고 다른 누구의 것도 아니며, 주님이 공동의 재산으로 그것을 갖도록 부르신 우리 모두에게 속함이니이다. 그리고 주님은 우리더러 그것을 개인 재산으로서 갖지 않도록 경고하셨으니, 우리가 그렇게 할 경우 그것을 잃을 것임이니이다." Augustine, *Confessions*, 12.25.

창조자 하나님과 인간의 창의성

우리는 또한 하나님이 창조자이심을 기억할 필요가 있다. 하나님은 전적으로 새로운 것을 가지고 우리를 놀라게 하실 수 있는 분이다. 하나님은 기계적인 틀 속에 갇힌 분이 아니다. 그분이 특정 시간 속에서 하시는 말씀은 이미 하신 말씀을 기계적 작용처럼 되풀이하는 그런 말씀이 아니다. 하나님은 새로운 상황 속에서 새롭게 말씀하시는 분이다. 그분의 사랑과 그분의 신실하심 때문에 그분이 우리에게 말씀하시는 것을 우리가 받는 것이 가능해진다. 그분의 말씀은 그 내용의 안정성으로 인해서뿐만 아니라 그분의 인격적 임재로 인해서 우리에게 접근 가능한 것이 된다. 말씀의 내용과 인격적 임재는 의사소통에 있어서 서로 보완적 관계에 있으며, 둘 중 어느 하나를 취사선택할 수 없다.

하나님의 의사소통에 있어서 본문 전체의 함의는 그것을 구성하는 부분들과 그것이 놓인 맥락에 의해 결정되는 것이지, 단순한 기계적 계산을 통해 이루어지는 것은 아니다. 이 함의는 우리의 이성적 자질과 인간 정신의 창의성, 그리고 성령의 감독과 지도에 의해 우리에게 접근 가능한 것이 된다.

사람들은 종종 이런 차원을 가리켜 해석은 과학이 아니라 예술이라는 표현을 해 왔다. 다시 말해서 해석은 단순히 기계적인 기술의 적용을 통해 이루어지지는 않는다는 이야기다. 해석은 우리의 영적 상태와 상관없이 자신감과 정확성만 가지고 수행될 수 있는 그런 과정이 아니다. 사실 과학이나 과학적 연구 자체도 단순한 기술의 문제는 아니다. 이런 문제는 우리의 핵심 주제를 많이 벗어나기 때문에 여기서 더 자세히 다루지는 않겠다.[49]

---

49. 이 주제와 관련해서는 다음을 참조하라. Michael Polanyi, *Personal Knowledge* (Chicago: University of Chicago Press, 1958); Stanley L. Jaki, *The Road of Science and the Ways to God* (Chicago: University of Chicago Press, 1980); Cornelius Van Til, *Christian-Theistic Evidence* (Nutley, N. J.: Presbyterian and Reformed, 1976); Vern S. Poythress, "Science as Allegory," *Journal of the American Scientific Affiliation* 35 (1983): 65-71; Harry Van Der Laan, *A Christian Appreciation of Physical Science* (Hamilton, Ont.: Association for Reformed Scientific Studies, 1966); Thomas S. Kuhn, *The Structure of Scientific*

우리는 오늘날의 해석적 "비약"을 창의성의 관점에서 이해할 수 있다. 이런 비약이 성경적인 결과와 적용으로 귀결되면 우리는 이것을 인간 영의 창의성을 감독하시는 성령의 창조적 사역으로 볼 수 있을 것이다. 하지만 이런 비약이 항상 안전한 결과로 귀결되지만은 않는다는 것을 우리는 본 바 있다. 전부가 아니라 오직 일부만이 성경과 합치한다.

그리스도의 몸의 다양성

마지막으로, 우리는 그리스도의 몸의 다양성 차원을 고려해야만 한다. 성경의 한 본문의 뜻은 일체성을 가지지만, 그 적용은 다양성을 가진다. 이 본문이 적용되는 사람들 자체가 다양하며, 또한 그들이 놓여 있는 삶의 상황들이 다양하다. 적용은 문화와 문화 사이에 차이가 있을 수밖에 없다고 보는 선교학자 선자의 말이 이 면에서는 옳다.

적용은 한 구절이나, 아니면 많은 구절들의 단위로 일어날 수 있다. 어떤 한 구절이 보다 가깝고 분명한 유비적 연결을 통해 어느 특정 상황에 적용될 때, 우리는 이 적용이 바로 그 특정 구절의 적용이라고 좀 더 편안하게 말할 수 있다. 예를 들어 내가 소득세를 속이지 않고 내기로 작정한다면, 이는 "도둑질하지 말라."라는 말씀의 적용이 된다.

때로 우리는 한 본문이 아니라 많은 본문들을 통해 어떤 결론에 도달하기도 한다. 예를 들어, 내가 가정에서 몇 대의 차를 가지는 것이 좋을지, 언제 차를 살지, 새 차를 살지 중고차를 살지, 어떤 종류의 차를 사야 할지, 이런 문제들을 결정해야 한다고 생각해 보자. 하나님은 성경을 통해 물질관 문제, 돈이나 은사의 사용, 가족 돌봄의 문제, 가난한 자들에 대한 관심, 하나님을 의지함, 동기의 깨끗함, 다른 사람의 충고의 가치, 기도 등등에 관하여 우리에게 가르쳐 주신다. 이런 모든 가르침을 나의 상황에 가지고 와서 적용하게 되겠

Revolution, 2nd ed. (Chicago: University of Chicago Press, 1970).

지만, 그 결과는 사람마다 다 다를 수밖에 없다. "도둑질하지 말라."라는 말씀은 나의 것이든 남의 것이든 재산 관리와 관련해서 폭넓은 함의를 가진다. 따라서 재산과 관련된 많은 경건한 결정들이 다 "도둑질하지 말라."라는 계명의 적용들이라고 볼 수 있다. 이런 경우 적용은 하나님에 대한 이해 및 하나님이 보시는 나의 필요와 관련하여 창의성과 상상력과 비전을 요구한다.

적용의 문제, 예를 들어 재산세 같은 경우를 좀 더 자세히 들여다보면 이 문제가 생각보다 복잡하다는 것을 알게 된다. 관련된 성경 본문들이 각기 다른 문맥적 상황들을 가지고 있다는 것을 기억하지 않으면 안 된다. 로마서 13:1-7, 마태복음 22:15-22, 베드로전서 2:13-17 같은 본문들이 이와 관련이 될 텐데, 이 본문들은 모두 정부가 세금을 거둘 합법적인 권리를 가진다는 것을 가르친다. 그런데 정부가 나의 돈을 무신론이나 낙태 조장 등 불의한 목적을 위해 사용한다면 어떻게 할 것인가? 이런 문제들을 생각하면 적용은 훨씬 더 복잡해진다. 나는 하나님의 신실하심에 대한 묵상을 통해서나, 나의 재산세 신고와 관련하여 진실만을 말해야 한다는 것을 앎으로써 도움을 받을 수 있을 것이다.

이처럼 더 넓은 맥락에 대한 고려 없이 어느 단일 본문을 어떤 사안에 꼭 맞게 적용시킬 수 있는 경우를 찾기는 쉽지 않다. 엄밀한 의미에서는 그것은 불가능하다. 왜냐하면 한 본문의 기본적인 뜻을 정하는 단계에서부터 이 일은 하나님의 진리와의 연관 관계를 그 다각적인 맥락의 차원에서 고려하지 않고 접근할 수는 없는 일이기 때문이다. 한 본문이 어떤 사안에 가장 쉽게 잘 맞아 떨어진다고 생각하는 경우에도 여기에는 그 하나의 본문 이상이 필요하다. 왜냐하면 모든 적용은 본질적으로 하나님에 대한 지식에 의존하기 때문이다. 적용은 또한 더 넓은 맥락의 관계망, 곧 진리들의 더 큰 가족인 '함의'에 의존한다.

역으로, 그 어떤 적용도, 심지어 가장 복잡한 경우라 하더라도, 그것이 십계명 중 어느 한 계명의 적용으로 수렴되지 않는 경우는 없다. 신학적 진리에 관한 모든 토의들은 다 "네 이웃에 대하여 거짓 증언 하지 말라."라는 계명의 적용들이다. 존 프레임이 잘 지적한 것처럼, 십계명의 각각의 항목들은 하나님이 어떤 분이시며 삶의 모든 영역에 있어서 그분의 뜻이 무엇인지를 바라보는 관점으로 작용한다.[50] 따라서 우리 삶의 모든 것은 다 십계명의 적용이라 말할 수 있다.

해석은 사람과 사람마다, 문화와 문화마다 다 다를 수밖에 없다. 이는 불가피한 일이다. 하나님은 성경을 통해서 각 사람에게 말씀하시는데, 이는 그 각 사람으로 하여금 하나님의 말씀을 그들의 다양한 상황들 속에 적용하도록 하기 위함이다. 따라서 적용은 사람과 사람마다 다 다르며, 심지어 한 사람 속에서도 어제와 오늘이 다를 수밖에 없다. 하나님 말씀의 함의는 어느 한 사람 속에서나 생애의 어느 한 시점 속에서 다 소진되는 법이 없다. 그 말씀은 역사의 모든 과정 속에서 하나님의 전체 계획을 포괄한다. 그러면서도 동시에 하나님은 선과 악을 구별하신다. 하나님의 말씀은 의와 불의를 나눈다. 따라서 적용이라고 해서 모든 것이 다 합법성을 가지는 것은 아니다. 성경의 뜻과 일치하는 것만이 합법적인 적용이다.

하나님은 우리와 친밀한 관계를 맺으신다. 말의 능력이 매우 뛰어난 어떤 인간 화자가 다양한 청중을 향해 모든 사람이 다 흥미를 느끼고 뭔가 감흥을 받도록 이야기를 한다고 생각해 보자. 그렇다고 해서 그의 이야기를 듣는 사람들이 다 똑같은 종류의 감흥을 받는 것은 아니다. 하나님의 의사소통과 관련해서 이와 유사한 측면을 우리는 예수님의 비유에서 찾아볼 수 있을 것이다. 적용에 있어서도 우리가 그 상세한 측면까지 생각해 보면, 하나님의 의사소통은 항상 이런 방식으로 작용한다는 것을 알 수 있다. 많은 다양한 사람

---

50. John M. Frame, "The Doctrine of the Christian Life," unpublished classroom syllabus, Westminster Theological Seminary in California, Escondido, California, n. d.; Vern S. Poythress, *Symphonic Theology: The Validity of Multiple Perspectives in Theology* (Grand Rapids: Zondervan, 1987), 32-34.

들의 다양한 적용들 속에 하나님의 의사소통이 일으키는 효과는 다 다르다.

하나님의 존재의 일체성은 그분의 진리의 일체성, 그분의 목적의 일체성, 그리고 그분이 우리에게 하시는 말씀의 뜻의 안정된 일체성을 위한 부인할 수 없는 기반이다. 그러나 동시에 우리는 복수성(plurality)이라는 사실도 인정해야 한다. 하나님의 존재 속에 있는 삼위일체적 복수성은 세상의 복수성, 역사의 복수성, 그리고 하나님께서 역사 속에서 이루시는 특정 목적들의 복수성을 위한 기반이다. 그리스도의 몸인 교회를 이루는 다양한 부류의 사람들은 하나님의 삼위일체적 사랑의 형상이다. 다양한 사람들의 삶 속에서의 다양한 적용들은 하나님의 일체성과 충돌되지 않는다. 오히려 그것과 좋은 조화를 이룬다.

어떤 사람들은 이런 사실을 바탕으로 인간 자율성을 주장하고 나설지 모른다. 그들은 이렇게 말할 것이다. "나는 내가 원하는 대로 무엇이든 할 수 있어. 왜냐하면 나의 행동은 다른 어느 누구와도 일치될 필요가 없으니까." 우리는 이런 사람들에게 하나님의 인정과 자기 자신의 인정은 다른 것임을 상기시켜 줄 필요가 있다. 내가 "적용"에 대해 이야기할 때는 항상 적합한 적용, 인정받는 적용을 염두에 두고 있다. 진정한 적용은 하나님께 대한 순종 속에서 일어난다. 적용이라 해서 모든 것이 다 진정한 순종은 아니다. 우리는 마귀의 속임과, 또한 우리 자신의 자기기만 가능성을 항상 경계해야 한다. 합리적인 것처럼 보이는 변명이 사람은 속일 수 있을지 모르지만 하나님을 속일 수는 없다.

하나님께서 어리석고 악한 사람을 자기기만 속에 가두실 때, 이를 위해서도 하나님은 자신의 말씀을 사용하신다. 따라서 성경을 악하게 잘못 이해하는 것조차도 이런 넓은 의미에서는 "적용"이다. 하지만 그런 적용 속에서 죄인들은 편안함을 느낄 수 없다. 말씀은 죄인들을 심판으로 이끌며 그들을 저주한다. 말씀은 그들에게 용사의 두 날 가진 칼로 작용한다. 말씀은 은혜뿐만 아니라 멸망을 가져온다. 우리가 하나님을 찾기 시작할 수 있도록 하나님이 우리를 찾으실 때에만 우리는 자신의 어리석음에서 구원을 받을 수 있다.

학문의 긍정적 기능

나는 앞에서 성령께서 비학자 그룹의 일반 그리스도인들 가운데도 역사하신다는 것을 말한 바 있지만, 그럼에도 불구하고 나는 '뜻'의 가치를 존중하는 사람임을 분명히 하고자 한다. 같은 맥락에서 나는 성경에 대한 학문적 연구의 가치를 존중한다. 물론 그런 연구가 주님 말씀의 본질에 부합되는 경건한 방식으로 이루어져야 하겠지만 말이다. 학자들의 연구는 성경의 뜻을 포착하는 일을 통해 교회를 깨끗하게 하는 일을 돕는다. 이런 일은 특히 종교개혁 시대에 증명이 되었지만, 이 시대에도 마찬가지이다.

우리는 창조와 구속을 분리시켜서 어느 하나만 취하고 다른 것은 버리는 방식의 접근을 해서는 안 된다. 성령님은 창조와 구속 모두에서 핵심적 역할을 수행하신다. 그는 창조에도 참여하신 분이다(창 1:2; 2:7). 성령님은 모든 지적 은사와 창조적 재능들의 원천이 되시는 분이다. 그와 동시에 그는 구속에 대한 바른 이해의 원천이 되신다(고전 2:8-16). 성령을 바르게 이해하는 것은 그의 창조의 은사들과 구속의 은사들을 다 같이 누리는 것을 의미한다. 여기에는 겸손과 영적 분별력과 마귀의 속임을 물리치는 능력뿐만 아니라 일반적인 지적 능력까지도 포함된다.

불신 학자들은 자신들의 지적 은사를 과도하게 자랑하면서 회개와 겸손과 영적 분별력과 마음이 새롭게 됨(롬 12:2)을 무시하는 중요한 실수를 범하고 있다. 반면 믿음이 있으면서도 '단순쟁이'인 사람은 회개와 영적 분별력을 자랑하면서 지적 은사를 "세상적"인 것이라 치부하며 무시하는 중요한 실수를 범한다. 사실상 복음을 가르치며 소통하는 일과 관련된 은사들은 대단히 중요하며, 바울이 에베소서 4:11-16에서 밝히고 있는 것처럼, 그리스도의 몸 전체가 자람에 있어서 가장 중요한 자리를 차지한다. 물론 그와 같은 은사들의 상대적인 가치가 "각 지체의 분량대로 역사"하는(엡 4:16) 일의 중요성을 결코 약화시켜서는 안 된다. 에베소서 4:11-16에 묘사되고 있는 것처럼, 이 두 측면이 그리스도의 한 몸 안에서 함께 조화를 이루어 그 몸 전체가 잘 자라가도록 해야 한다.

제7장

용어들의 의미

"

- **해석학자 형진**: 대화를 할 때, 우리는 저마다 자기가 사용하는 용어들에 대해 그것이 무엇을 의미하는지 자각하고 있어야 한다고 봐. 우리는 과연 우리가 사용하는 단어들로 무엇을 하고 있는지 아는 걸까? 이런 점은 우리가 신학에서 사용되는 중심 용어들을 만날 때 더욱 그 비중이 커지지. 예를 들어, 하나님의 말씀이라는 용어를 우리는 어떤 의미로 사용하고 있는 걸까?
- **사실주의자 상직**: 우리는 사전에 나와 있는 의미대로 용어들을 사용하면 된다고 봐.
- **교리주의자 교선**: 아니야. 우리는 하나님께서 자신에 관한 것들을 친히 정의하시도록 해야 해. 사전은 하나님께서 자신에 대해 가르치시는 폭넓은 함의들을 다 담아낼 수 없어.
- **예전주의자 예지**: 우리는 하나님을 예배 속에서 만나야만 해.

"

우리가 의미와 관련하여 앞에서 살펴본 내용들을 이제 보다 하위 단계의 의미 세계에 적용해 보고자 한다. 곧 용어들의 의미가 무엇인가 하는 점이다.

요한복음 17장의 전체 담화에는 무한 차원의 의미가 포함된다. 그와 같은 무한 의미는 요한복음 17:5에 나오는 "영화"라는 단어에도 담겨 있는 것일까? "창세전에 내가 아버지와 함께 가졌던 영화"라는 말씀의 의미는 무한히 깊다. 이 맥락 속에서 사용된 "영화"라는 단어의 의미 역시 무한히 깊은 것으로 보인다. 여기에는 그리스도 자신의 선존재적 영화에 대한 지식이 담겨 있기 때문이다. 따라서 이와 같은 개별 단어들도 우리가 요한복음 17장을 전체로 보았을 때 확인할 수 있었던 것과 유사한 신비를 안고 우리에게 다가온다.

용어와 명명(naming)

우리가 사용하는 용어와 이름들은 과연 무엇이며, 어디로부터 기원하는가? 하나님의 이름은 하나님 자신을 밝혀 준다. 이와 유비적 관계에서 하나님은 피조물들에게 이름을 주신다. 우리는 하나님 그분의 이름과의 유비를 통해 피조물의 이름과 용어를 이해한다. 하나님의 이름이 삼위일체성을 가지기 때문에(마 28:19), 우리는 다른 이름들도 이 삼위일체 하나님께 의존한다고 생각할 수 있다.

다른 식으로 말해서, 인간의 말들은 요한복음 1:1이 계시하는 영원한 말씀에 의존한다. 인간의 말들 역시 영원한 말씀의 패턴을 따라 분류와 예시와 조합의 측면들을 가진다.

예를 들어서 낙타(camel)라는 단어를 생각해 보자.

첫째, 낙타라는 단어는 예시적 측면을 가진다. 낙타는 수많은 곳에서 빈번하게 등장한다. 단어 자체도 때에 따라 빨리 발음되기도 하고 느리게 발음되기도 한다. 낙타의 종류도 그 예가 많다. 단봉낙타도 있고 쌍봉낙타도 있다.

우리는 낙타라는 단어를 여러 맥락이나 연결 상황 속에 나타나는 그 용례들을 통해 배운다. 누군가가 낙타 그림을 보여 주었을 수도 있다. 또는 누군가가 말로 낙타를 설명해 주는 것을 들었을 수도 있다. 이렇게 그림이나 말로 설명하는 것은 다 낙타가 무엇인지를 배우는 과정에 꼭 필요한 예들 혹은 예시물들이다.

우리는 종종(항상은 아니겠지만) 어떤 특정 예를 경험한 것을 통해 이후의 우리 지식을 형성한다. 낙타라는 단어의 의미를 이제 막 배우게 되었다면 우리는 이렇게 말할 것이다. "낙타는 내가 어떤 그림에서 보았던 그런 동물이야." "내가 들은 묘사와 내 마음에 형성한 인상에 의하면 낙타는 이런 동물이야." 물론 우리는 이후에 낙타를 직접 보고, 냄새도 맡아 보고, 타 보기도 하는 등 더 많은 것들을 경험함으로써 우리의 처음 지식을 교정해 나간다. 그러나 이런 이후의 경험들은 더 많은 예시화의 과정이다. 이후의 예들이 처음의 예가 남겼던 결과를 교정하기는 하겠지만, 처음부터 끝까지 우리는 예시가 없이는 개념을 형성하지 못한다.

둘째, 낙타라는 단어는 분류적 측면을 가진다. 낙타라는 단어의 모든 사례 또는 그 단어가 나타나는 경우는 '낙타'라는 분류 개념에 속한다. 우리는 낙타라는 특정 단어가 나올 때마다 그것을 분류 차원의 낙타의 한 예로 생각한다. 모든 개별적인 예들은 다 하나의 일체성을 가지는데, 곧 '낙타'라는 한 단어가 제공하는 일체성이다. 이 단어는 특정 예들이나 경우들을 통해서, 그리고 그것들이 있는 곳 어디에서나 식별된다.

이런 분류적 일체성을 제공하는 표현으로서, '낙타'라는 단어는 다른 단어들과 구별되는 차이성을 가진다. 이 단어는 발음에서도 구별된다. 이를 가리키는 소리나 글자의 구성(영어로는 c+a+m+e+l)은 다른 단어의 구성(이를테면 m+e+l+o+n)과 구별된다. 이런 방식으로 조합을 이룬 이 글자군은 의미에 있어서도 다른 조합을 이룬 단어들과 구별된다. 이 글자들의 조합은 다리가 길고 등에 혹이 달린 포유류에 속하는 동물로서의 낙타 종류를 가리킨다. 다른 특성을 가진 동물이나 식물과는 구별된다. 낙타는 개 종류나 말 종류나 돼지 종류와 구별된다. 단어의 분류적 측면에 있어서 이와 같은 구별 또는 차이성은 대단히 중요한 자리를 차지한다.

셋째, 낙타라는 단어는 조합적 측면을 가진다. 이 단어는 단독으로 쓰이기

보다는 다른 많은 언어적 맥락들과의 연관성 속에서 사용된다. 그 다양한 상황들 속에서 우리는 어떤 낙타가 지칭되고 있는지를 알 수 있다. 이 경우, 우리가 말하고 듣고 생각하는 인간 의사소통의 맥락이 대단히 중요하다. 어린 아이들도 낙타라는 단어를 그것이 쓰이는 맥락을 통해 배운다.

낙타라는 이 단어는 하나님께서 낙타를 창조하실 때 가지셨던 하나님의 언어를 전제로 한다. 이 단어가 수많은 개별 사례들 속에서도 하나의 일체성을 가질 수 있는 것은 하나님 자신이 안정적이고 자기일관성을 가지신 분이기 때문이다. 낙타와 관련된 하나님의 언어 또한 일체성을 가진다. 인간 언어로서의 낙타는 또한 수많은 특정 용례들 속에서 그 다양성을 가진다. 이런 측면 또한 하나님께서 그의 창조성과 풍부함 속에서 수많은 다양한 용례들을 허용하시는 것과 연결된다. 인간이 사용하는 단어들이 조합적 맥락을 가지는 것 또한 하나님의 특정 말씀이 그분의 전체 계획 속에서 하나님의 지혜의 일체성에 따른 조합적 맥락을 가지는 것과 긴밀히 연결되어 있다.

이처럼 분류와 예시와 조합의 세 측면은 상호 내재한다. 낙타라는 단어의 특정한 용례가 나올 때마다 우리는 이 단어를 다른 분류어가 아닌, 낙타라는 분류어의 한 예로 이해해야 한다. 따라서 예시의 측면은 분류의 측면을 전제로 한다. 우리가 '낙타'라는 분류 언어를 사용할 수 있는 것은 그 구체적인 특정 예를 제시할 수 있을 때에만 가능하다. 따라서 분류의 측면은 반드시 예시를 필요로 한다.

원칙적 차원에서는 우리는 이와 같은 분석을 모든 인간 언어의 그 어떤 단어들에 대해서도 동일하게 적용할 수 있을 것이다. 모든 단어들은 다 분류적, 예시적, 조합적 측면을 가진다.[51] 이런 상황은 인간 언어가 하나님의 언어에

51. 이 개념들에 대한 언어학적 맥락 속에서의 보다 발전된 논의를 위해서는 케네스 파이크의 언어 이론을 참조하라. 특히 그의 형태 모드(feature mode), 현시 모드(manifestation mode), 배분 모드(distribution mode) 구분은 크게 유용하다. 참조, Kenneth L. Pike, *Language in Relation to a Unified Theory of the Structure of Human Behavior*, 2nd rev. ed. (The Hague: Mouton, 1967). 파이크가 사용하는 대조, 변형, 분배의 개념에 대해서는 다음을 참

의존한다는 사실에서 비롯된다. 하나님의 말씀하심은 본질상 삼위일체적이며, 세 양상을 가지고, 또한 상호내재적이다. 인간의 말은 이에 의존한다. 인간의 언어가 하나님에 대한 실제적 지식을 가능하게 하기 때문에, 따라서 인간의 언어 역시 유비적 차원에서 세 양상을 가지며 또한 상호내재적이라고 말할 수 있다.

우리는 언어나 단어에 관해서만 아니라 땅 위의 피조물들에 대해서도 동일하게 말할 수 있다. 예를 들어 낙타는 피조물로서 삼위일체 하나님께서 만드신 산물이다. 아버지는 창조자이시다(고전 8:6). 아들도 창조자이시다(고전 8:6; 요 1:3; 골 1:16). 성령 또한 창조자이시다(창 1:2; 시 104:30에는 하나님의 창조 행위에 유비된 성령의 섭리 행위가 언급되고 있다). 이 사실이 가지는 함의는 무엇일까?

첫째, 분류적 측면에 따르면 모든 낙타들은 낙타이다. 창세기 1:24은 각종 생물들이 "그 종류대로" 존재한다고 말한다. 하나님의 신실하심에 따라 낙타들은 하나님의 말씀으로 정해진 동일한 모습을 견지한다. 따라서 낙타들은 하나님의 신실하심과 자기일관성과 불변성을 드러낸다(롬 1:20이 암시하듯). 말씀(Word)은 영원 전부터 동일하게 자기 자신으로 계신다(요 1:1). 파생적, 유비적 차원에서, 낙타들은 하나님께서 변함없는 말씀으로 계시는 것과 같은 방식으로 그 자신의 동일한 모습을 유지한다.

둘째, 예시적 측면에 따르면 각각의 낙타들은 다 특수하다. 각각의 낙타는 다른 낙타와 구별된다. 각각의 낙타는 다 그 나름의 예시이다. 각각의 낙타는 단순히 '낙타성'으로 존재하지도 않고, 그저 한 낙타도 아니며, 할 수만 있다면 각기 이름을 주어 구별할 수 있는 '이' 낙타이다.

말씀(아들)은 하나님이라는 범주적 개념에 비해 그 자체로 특수하다. 파생적, 유비적 차원에서, 말씀은 특정 피조물들을 불러내신다(시 104:30; 147:15). 이 피조물들은 그들을 창조한 말씀에 의거하여 존재하고 유지된다(요 1:3; 히

조하라. Kenneth L. Pike, *Linguistic Concepts: An Introduction to Tagmemics* (Lincoln: University of Nebraska Press, 1982), 39-63.

1:3). 각각의 낙타는 세부적인 것 하나까지 다 통제하시는 하나님을 드러내며, 또한 자신의 특수하고 독특한 존재의 모습을 통해 하나님의 창조성을 드러낸다.

셋째, 조합적 측면에 따르면 모든 낙타들은 다른 피조물들과의 맥락의 연결망 속에 존재한다. 낙타들은 그들대로 먹는 음식이 있고, 사는 방식이 있으며, 또한 사람들이 정한 목적대로 사용된다. 말씀의 영원한 인격적 사귐과 연결은 유비적 차원에서 피조물들 사이의 연결의 원형을 이룬다. 다른 사물들과의 연결 속에서 낙타의 존재는 모든 만물을 붙들고 계시는(골 1:17) 하나님의 우주적 임재를 드러낸다.

단어와 사상

앞에서 우리의 초점은 전적으로 단어와 언어적 표현에 놓여 있었던 반면, 사상에 대해서는 거의 언급하지 않았다. 우리가 앞에서 말한 원리가 언어뿐만 아니라 사상에도 동일하게 적용될 수 있을까?

하나님 안에서는 사상과 단어 사이에 밀접한 관계가 있다. 하나님의 말씀하심은 그분의 생각과 일치를 이룬다. 이사야 46:10이 이것을 잘 말해 준다. "내가 시초부터 종말을 알리며 아직 이루지 아니한 일을 옛적부터 보이고 이르기를 나의 뜻이 설 것이니 내가 나의 모든 기뻐하는 것을 이루리라 하였노라." 이 구절에 나오는 "내가 … 알리며"라는 문구는 하나님께서 인간에게 알리시는 것이 있다는 것, 곧 전할 말이 있다는 것을 보여 준다. 그리고 후반부에 나오는 "내가 나의 모든 기뻐하는 것을 이루리라"라는 문구는 하나님께서 이루시기를 원하는 자신의 생각이 있다는 것을 보여 준다. 말할 것도 없이 하나님의 언어는 하나님의 생각과 일치를 이룬다.

우리는 요한복음 1:1에서 동일한 결론을 도출할 수 있다. 하나님 말씀은 하나님 생각의 표현이다. 유비적 차원에서 인간의 말이 인간의 생각을 표현하는 것과 마찬가지이다. 말과 생각이 갖는 이러한 긴밀한 관계를 바탕으로 우리는 생각을 우선적으로 하나님과, 그리고 말을 성자와 연결시켜서 이해할 수 있을 것이다. 인간적 차원에서의 생각과 말의 관계는 신적 차원에서 아버지와 아들의 관계와 유비를 이룬다고 볼 수 있다. 이런 면에서 생각과 언어 모두에 근본적 신비의 요소가 있다는 것을 부인하지 못한다. 우리는 말에 대해서뿐만 아니라 사상에 대해서도 분류와 예시와 조합 관점에서의 분석을 시도해 볼 수 있을 것이다.

사상과 말 모두에 있어서 우리는 심오한 신비를 발견한다. 두 경우 모두에 있어서 우리는 하나님의 존재 양상인 삼위일체의 특성을 발견한다. 이 두 영역 모두에 있어서 우리는 그것을 온전히 정복했다고 감히 말하지 못한다.

제8장

의사소통의 세 요소

"

- **해석학자 형진**: 우리가 성경을 해석할 때 하나님께서 성경의 각 책의 대상자들로 삼으셨던 원래의 청중을 염두에 두어야 할까?
- **경건주의자 경민**: 꼭 그래야 할 이유를 나는 모르겠어. 하나님은 오늘도 성경을 통해 우리에게 말씀하시는 분이잖아? 난 그것이면 충분하다고 봐.
- **교리주의자 교선**: 우리가 집중해야 할 것은 고대나 현대의 청중이 아니라 하나님께서 무엇을 말씀하시는가 하는 내용의 문제야. 청중은 어차피 죄인들이기 때문에 실수할 수 있는 사람들이지. 오직 하나님만이 신뢰할 수 있는 분이야.
- **문화 번역가 문호**: 하지만 우리는 하나님께서 청중들이 어떻게 반응하기 원하시는지를 고려하지 않으면 안 된다고 봐. 하나님은 우리가 자신을 변화시키기를 원하시고, 나아가서 이 세상을 변화시키기를 원하셔.
- **선교학자 선자**: 우리가 성경을 바르게 적용하려면 먼저 문화적 환경을 고려하지 않으면 안 돼. 하나님은 로마 제국에 속한 1세기 교회에 특수한 형태의 명령들을 주셨어. 다른 문화 속에서는 그 순종의 형태도 달라지지 않을 수 없다고 봐.

"

이제 우리는 앞 장에서 논의했던 것의 범주를 조금 더 넓혀서, 사람들 사이에 의사소통이 어떻게 이루어지는지를 생각해 볼 필요가 있다.

사람들은 언어를 통해 의사소통을 하는데, 이때 화자는 통상적으로 자기의 말을 누군가를 향해 발화한다. 따라서 우리는 이 과정에 포함되는 세 가지 요소, 곧 화자와 발화와 청자를 구분할 수 있다. 기록을 통한 의사소통의 경우에는 그 세 요소가 저자와 텍스트와 독자가 될 것이다.[52] 이 셋 중에서 어느 것이 의사소통에 있어서 가장 핵심적인 위치를 가지는 것일까? 문학 연구에 있어서는 이 주제가 매우 뜨겁게 논쟁이 일어나고 있는 분야이다. 학파들마다 서로 다른 관점을 제시하고 있고, 그 결과 또한 매우 다르게 나타난다. 어떤 사람들은 독자의 역할을 강조하면서, 매번 읽을 때마다 그 의미를 새롭게 창조하는 것은 다름 아닌 독자라고 주장한다. 또 어떤 사람들은 무엇보다 저자의 의도가 모든 해석의 기준 역할을 해야 한다고 강조한다. 일각에서는 오직 텍스트에만 집중하면서 이를 저자와 분리시키고자 하는 사람들도 있다.[53]

말씀하시는 하나님

인간의 발화는 하나님의 발화를 반영한다. 따라서 인간적 의사소통의 세 축인 화자와 발화와 청자의 삼각대 배후에는 신적 원형이 놓여 있다. 요한복음 1:1에서 보는 것처럼 성부 하나님은 원천적 화자이시다. 삼위일체의 제2위이신 말씀 하나님은 발화이다. 그리고 시편 33:6에 비추어 볼 때, 성령님은 이 발화가 그 목적지를 향하여 나아가도록 이끄는 숨결과 같다. 그렇다면 그 목적지는 어디인가? 하나님께서 사람을 향하여 말씀하시는 것이므로 분

52. 구두 수단을 통한 의사소통과 문서 수단을 통한 의사소통 사이에는 미묘한 차이점들이 있다. 하지만 여기서는 양자 사이의 공통적인 측면에 초점을 맞추고자 한다.

53. 이런 각각의 입장들이 성경 해석과 관련하여 어떤 함의를 가지는지에 대한 상세한 비판적 고찰을 위해서는 티슬턴의 다음 책이 유용하다. Anthony C. Thiselton, *New Horizons in Hermeneutics: The Theory and Practice of Transforming Biblical Reading* (Grand Rapids: Zondervan, 1992). 『해석의 새로운 지평』(최승락 역, 서울: SFC출판부, 2015).

명 사람이 그 목적지요 청중이다. 신약에서는 하나님께서 믿는 자들에게 성령을 보내어 그들 속에 거하도록 하시겠다고 약속하신다. 그리하여 그들이 하나님께서 말씀하시는 것을 바르게 받아들이도록 하시겠다는 것이다(고전 2:9-16).[54] 몇 가지 중요한 측면에서, 성령님은 하나님 말씀을 듣는 과정에 있어서 믿는 자들과 같은 자리에 서신다.

성경의 많은 곳에서 성령님은 말씀하시는 분으로, 또는 말씀의 통로로, 또는 하나님의 말씀을 전하도록 힘을 주시는 분으로 소개되고 있다(예: 행 1:16; 사 61:1 등). 그런데 우리가 이런 성령님을 하나님 말씀을 듣는 자 또는 청중으로 생각할 수 있을까? 고린도전서 2:10은 "성령은 모든 것 곧 하나님의 깊은 것까지도 통달하시느니라"라고 말한다. 여기서 성령님은 어떤 지식을 받는 분으로 소개된다. 요한복음 16:13은 이 점에 대해 더 명시적이다. 성령님은 "오직 들은 것을 말하"리라는 것이다. 성령님은 말씀하시기 위해 들으신다.

그렇다면 그가 들으시는 것은 무엇인가? 그는 하나님으로부터 진리를 들으신다. 곧 예수님께서 "내 것"이라고 말씀하시는 그 진리이다(요 16:14). 이 본문이 말하고 있는 것은 대속적 진리의 의사소통에 관한 것이다. 여기서 하나님은 우리의 유익을 위해 역사 속에서 일하시는 분으로 묘사되고 있다. 하지만 항상 그런 것처럼, 역사 속에서의 하나님의 행위는 그분의 존재 방식과 일치를 이룬다. 우리는 이렇게 그 과정을 구성해 볼 수 있을 것이다. 성령님은 아버지께서 영원 전에 말씀하신 그 말씀을 영원한 들음으로 들으신다. 이 삼위일체 내적 의사소통의 과정에 있어서 아버지는 화자이시며, 아들은 말씀이고, 성령님은 듣는 자 곧 청자이시다. 이와 같은 삼위일체 사이의 신적

54. 고린도전서 2:9-16에서 바울이 하고 있는 말은 일차적으로 바울과 영감을 받은 또 다른 계시 전달자에게 국한된다. 하지만 이 말씀이 3:1-3과 연결되고 있다는 점은 바울이 여기서 고린도 교인들로 하여금 그들 자신의 이해 능력이나, 역으로 이해 능력의 결핍을 돌아보도록 암시하고 있다는 것을 보여 준다. 고린도 교인들의 이해 능력은 그들이 진정으로 "신령한 자"인지에 달려 있다. 다시 말해서, 그들이 2:9-16에 묘사되고 있는 성령의 가르치시는 사역을 온전히 즐거워하며 따르고 있는 사람들이냐 하는 것이다.

의사소통이 그것의 유비적 반영인 인간적 의사소통의 원형을 이룬다.

우리는 이것을 조금 다른 방식으로 표현해 볼 수 있다. 곧 의사소통의 세 가지 측면을 이루는 의사 표현(expressive), 정보 내용(informational), 효과 산출(productive) 측면이 그것이다. 정보 내용 측면이란 의사소통을 통해 전달되거나 주장되는 사실 차원을 말한다. 여기에는 전달되는 내용이 포함된다. 의사 표현 측면이란 화자가 자신에 관하여 무엇인가를 표현하고자 하는 일과 관련된다. 여기에는 화자의 관점들이나 감정 등이 포함된다. 효과 산출 측면은 의사소통의 목적이 청자에게 소기의 효과를 이루고자 하는 데 있다는 점과 관련된다. 청자를 설득하거나 즐겁게 하거나 놀라게 하거나 행동을 하게 만드는 일 등이 여기에 포함된다.

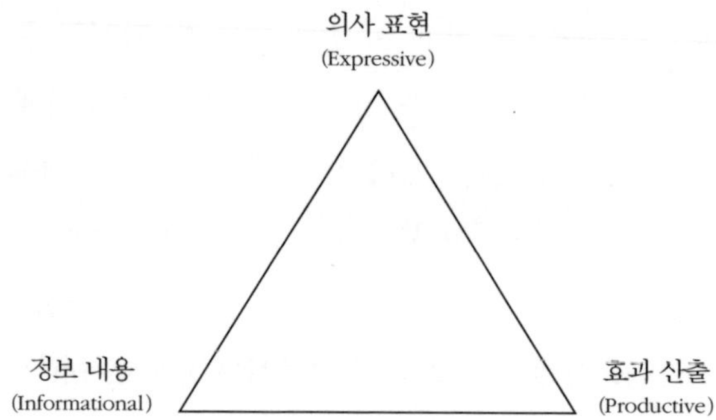

표 8.1. 의사소통의 삼각대

의사 표현 측면은 화자와 긴밀하게 연관되는 반면, 효과 산출 측면은 청자와 긴밀하게 연관된다. 화자의 표현은 청자 속에서 그 효과를 산출한다. 정보 내용 측면은 이를 매개하는 발화이다. 하나님의 말씀은 이 세 가지 요소를 다 포함한다. 하나님의 발화는 하나님 그 자신을 계시한다는 점에서 의사 표현적이다. 또한 그것은 그리스도 안에 감춰진 지혜(골 2:3)를 그 내용으로 가진다는 점에서 정보 내용적이다. 나아가서 그것은 그 내용을 전달하는 "숨결"인 성령의 능력을 통해 하나님의 택한 사람들 속에 이르러 그 효과를 산출한다는 점에서 효과 산출적이다.

삼위일체의 위격들은 상호 내재한다. 유비적 차원에서 삼위일체 사이의 의사소통의 세 측면들도 상호 내재한다. 정보 내용적 요소는 화자가 믿는 바를 표현하는데, 그런 점에서 이는 화자가 어떤 존재인지를 나타내는 의사 표현적 성격을 동시에 가진다. 의사 표현적 요소는 화자가 누구인지를 보여 주면서 그 화자에 대한 정보 내용을 드러낸다. 효과 산출적 요소는 그 의도한 효과가 무엇인지에 대한 정보를 제공한다는 점에서 동시에 정보 내용적 성격을 가진다.

이와 같은 상호내재의 관점에서 볼 때, 화자와 발화와 청자는 그 각각이 의사소통 전체의 과정을 포괄한다. 화자가 화자일 수 있는 것은 그가 무언가를 말하기 때문이다. 또한 그가 화자일 수 있는 것은 그가 누군가 다른 대상을 향해(물론 어떤 특별한 경우에는 자신을 향해 무언가를 말할 수도 있겠지만) 그것을 말한다는 점에서이다. 따라서 화자라는 개념 자체는 발화와 청자의 존재에 대한 암묵적 인정을 떠나서는 아무런 의미가 없는 개념이다. 마찬가지로 다른 요소들도 각각 다른 요소들의 존재를 전제한다.

발화라는 것도 화자를 전제할 때 가능한 개념이다. 어떤 인격적 발화자로부터 나온 것이 아니라면 우리가 가진 것은 단순히 무작위로 배열해 놓은 소리나 표기에 지나지 않는다. 또한 발화는 누군가 그것을 듣고 이해할 대상을 가지지 않는다면 단순한 소리 진동이나 표식에 지나지 않는다. 어떤 발화는 인간 청자가 없어도 하나님을 청자로 가지기도 한다. 마지막으로 청자는 무엇인가를 듣는 행위를 한다는 점에서 청자이다. 이 사람이 듣는 무엇인가는 낙엽이 굴러가는 소리 같은 그런 소리가 아니다. 청자는 어떤 인격체로부터 오는, 이해 가능한 무엇인가를 들을 때에 인간 의사소통의 청자로 자리매김한다.[55]

---

55. 역주: 이 문단은 저자가 원래 각주로 처리해 놓은 것인데, 필요에 따라 본문 속에 옮겨 놓았다.

화자와 발화와 청자는 각각을 분리시켜서는 이해할 수 없는 개념들이다. 이 요소들 중의 어느 하나를 이해한다는 것은 이 셋이 암묵적으로 서로 연결되어 있다는 것을 인정하는 것을 말한다. 이와 같은 의사소통의 상호 내재적 삼각대는 근원적으로 하나님의 임재(내재)를 통해서만 이해될 수 있다. 하나님의 원형적 말씀이 우리의 의사소통의 기반을 이루기 때문이다.

대부분의 현대 해석 이론들은 화자 중심적이든, 아니면 발화 중심적이든, 아니면 청자 중심적인 성격을 가진다. 발화를 통한 의사소통이 기록된 문서의 형태를 취할 때는 이것이 저자 중심의 접근 방식이 되거나, 아니면 텍스트 중심의 접근 방식, 아니면 독자 중심의 접근 방식으로 그 형태가 바뀐다. 이런 접근 방식들 사이에서 서로 우선권을 주장하는 싸움들은 대부분 공허할 뿐이다. 왜냐하면 세 가지 접근 방식 모두가 똑같이 중요하기 때문이다. 어떤 점에서 보면 세 접근 방식 모두가 다 옳고, 또 어떤 점에서는 세 접근 방식 모두가 다 틀렸다.

세 접근 방식 모두가 다 진리의 요소를 가지는 것은 사실이다. 의사소통 과정에는 화자와 발화와 청자 모두가 다 포함되기 때문이다. 따라서 각각의 출발점을 취하여 전체를 아우르는 관점을 이루는 것도 좋다. 결국 하나가 전체를 설명하게 되어 있다. 의사소통의 상호 내재적 성격은 우리가 취하는 출발점이 무엇이 되었건 그것을 충분히 넓게 펼쳐 나가면 연관된 의미 요소들이 결코 빠져나갈 수 없다는 것을 보증한다.

그러나 세 가지 접근법이 진리를 왜곡하고 있는 것도 사실이다. 하나님과 우리의 관계가 왜곡되면 우리의 해석 이론들도 가짜를 진짜처럼 포장하는 경향을 가지게 된다. 인간 저자가 의미와 의사소통을 주관하는 신적 주관자처럼 되든지, 아니면 텍스트가 신적 존재처럼 변하든지, 아니면 독자가 마치 신인 것처럼 간주된다. 이 각각이 참 하나님을 대체하는 대체물로 취급되는 것이다.

저자, 발화, 독자

그렇다면 어떻게 저자 중심적 접근 방식이나, 텍스트 중심적 접근 방식, 아니면 독자 중심적 접근 방식이 진정으로 유효한 것이 될 수 있을지를 좀 더 구체적으로 생각해 보도록 하자.

첫째, 저자 중심적 접근 방식을 생각해 보자. 성경의 일차적 저자는 하나님이시다. 하나님은 자신이 의도하시는 것이 무엇인지를 아시는 것은 말할 것도 없고, 우리의 모든 해석의 표준이 되시는 분이기도 하다. 인간 저자들은 의사소통 수단들을 사용함에 있어서 불완전하기도 하지만, 하나님은 완전하게 이 수단들을 통제하신다. 하나님은 자신이 원하는 것을 그대로 표현하기도 하시고 이루기도 하신다(사 46:10). 따라서 저자 중심의 접근 방식은 단순하게 말하면 하나님 중심의 접근이라 할 수 있고, 이런 면에서 저자 중심의 접근 방식은 그 유효성을 얻는다.

그렇다고 하더라도 우리는 여전히 오해의 위험을 안고 있다는 것을 부정할 수 없다. 우리가 하나님을 잘 알고 있다고 생각하면서 우리 자신의 통찰에 지나친 확신을 부여할 수도 있다. 그러면서 성경의 세부적인 내용에 주의를 기울이지 않거나, 독자나 인간 저자들을 무시하는 경향을 가지기도 한다. 이런 경향은 메리 베이커 에디(Mary Baker Eddy)의 *Science and Health with Key to the Scriptures*(성경의 열쇠로 푸는 과학과 건강) 속에 나타나는 알레고리적 해석의 예들 속에서 찾아볼 수 있다.[56]

둘째, 텍스트 중심의 접근 방식은 어떤가? 모든 기록된 성경 텍스트는 신적 권위를 가진다(딤후 3:16, "모든 성경", *graphe*[기록]). 영감은 텍스트 배후의 저자의 생각에만 국한되지 않고 기록된 텍스트에도 적용된다. 따라서 텍스트에 집중하는 것은 원리적으로 하나님께서 말씀하시는 것을 듣는 것이 된다. 하지만 여기에도 오용의 위험이 따른다. 우리는 텍스트를 그 저자나 기록의

56. Mary Baker Eddy, *Science and Health with Key to the Scriptures* (Boston: Trustees under the Will of Mary Baker G. Eddy, 1934), 501-99.

정황과 분리시켜 그 자체로만 다루려 하기도 한다. 그렇게 되면 텍스트가 놓인 한정된 맥락을 잃어버리게 되고, 텍스트의 말들이 마치 무한정의 의미를 산출할 수 있는 것처럼 잘못 인식될 수 있다.

셋째, 독자 중심적 접근 방식을 생각해 보자. 우리는 독자들에게 일어나는 효과들이 해석의 충분한 주안점이 되어야 한다고 말할 수 있는가? 이런 접근 방식은 그 자체가 문제가 있다. 어찌 되었건 성경이 말해 주는 많은 사례에서 보듯이, 독자들은 잘못된 해석을 할 수 있다(예: 마 22:29; 15:1-9; 벧후 3:16; 딤전 1:3-7; 딤후 2:23-26; 4:3-5). 만일 독자가 우리가 가진 해석의 최종적인 판단 기준이라고 한다면, 우리는 해석의 아나키(anarchy, 통제나 구심점을 잃은 상태 – 역주)에 빠질 수밖에 없다. 모든 사람은 자기 눈에 옳은 대로 해석하려 할 것이기 때문이다. 그렇다면 독자 중심의 접근 방식은 스스로 권위가 있다고 하는 성경의 주장과 어떻게 조화를 이룰 수 있을 것인가?

신적 전쟁 양상으로서의 오독

우리는 이 조화가 어떻게 가능한지를 최소한 두 가지 관점에서 생각해 볼 수 있다. 첫째로, 의사소통의 효과 산출적 측면에 있어서 성령님께서 관여하신다는 점이다. 성령님은 하나님의 말씀을 오류 없이 해석하신다. 따라서 그 자신이 신적 독자이신 성령님께서 무엇이 정당한 독자 의미인지에 대한 권위 있는 기준을 제공하신다. 성령님은 오류 없이 해석하시는 분이시기 때문에 독자들 속에 성령님께서 일으키시는 효과들은 그 무엇이든 다 하나님의 목적과 부합한다고 말할 수 있다. 모든 독자들이 다 정확하게 해석하지는 않는다. 그러나 독자로서의 성령님은 정확하게 해석하신다. 따라서 성령님의 해석은 다른 모든 독자들의 해석을 판단하는 규범으로서의 역할을 가진다.

둘째로, 우리는 인간의 모든 죄와 악에 맞서 싸우시는 신적 용사이신 예수 그리스도의 관점에서 이 문제에 접근할 수 있다. 악이 세상에 들어올 때, 하나님은 열심을 품고 이와 맞서 싸우신다. 하나님은 의를 위해, 곧 자기 자신을 위해 싸우시는 용사이시다(출 15:3). 이런 신적 전쟁의 종국적 장면은 요한계시록에 잘 나타난다. 마지막 때에 예수 그리스도께서 신적 용사로 나타나셔서 "공의로 심판하며 싸우"신다(계 19:11). 전쟁 모티프는 계시록 전체를 주도한다. 그리스도는 그의 입에서 나오는 "예리한 검" 곧 그의 말씀으로 심판을 시행하신다(계 19:15; 1:16; 비교, 사 11:4; 엡 6:17).

이처럼 하나님의 말씀은 구원의 효과뿐만 아니라 심판의 효과도 가진다(고후 2:15-16). 하나님은 선지자들의 말씀을 통해 축복만 아니라 심판과 형벌을 선포하기도 하신다. 때로 심판은 보지 못함과 이해하지 못함의 형태로 주어지기도 한다.

> "가서 이 백성에게 이르기를
> 너희가 듣기는 들어도 깨닫지 못할 것이요
> 보기는 보아도 알지 못하리라 하여
> 이 백성의 마음을 둔하게 하며
> 그들의 귀가 막히고
> 그들의 눈이 감기게 하라"(사 6:9-10)

예수님께서 비유를 통해 말씀하시는 것도 이와 유사한 결과를 낳는다. 바깥의 사람들은 듣고도 이해에 이르지 못한다(막 4:1-20). 어떤 사람들은 그 마음이 굳어서 아무리 쉬운 것이라도 이해하지 못하지만, 어떤 사람들은 곧바로 알아듣고 유익을 얻는다. 이렇게 되도록 만들어 놓은 것이 하나님의 고안이다.

이런 모든 상황을 통해 하나님은 자신의 목적을 이루신다. "내 입에서 나가는 말도 이와 같이 헛되이 내게로 되돌아오지 아니하고 나의 기뻐하는 뜻을 이루며 내가 보낸 일에 형통함이니라"(사 55:11). 하나님의 계획은 양면적이며 총체적이다(애 3:37-38; 시 103:19; 엡 1:11). 하나님께서 그의 계획을 이루심 또한 양면적이며 총체적이다(단 4:34-35; 사 46:9-10). 하나님 말씀의 효과는 하나님의 계획에 정확하게 상응한다.

따라서 독자들 차원에서 일어나는 상이한 효과의 문제는 하나님의 의사소통의 성격을 그대로 반영한다. 여러 독자들 간의 다양성, 그리고 그들 간의 갈등조차도 하나님의 의사소통의 성격을 그대로 예증하며 또한 그것을 성취한다. 바로 이 효과의 다양성이 하나님이 어떤 분인지, 그분이 말씀하시는 것이 무엇인지, 그리고 그분의 말씀에 어떤 능력이 있는지를 보여 준다. 그분은 구원하기도 하며 멸망시키기도 하는 능력을 가지신 분이다. 그분은 눈을 밝히기도 하시며 눈을 어둡게 만드시기도 하는 능력을 가지신 분이다(출 4:11; 사 6:10; 롬 11:7-10; 요 9:39-41).

죄에 대한 신적 전쟁은 궁극적으로 삼위일체적 성격을 가진다. 이미 우리는 이 점을 잘 살펴보았다. 독자들에 대한 말씀의 효과는 성령님께서 이루신 효과이다. 그리스도는 신적 용사이시다. 이 용사께서는 성부 하나님의 양면적이요 총체적인 계획을 실행에 옮기신다.

제9장

해석의 단계들

“

- **해석학자 형진**: 우리는 성경 해석을 위해 “어떻게 할 것인가?”의 규칙 목록을 만들어서 적용할 수 있을까?
- **교리주의자 교선**: 그런 것이 있다면 매우 유용하리라고 봐. 물론 그 모든 것은 다 철저하게 성경에 기반을 두는 것이 되어야겠지.
- **객관주의자 관수**: 난 그런 것이 꼭 필요하다고 생각해. 그와 같은 소정의 해석 규칙이 있어야만 우리는 엄격하게 객관성을 유지할 수 있고, 따라서 최대한 주관적 편견들을 제거할 수 있다고 생각해.
- **경건주의자 경민**: 과연 그럴까? 우리가 하나의 방법론적 절차 같은 것을 만들어 놓으면 그것이 나와 하나님의 인격적인 사귐을 방해하지는 않을까?
- **예전주의자 예지**: 경민이의 우려는 너무 지나치다고 봐. ‘방법’이라고 해서 그것이 꼭 학문적이어야만 하는 것은 아니지 않아? 예배 참여도 또 하나의 방법이 되지 않을까?
- **선교학자 선자**: 나는 여기에 장점도 있고 단점도 있다고 봐. 일단 우리에게는 해석의 절차 같은 것이 꼭 필요하다고 생각해. 왜냐하면 우리는 우리 자신이 그 안에서 자라난 문화에 속해 있어서 사각지대에 빠질 위험을 가지고 있기 때

문이지. 하지만 우리가 주의해야 할 것도 있어. 우리가 방법이라고 할 때는 이것이 하나의 서구적 편견으로 작용할 수도 있기 때문이지. 우리가 살고 있는 산업화된 사회에 있어서는 성경의 바른 의미를 산출해 내는 과정을 어떤 기술의 문제로, 또는 조립대 위의 조립 과정과 같은 것으로 생각하는 것이 너무나 자연스러운 일이 되어 버렸어.

”

앞서 우리가 논의한 화자와 발화와 청자의 구조는 성경 해석상의 몇 가지 구체적인 원칙들을 수립하는 데 있어서 매우 본질적인 틀을 제공한다.

첫째, 넓은 시야에서 볼 때, 하나님은 정경에 속한 전체 성경의 말씀을, 전체 역사의 과정에 속하는 하나님의 전체 백성에게 말씀하신다는 원칙이다.[57]

성경 연구는 화자로서의 하나님, 그분 말씀으로서의 성경, 그리고 그 말씀의 청자인 그분의 백성, 이 세 요소를 아우른다. 상호내재의 관점에서 볼 때, 우리는 하나님의 말씀과 관련된 세 시간대를 다 고려하지 않을 수 없다. 곧, 하나님께서 자기 백성에게 처음 말씀을 주신 원초적 시간, 그 말씀이 전수되던 중간대 시간, 지금 우리가 그 말씀을 듣는 현재의 시간이 그것이다.

---

57. 성경에 나타난 하나님의 의사소통의 대상은 누구인가? 성경은 언약적 문서로서 그분의 종들을 향한 하나님의 의사소통이 무엇인지를 보여 준다. 참조, Meredith G. Kline, *The Structure of Biblical Authority* (Grand Rapids: Eerdmans, 1972). 넓은 의미에서 보면, 성경은 모든 인류를 대상으로 한다. 하지만 그중에서도 한정적인 초점은 하나님의 구속 백성에게 모아진다. 처음에 있었던 하나님과 아담 및 하와의 관계나 창세기 8:21-9:17에 나타나는 노아와의 언약은 인류 전체에 영향을 미친다. 반면 또 다른 성경의 언약들은 일차적으로 하나님의 백성, 곧 하나님께서 그분과의 특별한 친밀함과 사랑의 관계 속으로 부르신 사람들을 대상으로 한다. 이와 같은 한정된 초점을 가진 언약들도 보다 넓은 함의를 가지고 있다. 왜냐하면 이 안에는 다른 민족들의 운명에 관한 내용도 포함되기 때문이다(창 12:3; 신 4:6-8; 미 4:1-3). 하나님과의 친밀한 사랑의 관계 바깥에 있는 사람들도 이 언약을 듣고 읽을 것이 예상되고 있다. 이보다 넓은 수신자의 범주를 설정하는 것이 보다 적합한 이유는 모든 인류가 다 한 분 창조자요 완성자이신 하나님 앞에 책임을 지기 때문만이 아니라, 하나님의 구속의 언약들이 하나님의 목적은 "각 족속과 백성과 방언과 나라"(계 5:9)의 모든 사람들에게 미치리라는 것을 또한 약속하고 있기 때문이다.

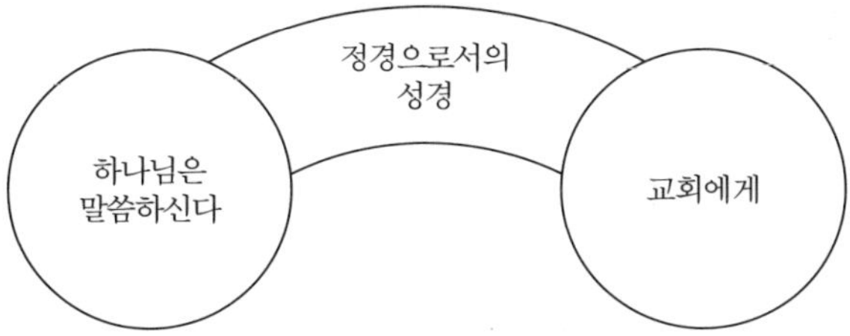

표 9.1. 하나님의 통전적 의사소통

다른 것과 마찬가지로, 이 세 요소들도 서로 관점상의 연결을 이룬다. 애초에 하나님께서 정경에 포함되어 있는 그분의 특별한 메시지를 처음 어떤 사람들에게 말씀하실 때부터, 그분은 그 말씀이 그 당대의 사람들뿐만 아니라 미래 세대의 사람들에게도 관련성이 있도록 의도하셨다. 따라서 우리가 성경이 기록된 최초 시간에 초점을 맞출 때에도 우리는 하나님의 말씀이 후대의 시간도 염두에 두고 있다는 것을 발견한다. 성경의 이런 은연중의 의도는 후대의 시간을 본질적으로 포함한다.

역으로, 우리가 지금 현재의 시간에 우리에게 말씀하시는 하나님의 말씀을 출발점으로 삼는다고 해 보자. 이 현재의 측면은 역사적 발전의 요소를 포함한다는 것을 우리가 깨닫는 것이 하나님의 의도이다. 따라서 우리는 이 메시지가 우리에게 오기까지 어떤 과정을 거쳤는지를 살피지 않으면 안 된다.

마지막으로, 우리가 중간대 시간, 곧 말씀의 전수 과정에 초점을 맞춘다고 할 때에도, 우리는 전수되는 그 말씀의 목적이 무엇인지를 무시할 수 없다. 그 목적은 그 말씀이 처음 주어질 때의 목적과 현재의 우리를 향한 목적, 곧 원초적 시간과 현재적 시간을 다 포함한다. 이런 전체적 관점을 고려할 때, 우리는 이 세 요소들이 각각 다른 요소들의 존재를 암묵적으로 인정하고 있음을 알 수 있다.

우리는 이 세 관점 모두가 중요하다는 것을 하나님의 본성 자체를 통해 자연스럽게 유추할 수 있다.

하나님의 현재적 임재

먼저 현재적 시간 및 현대 독자의 관점을 생각해 보자. 하나님은 그분이 약속하신 것과 같이(마 28:18-20) 지금도 존재하시며 오늘날에도 활동하신다. 우리가 해석에 있어서 현 시대의 청자들을 향한 하나님의 의사소통을 고려하지 않을 수 없는 이유가 바로 이것이다.

하나님의 말씀이 오늘 우리에게 들려올 때 하나님은 그곳에 현존하신다. 우리가 성경을 읽을 때 하나님은 우리에게 말씀하신다. 어떻게 이런 일이 일어나는가? 성경의 최초의 기록들은 하나님의 말씀이다. 사본들과 번역들은 불완전할 수 있다. 하지만 이들이 원문의 메시지를 그대로 잘 표현하는 한에 있어서 이들 역시 하나님의 말씀이다. 이런 동일한 원리가 설교나 가르침과 같은 하나님 말씀의 의사소통 수단들에 대해서도 유사하게 적용될 수 있다. 우리 일반 그리스도인들도 성경을 알게 되고, 더 나아가 그 내용을 다른 사람들에게 의사소통한다. 골로새서 3:16은 "그리스도의 말씀이 너희 속에 풍성히 거하여 모든 지혜로 피차 가르치며 권면하고 시와 찬송과 신령한 노래를 부르며 감사하는 마음으로 하나님을 찬양하고"라고 말한다. 바울은 여기서 골로새에 있는 모든 그리스도인을 지칭한다. "그리스도의 말씀"이 그들 속에 "풍성히 거하"도록 해야 하며, 이 말씀의 임재 속에서 그들은 "피차 가르치고 권면"해야 한다.

오늘 현대의 설교자들이나 그리스도인들이 결점이 없는 것은 아니다. 그들이 하나님의 말씀을 전하기 위해 노력할 때, 그 속에는 인간적 생각이나 심지어 이단적인 요소들까지도 섞여 들어갈 수 있다. 하지만 그 속에서도 하나님의 말씀은 말씀으로 남는다. 교회가 영적으로 건강하게 되면 하나님의 말씀은 그리스도인들 속에 더욱 큰 힘을 가지게 된다. 그들이 서로를 가르치고 권면할 때 그리스도의 말씀이 그들 속에 생생히 임재하게 되는 것이다. 이는 하나님께서 "내 법을 그들의 마음에 두고 그들의 생각에 기록하리라"라고 말씀하신 것과 같다(히 10:16).

우리의 오류와 실패는 말씀을 오염시킨다. 하지만 이런 오염 속에서도 말씀은 그 임재를 멈추지 않는다. 하나님의 말씀은 입막음될 수 없다(딤후 2:9). 특히나 성령이 그분의 교회에 부어졌기 때문에 더욱 그러하다. 오늘날 하나님의 말씀에 접근하는 것을 더욱 용이하게 하는 도구들(이를테면, 좋은 번역이나 주석들이나 교재들 등) 덕분에 우리는 더욱 진정한 모습으로 하나님을 만나고 그분의 말씀을 들을 수 있게 되었다.[58] 이런 일을 두고 웨스트민스터 신앙고백서(1.8.)는 이와 같은 진술을 하고 있다.

> 하나님의 백성은 성경에 관심을 기울이고, 또 성경을 의지할 수 있는 권리를 지니며, 하나님을 경외하는 마음으로 성경을 읽고 배우라는 명령을 받는다. 그러나 그들 모두가 성경의 원어를 다 알고 있는 것은 아니기 때문에 성경은 모든 민족의 언어로 번역되어 하나님의 말씀이 모든 사람에게 풍성히 거함으로써 합당한 방법으로 그분을 예배하고, 성경의 인내와 위로를 통해 소망을 가질 수 있게 해야 한다.[59]

전통 로마 가톨릭 교회는 이와 같은 말씀의 보편성을 두려워한다. 말씀이 모든 사람의 손에 들어가면 그 말씀이 훼손되고 무질서하게 되고 이단들을 만들어 낼 것으로 보기 때문이다. 그런데 하나님은 그분의 사랑 가운데서 놀라운 일을 하신다. 성육신한 하나님의 말씀이 세상 속에서 오용과 고문을 당하셨다. 유사한 방식으로 거짓 교사들은 기록된 하나님의 말씀을 이 세상 끝날까지 오용과 고문의 대상으로 삼으려 한다.

58. 제2 스위스 신앙고백서(The Second Helvetic Confession)는 이렇게 말한다. "따라서 오늘날 이 하나님의 말씀[성경을 지칭]이 적법하게 부름받은 설교자들에 의해 교회 안에서 바르게 선포될 때, 하나님의 말씀 그 자체가 선포되는 것이며 또한 신자들에 의해 받아들여지는 것임을 우리는 믿는다." 나는 이 고백이 "적법하게 부름받은 설교자들에 의해"라고 말하는 것에서 한 걸음 더 나아가기를 원한다.

59. 역주: 웨스트민스터 신앙고백서 1.8. 『웨스트민스터 신앙고백 해설』(로버트 쇼 저, 조계광 역, 서울: 생명의말씀사, 2014).

하지만 오순절 사건의 목적 가운데 하나는 하나님께서 그분의 말씀을 우리의 마음에 새기고자 하는 것이며 또한 우리 모두가 다 선지자들이 되게 하시려는 것이다(행 2:17-18). 사도행전 2장은 몇 가지 단계별로 "선지자적" 사역의 문을 연다. 첫째, 사도들이 하나님의 말씀을 분명하고도 오류 없이 전하고 있다. 둘째, 하나님은 결코 오류가 없는 사람이 아니었던 디모데 같은 사람들을 말씀의 사역자로 부르신다. 셋째, 또 다른 단계로, 하나님은 평범한 사람들이 안수를 받지 않고도 말씀의 증언자들이 되게 하신다(행 11:20). 우리가 골로새서 3:16과 히브리서 10장을 통해서 본 것처럼, 모든 그리스도인 속에는 그리스도의 말씀이 풍성하게 거한다. 우리는 물론 하나님께서 세우신 교회의 지도자들과 다스리는 자들을 존중하고 높여야 한다(히 13:7; 살전 5:12-13). 그러나 이런 지도자들만이 아니라 하나님의 백성 전체가 성령을 받으며, 또한 하나님의 백성 전체가 그들의 마음에 기록된 말씀을 받는다(히 10:16). 우리는 그리스도께서 그의 백성에게 주신 자유를 존중해야 하며, 다른 사람이 하나님 말씀에 접근하는 것을 제한하려 드는 가부장적 위계질서를 세워서는 결단코 안 된다.

우리가 여기서 배우는 교훈은 많은 반(反)은사주의 개신교인들에게도 동일하게 적용된다. 물론 은사주의 운동이 교회 안의 다른 운동들과 마찬가지로 그 나름의 문제들(교리적 혼동이나 일탈 등)을 가지고 있는 것은 사실이다. 이런 문제들에 대해 많은 비평가들이 경고하는 것은 정당한 일이다. 그러나 우리는 이 은사주의 운동이 강조하는 성령의 임재와 모든 그리스도인의 제사장 됨의 진리가 가지는 강점을 무시해서는 안 된다.

하나님의 진실하심

다음으로 우리는 성경의 말씀들이 처음 기원한 시점에 초점을 맞추어 보고자 한다. 이 경우 우리는 하나님의 진실하심과 거룩하심을 기억하지 않을 수 없다. 권위를 가지는 것은 우리의 말이 아니라, 하나님의 말씀이다. 이런 이유 때문에 우리는 하나님이 말씀하신 것과 그 말씀하심의 정황에 주의를 기울이지 않을 수 없다. 하나님의 이름을 내세운다고 해서 그런 말이 모두 권위를 가지는 것은 아니다(예레미야 28장을 보라). 하나님은 우리에게 사람을 믿지 말고 하나님 자신을 믿어야 한다고 요구하신다(시 146:3). 하나님의 말씀은 사람의 행위가 어떠함을 드러냄으로써 하나님의 거룩하심을 입증한다(신 31:26). 구약 시대에 성행했던 몰렉, 바알, 아스다롯 숭배는 종교가 근본적으로 거짓된 길로 나아갈 수 있음을 잘 보여 준다. 제사장들의 타락과 거짓 선지자의 출현 등도 잘못된 혼동 현상이 얼마든지 일어날 수 있음을 보여 준다. 신약 시대의 서기관들이나 바리새인들, 그리고 각종 이단들 역시 동일한 위험의 가능성을 보여 준다. 심지어 참된 그리스도인들조차도 잘못된 교리의 유혹에 한동안 빠져들 수도 있다(고전 15장; 갈 1:6; 3:1; 5:10).

따라서 거룩하신 하나님은 우리가 그분의 말씀을 반복해서 들음으로써 인간의 전통을 체로 걸러내듯 걸러내어 그것을 거절할 것을 요구하고 있다. 하나님 자신이 판단의 기준이며, 또한 누가 참된 선지자인지를 시험하는 기준도 하나님의 말씀이다(신 13장; 18장; 요일 4:1-3). 하지만 우리는 어떻게 하나님의 말씀을 판가름할 수 있는가? 말씀은 우리 그리스도인들 속에 거하지만, 그러나 어떤 것이 하나님의 말씀이며 또 아닌지, 우리는 어떻게 더 깊은 차원에서 분별할 수 있는가? 우리는 죄악의 왜곡으로 인해 오염되지 않은 하나님의 말씀에 접근할 수 있어야 한다. 우리는 그 사제에 대하여 증언할 뿐만 아니라 사람들을 반대하여 증언하기도 하는 '의탁된 말씀'(word deposited)을 필요로 한다. 이것이 곧 정경으로서의 성경이다. 하나님은 모든 시대의 그분 백성을 너무도 사랑하시기 때문에 그 모두를 위하여 명료한 가르침을 주셨다. 하나님은 모세를 자신의 대변인으로 세우셨을 뿐만 아니라(신 5:22-33), 후대의 그분의 대변인들을 모세의 정경을 통해 구별하도록 정하셨다(신 18:17-22). 이 말씀은 결코 파하지 아니하고, 시간이 다하도록 완벽한 신빙성과 함께 존속한다(요 10:35).

성경의 정경은 이제 다 완성되었다. 이 정경은 오늘날의 모든 의사소통의 적합성을 판단하는 기준이다. 하지만 정경이 단지 기준의 역할만 하는 것은 아니다. 정경은 하나님께서 구속을 통하여 우리에게 의사소통하시는 것이 얼마나 무궁무진한 충만함을 가지는지를 보여 준다. 왜냐하면 성령님은 정경 속에서 예수 그리스도 곧 "그 안에는 신성의 모든 충만이 육체로 거하시"는(골 2:9) 그분에 대한 온전한 계시를 펼쳐 가시기 때문이다. 히브리서 기자는 이를 이렇게 표현한다. "옛적에 선지자들을 통하여 여러 부분과 여러 모양으로 우리 조상들에게 말씀하신 하나님이 이 모든 날 마지막에는 아들을 통하여 우리에게 말씀하셨으니 이 아들을 만유의 상속자로 세우시고 또 그로 말미암아 모든 세계를 지으셨느니라"(히 1:1-2).

물론 우리가 성경을 통해 배워야 할 것은 아직도 많다. 그뿐만 아니라 하나님께서 다스리시는 이 세상을 통해서도 많은 것을 배워야 한다. 하나님은 일상의 것들이나 일상을 초월하는 것들을 통하여 우리를 가르치신다. 그러나 모든 지혜의 근원은 그리스도를 아는 것이다. "더 이상의 계시"를 추구하는 자들은 큰 실수를 범하고 있다. 왜냐하면 그들은 이 완성된 위대한 구속 속에 계시된 아들에 대한 사랑이 결핍되어 있기 때문이다. 이런 사랑의 결핍 때문에, 그리고 자신의 죄에 의해 눈이 가려져서, 그들은 자기들이 듣는 오늘의 목소리들이 무엇인지를 바르게 분별하지 못한다.[60]

이 시대의 현대주의 신학은 하나님의 말씀과 관련하여 사도적 충족성(또는 배타성)과 그리스도 중심적 제한성을 거부한다. 현대주의는 오늘 이 시대의 문화에 의해 수용할 만한 것으로 판단되는 것들에 성경을 맞춤으로써 말씀

---

60. 나는 정경의 본질 및 그 인정과 관련된 복잡한 문제를 숨기기를 원하지 않는다. 다만 정경의 기능과 그 완결에 대해 논의하자면 거의 별도의 책 한 권을 써야 할 것이기에, 여기서 이를 상세히 논의하지는 않는다. 이와 관련된 논의를 위해서는 다음을 참조하라. Herman N. Ridderbos, *Redemptive History and the New Testament Scriptures*, rev. ed. (Phillipsburg, N. J.: Presbyterian and Reformed, 1988). 본문 비평과 관련한 문제도 역시 여기서 상세히 다루기에는 한계가 있다.

을 자의적으로 깎아 내고 있다. 오늘날의 로마 가톨릭 교회나 동방정교회나 오순절 교회 등 다양한 전통들 속에는 이런 문제와 관련한 폭넓은 견해의 편차들이 존재한다. 어떤 사람들은 우리의 견해에 동의를 표하겠지만, 또 어떤 사람들은 반대를 표할 것이다. 어떤 진영에서든 성경 권위의 배타성에 대하여 이론적, 실천적 거부 의사를 드러내는 사람들이 많이 나타나고 있다. 교황의 교서나 교회의 전통이나 성령의 현재적 음성 등이 성경을 보완하는 것이라고 이해하는 사람들도 있다. 하지만 소리가 분명하지 않은 나팔은 우리로 하여금 전쟁에 대비하지 못하게 한다.

우리는 어떻게 우리의 길을 잘 찾아갈 것인가? 원리상 우리는 여러 가지 다양한 자원들을 통해 배울 수 있다. 우리는 오늘날의 과학적 탐구나 철학적 반성을 통해서도 배울 수 있다. 우리는 교회의 전통을 통해서 배울 수도 있다. 우리는 성령의 인도를 받았던 지난날의 성도들을 통해서 배울 수도 있다. 우리는 성령의 가르침을 받고 살아가는 이 시대의 동료 그리스도인들을 통해 배울 수도 있다. 이 모든 원천들이 다 나름의 가치를 지닌다. 그러나 이 모두는 예외 없이 오류에 노출되어 있다. 따라서 우리는 현대의 사상들이나 전통, 영적 목소리 등을 다 신적 기준에 맞추어 분별할 수 있어야 한다.

하나님의 통제

마지막으로 고대로부터 현대에 이르기까지 말씀의 전수 과정에 우리의 초점을 맞추어 보도록 하자. 이 경우 우리는 하나님의 통제를 기억할 필요가 있다. 역사에 대한 하나님의 통제는 고대의 세계와 오늘 현대 세계가 어떻게 연결되는지를 이해하는 데 있어서 가장 근본이 되는 요소이다. 우리는 역사 전체에 대한 하나님의 계획이 무엇인지를 생각해야 하고, 또 하나님께서 이 계획을 어떻게 이루어 가시는지를 생각해야 한다. 그렇게 할 때 우리는 그리스도의 오심이 어떻게 구약의 완성이 되는지, 그리고 구약의 일부 율법의 규정들(제사 제도 등)을 폐하게 하는지를 바르게 이해할 수 있다. 우리는 본문 비평의 문제와 씨름할 때에도 하나님의 계획과 통제를 생각하지 않을 수 없다. 후대의 사본들이 그 이전의 본문과 어떤 방식으로 연결되어 있는가 하는 문제도 하나님께서 다스리시는 이 우주의 차원 속에서 묻고 답해야 할 문제이다.

보다 작은 단위의 의사소통 행위들

우리는 지금까지 성경 전체를 염두에 두고 이를 하나의 거대 의사소통 행위 차원에서 생각해 보았다. 이 거대 의사소통 행위 속에는 보다 작은 단위의 수많은 의사소통 행위들이 포함되어 있다. 성경의 각 책이나 심지어 한 책의 한 단락에 이르기까지 거기에는 독특한 메시지들이 담겨 있다. 우리가 예상할 수 있는 것처럼, 이 각각의 작은 단위의 의사소통 행위들은 전체의 거대 의사소통 행위와 내용상의 일관성을 가진다.

각각의 작은 단위의 의사소통 행위들 역시 우리가 위에서 살펴보았던 세 가지 구조를 동일하게 공유한다. 거기에는 화자 차원의 기원이 있으며, 구체적 매개를 통한 전수 과정이 있고, 또한 청자 편에서의 수용이 있다. 미가서를 예로 들어 이를 설명해 보도록 하자.

첫째, 미가 선지자는 히스기야 왕을 전후한 시대에 그의 동료 유대인들을 대상으로 미가서를 기록했다(미 1:1).[61] 화자(또는 저자)는 미가이다. 그리고 그의 메시지는 미가서 자체이다. 청자는 당대의 유대인들이다. 미가가 화자(저자)이기는 하지만, 우리는 또한 하나님께서 신적, 제1 저자이심을 잊어서는 안 된다. 이런 측면에서 보면 미가는 제2 저자이다.

둘째, 미가 당대의 사람들뿐만 아니라 오늘 이 시대의 사람들 또한 미가서를 필사하고, 번역하고, 설교하며, 공부한다. 많은 저술가들과 연사들이 미

---

61. 미가서 1:1은 미가 선지자가 요담, 아하스, 히스기야 시대에 활동한 선지자라고 밝힌다. 따라서 이 책은 이 기간 전체에 걸쳐서 예언했던 내용들을 포함한다고 본다. 그렇다면 이 책이 기록된 시기는 구두 예언이 주어졌던 시기보다 더 늦다고 보아야 한다. 많은 비평가들은 이 책의 일부를 후대 저자나 편집자들에게 돌리지만, 그 증거는 희박하다. 우리는 여기서 이런 논의를 충분히 다룰 수는 없다. 우리는 미가서를 미가에 의해 기록된 일체성을 가진 책으로 이해한다.

가의 메시지를 이 시대 사람들에게 생생히 전달하기 위해 애를 쓴다. 성령을 통하여 하나님은 사람들(영감을 받지 않은 대변인들이지만)에게 가르침의 은사들을 주셔서, 미가의 메시지가 오늘 이 시대에도 생생히 전달되게 하신다.

셋째, 미가서가 기록되던 원래의 시간과 오늘 이 시대 사이에서 하나님은 그분의 메시지가 잘 전수될 수 있도록 수단과 통로들을 공급해 주셨다. 여기에는 그 말씀이 처음 기록되던 때의 기록 수단들과 그 이후의 다양한 이차적인 기록의 수단들이 다 포함된다. 하나님은 그분의 백성으로 하여금 이 메시지의 중요성을 깨닫도록 하셨고, 또한 그것을 소화하고 적용하고 보존하려는 노력을 하게 만드셨다. 하나님은 또한 그분의 섭리 가운데 고대 세계와 관련된 또 다른 정보들이 보존되게 하셨고, 이를 통해 우리가 보다 확실하고 정확하게 미가서를 이해할 수 있도록 하셨다.

이제 우리가 이런 의사소통 과정을 하나의 아치(arch) 모양으로 그려 보도록 하자(186쪽, 표 9.2.). 우리는 성경적 의사소통의 전 과정을 하나의 큰 아치 형태로 그려 볼 수 있을 것이다. 이 아치의 양쪽 끝 부분에는 조금 더 작은 아치들이 있고 그 통로를 따라서 여러 개의 작은 아치들이 있다. 하나의 큰 아치는 왼편에 놓인 하나님과 그분의 대변인인 미가에서부터 시작하여, 오른편에 놓인 오늘 이 시대의 하나님의 백성에게로 귀착된다. 저자 또는 기원자는 미가 시대에 위치하고, 화자 또는 독자는 오늘 현 시대에 위치한다. 그 둘 사이에 놓인 모든 시대를 이 아치가 아우른다.

이 큰 아치 안에 놓인 작은 아치들은 무엇을 의미하는가? 왼쪽의 시작 지점에 놓인 작은 아치는 미가가 당대의 유대인들을 대상으로 행했던 의사소통을 나타낸다. 오른쪽의 귀착 지점에 놓인 작은 아치는 오늘 현대의 미가 해석자들에 의해 행해지는 다양한 형태의 의사소통 양상들을 나타낸다. 그리고 그 중간에 놓인 여러 작은 아치들은 수 세기를 거쳐 오면서 시대마다 수많은 사람들이 어떻게 이 미가서와 교류했는지를 보여 준다.

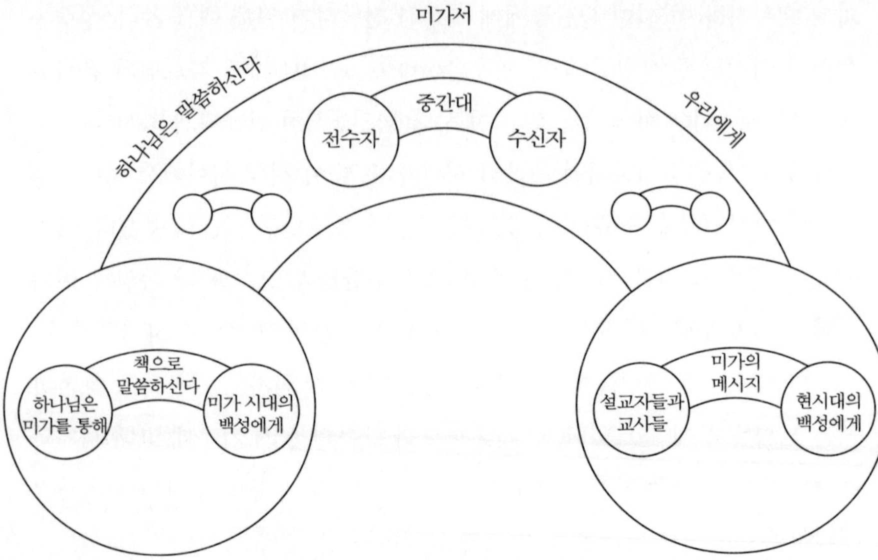

표 9.2. 하나님의 의사소통 상세도

성경은 이런 전수 과정을 직접 언급하기도 한다.

> "여호와께서 증거를 야곱에게 세우시며 법도를 이스라엘에게 정하시고 우리 조상들에게 명령하사 그들의 자손에게 알리라 하셨으니 이는 그들로 후대 곧 태어날 자손에게 이를 알게 하고 그들은 일어나 그들의 자손에게 일러서 그들로 그들의 소망을 하나님께 두며 하나님께서 행하신 일을 잊지 아니하고 그의 계명을 지켜서"(시 78:5-7)

> "또 네가 많은 증인 앞에서 내게 들은 바를 충성된 사람들에게 부탁하라 그들이 또 다른 사람들을 가르칠 수 있으리라"(딤후 2:2)

이와 같은 구절들은 전수의 과정 속에 훼손이나 오염이 일어날 수 있음을 은연중에 암시한다. 신명기 31:27-29이나 인간 전통을 앞세우는 바리새인들에 대한 예수님의 질책(마 15:1-20; 23장)은 보다 명시적으로 이런 오염의 발생을 경고한다. 우리는 화자의 원래 의사소통을 계속해서 그 형태 그대로 들어야만 한다. 그와 동시에 이를 자신의 상황 속에 적용하는 일 또한 중요하다. 시편 78편은 말씀 전수의 목적이 하나님의 계명을 지키도록 하기 위함임을 분명히 밝힌다(시 78:7).

명시적인 해석학적 절차

앞의 해석학적 아치는 그 속의 작은 아치들과 더불어 하나의 공식화된 해석학적 절차의 시작을 보여 준다. 하나의 성경 텍스트를 이해하는 데에는 세 가지 기본적인 단계가 있다. 이 세 단계는 각각 이 아치를 구성하는 세 개의 시간대와 연결된다. 곧 메시지가 처음 발원하던 때, 그 메시지가 전수되어 오던 과정, 그리고 오늘 우리에 의한 그 메시지 수용이 그것이다. 우리는 이 세 단계를 (계속 미가서를 사용해서) 다음과 같이 정리해 보고자 한다.

〈단계 1〉. 하나님께서 미가 시대의 사람들인 원래 청중에게 말씀하신 것이 무엇인지를 이해하라. 선지자 미가가 어떤 사람인지, 그가 무슨 말을 했는지, 그의 청중이 누구인지를 살피라.

〈단계 2〉. 하나님께서 오늘에 이르기까지 역사의 전개 과정 속에서 미가의 책을 어떻게 보존해 오셨는지를 이해하라. 여기에는 텍스트 자체의 전수뿐만 아니라, 후내의 성경 속에서, 그리고 그리스도의 사역 및 신약 교회의 형성에 이르기까지 구속 역사의 발전 속에서 미가의 글이 어떻게 수용되어 왔는지를 살피는 것이 포함된다.

〈단계 3〉. 하나님께서 오늘 우리에게 말씀하시는 것이 무엇인지를 이해하라. 성경을 읽는 자기 자신이 누구인지, 교회가 무엇인지, 성령의 은사들이 무엇인지, 교사와 설교자들의 역할이 무엇인지 살펴봄으로써 오늘날의 교회가 미가의 메시지를 어떻게 소화하고 적용해야 할 것인지를 평가하라. 성경의 관점에 비추어 오늘의 문화를 평가하라. 하나님 말씀에 반응하라. 성경의 메시지를 자신과 그 주변 상황과 이웃에게 적용해 보라.

우리가 앞에서 이미 살펴보았던 것처럼, 이 〈단계 3〉(적용)이 〈단계 1〉(뜻)에 의해 통제되지 않으면 교회는 그 지지대를 잃고 만다. 그렇게 되면 교회는 미가의 메시지를 왜곡할 뿐만 아니라, 자기가 스스로 고안한 메시지로 그 메시지를 바꾸게 된다.

한편으로는, 〈단계 3〉을 생략해 버리면 교회는 하나님께 순종하지 않게 되고, 우리가 교회 됨을 고백하는 것도 다 위선이 된다(계 3:1; 약 1:22; 마 7:24-27). 더군다나 우리가 〈단계 3〉에서 강조하는 바대로 하나님을 사랑하지 않는다면, 우리의 인식 기능 자체도 죄로 말미암아 어둡게 되어서 〈단계 1〉의 작업도 바르게 수행할 수 없게 된다.

우리는 위에서 세 개의 단계로 구분한 이 해석학적 작업이 실제 차원에서는 결코 분리되어서 진행되는 것이 아님을 잘 기억할 필요가 있다. 우리는 자신의 현재적 적용(단계 3)이 바르게 되었는지를 평가하기 위해 지속적으로 원천(단계 1)으로 돌아간다. 또한 그 원천(단계 1)을 이해하는 우리의 마음과 정신을 정결하게 하기 위해 지속적으로 적용(단계 3)으로 돌아간다. 이와 같은 순환의 과정을 통해 우리는 역사의 전체 과정에 대한 하나님의 계획이 무엇인지를 이해하게 되고, 이 계획을 전체로서의 정경(단계 2) 속에서 발견한다. 이 모든 과정이 우리 자신에 의해서만 이루어지는 것은 아니다. 하나님은 우리를 인도하도록 성령을 보내 주셔서, 우리에게 지침을 주신다.

앞에서도 본 것처럼, 의사소통의 세 축인 의사 표현적, 정보 내용적, 효과 산출적 측면들은 상호 내재한다. 다르게 말해서 저자 관점, 텍스트 관점, 독자 관점은 상호 내재한다. 따라서 우리는 세 단계 중 어느 단계에 자리하고 있든 은연중에 다른 단계들과 연결되어 있음을 기억하지 않을 수 없다. 예를 들어, 우리가 과거 차원의 의미(단계 1)를 살피는 순간에도, 그 작업을 하고 있는 사람은 바로 '우리' 자신이다. 이 '우리'는 현재의 지평(단계 3) 속에 살고 있는 사람이다. 더군다나 우리가 과거를 연구하는 이유도 우리의 인지적 영역을 새롭게 하기 위함이다. 그런 점에서 이 또한 현재적 적용의 한 형태이다. 경건한 해석은 항상 하나님의 임재 속에서 이루어진다. 따라서 우리가 의식적으로 과거를 살피는 작업을 하고 있을 때에도 여기에는 하나님과의 현재적 사귐이 포함된다.

역으로, 현재적 차원에서 성경의 메시지를 우리의 삶 속에 적용시키는 모든 시도들은 역사 전체에 대한 계획을 가지신 하나님으로부터 나오는 메시지를 받고 수용하는 일이다. 그런 점에서 우리는 역사에 대한 전반적 이해 없이 적용을 바르게 할 수 없다. 현재적 차원에서의 행동은 과거에 일어난 일에 대한 지식을 전제로 한다. 이런 상호내재에 대해서는 다음 장에서 좀 더 깊이 다루어 보고자 한다.

더 세부적인 구분들

성경에 대한 학문적 연구는 종종 전체 중에서 작은 한 부분에만 초점을 맞추는 경향을 가진다. 이 작은 부분은 위의 세 단계 중 어느 하나에 해당된다. 여기에 대한 적절한 평가를 위해 우리는 위의 세 단계를 좀 더 세밀한 하부 단계들로 나누어 보도록 하겠다.

예를 들어 〈단계 1〉의 경우, 우리는 다음과 같은 하부 단계들을 생각해 볼 수 있다. 첫째, 의사 표현적 측면과 관련하여 우리는 저자를 더 자세히 살펴볼 수 있다. 미가가 누구였는지, 그의 배경이 무엇인지, 그의 인격이나 사역의 특징이 무엇인지 등과 같은 측면이다. 둘째, 정보 내용적 측면과 관련하여 우리는 텍스트를 더 세밀하게 분석해 볼 수 있다. 어떤 단어들이 나타나고 있는지, 단어의 배열이 어떤 순서대로 되어 있는지, 이것이 자아내는 의미나 효과는 무엇인지 등과 같은 문제이다. 셋째, 효과 산출적 측면과 관련하여 우리는 청자와 그들의 상황에 대해 더 세밀하게 살펴볼 수 있다. 미가 시대의 사회 속에서는 어떤 일들이 일어나고 있었는지, 미가의 위치는 무엇이었는지, 그의 주변에는 어떤 사람들이 있었는지 등과 같은 측면이다. 좀 더 크게는 이 글 전체의 의사소통의 효과가 무엇인지, 하나님께서는 미가를 통해 주신 이 말씀들을 통해 미가 당대의 사람들에게 무엇을 하려 하셨는지를 물어볼 수 있다.

오늘날의 성경 해석도 유사한 방식으로 본문을 분석한다. 인간 화자는 누구인가? 사용된 단어들은 무엇이며 그 의미는 무엇인가? 어떤 상황(사실들)을 다루고 있는가?[62] 하나님은 이 말들로 청자들에게 무엇을 하고 계시는가? 가령 내가 설교나 주해, 또는 개인 권면 차원에서 하나님을 대리하여 누군가에게 무엇을 말해야 하는 상황에 있다고 생각해 보자. 나는 말을 하기 전에나 말을 하는 동안에, 내가 상대하는 사람들이 누구인지, 미가의 메시지가 무엇인지, 말을 하는 나 자신이 어떤 자질을 가진 사람인지, 나의 약점이나 죄가 무엇인지 등을 이해하고자 노력할 것이다. 그뿐만 아니라 듣는 사람들이 나의 말을 그들의 정황에 맞추어서 적합하고도 알아들을 만한 말로 받아들일 수 있도록 말의 모양새도 잘 꾸미려 노력할 것이다.

전체 해석 과정 속에서의 하나님의 역사

앞에서도 이야기했던 것처럼, 역사 속에서의 하나님의 의사소통은 의사 표현적, 정보 내용적, 효과 산출적 측면이라는 세 가지 특성을 나타낸다. 성경은 그 전체가 정보 내용적 메시지를 담고 있다. 역사 전체는 하나님의 통제 아래 진행된다는 면에서 효과 산출적이다. 선지자들이나 사도들과 같은 하나님의 대변자들은 하나님과 사람 사이의 중보적 위치에서 의사 표현적 행위를 하는 사람들이다.

보다 깊은 의미에서 그리스도 자신이 이 세 측면들 모두의 원형이시다. 첫째, 정보 내용적 측면을 생각해 보라. 그리스도는 모든 성경의 핵심 내용을

---

62. 이 세 측면은 프레임이 말하는 실존적, 규범적, 상황적 관점들과 큰 틀에서 일치한다. 참조, John M. Frame, *The Doctrine of the Knowledge of God* (Phillipsburg, N. J.: Presbyterian and Reformed, 1987).

이룬다. 그 안에는 "지혜와 지식의 모든 보화가 감추어져 있"다(골 2:3). 하나님의 지혜의 말씀으로서의 성경은 이미 그리스도 안에 있는 그것들을 밖으로 표현할 뿐이다.

둘째, 효과 산출적 측면을 생각해 보라. 하나님 말씀의 가장 지고한 효과 또는 적용은 그리스도의 지상 생애 그 자체이다. 그리스도는 역사의 모든 사실들 중에서도 가장 지고한 사실이다. 그의 성육신과 생애와 죽음과 부활은 모든 역사의 중심축을 이룬다. 또한 이 사건들은 성경의 중심축이기도 하다. 성경의 다른 모든 사건들이 다 이들을 중심으로 구성되며, 또한 이들 속에서 성취된다(누가복음 24:44-49을 보라).

셋째, 의사 표현적 측면을 생각해 보라. 그리스도는 모든 하나님의 말씀들에 대하여 인격적 중보자의 역할을 하신다. 모든 선지자들은 최후의 가장 큰 선지자인 예수 그리스도(행 3:22-24)의 형상들(images)이다. 모든 사도들은 그리스도의 권위와 그의 영의 능력을 따라 활동한다. 삼위일체의 제2위이신 그리스도는 모든 성경의 저자가 되신다. 그리스도는 구원자로서 우리가 하나님의 말씀을 듣고도 죽지 않도록(신 5:22-33) 우리를 위한 구속 사역을 이루셨다. 그리스도는 이처럼 원형적 선지자이신 분이다.

따라서 성경 해석은 여러 가지 면에서 그리스도 중심적일 수밖에 없다. 우리는 미가서를 해석하면서도 이 책을 쓰신 하나님의 목적에 부합하는 방향으로 이를 해석해야 한다. 하나님의 목적은 예수 그리스도에게서의 성취에 모든 초점이 모아진다.

해석학적 과정의 〈단계 2〉 또한 위의 세 측면의 관점에서 보다 세부적으로 구분해 볼 수 있다. 우리는 먼저 전수 행위를 하는 사람들, 곧 다양한 시대에 속한 하나님의 백성을 이해하고자 노력한다(의사 표현적 측면). 또한 우리는 미가의 메시지 자체의 전수를 이해하고자 노력한다(정보 내용적 측면). 더 나아가서 우리는 이 전수가 어떤 정황들을 이루어 내었는지 그 과정을 이해하고자 노력한다(효과 산출적 측면).

이런 측면들은 하나님께서 그 틀을 만들어 놓으신 것이기 때문에, 이 전수 과정은 마치 사막을 지나듯이 단조롭지 않고, 그리스도에게 초점이 모아지는 다양한 역사적 발전들을 거쳐서 이루어진다. 그렇다면 좀 더 자세히 의사 표현적, 정보 내용적, 효과 산출적 측면들을 살펴보도록 하자.

첫째, 의사 표현적 측면을 생각해 보자. 여기서는 우리의 초점이 성경을 전수한 사람들에게 어떤 일이 일어났는가에 모아진다. 그리스도를 통해 하나님은 역사 속의 그분 백성들과 사귐을 이어 오셨다. 그리고 오순절에 이르러서 하나님은 그들을 성령으로 충만한 그리스도의 몸으로 바꾸어 놓으셨고, 그 속에 구약의 메시지가 살아 있게 만드셨다. 우리는 그리스도의 오심을 통해 하나님의 백성에게 무슨 일이 일어났는지를 이해해야 한다. 그리고 모든 성경 해석이 이제는 우리를 그리스도의 형상으로 변화시키시는 성령의 임재를 통해(고후 3:12-18) 중재된다는 것을 잘 이해해야 한다.

둘째, 정보 내용적 측면을 생각해 보자. 여기서는 우리의 초점이 하나님의 백성이 전수한 메시지 자체에 모아진다. 구약 시대에는 하나님께서 그리스도의 형상인 그분의 대변인들이 그 이전에 하나님이 주신 말씀들을 해석하고 하나님의 마음을 좀 더 펼쳐 보일 수 있도록 그들에게 추가적인 말씀들을 주셨다. 그리스도 그분은 그렇게 이어져 온 메시지의 정점이다. 그 자신이 곧 영원한 말씀이며(요 1:1), 또한 생명의 말씀들을 선포하신다(요 6:63, 68). 그리스도의 부활 이후에는 그의 사도들이 복음을 선포했고, 그들의 메시지 내용은 모두가 그리스도에게 집중된다.

셋째, 효과 산출적 측면을 생각해 보자. 이 측면은 역사의 사실들과 연결되어 있다. 여기서는 우리의 초점이 역사 속에서 행하신 하나님의 행위들에 모아진다. 하나님은 그리스도의 죽으심과 부활을 통해 구속을 이루셨고 또한 자신의 약속들을 성취하셨다. 구약의 모든 사건들은 그리스도의 사역을 예고하며, 신약의 모든 내용들은 그 사역을 반영하고 또한 현재와 미래를 위해 그 사역이 어떤 함의를 가지는지를 보여 준다. 이를 통한 하나님의 목적은 "하늘에 있는 것이나 땅에 있는 것이 다 그리스도 안에서 통일되게 하려" 하는 것이다(엡 1:10).

따라서 미가를 해석하는 일도 하나님께서 이 책의 말들을 그 이후의 해석과 반추와 또한 후대의 정경 속에서의 확장을 위해 어떻게 사용하셨는지를 살펴보는 일을 포함한다(정보 내용적 관점). 또한 여기에는 미가의 말들이 후대의 역사 속에서 어떻게 성취되었는지를 살펴보는 일이 포함된다(효과 산출적 관점). 더욱이 여기에는 하나님의 백성이 어떻게 미가의 말들에 의해 영향을 받았는지를 살펴보는 일이 포함된다(인격적 개입).[63] 무엇보다도 여기에는 미가의 말들이 어떻게 예수 그리스도 안에서 성취되었는지를 살펴보는 일이 포함된다. 그리스도는 최후의 말씀으로서, 미가의 책에서 밝혀진 진리와 교훈들의 완성이시다. 그리스도는 미가의 약속들과 예언들이 내다본 최후의 그 사건이다. 그리스도는 미가의 선지자 됨이 하나의 모형으로 작용하는 최후의 중보자적 선지자이다.

〈단계 1, 2, 3〉에서 어떤 초점을 가지고 해석에 임하느냐 하는 것이 우리가 어떤 질문을 던지며 또한 어떤 답을 찾고자 하는가 하는 문제에 큰 영향을 미친다.

〈단계 1〉에서 우리는 메시지의 기원에 초점을 맞춘다. 우리는 우선적으로 성경의 한 책이나 그 책의 한 특정 단락이 무엇을 말하고 있는지를 이해하고자 한다. 물론 우리는 이 질문을 처음 던질 때부터 어떻게 이를 적용으로 연결시킬지를 염두에 두고 접근한다. 미가 시대에 자기 백성을 향한 하나님의 말씀은 어떻게 보다 큰 전체 그림과 합치를 이루는가? 이런 질문에 답하는 일이 곧 석의와 주석과 강해 설교와 연결된다.

〈단계 2〉에서 우리는 메시지의 전수에 초점을 맞춘다. 우리는 우선적으로 성경의 한 책이나 특정 단락이 무엇을 말하는지의 문제보다, 어떻게 하나님

63. 관점들 사이의 관계에 대해서는 다음을 참조하라. Frame, *The Doctrine of the Knowledge of God*, 62-75.

께서 역사의 흐름 속에서 복음 메시지 전체와 그리스도에 관한 메시지 전체를 발전시켜 오셨는지를 이해하고자 한다. 작은 단위의 본문을 살피는 동안에도 우리는 이런 질문을 던진다. 미가에 나오는 이 단락이 어떻게 그리스도의 오심과 신약의 기록 속에서 그 완성을 이루는 정경적 의사소통의 발전 단계와 합치를 이루는가? 이런 질문에 답하는 일은 성경신학이나 구속이 역사의 흐름 속에서 어떻게 전개되는지를 살피는 작업과 연결된다.

〈단계 3〉에서 우리는 메시지의 수용에 초점을 맞춘다. 우리는 우선적으로 우리를 향한 하나님의 전체 의사소통을 이해하고자 한다. 작은 단위의 본문을 살피는 동안에도 우리는 이런 질문을 던진다. 이 본문은 지금 내가 고민하고 있는 성경의 주제나 어려운 문제들과 어떤 방식으로 합치를 이루는가? 성경은 죄에 대해서, 그리스도에 대해서, 결혼에 대해서, 혀의 사용에 대해서, 영적 성장에 대해서, 재림에 대해서 어떻게 가르치는가? 이런 질문들에 답하는 일은 조직신학과 연결되며, 또한 그리스도인의 경건 및 실천 관련 작업들과 연결된다.

성경의 특정 본문에 대한 해석은 결코 끝이 없다. 하나님께 대한 책임 있는 순종은 우리의 마음과 뜻과 힘과 정신을 다하여 하나님을 사랑함을 포함한다. 이런 사랑 때문에 우리는 하나님의 지시를 알고 싶어 하고 또한 순종하고 싶어 한다. 보다 철저히, 그리고 보다 깊이 하나님의 뜻을 이해하고자 한다면, 우리는 성경의 모든 구절을 앞에서 제시한 해석의 단계들에 접목시킬 필요가 있다. 우리는 전 생애 동안 이를 우리 스스로 다 이룰 수는 없다. 하지만 우리를 도와줄 수 있는 사람들이 많이 있다. 우리가 교회를 이룬다는 것은 함께 자라감으로써 "하나님의 아들을 믿는 것과 아는 일에 하나가 되어 온전한 사람을 이루어 그리스도의 장성한 분량이 충만한 데까지 이르"는 것을 말한다(엡 4:13).

이제 우리는 앞에서 말한 각 단계의 구체적 항목들을 다음과 같이 보다 일목요연하게 정리해 보고자 한다.

해석 단계

단계 1. 원래의 시간과 역사적 맥락

a. 하나님의 대변자인 그 사람이 누구인지를 이해하라(인격적 관점).

b. 텍스트 자체를 이해하라(규범적 관점).

c. 청중의 상황이 무엇인지를 이해하라(상황적 관점).

d. 하나님의 메시지의 전체적 함의가 무엇인지를 이해하라.

단계 2. 텍스트 전수와 그 맥락

a. 말씀을 전수하는 사람이 누구인지(공식적인 전승자들과 더 넓게는 하나님의 백성)를 이해하라.

b. 텍스트와 그 메시지 전수 과정을 이해하라(규범적 관점). 여기에는 본문 비평과 해석의 역사가 포함된다.

c. 전수의 정황이 무엇인지를 이해하라. 좁게는 성경 저자들의 관심사가 무엇인지, 넓게는 역사를 위한 하나님의 계획이 무엇인지를 이해하라.

d. 성경을 통해 역사 속의 교회 전체를 향해 말씀하시는 하나님의 전체적 함의가 무엇인지를 이해하라.

(1) 초점을 달리해서 이해하라.

(a) 본문을 후대에서 어떻게 사용하고 있는지를 이해하라(석의적 초점).

(b) 이 본문이 점진적 계시 전체와 어떻게 연결되는지를 이해하라(성경신학적 초점).

(c) 이 본문이 다양한 주제 및 논제들에 관한 전체적 가르침과 어떻게 연결되는지를 이해하라(조직신학 및 그리스도인의 실천적 삶).

(2) 그리스도 중심적으로 이해하라.

(a) 그리스도께서 이 본문의 진리를 그 절정을 보이심으로써, 혹은 그 지혜와 의와 거룩함을 구현하심으로써 어떻게 성취하시는지를 이해하라.

(b) 그리스도께서 이 본문의 사실들을 약속과 예언의 성취 차원과 역사적 투쟁의 종결 차원에서 어떻게 완성시키시는지를 이해하라.

(c) 그리스도께서 의사소통의 인격적 측면(중보자로서의 선지자)을 어떻게 충족시키시는지를 이해하라.

단계 3. 현재적 맥락

a. 하나님께서 이 본문과 또 후대의 성경신학 및 조직신학의 맥락을 통하여 무엇을 말씀하고 계시는지를 이해하라.

b. 당신 자신의 상황을 하나님의 통제의 관점에서 이해하라.

c. 당신 자신의 은사와 재능, 그리고 당신이 의사소통하는 다른 화자나 청자의 은사와 재능이 무엇인지를 이해하라.

d. 화자와 청자(화자 또는 청자)로서 당신을 향한 하나님의 부르심의 전체적 함의가 무엇인지를 이해하라.

위 각각의 단계들에는 세부 단계 d가 포함되어 있는데, 이 부분은 각 단계의 전체 과정에 대한 종합적인 정리를 담고 있다. 특별히 이 부분에서 우리는 하나님의 행위와 그분의 말씀하심이 가지는 '함의' 차원의 의미가 무엇인지에 관심을 갖고 있다. 저자이신 하나님 자신을 안다는 것이 각 단계 속에서 무엇을 의미하는지를 우리는 묻지 않으면 안 된다.

이상의 해석의 단계들은 우리가 다른 많은 성경 해석학 책들 속에서 찾아볼 수 있는 것과 대동소이하다. 하지만 우리의 접근에는 다른 책들과는 다른 유의미한 차이점이 하나 있다. 위의 세 단계들이나 그 세부 단계들이 저자와 텍스트와 독자의 삼각대에 기반을 두고 있다는 점, 또는 이것이 의사소통의 삼각대인 의사 표현적, 정보 내용적, 효과 산출적 관점들과 긴밀하게 연결되어 있다는 점이 그 차이이다. 이 세 관점은 또한 하나님의 삼위일체적 존재 방식과 연결되어 있다. 이 세 관점은 상호 내재한다. 세 관점 각각이 다른 관점들을 포함하며 또한 다른 관점들을 전제로 한다. 따라서 위의 세 단계들도 상호내재적 성격을 가진다. 세 단계는 각각 다른 관점들을 포함한다. 세 단계가 각각 서로에게 영향을 미칠 뿐만 아니라, 또한 다른 단계들에 서로 침투한다. 이 세 단계들은 그 수행되는 시간에 있어서나 주제 차원에 있어서나 개념적 측면에 있어서 깔끔하게 분리되지 않는다. 각각의 단계는 다른 단계들을 품고 있다.

그럼에도 불구하고 세 단계를 구분하는 것은 가능하다. 각각의 단계들은 모두가 독특성을 가지며, 또한 각각 일정한 순서를 가진다. 그 순서는 하나님의 말씀이 시간 속에 그 모습을 드러낸 순서에서 파생된다. 하나님은 유다 왕 히스기야 시대에 미가를 통해 말씀하신다(〈단계 1〉과 관련). 미가의 메시지는 수많은 세기 동안 역사 속에서 전수 과정을 거친다(〈단계 2〉와 관련). 그리고 그 메시지를 오늘 이 시대에 우리가 받는다(〈단계 3〉과 관련).

이제 이 세 단계를 통틀어서 해석에 관한 '전수 관점'(transmission perspective)이라 부르도록 하자. 그렇다면 이 관점만이 해석의 유일한 방식이라 할 수 있는가?

제10장

대안적 해석 관점들

"

- **해석학자 형진**: 자, 이제 우린 해석의 세 단계를 가지게 되었어. 이걸로 충분한 걸까?
- **선교학자 선자**: 모든 문화권의 모든 사람이 다 같이 이런 동일한 방식으로 해석에 임할까? 우린 문화적 차이를 너무 쉽게 생각하는 건 아닐까?
- **긍정주의자 근주**: 우리 자신이 속한 문화권 안에서만 해도 모든 그리스도인들이 다 똑같은 방식으로 해석에 임한다고 생각지는 않아. 성령께서는 사람들에게 하나의 방법 그 이상을 주시는 것이 아닐까?

"

우리는 역사 전체에 걸친 하나님의 의사소통을 재구성해 볼 수 있다. 하지만 하나님은 그분의 백성과 모든 순간에 함께하시기 때문에, 어떤 특정한 방식으로 이 의사소통을 재구성하는 것이 하나로 다 종결될 수 있는 것은 아니다. 미가서 경우를 계속 이어서 생각해 보도록 하자. 우리는 미가 시대의 하나님 임재의 차원을 기준으로, 이 하나의 행위 안에서 하나님께서 이후의 모든 세대들에게 말씀하시는 것으로 보는 해석학적 구도를 세워 볼 수 있을 것이다. 아니면 하나님의 임재가 오늘 우리와 함께한다는 차원에서 접근하는 하나의 총괄적인 해석학적 구도를 세워 볼 수도 있을 것이다. 이 두 가지 접근 방식에 대해 좀 더 자세하게 생각해 보도록 하자.

대안적 관점: '한 번으로 모두' 말씀하시는 하나님

하나님은 미가를 통해 미가 시대의 그분 백성에게 주신 말씀을 기록하게 하셨다. 그렇지만 하나님은 모든 시대의 사람들을 위한 하나님이시다. 인간과 달리 하나님은 한 시대나 한 문화의 사건이나 관습이나 사상에 자신의 시야를 제한시키는 분이 아니다. 인간도 후대를 위해 책을 쓰거나 기록을 남기는 것이 가능하다. 제한된 차원이긴 하겠지만 인간 역시 다른 시대에 대해 생각할 능력이 있고 또 후대 사람들과도 의사소통을 시도한다. 이런 능력은 말할 것도 없이 하나님의 영원하심의 형상(image) 차원의 능력이다. 하나님은 모든 시간의 주인이시며 모든 시대 속에 임재하시는 분이다. 하나님은 한 시대의 사람들을 위해서뿐만 아니라 모든 시대의 사람들을 위해서도 글을 쓰실 수 있다. 과연 하나님은 이런 일을 하셨는가? 성경은 그렇다고 답한다.

> "그들에게 일어난 이런 일은 본보기가 되고 또한 말세를 만난 우리를 깨우치기 위하여 기록되었느니라"(고전 10:11)

> "무엇이든지 전에 기록된 바는 우리의 교훈을 위하여 기록된 것이니 우리로 하여금 인내로 또는 성경의 위로로 소망을 가지게 함이니라"(롬 15:4)

> "모세가 이 율법의 말씀을 다 책에 써서 마친 후에 모세가 여호와의 언약궤를 메는 레위 사람에게 명령하여 이르되 이 율법책을 가져다가 너희 하나님 여호와의 언약궤 곁에 두어 너희에게 증거가 되게 하라 내가 너희의 반역함과 목이 곧은 것을 아나니 오늘 내가 살아서 너희와 함께 있어도 너희가 여

호와를 거역하였거든 하물며 내가 죽은 후의 일이랴"(신 31:24-27)

하나님은 성경을 기록하게 하시면서 후대의 사람들을 함께 생각하셨다. 우리는 이런 원리를 미가서에도 적용해 볼 수 있다. 하나님은 미가서를 기록하실 때 미래의 모든 독자를 그 말씀의 대상으로 포함시키셨다.

이런 관점에서 본다면, 해석자의 과제는 이 시대의 우리를 원래 청중의 하나로 인식하는 것이며, 우리를 미가 시대의 청중과 동일시하는 것이다. 따라서 해석의 과정 전체가 모두 〈단계 1〉에 수렴된다. 〈단계 2〉와 〈단계 3〉은 우리가 청중을 구분할 때 일어나는 과정이다.

우선 인간 저자와 독자의 측면에서 이 문제를 생각해 보자. 좋은 저자들이라면 그 의도된 독자들 속에 지식이나 관점의 차이들이 존재한다는 것을 잘 알고 있다. 때로는 저자들이 폭넓은 독자층을 고려하여 각 독자층의 관심을 끌 만한 폭넓은 자료들을 의도적으로 배열하기도 한다. 그들은 하나의 자료가 모든 독자에게 다 똑같은 정도의 관심을 불러일으키지는 못한다는 것을 잘 알고 있다. 그뿐만 아니라 어떤 저자들은 일부 특정 독자들만 그 의미를 정확하게 포착할 수 있는 암시나 비밀들을 의도적으로 사용하기도 한다. 내가 아는 어떤 그리스도인 연사는 한 번의 강연에서 세 부류의 청중이 각각 원하는 메시지를 동시에 얻을 수 있도록 강연을 구성하기도 한다. 그리스도인이 아닌 청중, 지식이 그다지 깊지 못한 그리스도인 청중, 신학적인 지식을 갖춘 그리스도인 청중이 모두 동시에 흥미를 느끼면서 도전을 받고 깨우침을 얻도록 시도하는 것이다.

이런 방식으로 하나님도 한 번의 말씀 속에 다양한 수준의 진리와 다양한 정도의 영적 교감을 포함시키는 것이 원리상 가능하다. 때로 하나님은 실제로 그와 같이 하신다는 것도 우리가 알고 있다. 예수님은 씨 뿌리는 자의 비유에서 그의 제자들을 위해서는 "하나님 나라의 비밀"을 밝히셨지만, 나머지 사람들에게는 이를 숨기셨다(막 4:11-12).

이런 관점 속에서는, 전체 청중 속에 들어 있는 다양한 부류들과 그들의 상태나 정도를 잘 구분하는 것이 필수적이다. 그들의 지적 능력이 어느 정도인지, 하나님에 대한 헌신도가 어느 정도인지, 영적 성숙도가 어떻게 되는지, 사회적 지위나 성이나 역사적 상황들이 어떻게 되는지 등을 살펴야 할 것이다. 하나님과 그분의 말씀을 온전한 차원에서 이해하고 수용하려면 청중을 이루는 다양한 부류의 사람들이 다 함께 그들의 통찰과 깨달음과 감정적 반응 등을 나누어야 한다. 사실 이것이 교회가 하는 역할이다(엡 4:11-16; 고전 12장).

물론 시간을 거슬러 올라가서 직접적인 의사소통을 하는 것은 가능하지 않다. 하지만 우리가 과거로 돌아가서 옛날 그때의 사람들은 어떻게 말씀을 이해했는지 상상해 보는 것은 매우 중요하고 또한 유용하다. 물론 옛 시대의 사람들이 우리에게 직접 신선한 응답을 주지는 못한다. 다만 그들이 남긴 글이나 다른 자료들을 통해 그들의 생각을 말할 뿐이다. 하지만 상상력을 사용해서 옛 시대 속에 우리 자신을 투사해 보면 우리는 이 시대의 사람들을 만나서 이야기하는 것과 유사한 것들을 과거의 사람들 속에서 찾는 것이 가능하다. 오늘날 사람들과의 만남이든 과거 사람들과의 만남이든, 이 두 가지가 가지는 효과는 동일하다. 우리가 다른 사람들의 관점에 서서 현재의 문제를 생각해 볼 수 있다는 것이다. 이런 시도를 통해 우리가 얻는 유익은 자신의 개인적 경험에 갇혀 있을 때는 배우지 못하는 것들을 폭넓게 배울 수 있다는 점이다.[64]

신학적 관점에서 이를 이야기한다면, 우리가 말하는 성도의 교제는 이 시대에 살아 있는 성도들, 내가 다니는 지역 교회 성도들과의 교제만을 이야기하는 것이 아니라, 다른 시대의 모든 성도들, 내가 다른 방식으로 의사소통하

64. 2인칭 관점이 가지는 잠재적 유용성에 대해서는 다음을 참조하라. Vern S. Poythress, *Symphonic Theology: The Validity of Multiple Perspectives in Theology* (Grand Rapids: Zondervan, 1987).

는 성도들과의 교제를 또한 포함한다. 우리는 과거 시대 성도들과도 교제를 나눈다.

그리스도의 사도들을 이런 교제의 일차적인 예로 들 수 있을 것이다. 예수 그리스도께서 그의 교회에 사도들을 주신 것은 그의 생애와 부활에 대해 권위 있고 확정적인 증언을 하도록 하기 위함이다(행 1:21-22). 오늘날 우리 교회들 속에는 교회 개척자들도 있고 매우 존경받는 지도자들도 있지만, 더 이상 성경 시대의 사도들과 같은 의미의 사도들은 교회 안에 없다. 그렇다면 우리는 에베소서 4:11에 언급된 것처럼 교회를 구성하는 필수 요소 중의 하나인 사도들을 영영 잃어버린 것인가? 그렇지 않다. 사도들은 지금 죽고 없지만, 그들의 목소리는 그들의 글을 통해 지금도 살아 있다. 우리는 그들이 남긴 초석 차원의 가르침을 지금도 계속해서 듣고 있다. 부차적 차원에서, 하나님께서 지난 시대에 성도들에게 주셨던 이해와 가르침과 사역의 은사들이 우리에게 더 이상 쓸모없어진 것도 아니다. 그들에게 주신 은사들을 통해 그들은 교회를 세웠고, 그 교회가 오늘날까지 존속하게 되었으며, 그들의 글을 통해 이해의 은사와 가르침의 은사가 지금도 살아남아 사용되고 있다.

오늘날의 성경 공부는 사도들과의 친교를 가능하게 한다. 그들은 우리의 믿음을 위해 필수 불가결한, 영감 있고 권위 있는 기초를 놓았다. 또한 성경 공부는 모든 앞선 시대의 성도들과의 대화를 포함한다. 우리는 신약 시대 성도들뿐만 아니라 구약 시대 성도들도 여기에 포함시켜야 한다. 왜냐하면 구원의 길은 신약과 구약 시대를 아울러 오직 하나밖에 없기 때문이다. 아브라함은 우리 믿음의 좋은 본이다(히 11:8-19, 39-40; 12:1).

우리가 앞 장에서 살펴보았던 해석학적 아치나 세 개의 단계들은 역사 전체를 다 관통한다. 따라서 이 모든 시대를 아우르는 성경의 전체 청중을 과연 구별할 필요가 있는가라는 질문이 생긴다. 이런 구별이 일어나는 것은 당연하며 그 이유나 방식도 다양하다. 몇 가지 분명한 것들만 한 번 짚어 보자.

첫째, 사람들은 시대마다 다른 상황들 속에 존재한다. 구약 시대의 히브리

문화와 신약 시대의 유대 및 헬레니즘 문화, 그리고 오늘 우리 시대의 문화 사이에는 큰 차이가 있다. 보다 더 중요한 것은 하나님의 새로운 구속 행위들, 곧 그리스도께서 육체로 오심이 세상의 상황 속에 결정적인 차이를 만들어 낸다는 사실이다. 그리스도의 부활은 우리의 마지막 부활 및 이 세상 갱신의 첫 열매이다. 부활은 진정으로 우주적 함의를 가진다. 그 함의 중 하나는 모세 시대의 이스라엘은 특별한 음식법을 지키도록 되어 있었지만 오늘 우리는 그것을 지키지 않는다는 것이다. 예수님은 모든 음식이 깨끗하다 하셨다(막 7:19). 사실상 이런 일은 대단히 심오한 함의를 가진다. 왜냐하면 모든 율법이 완성되었을 뿐만 아니라, 예수 그리스도의 최고의 의에 의해 그 모든 것이 변형되었기 때문이다.[65]

둘째, 사람들은 저마다 특성이 다르다. 오순절에 그리스도께서는 그의 교회에 약속하신 성령을 부어 주셨다. 그 결과 구약이 성령에 의해, 그리고 믿는 자들의 마음속에 기록된 법에 의해(히 8:10) 명료하게 밝혀졌다(고후 3:15-18). 물론 성령은 구약 시대에도 활동하셨다. 그러나 이는 오순절에 임하신 것과 비교할 수 없다(신명기 29:4과 요한일서 2:20-27을 비교해 보라). 성령은 이제 예수 그리스도의 부활의 능력을 우리에게 가지고 오시며, 또한 우리를 하늘의 영광 중에 계신 그리스도와 연합시키신다.

셋째, 사람들은 하나님의 말씀에 대해 접근 정도가 서로 다르다. 미가 시대 이후 영감을 받은 기록들이 계속 나타났다. 사람들은 이제 미가를 하나님의 더 온전한 의사소통의 범주 안에서 더 넓고 온전하게 이해할 수 있게 되었다. 한 구절의 전체 함의는 저자가 어떤 종류의, 또한 얼마나 많은 종류의 문학적 맥락을 제공하고 있느냐에 달려 있다. 만일 저자가 양적으로 더 많은 맥락들을 제공하고 있다면, 독자들로서는 한 특정 구절의 함의를 더 깊이 있게 이해할 수 있을 것이다. 유사한 방식으로 후대의 성경 독자들은 미가 시

65. 이와 관련해서는 다음을 참조하라. Vern S. Poythress, *The Shadow of Christ in the Law of Moses* (reprint, Phillipsburg, N. J.: Presbyterian and Reformed, 1995), 251-86.

대 이후에 나타난 영감을 받아 기록된 내용들을 통해 하나님에 대한 더 큰 지식을 가지게 되었다. 더군다나 이 후대의 기록들과 후대의 구속 사건들은 처음에 주어질 때는 그 성격상 구체화되지 않았던 약속이나 예언들을 더 밝히 이해할 수 있는 빛을 던져 준다.

이처럼 사람들에 대한 하나님의 말씀하심의 정도나 방식이 서로 다르다는 것은 앞의 전수 관점(transmission perspective)에서 제시했던 〈단계 2〉와 〈단계 3〉이 해석의 전체 과정 속에 여전히 유효한 자리를 가지고 있음을 보여준다. 특히 계시 과정에 있어서의 상황의 변화는 〈단계 3〉에서 요구되는 고찰이 현대 청중에게 반드시 필요하다는 것을 상기시킨다. 정경에의 접근 정도가 지금과 옛 시대 사이에 서로 차이가 있다는 이 사실은 전체 정경의 관점에서 우리에게 조직신학과 관련된 질문들을 던지게 만든다. 그리스도의 오심과 오순절 성령 강림으로 인해 상황 속에서와 사람들 안에서 이루어진 변화들은 성경의 그리스도 중심적 성취에 관련된 많은 질문을 던지게 만든다. 따라서 우리가 지금 살펴보고 있는 이 새로운 관점은 앞에서 살펴보았던 전수 관점에 포함되는 세 가지 해석 단계들을 다 포함하고 있다. 다만 차이가 있다면 그 순서의 배열에 관한 것이 주된 차이이다. 하나님의 말씀하심을 앞의 전수 관점에서처럼 긴 시간에 걸친 시간 순서대로 세 개의 구별된 화행(話行, speech acts)으로 보지 않고, 하나의 단일한 화행으로, 단일체의 사건으로 보는 것이다. 우리는 이런 관점을 '한 번으로 모두' 관점(once-for-all perspective)이라 부르고자 한다.

이 새로운 관점은 많은 장점을 가지고 있다. 첫째, 이 관점은 하나님의 말씀하심의 의도가 하나의 단일체이며 일관성을 가진다는 것, 그리고 자기 백성을 향한 하나님의 말씀하심이 하나의 단일한 행위라는 것을 전수 관점보다 훨씬 더 생생하고 강하게 제시할 수 있다는 장점을 가진다. 이에 비해 전수 관점은 하나님의 말씀이 세 개의 분리된 행위들 또는 단계들이 아니냐 하는 인상을 일으킬 수 있다. 물론 이런 인상은 가상적인 것에 지나지 않는다.

모든 역사의 주인이신 하나님은 그분의 말씀 행위 속에서 모든 시간을 한눈에 보고 계신다.

둘째, 이 '한 번으로 모두' 관점은 원래 맥락의 중요성과 그 맥락 속에서의 하나님 말씀의 권위를 더욱 생생하게 부각한다. 후대의 청자들이 가지는 이해는 모두 이 원래의 발화가 일어났던 하나의 시점에 여전히 묶여 있다.

셋째, 이 '한 번으로 모두' 관점은 하나님의 말씀을 이해함에 있어서 성령의 역할을 더 잘 받아들일 수 있게 한다. 성령은 우리를 모든 시대의 성도들과 연합시키는 일을 하신다. 성령은 이 모든 성도들에게 그의 은사들을 주시며, 또한 그들이 남긴 기록들을 사용하여 그들과 더불어 친교와 의사소통과 영적 교제를 나눌 수 있도록 하신다. 성령이 없다면 오늘 우리에게 있는 것은 오래전 하나님께서 말씀하신 것과 관련한 인간의 전통 이상이 되지 못할 것이다.

넷째, 이 '한 번으로 모두' 관점은 해석의 과정이 나선형 구조를 가진다는 것을 보다 분명하게 보여 준다. 하나님의 전체 백성은 그 다단한 사귐을 통해 함께 자라간다. 이와 비교해 볼 때 전수 관점은 무지에서 지식으로, 또 지식에서 적용으로의 선형적 과정만을 제시한다는 오해를 일으키기 쉽다.

위의 장점들에도 불구하고, 이 '한 번으로 모두' 관점이 가지는 단점을 간과할 수 없다. 우선 우리가 경계하지 않으면, 하나님 말씀을 수용하는 과정 속에서 시대마다 다르게 일어나는 변화들을 간과하기 쉽다. 예를 들어, 성경에 있는 모든 것이 오늘 우리에게 다가오는 것과 똑같은 방식으로 모든 과거의 사람들에게도 동일하게 다가갔을 것이라고 착각할 수 있다. 또는 모세의 언약이 오늘 우리가 가진 더 새롭고 좋은 언약의 그림자라는 것을(히 8:7-13; 10:1) 보지 못할 수 있고, 따라서 모세 시대에 이스라엘 백성이 율법을 지켰던 것과 같은 방식으로 우리가 그것을 지킬 필요가 없다는 것을 망각하기 쉽다.

또 다른 단점은 사람들이 이 관점을 너무 단순화해서, 마치 하나님께서 한 권의 책을 하늘에서 뚝 떨어뜨려 주신 것처럼 착각할 수도 있다는 것이다.

하나님께서 역사 속에 전혀 개입하지 않은 것처럼, 또는 그분이 역사에 대해서는 전혀 무관심한 것처럼 착각할 수도 있다. 이런 방식으로 성경을 이해하면 성경은 하늘로부터 온 하나의 윤리 교범이나 명제적 교리서 같은 것이 되고 만다. 하나님께서 역사 속에서 행하신 일이 무엇인지에 대해서는 마치 성경이 아무것도 말하지 않는 것처럼 인식하게 되는 것이다. 그러면서 이 윤리적, 교리적 규칙들이 그 어떤 상황 속에서나 모든 사람에게 전적으로 단일한 방식으로 적용되어야 한다고 보는 것이다. 물론 성경 속에는 보편적인 윤리적 규범이나 명제들이 들어 있다. 그러나 우리는 모든 것을 다 평면화해서 그리스도께서 역사 속에 들어오신 것이 마치 아무 일도 아닌 것처럼 그렇게 생각해서는 안 된다.

다행스러운 것은, 우리가 어떤 관점에서부터 시작하든지 성경 자체가 우리의 오해들을 시정할 수 있는 능력을 가지고 있다는 사실이다. 예를 들어, 히브리서는 하나님께서 먼저 주신 말씀들과 뒤에 주신 말씀들이 어떻게 연결되는지를 잘 가르쳐 준다. 먼저 주신 말씀들이 오늘 우리를 위해서도 가르칠 것이 있다는 것을 잘 보여 줄 뿐만 아니라, 또한 이 그림자 차원의 것이 그리스도의 새 언약의 도래 속에서 어떻게 새롭게 대체되는지에 대해서도 잘 보여 준다.

대안적 관점: 지금 말씀하시는 하나님

다음으로 우리는 또 다른 모델 하나를 생각해 보고자 한다. 이 모델은 해석의 전체 과정을 하나님께서 지금 말씀하고 계신다는 관점에서 접근한다. 우리는 이에 대한 성경적 근거를 바울에게서 찾아볼 수 있다.

> "믿음으로 말미암는 의는 이같이 말하되 네 마음에 누가 하늘에 올라가겠느냐 하지 말라 하니 올라가겠느냐 함은 그리스도를 모셔 내리려는 것이요 혹은 누가 무저갱에 내려가겠느냐 하지 말라 하니 내려가겠느냐 함은

그리스도를 죽은 자 가운데서 모셔 올리려는 것이라 그러면 무엇을 말하느냐 말씀이 네게 가까워 네 입에 있으며 네 마음에 있다 하였으니 곧 우리가 전파하는 믿음의 말씀이라 네가 만일 네 입으로 예수를 주로 시인하며 또 하나님께서 그를 죽은 자 가운데서 살리신 것을 네 마음에 믿으면 구원을 받으리라"(롬 10:6-9)

여기에서 바울은 복음이 오직 유대인들만을 위한 것이라는 사상을 반박하고 있다. 또한 바울은 우리가 시간을 거슬러 올라갈 수 있다는 생각도 허락하지 않는다. 우리는 하나님의 말씀을 듣기 위해 모세와 함께 시내산에 설 수도 없다. 그러나 하나님의 말씀이 기록되었기에 우리는 그 말씀에 다가갈 수 있다. 바울은 특히 복음의 말씀에 초점을 모으고 있다. 이 하나님의 구원의 말씀은 분명히 오늘 우리에게 적용될 수 있는 말씀이다.[66] 예수 그리스도를 믿는 사람들에게는 그 말씀이 그 안에 있다. "말씀이 네게 가까워 네 입에 있으며 네 마음에 있다"(롬 10:8). 표면적으로는 말씀의 가까움이 시간에 대한 모든 의식을 다 지워 버리는 것같이 보인다. 그러나 실제로는 우리가 앞에서 보았던 모든 시간의 과정 속에서 그리스도 안에서의 자라남과 하나님을 아는 지식 안에서의 자라남을 배제하지 않는다.

바울이 말하는 말씀은 복음의 말씀인데, 그 핵심은 "예수가 주"시라는 것, 그리고 "하나님께서 그를 죽은 자 가운데서 살리"셨다는 것이다(롬 10:9). 예수 그리스도께서 주 되심을 고백하는 것은 우리가 그의 종이요, 우리의 모든 것을 그의 주권에 복속시킨다는 것을 포함한다. 예수님은 우리에게 "분부한 모든 것을 지키"라고 명하신다(마 28:20). 우리의 죄악성 및 피조물 됨과 함께, 이 권위의 측면은 우리를 둘 중 하나의 자리에 서게 만든다. 우리는 진정으로 그리스도와 그의 말씀에 순종하고 있는가? 아니면 우리의 의식 표출

66. 이와 관련해서는 고린도후서 6:2의 "지금"에 대한 강조를 떠올려 보면 좋을 것이다.

차원에서 어떤 말씀을 투사해 놓고 그것에 순종하라고 스스로에게 요구하고 있는가? 만일 후자의 경우라면, 다시 말해서 우리가 우리 자신에게 순종하는 것이라면(칸트의 범주적 명령처럼), 우리의 주인은 여전히 우리 자신일 뿐이고, 우리가 예배하는 대상도 그리스도가 아니라 우리 자신에 지나지 않는다.

그리스도의 권위는 외적 권위의 말씀 곧 성경의 말씀을 인정하기를 요구한다. 그뿐만 아니라 복음의 말씀은 "하나님께서 그를 죽은 자 가운데서 살리"셨다고 선포하는데, 이 선포는 역사 속에서 하나님께서 행하신 일을 하나의 불가피한 조건으로 삼는다. 성경은 하나님께서 이 실제적인 시간과 공간 속에서 실제적인 사람들을 위하여 구원을 이루셨다고 선포한다. 성경을 통해 권위 있게 현재 속에서 말씀하시는 하나님은 시간과 역사가 매우 의미 깊은 실체라는 것을 일러 주신다. 그리스도와의 교제는 우리를 위해 과거의 시간 속에서 한 번으로 전부의 구속 사역을 이루신 예수님과의 교제를 의미한다.

따라서 하나님의 현재적 말씀하심은 앞에서 우리가 살펴본 두 관점들(전수 관점과 '한 번으로 모두' 관점) 속에서 이미 사용된 바 있는, 시간 속에서의 그 양상의 차이들을 배제하지 않는다. 하나님은 직접 자신이 말씀하시는 방식이 어떤 것인지를 일러 주신다. 하나님은 현재의 순간에서만 말씀하시는 분이 아니라, 이전에 주어지고 보존되고 번역되고 적용되어 온 말씀을 통하여 현재에 말씀하시는 분이다. 우리가 하나님을 아는 것은 그분이 자신의 현재적 말씀 속에 충만히 임재하시기 때문이다. 그리고 하나님을 안다는 것은 그분을 시간과 공간과 역사의 주님으로 안다는 것을 말한다. 우리는 그분의 말씀을 모든 시간을 통제할 뿐만 아니라 그 시간 속에 스스로를 전수하는 말씀으로 알고 받는다. 하나님의 말씀은 그 속에 전수의 과정이 기본적으로 장착되어 있다. 하나님은 지금 우리에게 말씀하시는 그런 방식으로 늘 모든 순간에 말씀하시는 분이다.

쉬운 예를 하나 들어 보자. 하나님은 미가서를 통해서 바로 지금 우리에게 말씀하신다. "유다의 왕들 요담과 아하스와 히스기야 시대에 모레셋 사람 미가에게 임한 여호와의 말씀 곧 사마리아와 예루살렘에 관한 묵시라"(미 1:1). 바로 지금 하나님은 이 말씀을 그 역사적 층위를 고려하지 않은 상태로 나를 위한 말씀으로 내게 들려주신다. 이는 분명 나의 현재 순간을 향한 하나님의 말씀이다(롬 15:4). 그러나 이 말씀의 역사적 층위를 고려할 때, 우리는 이것이 우리 이전 과거의 시간과 공간 속에서 내가 아닌 다른 어떤 사람에게 주어졌던 말씀임을 잘 안다. 하나님은 과거에 자기 백성을 다루신 일에 대한 이야기를 가시고 오늘 우리에게 그분의 말씀을 들려주고 계시는 것이다.

우리는 이 마지막 모델을 '현재 이 시간' 모델(present-time model)이라 부르고자 한다. 이 모델 역시 다른 두 모델과 비교되는 장점과 단점을 가지고 있다. 첫째, 이 모델은 하나님의 임재와, 지금 여기에서의 우리와의 친밀한 교제와, 따라서 적용의 필요성을 생생하게 강조한다는 장점을 가진다.

둘째, '현재 이 시간' 모델은 당신에 대한 하나님과 그리스도의 친밀한 관계성을 주장할 수 있다는 장점을 가진다. 당신이 인격적으로 자신과 상관도 없는 정보만을 분석하는 학문적 관찰자로만 머물 수는 없을 것이다.

셋째, '현재 이 시간' 모델은 복음의 중심성을 강조한다는 장점을 가진다. 왜냐하면 이 복음의 메시지가 지금 이곳의 당신을 향한 성경의 중심 요지이기 때문이다.

넷째, '현재 이 시간' 모델은 '한 번으로 모두' 모델과 마찬가지로 해석학이 가지는 나선형 특성을 보다 분명하게 드러낸다. 그리스도를 향한 헌신이라는 중심축이 그 힘과 깊이와 순결함에 있어서 점점 자라감에 따라 성경 해석의 전 과정이 더욱 탄탄하게 자리 잡게 되고, 이는 또 하나님께서 말씀하시는 말씀에 의해 더욱 영양분을 공급받게 된다.

이런 장점들에도 불구하고, '현재 이 시간' 모델은 그 나름의 단점을 가지고 있다. 우선 이를 실존주의 신학(신정통주의를 포함하여)이 채용할 때는 그 결과가 주관주의로 귀착될 수 있다는 점이 그것이다. 실존주의 관점에서 보면, 하나님의 말씀은 결코 "객관화"될 수 없고, 전적 타자와의 인격적 만남의 순간에 하나님의 말씀이 당신에게 임한다. 칸트의 초월적 자아는 하나님을 말로 표현할 수 없는 물자체의 영역(noumenal realm, 경험적 현상 너머의 영역 - 역주)에서 만나는 것으로 보고 있다. 실존주의 신학은 하나님의 말씀이 무엇인가와 관련된 진리를 근본적으로 강하게 막고 있다(비교, 롬 1:18).

예수님은 주님이시다. 신정통주의와 자유주의는 이 사실을 옹호한다고는 하지만 예수님이 모든 표준과 사실들의 주님이라는 사실과, 현대 과학의 동기들이나 현대의 역사적 탐구, 현대의 성경 해석, 현대의 조직신학적 사유 등 모든 분야의 주님이 되신다는 사실을 망각하고 있다. 물론 많은 사람들은 지금도 예수님의 주 되심을 부인한다. 그러나 그들이 주님을 부인할 때조차도 그들은 여전히 주님의 심판과 형벌 아래에 놓여 있다. 자유주의는 그리스도의 주 되심을 합당하게 인정하는 데 실패함으로써 현대 철학을 자신의 근본적 지도 체계로 수용하고 말았고, 성경에 나타난 예수님의 가르침에 자신을 복속시키지 않고 있다.[67]

대안적 해석 관점들의 본질

우리가 앞에서 살펴본 해석의 세 가지 모델 모두가 잘못된 길로 갈 수 있는 가능성은 항상 열려 있다. 그러나 주의 깊게 잘 사용되기만 하면, 전수 모델, '한 번으로 모두' 모델, '현재 이 시간' 모델은 상호 보완적 차원에서 하나님의 말씀을 있는 그대로 잘 드러내는 해석의 도구들이 될 수 있다. '한 번으로 모두' 모델은 하나님의 권위를 그 출발점으로 삼으며, 하나님께서 그 말씀에 항구성과 보편적 규범성을 부여하셨다는 사실을 강조한다. 하나님의 말씀은 고정된 명제적 내용을 가지고 있으며, 또한 고정된 윤리적 명령들을 담고 있다. '현재 이 시간' 모델은 하나님이 지금 이 시간 임재하심을 그 출

67. 신정통주의나 이와 유사한 형태의 신학적 현대주의의 철학적 뿌리에 대해서는 다음을 참조하라. Royce G. Gruenler, *Meaning and Understanding: The Philosophical Framework for Biblical Interpretation* (Grand Rapids: Zondervan, 1991).

발점으로 한다. 이 모델은 인간의 의식이 오직 현재 속에서만 작용한다는 신비에 그 초점을 맞추고 있다. 전수 모델은 말과 역사에 대한 하나님의 통제를 통해 그분의 말씀이 시간의 흐름 속에 넓게 펼쳐지는 확장성을 가진다는 사실을 출발점으로 삼는다. 이 모델은 하나님 말씀의 상황적, 역사적 맥락에 강조점을 둔다.

이 세 가지 모델 각각은 하나님의 속성들 중 하나를 부각한다. '한 번으로 모두' 모델은 하나님의 권위와 진리를 강조한다. '현재 이 시간' 모델은 하나님의 임재를 강조한다. 전수 모델은 하나님의 통제를 강조한다. 이 셋은 상호 보완적 접근 방식들이다. 각각의 접근 방식은 다른 접근 방식들을 인정하고 포용한다. 법(진리)과 의식(임재)과 역사(전수)는 서로 연결되어 있다. 하나님은 그분의 풍성한 다양성 속에서 하나이신 분이다. 마찬가지로 성경 해석 또한 그 풍성한 다양성 속에서 하나 됨을 이룬다.

원리적 차원에서 보면 이 세 접근 방식은 다 하나의 방향을 향해 나아간다. 하지만 인간의 죄성은 우리의 해석 작업에도 영향을 미친다. 그 결과 우리는 이 세 접근 방식들이 가진 잠재적 가능성을 온전히 잘 살리지 못한다. 각각의 접근 방식들은 하기에 따라서 위험과 오용에 노출되어 있다. 더군다나 우리의 마음은 언제나 새로운 우상들을 만들려 하는 유혹의 영향을 받는다. 우리는 해석에 있어서 법(진리 차원)을 절대시하거나 사실들(역사 차원)을 절대시하거나 아니면 인격들(임재 차원)을 절대시하는 우상들을 만들어 낼 수 있다. 법과 사실들과 인격들은 사실은 서로 조화를 이루어야 하는 요소들이다. 그리고 그 각각이 하나님의 진리와 통제와 임재를 드러내기 위해 함께 작용해야 한다. 하지만 우상 제조자들의 손에서 왜곡이 일어난다. 세속 합리주의자들은 해석에 있어서 법이나 규칙을 우상화한다. 세속 경험주의자들은 해석에 있어서 사실들을 우상화하며, 모든 것을 시각적 효과의 측면에서 해석하려 한다. 세속 주관주의자들은 해석에 있어서 인격을 우상화하며, 모든 것

을 자율성을 가진 인간 주체의 결단과 주관 아래에 부속시키려 한다.[68]

세속적 해석 이론들이 범하는 실수들은 너무나 두드러지기 때문에 그것을 찾아내는 것은 그렇게 어렵지 않다. 문제는 보다 교묘한 형태의 실수와 우상숭배가 그리스도인 해석자들 속에도 들어와 있다는 것이다. 이 세 가지 해석학적 모델이 어떻게 우상 숭배적 방향으로 오용될 수 있는지를 살펴보도록 하자.

'한 번으로 모두' 모델은 하나님의 권위와 그분 말씀의 기원에 초점을 맞춘다. 그런데 이것이 오용될 때는 규칙들을 우상화하는 방향으로 흘러갈 수 있다. 세속 합리주의는 해석 규칙들을 우상화하는 경향을 가지며, 해석을 하나의 객관적 과학으로 고착시키려 한다. 보다 교묘한 형태의 합리주의는 성경의 역사적 맥락을 무시하고 성경을 교리 원천 중 하나로 여기거나 하나님과 인간과 구원에 관한 명제들의 집합체로 보려 한다. 이런 교리적 명제들을 하나님께서 실제로 역사 속에서 이루시는 일과의 연관 속에서 보려 하지 않는 것이다.

이런 경향은 성경에 대한 우리의 인격적 반응에도 영향을 미친다. 교리주의자 교선을 생각해 보라. 기독교의 핵심을 정통 교리로 보는 사람들은 누구나 교리주의자가 될 수 있다. 물론 교리가 나쁜 것은 아니고, 또한 그리스도인의 성장에 진리가 절대적으로 필요한 요소임을 부정할 수도 없다(엡 4:15). 그러나 사랑 역시 절대적인 요소이다. 교리주의자들은 하나님의 의사소통이 가지는 다차원적 성격을 무시하고 성경을 평면화하거나 왜곡하는 위험에 쉽게 빠진다. 그뿐만 아니라 자신의 정통성에 대한 교만을 큰 문제가 아닌 것처럼 생각하는 위험에 빠지기도 한다. 그들은 마음의 태도와 관련된 교묘한 죄를 버리기 두려워하거나 그렇게 하기 싫어하는 마음을 갖고 있음을 자기 자신에게도 숨긴다. 그들은 잘못된 교조주의에 빠지거나 자신에 대한 과도

---

68. 참조, Vern S. Poythress, "God's Lordship in Interpretation," *Westminster Theological Journal* 50 (1988): 37-39.

한 자신감을 갖거나 그들과 의견을 달리하는 자들에게 적대감을 갖는다. 그들은 이런 태도를 진리에 대한 열정이라고 포장하기를 좋아한다. 그러나 이런 포장 배후에는 그들의 교만이 숨어 있기 쉽다.

'현재 이 시간' 모델은 하나님의 임재와 그분 말씀에 대한 현재적 반응을 강조한다. 따라서 이것이 왜곡된 방향으로 나아가면 인간 수용자, 인간 주체를 우상화하기 쉽다. 세속적 차원의 주관주의는 듣고 읽고 분석하는 주체를 드러내 놓고 우상화한다. 하지만 이 모델에도 보다 교묘한 형태의 주관주의가 있다. 각자의 관점을 앞세우는 긍정주의자 근주의 경우를 생각해 보면 된다. 그리스도인들도 성경을 읽으면서 그들에게 지금 주시는 말씀이 무엇인지에 대해서만 생각하며 읽는 사람들이 많다. 그룹 성경공부를 하면서도 거의 유일하게 빠지지 않는 질문이 "이 말씀이 오늘 너에게 어떤 의미가 있는가?"라는 것이다. 제시되는 모든 생각들이, 심지어 서로 충돌하는 생각들까지도 다 "너를 위한" 말씀으로 용납된다. 모든 사람이 다 편안하게 "받아들여졌다"는 느낌을 받는다. 어느 누구도 하나님의 찌르는 듯한 권위 있는 훈계나 자신의 악한 생각을 책망하는 말씀을 자신에게 주시는 도전으로 받지 않는다.

일부 은사주의 그룹에 있어서도 유사한 일이 일어난다. 그들 역시 예배 시의 느낌들을 교묘하게 우상화한다. 그들에게는 예배 시의 주관적인 느낌이 전부이다. 그들의 시야는 성경이 보여 주는 과거의 시간이나 지혜를 향해서나, 아니면 현재의 다른 그룹이나 학자들의 지혜를 향하여 확장되는 법이 없다. 그룹 안에 성령의 실제적인 은사들이 있음에도 불구하고 그들의 관심은 자기들이 이미 알고 있는 것을 되풀이해서 진술하는 그 이상을 넘어가지 않고, 모든 것을 자신에게 익숙하고 편안한 노선에 맞추어 받아들이려 한다.

이런 경향은 성경에 대한 인격적 반응에도 영향을 미친다. 그들은 경건주의자 성향을 가진다. 그들은 기독교의 핵심은 개인의 경건한 삶과 기도라고 생각한다.[69] 경건주의자 경민의 입장을 생각해 보면 된다. 물론 개인의 경건과 헌신과 그리스도와의 교제는 그리스도인의 성장에 필수적인 요소임은 분명하다(골 2:6-7). 그러나 진리로부터 나오는 비판과 책망 또한 그러하다. 경건주의자 경민은 성경을 자신의 경건을 위해 일면적으로만 읽는 위험에 빠지기 쉬울 뿐만 아니라, 우리의 정신(minds)에 대한 그리스도의 주권(마 22:37)을 온전히 인정하는 데 꼭 필요한 교리적, 실천적 몸부림을 도외시하는 위험에도 빠지기 쉽다.

마지막으로 전수 모델은 전수의 역사적인 전체 과정에 대한 하나님의 통제에 초점을 모은다. 그런데 이것이 왜곡된 방향으로 나아가면 경험주의나 역사주의로 변질되고, 사실들(실제로는 해석자가 사실이라고 생각하는 것들)을 우상화하기 쉽다. 세속적 경험주의는 드러내 놓고 우상 숭배에 빠져들지만, 그리스도인들 역시 보다 교묘한 방식으로 같은 길에 빠져든다. 그들은 성경 시대와 오늘 우리 시대 사이에 역사적, 문화적 간격이 있다는 사실을 부각해서 성경은 우리의 삶과 윤리적 책임들에 대해서는 거리가 먼 적실성을 가질 뿐이라고 주장한다. 성경에서 도출한 원리 차원의 가르침이나 그리스도의 모범 같은 것들만 오늘 우리의 상황에 적실성을 가진다고 생각한다. 실제로 적용에 있어서 더 우선권을 가지는 것은 성경의 말씀보다 오늘 현대의 상황(또는 그 상황에 대한 우리의 이해나 인식)이다. 자연히 실용주의나 세속주의가 해석을 지배할 위험이 크다.

우리는 사람들이 어떻게 해석학적 모델들을 교리적, 정서적, 실용적 차원에서 오용할 수 있는지를 잘 안다. 때로는 이런 실패와 죄들이 복합적으로 일어나기도 한다.

학문이나 지적 은사들은 우리를 이런 죄로부터, 특히 더 교묘하고 복잡한 모양의 죄로부터는 더더욱 우리를 지켜 주지 못한다. 사실 지성인들은 그들

---

69. 역사적으로 이전에 나타났던 경건주의자들은 사랑과 선행과 선교의 실천에 많은 기여를 했지만, 필자가 여기서 묘사하고 있는 오늘날의 경건주의자들은 훨씬 시야가 좁아진 것 같다.

의 영리함을 사용하여 쉽게 포착되지 않는 더 교묘한 형태의 죄를 짓기를 잘 한다. 자신의 잘못된 행위에 대해 매우 교묘한 변명들을 고안해 내고, 비판자들을 피해 나갈 논리적 구멍을 쉽게 찾아낸다. 우리가 가진 지적 능력들이 우리에 대한 지적을 겸손히 받아들이지 못하게 가로막는 것이다. 우리의 교만은 우리의 지적 능력이 비판자들보다 더 뛰어나다고 속삭인다. 그래서 비판자들의 지적을 우습게 여긴다. 우리의 교만은 우리가 죄로부터 자유롭다고 속삭인다. 따라서 비판자들의 지적을 옳다고 여기지 않게 된다. 교만은 방어의 벽을 쌓아올려서, 비판자들이 보지 못하도록 우리의 약점을 주의 깊게 감춘다. 고린도전서 1:27-31과 3:18-21이 이미 오래전에 이런 지적 우상 숭배의 위험성에 대해 경고를 주고 있다.

특히 성경 교사들이나 신학자들이 이런 지적 유혹에 노출되기 쉽다. 조직신학 교수들은 성경으로부터 교리를 도출하는 일에 주로 초점을 맞추기 때문에 대체로 교리주의자가 되기 쉽다. 실천신학 교수들은 현재적 적용에 주로 초점을 맞추기 때문에 대체로 실용주의자나 경건주의자가 되기 쉽다. 성경신학 교수들은 과거의 역사적 측면에 주로 초점을 맞추기 때문에 대체로 역사주의자가 되기 쉽다.

하지만 여기에도 많은 변형들이 일어난다. 전문적인 연구 분야가 무엇이든지 간에 성향 자체가 좀 더 합리주의적이고 논리적인 지식인들은 '한 번으로 모두'의 해석학적 모델을 선호한다. 이런 사람들은 교리주의자의 성향을 가진다. 또 어떤 지식인들은 엄청난 양의 사실 관계나 오늘날 학문 세계와의 다방면에 걸친 논쟁을 선호하는 사람들도 있는데, 이들은 전수의 해석학이 가진 복잡성이나 문제의식과 관련된 사람들이다. 이런 복잡성이 그들로 하여금 결정의 유보와 관용, 상대에 대한 민감성, 정중함 등에 안주하도록 하는 반면, 잘못된 교리를 정죄하거나 바른 실천적 행위를 옹호하는 면에 있어서는 그들을 마비시켜 버린다. 이런 사람들은 교묘한 형태의 역사주의에 빠져 있는 사람들이다. 마지막으로 어떤 지식인들은 현재의 사회에 대해서나, 관료화되고 기구화된 교회와 세속 사회의 관계에 대해 많은 관심을 쏟는다. 이들은 '현재 이 시간'의 해석학 모델을 선호하는 사람들이다. 이들은 교회 성장이나 행정 원리나 개인 상담을 위한 세속 심리학 이론 같은 실용적인 것에 관심이 많다. 이들은 교묘한 형태의 실용주의의 희생자들이다.

해석학의 명시성

이상의 '한 번으로 모두' 모델과 전수 모델, 그리고 '현재 이 시간' 모델이 우리가 하나님의 말씀을 이해하는 데 도움이 되는가? 말할 것도 없이 그러하다. 이 중 하나의 모델이나, 아니면 셋 모두가 어울려서 우리로 하여금 이전에 무시되었던 하나님의 의사소통의 일부 측면들을 더 잘 공부할 수 있도록 독려한다. 이 중 어느 하나를 통해서든 우리는 지금까지 하나님의 능력 있는 말씀에 의해 도전받거나 변화받지 못한 채로 남아 있었던 우리의 생각이나 적용의 영역들을 찾아낼 수 있게 된다. 고린도전서 12장에서 보는 것과 같이, 그리스도의 몸 안에 다양한 지체들과 은사들이 있다는 사실은 우리로 하여금 구체적 영역들에 대한 특별한 관심을 가지게 하는 다양한 은사의 사람들을 환영하게 한다.

하지만 그 어떤 방법도 만병통치약은 아니다. 그 어떤 방법도 그 자체만 가지고서는 우리의 성화를 보장해 주지 못한다. 그리스도께서는 우리를 말씀과 성령으로 씻으시지(엡 5:26; 살후 2:13; 벧전 1:2) 방법 그 자체로 우리를 깨끗하게 하시지는 않는다. 방법은 언제라도 교묘한 덫이 될 수도 있다. 우리는 정통 교리를, 아무리 그것이 옳고 건전한 것이라 할지라도, 얼마든지 우상으로 만들 수도 있다. 교리주의자들은 그리스도와 그의 약속들에 대한 신뢰로부터 그들 자신이 주인 노릇을 하는 교리 체계로 어느 순간 옮겨 갈 수도 있다. 마찬가지 방식으로 우리는 하나의 해석학적 방법을 우상으로 만들 수도 있다. 자의식이 가득한 해석자들은 그리스도와 그의 약속들에 대한 신뢰로부터 그들이 바른 해석에 도달하는 길이라고 확신하는 해석학적 방법에로 어느 순간 옮겨 갈 수 있는 것이다. 자신을 믿기 시작하고, 자신이 받은 훈련, 자신의 학식, 지적 탁월성, 방법의 정교함, 자기 판단, 이런 것들을 신뢰하기 시작하면 그들은 쉽게 교만과 우상 숭배의 덫에 걸려들 수 있다. 더 나아가서는 이런 교만이 그들로 하여금 자신이 가장 깊은 차원에서의 지적, 해석학적 회개를 필요로 하는 존재임을 인정하지 못하도록 가로막는다.

세상을 과학적으로 지배하겠다는 이상과 합리주의는 계몽주의로부터 발전했다. 이런 이상에 사로잡힌 사람들은 해석 또한 지배하기를 원하고, 무궁무진한 지적 통찰들을 통해 명료한 해석을 이룰 수 있다고 믿는다. 합리주의는 은사적 직관이나 텍스트 안에 있는 심층 의미의 가능성을 처음부터 배제한다. 이런 합리주의는 계몽주의의 우상 숭배, 곧 초월적 자아 숭배에 물들어 있다. 이런 관점은 과도한 자신감과 오만이라는 결과를 낳는다. 신적 용사는 이런 교만과 맞서 싸우실 것이다(잠 16:18; 11:2).

이와는 반대의 자리에 놓인 진리가 있다. 여기에서는 해석의 모든 방법이 경건한 한 인격자의 보이지 않는 도구 역할을 한다. 하나님을 안다는 것은 해석의 전체 과정을 은연중에 이미 아는 것이다. 왜냐하면 해석은 말씀의 화자이신 하나님의 어떠하심에서부터 자라나오기 때문이다. 하나님을 안다는 것은 세상을 다루시는 하나님의 방식에 대해 많은 것을 안다는 것이다. 물론 그렇다고 이것을 의식적인 차원에서 적절한 말로 잘 표현해 낼 수 있다는 것은 아니다. 정교하게 설명하지는 못해도 알 것은 얼마든지 다 안다. 역사의 주인이신 하나님을 안다는 것은 그분 말씀의 정교함과 신빙성과 임재를 이해하는 것이다. 더 나아가서 하나님을 안다는 것은 삶의 모든 영역 속에서 신실하게 그분을 섬기는 지혜와 실천적인 자질이 증진되는 것을 말한다. 앞에서 말한 해석학적 단계들을 의식적인 차원에서 잘 모르는 사람들도 얼마든지 해석학적 능력을 발휘할 수 있다. 앞에서 말한 해석학적 단계들이 무엇인지 구분하지도 못하고, 또 자신이 그런 것을 적용하고 있는지 의식하지도 못하지만, 많은 사람들은 앞의 전수 모델에 포함된 절차들을 따라서 성경을 읽고 있다.

그리스도를 안다는 것은 그 안에 “지혜와 지식의 모든 보화가 감추어져 있”는(골 2:3) 그분을 안다는 것을 말한다. 그리스도를 안다는 것은 또한 그리스도 안에 있는 사람들과 연합된다는 것을 뜻하며, 그들과 함께 하나님 말씀의 청중이 된다는 것을 의미한다. 따라서 이런 사람은 은연중에 ‘한 번으로 모두’ 접근 방식이 가지는 모든 혜택을 경험하게 된다. 그리스도를 안다는 것은 역사의 목적을 아는 열쇠를 가진 것이다(엡 1:10). 따라서 이런 사람은 은연중에 ‘전수의 관점’이 가지는 모든 혜택을 경험하게 된다. 그리스도를 안다는 것은 그가 하시는 말씀을 듣는 것을 의미한다(요 10:3-5, 27). 따라서 이런 사람은 ‘현재 이 시간’ 접근 방식이 가지는 모든 혜택을 경험하게 된다. 그리스도를 안다는 것은 우리의 마음에 하나님의 법을 쓰시는 성령으로 충만케 된다는 것을 말한다(고후 3:3). 성령은 궁극적 방법 그 자체이신 분이다. 그리스도와의 사귐을 가질 때 우리는 그리스도의 마음(정신)을 가지게 되고, 따라서 우리는 참된 합리성을 실행할 수 있다. 그리스도의 지혜를 가질 때, 우리는 우리에게 주어진 상황에 잘 대처해 갈 수 있는 실제적인 능력을 실행할 수 있다. 그리스도의 사랑을 가질 때, 우리는 성령 안에서 참된 주체의 삶을 살 수 있다. 우리는 저자(아버지)를 알고, 말씀(아들)을 알며, 또한 성령을 통해 우리를 변화시키는 부활의 능력을 안다.

우리는 이 지식 안에서 자라가야 한다(빌 3:10-14).

제11장

예증과 유비

❝

- **사실주의자 상직**: 우리가 너무 해석의 원리에만 초점을 모으고 있는 것은 아닐까? 그런 점에서 난 우리의 토론이 좀 불만족스러워. 우린 너무 추상적으로 나가고 있는 것 같아. 마치 구름 속에 떠 있는 것처럼 말이야. 구체적인 예들을 좀 생각해 보면 어떨까?
- **경건주의자 경민**: 나 역시 불만족스러워. 우리가 모든 걸 너무 일반화하는 방향으로 나가다 보니 개개인을 간과하고 있고, 그 개개인이 하나님과의 사이에 가지는 사귐의 독특성을 놓치고 있다는 생각이 들어.
- **선교학자 선자**: 맞아, 우리는 예를 생각해 보아야 해. 특정 문화에서 비롯되는 특정 경우를 살펴보지 않으면 안 돼.

❞

그리스도의 부활은 하나님께서 우리를 어떻게 다루시는가를 보여 주는 가장 중심적인 사건이다. 부활은 그 자체가 역사 전체를 관통하는 하나님의 계획이 무엇인지를 이해할 수 있게 하는 하나의 패턴이다. 다시 말해서 부활은 하나의 결정적 예증(exemplar)인데, 우리는 그 하나를 통해 전체를 모두 이해할 수 있게 된다. 이와 같은 예증의 사용은 해석에 있어서 대단히 중요한 사안이기 때문에 별도의 논의를 필요로 한다.

예증의 역할

성경은 우리를 가르치기 위해 예증, 곧 결정적 예들을 사용하는 특성을 가진다. 출애굽 사건은 하나님께서 우리를 구원하신다는 것이 무엇인지를 보여 주는 하나님의 대표적인 예증이다. 이후의 구속 행위들은 이 출애굽 사건과 유비를 이룬다. 아담과 하와를 창조하신 것은 하나님께서 우리 모두의 창조자가 되신다는 것을 보여 주는, 하나님의 또 다른 예증이다. 우리를 존재하게 하시는, 이후의 하나님의 섭리적 행위들은 이 첫 창조 사건과 유비를 이룬다. 그리스도 자신은 의로운 삶이 무엇인지, 그리고 의로운 사람의 운명이 무엇인지를 보여 주는 궁극적 예증이다. 그리스도의 부활은 모든 성도의 미래 부활을 보여 주는 예증이다. 그리스도의 십자가는 죄에 대한 하나님의 의로운 심판이 무엇인지를 보여 주는 예증이다. 그리스도는 그의 십자가에서 우리의 죄를 짊어지셨다(벧전 2:24).[70]

나는 예(example)라는 말보다 예증(exemplar)이라는 단어를 더 선호한다. 왜냐하면 우리가 여기서 다루는 문제는 단순한 예(많은 예들 중 하나의 예 - 역주)의 문제는 아니기 때문이다. 우리가 위에서 언급한 것들은 결정적인 예증의 사건들이다. 이 사건들은 각각 그 상세한 역사적 질감을 가진 독특하고 반복 불가능한 실제적 사건들이다. 또한 이 반복 불가능한 사건들은 다른 모든 사건들의 기초가 된다. 이후의 모든 사건들은 이 반복 불가능한 사건들의 바탕 위에서 반복성을 가지며 일반성을 가진다. 한 사람을 창조하신 사건이 이후에 하나님께서 사람들을 만드시는 일의 기초가 된다. 또 다른 하나의 사건이 모든 구속 또는 부활 사건들의 기초가 된다. 그 하나의 사건이 반복 불가능

70. 필자는 모범으로서의 대속 이론에 반대한다. 그리스도께서 우리의 모범이신 것은 확실하지만, 그는 또한 그 이상이시다. 그는 죄를 위한 배제적, 형벌적, 대체적 대속을 이루셨다. 다시 말해서 오직 그리스도만이 우리가 받아야 할 형벌을 대신하는 대속의 속죄를 이루셨다.

한 결정적 사건이라는 점에서 다른 사건들과 동일하지는 않고 다만 유비적이다. 하지만 다른 사건들이 그 예증의 사건과 진정한 연관성을 가진다는 점에서 이 유비 또한 진정하고 중요하다.

이처럼 성경은 보편성과 특수성의 조합이라는 방식을 통해 우리를 가르친다. 성경은 하나님의 구속에 대한 보편적인 선언을 포함한다. 그러면서도 출애굽의 특수한 사건을 상세하게 묘사한다. 이 양면이 해석에 있어서 서로를 돕는다. 유사한 방식으로 성경은 하나님께서 생명을 주시는 분이라는 데 대한 보편적 선언을 한다. 그러면서 그리스도의 부활에 대한 상세한 묘사도 제공한다. 보편적 진리가 특정 사건의 경우를 통해 육화(肉化)되는 것이다. 또한 특정 사건은 단발적인 일로 그치지 않고 일반적 패턴과 연계됨으로써 보편적 선언 속에 자리를 얻고 부가적인 의의를 부여받게 된다.

그뿐만 아니라 성경은 단순히 철학이나 교리를 위한 책이 아니다. 그 속에는 그리스도의 생애 속에 일어난 역사적 사건들이 담겨 있다. 이 특정 사건들은 모두가 우리의 구원을 위한 기초가 된다. 예수께서 만유의 주이시기 때문에 그의 생애 속에 일어난 구체적인 사건들은 모든 사람과 모든 역사를 위한 의미를 가진다. 예수께서 만유의 주님이신 분이기 때문에 세상과 역사의 보편적 특성은 불가피하게 1세기 유대 땅에 사셨던 예수께 의존하지 않을 수 없다.

무엇보다도 예수님의 지상 생애는 하나님이 어떤 분이신가에 대한 예증이다. 예수님의 생애는 모든 예증들 중에서도 가장 결정적인 예증이다. 성경에 나오는 다른 예증들이 어떻게 작용하는지를 보여 주는 중심 예증이다. 그리스도께서 진정으로 모든 성경의 중심이시기 때문에(눅 24:44-49), 우리는 그와 관련된 예증들의 항목을 거의 무한대로 확장할 수 있다. 구약의 틀 속에서 보면 성막은 하나님께서 이스라엘과 함께 거하신다는 것을 보여 주는 예증(전형)이다. 모세는 선지자들의 예증(전형)이다(신 18:18-22). 다윗은 이스라엘 왕들의 예증(전형)이다(왕상 11:4). 솔로몬은 지혜자의 예증(전형)이다(왕상 4:29-

34). 아브라함은 믿음이 무엇인지를 보여 주는 예증(전형)이다(창 15:6).

이 모든 예증들은 그 특수성이 풍부하다. 그 각각이 다 독특하다. 그 하나 하나의 예증들은 다른 예증들이 담아내는 패턴의 구체적 경우들과는 결정적으로 구별되는 특성들을 가진다. 우리는 예수 그리스도의 경우를 통해 이런 독특성을 잘 볼 수 있다. 그리스도는 하나님이요 동시에 사람이다. 하나님으로서 그는 다른 어떤 인간 존재와도 같지 않다. 그러면서도 그는 많은 사람들 중의 한 사람일뿐 아니라 그 사람, 곧 새 인류의 대표자요 모범이기도 하다(고전 15:45-49).

유비의 사용

그리스도와 다른 인간 존재들 사이에는 완전한 동일함이 아니라 유비가 존재한다. 그리스도의 부활은 우리가 성령 안에서 새로운 생명으로 일으킴을 받는 것(골 3:1)과 유비(동일함이 아니라)를 이룬다. 그리스도의 부활은 우리 성도의 몸이 다시 부활할 것(살전 4:13-18)과 유비(동일함이 아니라)를 이룬다.

유비는 기본적으로 유사점과 차이점을 동시에 포함한다. 우리가 예증들을 다룰 때면 거기에는 동시에 유비들이 풍성하게 틀을 잡고 그 다면적인 모습을 드러낸다. 다수의 작은 유비 지점들이 하나의 보다 큰 패턴 속에 자리를 잡는 것이다. 그러면서도 보다 큰 패턴 속에서는 괄목할 만한 차이점들이 또한 드러난다.

그렇다면 우리는 유비의 성격과 그 정도를 어떻게 판단할 수 있는가? 유사점들과 차이점들을 어떻게 가려낼 수 있는가? 누군가가 그 유사점들을 일일이 다 명시적으로 설명해 주어야만 우리는 유비가 어떻게 작용하고 있는지를 알 수 있는가? 하지만 성경 속에는 이런 방식의 명시적이고 총체적인 설명이 나타나지 않는다. 이는 사람들이 사용하는 대부분의 일상적인 유비에서도 마찬가지이다. 우리는 유비적 표현들 속에서 그 주된 연결점이 무엇인지를 포착하고, 이어서 자연스럽게 세부적인 것들을 연결시켜 나간다. 하지만 모든 것이 다 연결점을 얻는 것은 아니고, 어떤 상세한 부분은 애매하게 남기도 한다. 경우에 따라서는 유비의 범주가 다소 불분명하게 남겨지도록 하기도 한다.

어떤 표현 속에서 유비들이 사용되고 있다는 것을 판단할 수 있는 것은 우리가 맥락을 따라 그 표현을 이해하기 때문이다. 예를 들어, 성경은 하나님과 관련하여 여러 가지를 가르치는데, 이런 가르침의 보다 넓은 문맥이 우리로 하여금 하나님과 관련된 특정 유비를 이해할 수 있도록 만든다. 이를테면 하나님은 위대한 왕으로 묘사되기도 한다. 하나님은 명령을 발하기도 하시고, 자신의 지위에 합당한 권위를 가지기도 하시고, 또한 통치의 능력을 발휘하기도 하신다. 이런 요소들은 땅 위의 인간 왕들과 같은 측면이다. 하지만 인간 왕들과 달리 하나님의 능력은 제한이 없고, 그분의 통치 영역은 온 우주를 포함하며, 또한 그분의 통치는 언제나 정의롭다. 하나님은 인간 왕들이 가지는 전형적인 한계들을 가지지 않는다. 우리가 이런 유사점과 차이점들을 구분할 수 있는 것은 하나님이 어떤 분인지, 그리고 땅 위의 인간 왕들이 어떤 존재인지를 이미 어느 정도 알고 있기 때문이다.

이처럼 유비가 작용할 수 있으려면 그 유비의 함의를 포착할 수 있게 하는 맥락을 우리가 가지고 있어야 한다. 성경의 유비를 읽을 때도 마찬가지이다. 우리는 유비들이 놓여 있는 맥락에 대한 지식, 그리고 그 유비의 저자, 곧 하나님 자신에 대한 지식을 가지고 있어야 그 함의를 잘 포착할 수 있다. 따라서 하나님에 대한 우리의 일반적인 지식이 우리가 유비를 이해하는 데 있어서도 암암리에 영향을 미친다. 많은 경우, 그 일반적 지식이 보다 분명하고 큰 규모의 요소들이나 함의들에 두드러지게 영향을 미치지는 않겠지만, 매우 미묘한 부분에는 영향을 미치게 될 것이다. 거리가 먼 함의들을 포착하는 데 영향을 미치기도 하고, 보다 은밀한 차원의 유사점과 차이점을 판단하는 데 영향을 미치기도 한다.

유비의 사용은 이처럼 바탕에 깔려 있는 지식의 배경 위에서만 그 의미가

통용된다. 우리는 하나님에 대해서나 그분의 창조에 대해서 무엇인가를 알고 있어야만 한다. 심지어 유비들의 연결점이 거의 제한 없이 열려 있는 경우에도 우리가 그것들을 어느 정도 이해할 수 있는 이유는 하나님께서 모든 것을 제한 없이 다 아시기 때문이며, 또한 우리를 그분의 형상으로 만드셨기 때문이고, 또한 그가 이 세상에 수많은 유비들이 존재하도록 그렇게 세상을 만들어 놓으셨기 때문이다.

속성들의 삼각대

예증과 유비의 구조를 잘 이해하기 위해서 우리는 앞에서 이야기한 바 있는 의미의 삼각대, 곧 분류적, 예시적, 조합적 측면을 유용하게 잘 활용할 수 있어야 한다. 이 세 측면은 그 자체가 유비적이다. 이들은 하나님의 삼위일체적 특성의 예증으로 작용하고, 또한 하나님의 창조 및 그 다양한 측면들에도 적용된다.

우리는 하나님을 유비를 통해 이해한다. 예를 들어 우리는 하나님의 조합적 측면, 다시 말해서 삼위일체 사이의 상호적 사귐과 서로 안의 내재를 어떻게 이해할 수 있는가? 그것은 이해하기 어려운 신비이다. 하지만 우리의 경험 속에는 이를 이해할 수 있게 하는 유비가 있다. 하나님은 그리스도와 성령의 사역을 통해 우리와 사귐을 가지기를 기뻐하신다. 무엇보다 성부 하나님은 성령을 보내어 우리 안에 거하게 하신다(롬 8:9-11). 성령을 통해 그리스도께서 또한 우리 안에 거하신다(롬 8:10). 그리고 성부 또한 우리 안에 거하신다(요 14:23). 하나님은 그분이 우리 안에 거하시는 것과 유비적인 방식으로 자신 안에 거하신다. 하나님께서 자신 안에 거하시는 일은 원형적인 거함이다. 그리고 그분이 우리 안에 거하시는 것은 그것의 모형이다. 이 둘은 유비 관계를 이룬다. 그러나 동일하지는 않다(요 17:23).

우리는 예시적 측면 또한 유비적으로 이해한다. 말씀은 영원히 하나님을 드러내 보여 준다. 유비적 차원에서 말씀은 육신이 되었고, 하나님을 시간과 공간 속에서 예시했다(요 1:14). 우리는 이런 영원한 예시의 사건을 시간 속에서 일어나는 일들과의 유비를 통해 이해한다.

우리는 분류적 측면도 유비적으로 이해한다. 하나님은 우리에게 그 자신을 한 하나님으로 계시하신다. 하나님의 계시는 그분의 하나이심의 계시이다. 하나님이 계시하신 하나이심은 하나님이 그 자신 안에서 가지는 하나이심과 유비적으로 연결되어 있다.

하나님께서 우리를 가르칠 때 사용하시는 예증들 역시도 분류적, 예시적, 조합적 측면을 표현한다. 첫째, 출애굽과 같은 예증으로서의 사건은 하나의 특수 사건(경우)이다. 그것은 예시화의 측면을 가진다. 둘째, 이와 같은 하나의 예증은 보편적 패턴, 또는 분류적 일반화를 예시한 형태이다. 다시 말해서 출애굽 사건은 구속이라는 분류적 패턴을 예시하고 있다. 셋째, 하나의 예증은 우리의 이해를 가능하게 하는 보다 더 큰 맥락과 조합적 연관성을 맺고 있다. 이를테면 출애굽은 다른 사례들 속에서 구체화되는 구속 패턴의 한 예증으로 작용한다. 이 사건을 다른 사례들과의 관계 속에서 봄으로써 우리는 출애굽이 어떻게 하나의 예증으로 작용하는지를 잘 이해할 수 있게 된다.

제12장

역사의 해석

"

- **해석학자 형진**: 그렇다면 우리는 이제 구체적인 예들에 대해 말할 수 있겠구나. 하지만 이런 구체적인 예들이 어떻게 보다 더 큰 전체와 일치한다고 말할 수 있을까?
- **사실주의자 상직**: 성경의 거의 절반이 역사와 사건들로 이루어져 있어. 우리는 역사가 무엇인지를 알아보는 것이 좋겠어.

"

역사의식은 성경 해석에 있어서 필수 불가결한 조건 중의 하나이다. 하나님은 역사를 가진 세상을 창조하셨다. 하나님의 구속의 큰 사건들도 모두 역사 속에서 일어났다. 더군다나 역사는 해석의 단계에 있어서 전수 관점에서 볼 때 이해를 가능하게 하는 맥락으로서의 기능을 가진다. '한 번으로 모두' 관점은 특히 하나님의 원래적 말씀이 그 첫 역사적 맥락 속에서 어떻게 주어졌는지에 초점을 맞춘다. 따라서 이 관점은 역사에 관심을 쏟을 수밖에 없다.

그렇다면 역사는 무엇인가? 우리는 역사를 어떻게 다룰 것인가? 전수의 관점에 나타나는 세 단계들 사이의 상호내재를 고려할 때 우리는 역사의 특성이 무엇인지를 질문하지 않을 수 없다. 상호내재의 측면에서 볼 때 과거의 역사적 순간, 곧 하나님께서 처음 말씀하시던 지점은 오늘 현재의 순간과 엄격하게 분리될 수 없다. 전수의 관점 측면에서도 '한 번으로 모두' 관점과 '현재이 시간' 관점 사이의 상호내재는 동일한 결론을 요구한다. 여기에 더하여 예증의 사건들은 역사 속에 다양한 연결점들이 형성될 수 있다는 것을 보여 준다. 그렇다면 우리는 어떻게 역사를 건전하게 이해할 수 있을 것인가?

먼저 우리가 앞에서 전수 관점이라는 틀을 전개할 때 그 출발점이 무엇이었는지를 기억할 필요가 있다. 우리는 하나님의 의사소통을 출발점으로 삼았다. 성부는 성령을 통해 말씀을 발화하신다. 성부는 청자인 성령께 말씀하신다. 우리는 이 동일한 출발점을 역사를 이해하는 데도 똑같이 사용할 수 있다. 하나님의 말씀하심과 행위는 함께 간다. 특히 하나님의 말씀하심은 역사 속에 일어나는 모든 사건을 바라보게 하는 하나의 관점을 제공한다. 하나님의 말씀하심을 통해 창조가 일어났다. "하나님이 이르시되 빛이 있으라 하시니 빛이 있었고"(창 1:3). "여호와의 말씀으로 하늘이 지음이 되었으며 그 만상을 그의 입 기운으로 이루었도다"(시 33:6). 역사의 모든 일이 하나님의 말씀에서 비롯된다. "주의 명령이 아니면 누가 이것을 능히 말하여 이루게 할 수 있으랴 화와 복이 지존자의 입으로부터 나오지 아니하느냐"(애 3:37-38; 비교, 엡 1:11).

만일 역사가 하나님의 입의 말씀과 일치한다면 우리는 역사 속 사건에서도 우리가 앞서 하나님의 발화와 관련해서 발견했던 유사한 구조를 발견할 수 있을 것이다. 더군다나 하나님의 형상으로 지음받은 우리 인간 존재는 하나님의 특성을 구체적인 방식으로 반영하여 보여 준다. 따라서 우리 인간의 행위 역시 하나님의 행위의 특성을 반영한다고 볼 수 있다. 하나님의 행위는 말할 것도 없이 하나님의 말씀하심을 포함한다. 따라서 인간 행위도 넓은 관점에서 볼 때는 유사 언어적 특성을 가진다고 볼 수 있다.[71]

71. 파이크(Kenneth L. Pike)는 그의 책 *Language in Relation to a Unified Theory of the Structure of Human Behavior*, 2d rev. ed. (The Hague: Mouton, 1967)에서 인간의 의사

역사 속의 단일성과 다양성

앞서 우리가 보았던 것처럼 의미에는 단일성과 다양성이 공존한다. 유사한 방식으로 우리는 역사적 사건들 속에서도 단일성과 다양성이 나타난다고 볼 수 있다. 하나님 계획의 단일성 안에는 많은 다양한 주제들에 관한 여러 다양한 진리들이 함께 얽혀 있다. 이런 의미에서 우리는 진리 안에는 단일성과 다양성이 공존한다고 말할 수 있는 것이다. 역사적 사건들의 진리도 마찬가지이다. 역사적 사건들에 대해서도 우리는 의미의 세 측면, 곧 분류적, 예시적, 조합적 측면의 구도를 동일하게 적용할 수 있다.

첫 번째로, 분류적 측면의 관점에서 역사적 사건을 보면, 각각의 역사적 사건들은 다 분류가 가능하다. 그 사건들은 모두 종류별로 구분할 수 있다. 전쟁, 축제, 농업, 탄생, 죽음, 결혼 등의 분류가 그것이다. 부분적으로 우리는 우리 자신의 경험과 비교함으로써 과거를 이해한다. 우리는 우리 시대의 전쟁, 축제, 농경 등에 대해 알고 있다. 인간은 하나님의 형상으로 만들어졌기 때문에, 인간 본성에는 어떤 항상성(constancy)이 있다. 문화와 시대는 다르겠지만, 그 차이들도 다 일정한 한계를 벗어나지는 않는다. 이런 항상성의 요소 때문에 우리는 다른 시대에 살고 있는 사람이나 사건들을 이해하는 것이 가능하다.

두 번째로, 예시적 측면을 생각해 보자. 각각의 역사적 사건은 저마다 특수성을 가진다. 이 하나의 역사 속 사건은 이 시간, 이 장소에서 일어나는 사건이다. 그 어떤 역사 속 사건도 세부적인 내용까지 꼭 같은 방식으로 일어나지는 않는다. 또 다른 어떤 사건은 다른 시간, 다른 장소에서 일어난다.

세 번째로, 조합적 측면의 관점에서 볼 때 역사는 모두가 한 덩어리를 이룸

소통의 발화 행위가 다른 일반적인 인간 행위의 한 하부 유형이라는 것을 잘 보여 준다. 언어를 통한 의사소통 행위와 다른 형태의 인간 행동이 공통적인 요소들을 일반적으로 공유한다는 것을 그는 상세한 예들을 통해 설명하고 있다. 기호학 역시 자연적 언어와 인간의 다른 유형의 행위 사이에 유사점들이 있다는 것을 강조한다. 인간의 행위 속에 나타나는 이런 공통적 구조는 하나님의 말씀하심과 그의 행위 사이에 나타나는 일치에서 기인한다.

을 볼 수 있다. 하나의 사건은 다른 사건과 인과적인 방식으로 연결되어 있고, 그 전체의 의미는 역사를 위한 하나님의 전체 계획 속에서 각각의 사건들이 어떻게 상보적으로 조합을 이루는지에 따라 드러나도록 되어 있다(엡 1:11).

이 세 요소는 서로 연결되어 있다. 이 셋은 상호 내재한다. 하나의 요소는 다른 요소들을 볼 수 있게 하는 관점을 제공한다. 그 어떤 요소도 다른 요소들을 바탕으로 하거나 전제하지 않고서는 진정으로 이해할 수 없다.

역사에 대한 관점들

앞에서 살펴본 전수의 해석학 역시 역사를 이해하는 관점으로 사용될 수 있다. 역사 속의 그 어떤 사건들에 대해서도 우리는 잠정적으로 세 가지 관점을 가지고 이를 바라볼 수 있다. '한 번으로 모두' 관점을 따르면 각각의 사건은 역사의 나머지 전체를 발전시키고 그 의미를 제공하기 위해 일어난다. 역사의 다른 모든 부분은 이 하나의 사건에 의해 '말 건넴'을 받는 일종의 '청중'이 된다. 이 하나의 사건이 그 후 이어지는 모든 세대에 영향을 미치며 또한 '말을 건다.'

두 번째로, 전수 관점을 적용해 보자. 이 관점에 따르면 역사는 시간 속에서 하나의 발전 단계이다. 그 속에서 일어나는 각각의 사건은 거기에 뒤따르는 미래의 시간에 영향을 미치며, 또한 이 차후의 상황은 그보다 뒤에 따라오는 상황에 영향을 미친다. 이런 방식으로 계속 영향이 이어지며, 그 상호작용은 시간 선을 따라 연속적으로 확장된다.

세 번째로, 현재적 관점을 따르면, 모든 역사 이해는 지금, 곧 과거의 기록이 우리의 현재 지평에 도달한 이 시점에서 일어난다. 과거는 현재까지 남아 있는 그 기록을 통해서, 또는 현재까지 존속하는 과거의 기억들을 통해서 오직 이 현재의 시간에서야 우리에게 쓸모 있는 것으로 다가온다. 역사 해석은 지금 이 현재의 시간에 우리에게 주어지는 책임이다.

역사에 대한 오늘날의 세속적 해석은 하나님이 역사의 주인이라는 것을 인정하지 않는다. 따라서 세속적인 역사 이론들은 이 세 가지 관점들 사이의 상호내재성을 받아들이기 어려울 것이다. 물론 역사의 목적이나 하나님의 계획 같은 것을 제거해 버리고 단편화된 형태의 전수 관점을 취한다면, 역사는 전체의 계획에 따라 전후가 구성되는 것이 아니라, 그저 바로 앞의 사건과 바로 뒤의 사건 사이의 연결로 구성되는 것이라고 보는 정도는 가능하다. 하지만 성경은 역사의 종말 혹은 극치가 그 시작에 있었던 것들의 재현이라고 가르친다(계 22:1-5). 새 하늘과 새 땅의 새 창조는 새로운 낙원 곧 새 에덴이다. 역사 속에서의 그리스도의 부활은 현재 속에서의 그리스도인의 영적 부활의 근거를 이룬다(골 3:1). 더 나아가서 미래에 그리스도인이 몸으로 부활할 것의 근거가 되기도 한다(고전 15:22-23, 49). 이 모든 것의 기초는 하나님께서 한 분이시라는 것, 그리고 그분이 만유를 위한 계획을 가지고 계시다는 것, 또한 그 계획이 단일성을 가지며 반드시 이루어지고야 말리라는 것을 아는 우리의 믿음의 지식이다.

다시 말하면, 역사의 모든 사건들은 바로 앞뒤의 사건들끼리뿐만 아니라 전체 역사에 걸쳐서 서로서로 연결되어 있다. 이는 역사가 하나님의 총체적인 계획에 따라 이루어져 가기 때문이다. 각각의 특수 사건이 의미를 가지는 것은 그것이 전체 속에 자리를 두고 또한 전체와 연결되어 있기 때문이다. 그리스도의 부활은 그것을 목격한 사도들에게만 의미가 있는 것이 아니라, 믿음으로 그리스도와 연결되어 있는 우리 모두에게도 의미가 있다. 우리는 역사의 그 부활에 의거하여 부활의 능력을 경험한다(빌 3:10). 그리스도의 부활은 짧은 기간 내에 발생한 사건들 사이의 원인-결과 관계에만 그 범위가 제한되지 않고, 오늘의 우리에게까지 직접적인 영향을 미친다. 더구나 그리스도의 부활은 역방향으로도 그 영향을 미친다. 하나님은 아직도 미래에 놓여 있는 사건들을 통해 그 이전의 사람들을 다루셨다(롬 3:25). 하나님은 아직도 미래에 놓여 있는 그리스도의 희생 제물을 통해 구약 시대의 사람들에게도 은혜와 용서를 베푸셨다. 구약 시대에는 예표적인 동물 제사를 통해 장차

올 그리스도의 희생 제물을 대신하게 하셨다.

역사 해석의 전반에 걸쳐서 조합적 측면은 대단히 중요한 역할을 수행한다. 역사의 긴 과정 속에는 예표적 또는 상징적 패턴이 반복적으로 등장한다. 성경적 관점에서 보면 역사는 오늘날의 세속 역사학자들이 인정하는 것보다 훨씬 더 풍부하고 다양한 연결점들을 가지고 있다. 오늘날의 세속 이론들은 역사 속의 개별 사건들이 일면 특수성을 가진다는 것을 인정한다(예시적 관점). 또한 각각의 사건들이 보다 일반적인 유형을 따라 분류될 수도 있다는 것을 인정한다(분류적 관점). 하지만 세속 이론들은 조합적 관점을 인정하지 않는다. 따라서 우리는 이 측면에 더 관심을 기울이지 않을 수 없다.

우리는 앞에서 이미 역사의 중심에 위치하면서 역사 전체에 그 빛과 영향력을 던지는 그리스도의 죽음과 부활을 간단하게 언급한 바 있다. 이제는 좀 더 작은 사건을 예로 들어서 이 조합적 측면이 어떻게 작용하는지를 살펴보도록 하자.

열왕기하 14:5의 예

열왕기하 14:5은 "나라가 그[유다 왕 아마샤]의 손에 굳게 서매 그의 부왕을 죽인 신복들을 죽였으나"라고 기록한다. 이 하나의 사건은 다른 사건들과 여러 가지 방식으로 연결되어 있다. 따라서 우리가 이 사건을 이해하기 위해서는 모든 연관된 사건들을 다 함께 살펴보지 않을 수 없다. 이 사건은 그 앞의 행위나 그 후에 이어지는 행위들과 연결되어 있다. 아마샤의 부왕 요아스가 암살당한 사건은 아마샤가 범법자들을 죽이기로 결정을 내리게 된 법적, 감정적 배경을 이룬다. 아마샤가 모세의 율법을 알고 있었다는 사실은, 그가 그 신복들만을 죽인 일을 통해 잘 드러난다.[72] 아마샤의 행위의 결과들은 어

72. 모세 율법에 대한 열왕기하 14:6의 언급은 비록 중요한 것이긴 하지만 관련된 문제에 대해서 충분하지는 못하다. 미리 계획된 살인에 대한 재고의 여지가 없는 사형 언도(민 35:30-34), 왕과 재판관들이 모세 율법을 준수하도록 명하는 규례(신 17:18-20), 그리고 자비에 대한 잘못

떠한가? 이 이야기의 서술자는 어떤 뚜렷한 결과들에 대해서는 아무것도 언급하지 않는다. 하지만 성경이 아마샤의 행위를 의로운 것으로 본다는 것을 우리는 금방 확인할 수 있다. 성경의 다른 본문들은 하나님께서 의로운 자에게 복 주신다는 것을 암시하는데, 아마샤에게 일어나는 일들이 그의 행위가 의로운 행위였다는 것을 암시한다.

우리는 성경을 통해서나 오늘날 우리의 경험을 통해서나, 죄를 벌할 때의 한 가지 효과는 다른 사람들로 하여금 죄짓는 것을 두려워하게 만드는 것임을 잘 안다(신 19:20). 아마샤 시대의 사람들이 왕의 의로운 행위를 보고서 더욱 그의 통치에 순복했으며 더 이상의 반란과 암살을 시도하려 하지 않았을 것이라고 짐작할 수 있다.

이런 결과는 당시의 상황에 더욱 근접한 연결점들이다. 여기에는 보다 먼 연결점들도 있다. 언어가 그러한 것처럼 역사에 있어서도 연결점들은 여러 다양한 방향으로, 그리고 다양한 차원들 속으로 확장된다.

아마샤의 행위는 역사를 통해서 왕들이 암살자들이나 암살 시도자들을 벌한 또 다른 사건들과 연결된다. 이 일은 사람들이 정치적 권력을 획득하거나 확대하기 위해 시도하는 모든 권력 게임이나 권력 모색과도 연결된다. 역으로, 이 일은 권력이 약한 사람들이 통제를 유지하는 데 실패하는 일과도 연결된다. 그뿐만 아니라 이 일은 열왕기하 14:6을 통해서 모세 율법이 정한 형벌의 범위 문제와도 연결된다. 아마샤는 부왕을 죽인 신복들 당사자만을 처벌하고 그 자녀들은 벌하지 않았는데, 이는 모세의 율법에 기록된 대로 "자녀로 말미암아 아버지를 죽이지 말 것이요 아버지로 말미암아 자녀를 죽이지 말 것이라"라는 규정을 지키기 위함이었다. 이런 모든 예들은 사람들이 어떻게 정의의 문제를 다루는지, 그리고 악행과 형벌의 관계를 어떻게 조율하는지의 문제를 잘 보여 준다.

된 생각으로 의로운 형벌을 그르치는 일이 없도록 하라는 규례(신 19:11-13) 등이 다 이와 연관되어 있다.

아마샤가 연관된 이 사건은 열왕기상·하에 기록된 이스라엘 역사의 흥기와 퇴조 국면들과도 연결된다. 그 속에서 우리는 상대적으로 의로운 왕들과 상대적으로 악한 왕들이 계속 이어지는 것을 보는데, 이 모든 역사의 흐름은 결국 바벨론 포로 생활로 이어진다. 아마샤의 한 가지 행위는 의로웠고, 비록 중요한 실패(왕하 14:3-4)는 있었지만 아마샤는 전반적으로는 좋은 왕으로 평가된다. 하지만 아마샤의 통치는 재앙과도 같은 패배로 귀착되었고(왕하 14:11-14), 다가올 포로기의 선조가 되었다. 이 두 멸망 사이에는 매우 유사한 점이 있다. 열왕기하 14:13-14에 보면 아마샤 때에 북 이스라엘의 침공으로 말미암아 예루살렘 성벽의 상당 부분이 무너졌고, 성전과 왕궁의 보물이 약탈당했으며, 또 많은 사람이 포로로 사로잡혀 갔다. 열왕기하 25:1-21에는 바벨론의 침공으로 말미암아 일어난 더 큰 재앙이 기록되어 있다. 성벽은 더 크게 무너졌으며 더 많은 것을 약탈당하고 이스라엘은 황폐화되었다. 이를 볼 때 우리는 참된 의의 문제가 열왕기상·하 전체 이야기를 꿰뚫고 있다는 것을 알 수 있다. 아마샤의 한 가지 행위는 의로웠다. 아마도 이것이 다윗의 왕위에 가해지는 공격을 얼마 동안은 막아 낼 수 있었던 것으로 보인다. 하지만 이 하나만 가지고는 온 민족이 하나님께 등을 돌리고 반역하는 일을 막아 낼 수는 없었다. 아마샤 자신도 교만에 빠져서 요아스의 경고를 무시하다가 화를 당하고 만다(왕하 14:9-11).

열왕기상·하 전체 이야기는 바벨론 포로 생활이라는 어두운 결과로 끝을 맺으면서 그 해답을 찾고 있다. 다윗의 후손들은 전적으로 실패했고, 결국에는 한 외부인의 자비에 의해 완전한 파멸로부터 겨우 건짐을 받는다(왕하 25:27-30). 결국 다윗의 왕위는 암살 시도들과 마음의 내적 부패에서 벗어난 방식으로 재건되어야 했다. 이런 문제에 대해 이사야 9:5-7은 다윗의 계열로부터 일어나는 한 영원한 왕에 대한 약속을 그 답으로 제공한다.

열왕기하 14:5에 기록된 아마샤의 행위는 모형론적으로 그리스도의 통치와 연결된다. 아마샤는 자기 아버지를 죽인 자들의 문제를 의롭게 해결했다. 하지만 그것은 일시적 조치에 지나지 않았다. 부활을 통해 그리스도께서는 자신을 죽인 자들의 문제를 해결하셨다. 그리하여 그는 외적 암살과 내적 부패에서 영원히 벗어난 의의 통치를 이루었다. 세상의 군왕들과 통치자들은 "여호와와 그의 기름 부름 받은 자를 대적하며" 암살을 꾀한다(시 2:2). 그들이 여호와의 기름 부음 받은 자를 죽였을 때 얼마 동안은 성공한 듯이 보였다(행 4:26-28). 그러나 하나님은 이렇게 답하신다. "하늘에 계신 이가 웃으심이여 주께서 그들을 비웃으시리로다 그때에 분을 발하며 진노하사 그들을 놀라게 하여 이르시기를 내가 나의 왕을 내 거룩한 산 시온에 세웠다 하시리로다"(시 2:4-6).

그리스도께서는 왕으로 세우심을 받은 후에 완전한 정의를 구현하신다. "공의로 가난한 자를 심판하며 정직으로 세상의 겸손한 자를 판단할 것이며 그의 입의 막대기로 세상을 치며 그의 입술의 기운으로 악인을 죽일 것이며 공의로 그의 허리띠를 삼으며 성실로 그의 몸의 띠를 삼으리라"(사 11:4-5).

그리스도의 나라에서, 그 나라의 자녀들은 그들의 아버지들 곧 아담의 악한 아들들이 저지른 살해에 대해 책임지지 않는다. 세상의 군왕이 저지른 살해(이에 대해서는 우리도 책임이 있는)에 대해 언급한 후에(행 3:13-15) 베드로는 이와 같이 촉구한다. "그러므로 너희가 회개하고 돌이켜 너희 죄 없이 함을 받으라 이같이 하면 새롭게 되는 날이 주 앞으로부터 이를 것이요"(행 3:19).

아마샤의 행위와 그리스도의 부활 사이의 연결점은 단순히 우발적이거나 외형적인 것에 그치지 않고 오히려 실질적이다. 아마샤는 모세의 율법을 따라 의롭게 행했다. 모세의 율법은 하나님의 의의 반영이다. 그리고 하나님의 의는 그리스도의 부활 속에서 가장 최고 차원으로 계시되었다. 그리스도의 부활은 단지 그 자신의 의를 인증받기 위함이 아니라 우리의 의를 위한 것이다. "예수는 … 우리를 의롭다 하시기 위하여 살아나셨느니라"(롬 4:25).

우리가 '의' 대신 '선'을 생각한다 하더라도 그 결론은 동일하다. 우리가 의로운 통치자 아래에 산다는 것은 매우 선한 일이다. 이는 축복이 아닐 수 없다(잠 28:12; 29:2; 전 10:17). 이미 우리는 암살에 대해 재빠르게 공의를 실행한 일이 왕국을 안정시키고 평안과 번영을 가져왔음을 살펴보았다.

이제 성경은 하나님께서 항상 선한 것을 주신다는 것을 가르친다(행 14:17; 약 1:17). 하나님은 아마샤의 의로운 행위에 대해 그분의 선하심을 보이셨다. 더군다나 하나님의 선하심은 그것을 받을 자격이 없는 사람들, 곧 죄인들에게 대해서도 차별이 없다. 우리는 여기에서 하나님의 선하심뿐만 아니라 그분의 자비를 볼 수 있어야 한다. 하나님은 아마샤로 하여금 의로운 행위를 하게 하심으로 그의 백성 이스라엘에게 자비를 베푸셨다. 어떻게 하나님은 자비로우신 동시에 의로우실 수 있는가? 하나님은 그분의 자비하심 속에서 죄를 간과하시지만(롬 3:25), 의 차원에서는 죄를 벌하지 않을 수 없다. 이런 딜레마에 대한 해결이 그리스도 안에서 이루어졌다. "이 예수를 하나님이 그의 피로써 믿음으로 말미암는 화목제물로 세우셨으니"(롬 3:25), 이를 통하여 하나님은 "자기도 의로우시며 또한 예수 믿는 자를 의롭다 하"신다(롬 3:26). 따라서 예수 그리스도의 십자가와 부활은 하나님의 자비를 위한 궁극적 기초를 이룬다. 이는 구약 시대에도 마찬가지이다. 이 기초 위에서 하나님은 아마샤를 통해 선하심과 자비하심을 동시에 나타내셨다.

이런 점에서 아마샤는 하나님의 선하심과 자비와 의를 중재하는 자이다. 그는 다윗의 왕통을 이어받고 있으며, 이 왕통을 통하여 하나님은 위대한 메시아 왕을 약속하신다. 하나님의 섭리 가운데서 아마샤의 행위는 하나의 전조 또는 모형의 방식으로 그리스도의 부활 속에 나타난 보다 더 크고 궁극적인 행위와 연결된다.

또 다른 연결점들

역사 속의 사건들은 모두 각각 하나님의 속성들을 드러낸다는 점에서 서로서로 연결되어 있다. 예를 들어 하나님은 언제나 의로우신 분이다. 하나님은 역사 속의 사건들 안에서 일하신다. 의사소통의 의사 표현적 관점과 인격적 임재의 관점에서 볼 때, 우리는 하나님께서 매 사건들 속에서 그분의 의를 나타내실 것이라고 기대한다. 따라서 모든 역사 속의 사건들은 하나님의 의와 관련된 공통된 패턴을 보여 준다.

유사한 방식으로, 모든 사건들은 하나님의 구속 행위와 관련된 공통된 패턴을 보여 주기도 한다. 하나님은 사람을 해방하시고, 악을 이기신다. 또한 그리스도께서 이루신 대속과 용서를 믿는 자들에게 시여하신다. 하나님은 생명을 주시고, 유화(propitiation)와 화목을 이루시며, 또한 지혜를 계시하신다.

구속을 묘사하는 이 모든 방식들은 모두가 다 참되다. 하지만 그 어떤 것도 단순한 끼워 맞추기식 설명은 아니다. 그 하나하나가 무한히 지혜롭고 오묘한 하나님의 역사하심을 묘사한다. 우리는 그 단 하나의 묘사라도 완벽하게 다 이해했다고 말할 수 없다. 그뿐만 아니라 이 다양한 묘사들 사이의 상관관계도 온전히 다 파악했다고 말하지 못한다. 하나님의 지혜는 말로 다 표현할 수 없으며, 역사 속의 행위로 드러난 그분의 지혜 또한 우리가 다 헤아리지 못한다. 역사의 사건들 속에 드러나는 패턴은 그런 점에서 단순한 끼워 맞추기식 설명으로 환원되지 않는다.

더군다나 하나님은 역사 운행 속에 그분의 창의성을 보이기도 하신다. 따라서 모든 역사적 사건은 고유성을 가진다. 여기에서 만들어지는 패턴은 다면적 성격을 가지며 또한 서로 맞물려 있기도 하다. 우리는 가능한 모든 패턴의 형태들을 완전히 다 파악할 수는 없다. 우리는 성경을 읽고 또 읽으면서 하나님께서 하신 일과 관련하여 그 깊이를 더 깊고 넓게 확대시켜 나가지 않을 수 없다. 더구나 우리는 우리의 삶 속에서, 또 우리의 공동체들 속에서, 그리고 성경 바깥의 과거 역사 속에서 하나님께서 행하시는 일이 무엇인지를 깊이 이해하도록 부름받고 있다.

연결점들 분류하기

우리가 모든 가능한 연결점들을 다 파악하기는 어렵다고 하더라도, 이를 다소 단순하게 분류해 볼 수는 있을 것이다. 이 하나의 역사적 사건이 다른 사건들과 어떤 종류의 연결점들을 가지고 있는가? 논의의 편의를 위해 우리는 또 다른 형태의 세 가지 관점, 곧 단위(unit), 위계(hierarchy), 맥락(context)의 삼각대를 사용해 보고자 한다.[73]

첫째, 역사 속의 개개의 사건은 하나의 단일성 또는 식별 가능한 형태를 가진다. 그런 점에서 그것은 하나의 일관성을 가지는 단위(unit)이다. 이것은 구별된 사건들의 단락 속에 속한다. 아마샤의 의로운 행위라는 한 사건은 '암살자 처벌'이라는 단락에 속한다.

둘째, 역사의 각 단위적 사건은 보다 넓은 역사적, 문화적 상황의 맥락 속에 위치한다. 그런 점에서 그것은 맥락(context)에 속한다.

셋째, 역사 속의 각 사건은 시간 속에 펴져 있는, 점진적으로 더 커지는 사건들의 위계(hierarchy)에서 한 작은 부분을 이룬다. 예를 들어 아마샤의 심판 선포는 암살 문제를 다루는 전체 사건 진행 속의 작은 한 부분을 차지한다. 그리고 이 암살 사건의 처리는 아마샤 통치 전체의 작은 한 부분을 이룬다. 더 나아가서 아마샤의 통치는 다윗 계통 통치 전체의 한 작은 부분을 구성한다. 더 넓게 보면 이 다윗 계통의 통치는 창조로부터 그리스도의 성육신에 이르는 보다 큰 역사의 한 작은 구성 부분이다. 이렇게 점진적으로 더 크게 확대되는 사건들의 범주는 하나의 위계를 형성한다.

그리스도의 부활을 예증으로 삼아 이를 설명할 수도 있을 것이다. 역사 속에서 일어난 그리스도의 부활은 하나의 고유한 사건, 곧 단위이다. 하지만 이

73. 단위, 위계, 맥락의 삼각대는 처음 언어 분석의 과정에서 사용되었다. 이 세 요소들에 대한 자세한 설명을 위해서는 다음을 참조하라. Vern S. Poythress, "A Framework for Discourse Analysis: The Components of a Discourse, from a Tagmemic Viewpoint," *Semiotica* 38, no. 3/4 (1982): 277-98. 이 세 요소는 케네스 파이크의 세 가지 모드, 곧 형태 모드(feature mode), 현시 모드(manifestation mode), 배분 모드(distribution mode)와 각각 긴밀하게 연결된다. 참조, Kenneth L. Pike, *Linguistic Concepts: An Introduction to Tagmemics* (Lincoln: University of Nebraska Press, 1982); Kenneth L. Pike and Evelyn G. Pike, *Grammatical Analysis* (Dallas: Summer Institute of Linguistics, 1977), 1-4.

사건은 다른 모든 몸의 부활 사건들과도 연결되어 있다.[74] 사렙다 과부 아들의 부활(왕상 17:17-24), 수넴 여인 아들의 부활(왕하 4:18-37), 야이로 딸의 부활(마 9:18-26), 나사로의 부활(요 11:17-44) 등이 그것이다. 이 모든 사건들은 '몸의 부활'이라는 사건 단락에 속한다.

연결의 두 번째 유형은 인접성 또는 위계 차원의 연결점이다. 그리스도의 부활은 그의 생애 속에 일어난 일련의 사건들 중의 하나이다. 이 사건들은 더 크고 작은 그룹들로 나뉜다. 그리스도의 부활은 그의 장사 및 부활 후의 나타나심을 포함하는 보다 큰 연속 사건의 한 부분이다. 더 나아가서 이 사건들은 그리스도의 전체 지상 생애를 포함하는 더 큰 이야기를 구성한다. 그리고 그리스도의 지상 생애는 수 세기에 걸친 더 큰 역사의 중심에 놓여 있다.

세 번째로 맥락의 관점을 생각해 보자. 이 관점을 통해 부각되는 연결점은 그리스도의 부활과 다른 사건들 사이의 은유적 또는 유비적 연결점이다. 다양한 종류의 유비를 우리는 생각해 볼 수 있다. 예를 들어서 아브라함이 이삭을 바친 후에 그를 "죽은 자 가운데서" 돌려받았다고 말하는 것도 그 한 예이다(히 11:19). 노아가 홍수에서 구원을 받은 것이나, 이스라엘이 홍해에서 건짐을 받은 것 등도 그들이 죽음의 물을 건넌 후 생명을 받은 것이라 말할 수 있다. 요나가 물속의 죽음에서 다시 살아온 것(욘 2:5-7), 예레미야가 구덩이에서 건짐을 받은 것(렘 38:6-13) 등도 이와 연관시킬 수 있다.

이 내용을 일반화해서 정리해 보자. 언어에 있어서의 단위나 역사에 있어서의 사건은 동일한 형태를 지닌 다른 단위들과의 연결점을 누린다. 그것은 동일 종류의 단위들의 분류에 속한다. 다소 오래된 언어학적 개념인 "계열적 관계"(paradigmatic relations)라는 말이 이런 종류의 연결 관계를 지칭한다. 이런 면에서 '단위'의 관점은 '분류적 관점'과 긴밀하게 연결되어 있다. 단위들의 원형은 하나님의 단일성이다. 이는 특히 성부 하나님과 관련된다.

---

74. 물론 나는 그리스도의 부활의 몸이 고린도전서 15:35-57에서 말하는 것처럼 변화된 몸이라는 점을 간과하지는 않는다.

언어에 있어서의 단위들과 역사에 있어서의 사건들은 시간과 공간 속에서의 인접성 또는 위계에 근거한 연결점을 형성하기도 한다. 옛 언어학적 용어인 "통어적"(syntactic) 또는 "환유적"(metonymic) 관계와 같은 용어들이 이런 연결 관계를 이야기한다. 시간과 공간 속에서의 역사적 예시로서의 연결성을 가장 잘 보여 주는 궁극적인 예는 그리스도의 성육신이다. 따라서 위계적 차원은 '예시적 관점'과 긴밀하게 연결되며, 그 중심에는 성자 하나님이 있다.

언어에 있어서의 단위들과 역사에 있어서의 사건들은 은유적, 유비적 관계에 근거하여 맥락 차원의 연결점을 형성하기도 한다. 유비의 작용을 통해 우리는 하나의 진리 또는 사건을 다른 것과의 관계 속에서 보는 것이 가능하게 된다. 이는 하나님의 계획 속에서의 서로 간의 연합과 신학적 "일치" 때문에 가능하다. 유비를 통한 연결은 '조합적 관점'과 짝을 이루며, 이를 가능하게 하는 분은 성령 하나님이다.

단위와 위계와 맥락의 세 요소는 서로가 긴밀하게 연결되어 있다. 이 셋은 상호 내재한다. 이는 세 종류의 연결점 형성에 있어서도 마찬가지이다. 곧 동일 형태에 근거한 연결점, 시공간상의 인접성에 근거한 연결점, 그리고 유비나 조합에 근거한 연결점이 그것이다. 단위 사건들의 발생은 항상 그것이 자리 잡고 있는 보다 크거나 작은 인접 단위 사건들의 위계 관계 속에서 일어난다. 이 단위 사건들과 그 형태들은 오직 인접한 위계와 맥락 속에서만 인지되거나 식별될 수 있다. 물론 이 위계와 맥락도 그것을 채울 단위 사건들이 없으면 그 자체로서는 아무 내용 없는 것이 되고 말 것이다. 그런 점에서 이 세 가지 요소는 서로가 서로를 포함하고 있다.

이런 관계를 좀 더 구체적인 예들을 통해 더 자세히 살펴보도록 하자.

레위기 9:8-11의 속죄제물

먼저 레위기 9:8-11에 묘사되고 있는 속죄제물의 예를 생각해 보자. 첫째로 우리는 기본적 분류상의 연결점이 '단위'와 긴밀히 짝을 이루는 것을 본다. 이 본문에 기록된 사건은 속죄제의 한 구체적 경우이다. 이 단위 사건은 아론이 드리는 여러 유형의 속죄제, 그리고 더 넓게는 어떤 유형이든 모든 속죄제와 연결된다. 그리고 모든 속죄제는 레위기 1-5장에 기록된 다른 종류의 동물 제사나 모세 이전의 조상들이 드렸던 동물 제사와도 연결된다. 이 각기 다른 속죄제들은 서로 간에 다소 복잡한 유사점들과 차이점들을 가지고 있다. 모든 동물 제사들은 몇 가지 공통점들을 가진다(예를 들어, 제물의 기름과 피를 먹지 않는다는 점). 그중에서도 속죄제들은 몇 가지 구별된 특징을 가진다. 예를 들어 피의 일부를 찍어서 제단의 뿔에 바르는 것이나, 제사를 드리는 자가 그 고기를 먹지 않는다는 점, 또 그 고기를 제단에서 불태우지 않는다는 점 등이다. 그런데 레위기 9:8-11에 기록된 속죄제는 모든 다른 속죄제와는 구별되는 특성을 가지고 있다(그 드린 시간이나 정황이 그러하다).

두 번째로, 속죄제에는 부분과 전체의 관계, 곧 위계에 의해 지배되는 관계가 있다. 속죄제를 드리는 행위는 그 과정 전체를 구성하는 여러 가지 세부 사항들로 구성이 된다. 예를 들어 아론이 송아지를 잡고, 그 아들들은 그에게 피를 가져오고, 아론이 그 피를 손가락에 찍어서 제단 뿔들에 바르고, 아론이 내장을 제단 위에서 불태우고, 또 아론이 그 고기와 가죽을 진영 밖에 가지고 가서 불태우는 일 등이다. 그 전체 과정은 작은 부분들로 구성된다. 마찬가지 방식으로 이 특정 속죄제는 더 큰 전체 제사 행위의 한 부분에 속한다. 속죄제 후에 번제가 이어지며(9:12-14), 백성의 예물 드림이 뒤따르고(9:15-21), 아론의 축복이 이어지며(9:22), 하나님의 응답이 모든 것을 마무리한다(9:23-24). 이 모든 행위들은 아론과 그의 아들들을 구별하는 제의의 한 부분을 이루며(레위기 8-9장), 이 구별 제의는 또한 하나님께서 이스라엘 가운데 거룩함으로 임재하심을 확인하고 기리는 더 큰 일련의 행사들과 연결된다(출 25장-레 27장).

세 번째로, 맥락과의 연결점을 생각해 보자. 여기에는 보다 흥미로운 연결점들이 많이 떠오른다. 이를테면 동물 제사는 창조와 구속과 재림 시의 극치

와도 연결된다.[75]

먼저 창조와의 관계를 생각해 보자. 동물 제사 제정은 여러 가지 측면에서 창조와 연결된다. 동물들 자체가 하나님의 창조 말씀에 따라 만들어졌다. 여섯째 날에 하나님께서 각각의 고유한 종류별로 동물들을 만드셨다. 동물로 존재한다는 것은 동물과 관련한 하나님의 창조의 말씀에 예속된다는 것을 말한다. 또한 하나님께서는 사람에게 동물들을 다스리도록 명하셨다. 이 다스림의 명령은 사람들이 동물 제사를 드리는 것이 정당함을 보여 주는 이유들 중의 하나이다.

속죄제는 죄의 존재를 전제로 한다. 처음 창조된 상태에서는 죄가 없었기 때문에, 속죄제의 구체적 의미는 창조계 안에서 직접적인 유비 관계를 찾을 수 없었다. 하지만 이런 상태 속에서도 기본적 유비 요소가 전혀 없는 것은 아니다. 아담은 불순종의 측면에서 그의 모든 후손들을 대표한다(롬 5:12-21). 유비의 차원에서 동물 제사는 예배자들을 대표한다.

다음으로 동물 제사와 재림 시의 극치와의 관계를 생각해 보자. 동물 제사가 죄를 처리하기 위한 방식의 하나로 제정되었다는 것은 종말론적 극치의 때에 죄가 최종적으로 도말될 것임을 예고한다. 하나님은 속죄제를 통해 심판과 화목을 나타내는 하나의 상징적 형태를 채택하신 것이다. 하나님은 마지막 날에 극치 상태의 심판과 화목을 이루실 것이다.

또한 속죄제는 구속과 가장 가까운 유비 관계를 이룬다. 죄는 타락의 순간부터 종말론적 극치의 직전까지만 이 세상 속에 존재한다. 속죄제를 포함한 동물 제사는 그리스도의 제사를 가리키는 것으로 하나님에 의해 제정되었다(히 13:11-12).

구속이 이루어지는 시간대는 아담의 타락으로부터 시작하여 그리스도께

75. 성막과 관련하여 유사한 방식으로 접근하는 것을 보려면 다음을 참조하라. Vern S. Poythress, *The Shadow of Christ in the Law of Moses* (reprint, Phillipsburg, N. J.: Presbyterian and Reformed, 1995), 96-97.

서 다시 오시는 그 시간까지이다. 이 시간대 안에서 속죄제는 그리스도의 십자가와 명백하게 연결되어 있다(히 13:11-12). 또한 우리는 어떻게 이 속죄제가 타락 시의 죄의 시작 및 구속과 연결되는지, 어떻게 재림 시의 구속의 완성과 연결되는지, 또한 그 사이 시간대의 다른 모든 사건들과 어떻게 연결되는지 생각해 보지 않을 수 없다.

속죄제는 타락 사건과 연결되는데, 이는 타락이 죄를 이 세상에 들여왔다는 사실 때문이다. 속죄제는 바로 이 문제를 해결하기 위해 제정되었다. 특히 타락 기사 속에 나타나는 하나님의 약속(창 3:15)과 그분의 은혜로운 행위(창 3:21)는 죄에 대한 종국적인 치유가 도래할 것을 예고한다. 최초의 상징적 차원의 치유는 동물의 죽음을 포함하는데(창 3:21), 이는 이후 제사에서의 동물 사용과 멀게나마 연관을 가진다.

속죄제가 어떻게 그리스도의 재림과 연결되는가? 재림 시에 그리스도께서는 승리의 전쟁을 통해 세상에서 죄를 다 제거하실 것이다. 이 죄의 제거는 속죄제를 통해 백성의 죄를 제거하던 상징적 차원의 제의와 유비를 이룬다. 그리스도께서 다시 오실 때 온 세상이 다 거룩하게 될 것이며, 죄는 완전히 다 제거될 수밖에 없다(마 13:40-43).

속죄제는 개인과 공동체, 그리고 온 우주와 각각 연결된다. 우리가 속죄제를 더 자세히 살펴보면, 누구를 위한 속죄제이냐에 따라 그 세부적인 사항들이 차이가 난다는 것을 알 수 있다. 대제사장을 위한 속죄제, 공동체 전체를 위한 속죄제, 지도자를 위한 속죄제, 공동체의 일반 구성원들을 위한 속죄제 등이 다 다르다(레 4장). 아론을 제사장으로 구별하는 날에 드린 속죄제에서 아론은 먼저 그 자신을 위하여, 그리고 백성을 위하여 각각 속죄제를 드렸다(레 9:8-11, 15). 하지만 아론이 자신을 위하여 드린 속죄제도 실상은 대제사장으로서의 그의 직무와 관련되어 있다. 그는 백성을 대표하여 하나님 앞에 서기 위해 그 자신을 구별하고 있는 것이다. 따라서 아론을 위한 속죄제도 백성 전체와 간접적으로 연결된다. 속죄제에 사용된 동물은 아론 한 사람을 대표한다. 하지만 온 백성을 대표하는 아론을 통해 그 동물은 또한 백성 전체를 대표하기도 하는 것이다.

이어서 백성을 위해 드려진 속죄제를 생각해 보자. 이를 주관하는 사람은 여전히 아론이다. 그는 백성을 대표하는 자신의 대제사장 직무 권한에 따라 이 일을 주관한다. 제사장의 지위와 백성의 지위는 함께 묶여 있다. 백성을 위한 속죄제에서 드려진 동물은 일차적으로 백성을 대표한다. 그러나 또한 간접적 차원에서 그 동물은 아론과도 관계가 있다. 그 동물은 하나의 단일체성을 가진 전체로 드려졌고, 그런 점에서 그 동물은 공동체의 단일성을 표현한다.

아론을 위한 속죄제나 백성을 위한 속죄제는 모두 서로를 가리키고 있다. 따라서 이 양자는 죄의 공동체성이라는 보다 크고 복잡한 차원과 연결되어 있다. 죄는 그 결과의 측면에서나 그것이 퍼져 가는 방식의 측면에서 개인적이면서 동시에 공동체적이다. 그리스도의 속죄 사역도 이와 유비를 이룬다. 그리스도의 단 한 번의 최종적 속죄 제사는 개개인 그리스도인을 깨끗하게 함과 동시에 믿음의 공동체인 교회를 깨끗하게 한다(엡 5:25-27).

지금까지 우리는 속죄제가 어떻게 개인과 공동체 모두에 연관되는지를 생각해 보았다. 그렇다면 속죄제는 어떻게 온 우주와 연관성을 가지는가? 그리스도의 속죄제물 되심은 온 피조 세계의 갱신을 위한 기초이다(롬 8:18-22). 이 온 피조 세계는 그 자체가 죄의 주체들은 아니지만, 인간의 타락으로 말미암아 "허무한 데 굴복"하고 있다(롬 8:20). 죄가 이 피조물들에게도 악영향을 미치고 있으며, 역으로 그리스도의 속죄로 말미암은 갱신 또한 그들에게 영향을 미친다.

속죄제가 가지는 우주적 함의는 레위기 9장의 속죄제가 가지는 조합적 측면 속에 암시적인 방식으로 포함되어 있다. 이를 보기 위해서는 성막이 시내산에서 모세가 받은 모형을 따라 지어졌다는 사실(출 25:9)을 상기할 필요가 있다. 성막이나 이후의 솔로몬 성전 모두가 천상의 하나님이 거하시는 곳의 이미지를 따른 것이다(왕상 8:27; 히 8:5). 속죄제물을 성막의 뜰에서 잡고 그 피를 제단의 뿔들에 바른다. 이런 절차는 하늘의 제단에서도 유비를 가진다. 곧 그리스도께서 땅에서 죽임을 당하시고 하늘의 성소에서 그의 직무를 수행하신다(히 8:2; 9:11-14). 구약 시대에 속죄제물의 피를 통해 예배자들과 성막이 상징적 차원의 더러움에서 깨끗함을 받았다면(레 4:20, 26, 35; 16:16, 19-20; 히 9:9-10, 13, 21-22), 이제는 그리스도의 피로 말미암아 예배자들과 온 세상이 실질적으로 깨끗함을 받는다(히 9:23; 10:14).

중심적 연결점, 그리고 조금 멀리 떨어져 있는 연결점들

지금까지 우리는 여러 가지 종류의 연결점들을 단순히 열거하는 데 초점을 맞추었다. 이제는 그리스도 사역의 중심성을 좀 더 강조할 필요가 있겠다. 구약성경 전체는 무엇보다도 그리스도를 증언한다(눅 24:44-47).

특히 동물 제사는 그리스도 사역과의 유비나 평행 관계를 통해 그리스도를 가리킨다(히 9:9-14). 그리스도의 십자가 이전에는 동물 제사가 그 십자가의 유익들이 하나님의 백성에게 전달되는 통로 역할을 했다. 그러면서도 동물 제사는 그 자체로서는 불충분하고 불완전했다. 따라서 동물 제사는 더 좋고 더 영구적인 것이 오리라는 것에 대한 증거의 역할을 했다(히 10:1-22). 하나님은 바로 이런 목적을 위해 동물 제사를 제정하신 것이다(히 9:8-10). 따라서 그리스도는 구약의 동물 제사들을 통해 하나님께서 의도하신 뜻이 무엇인지를 이해할 수 있게 하는 열쇠이다.

우리는 또한 그리스도를 통해 레위기 9:8-11에 소개된 한 특정 사건이 어떻게 다른 수많은 사건들과 조금 거리를 두고 연관성을 가지는지도 이해할 수 있다. 그리스도의 속죄제물 되심은 그 자체의 고유한 특징으로 말미암아 역사 속 다양한 유사 사건들의 패턴을 형성한다. 하나님은 그리스도의 부활을 통해 우리를 단번에 영원히 자유롭게 하신다. 따라서 우리를 자유롭게 하기 위한 하나님의 행위 패턴이 역사 속에 다양한 모습으로 일어난다. 하나님은 그리스도의 십자가를 통해 악과의 전쟁에서 승리하신다. 따라서 거룩한 전쟁의 패턴이 역사 속에 다양한 모습으로 일어나는 것이다.

구약의 속죄제는 그리스도 사역의 핵심적인 모습을 앞서 보여 주고 있다. 그리스도 사역의 이와 같은 패턴은 다시 역사 속에 다양한 모습으로 반영된다. 그래서 우리는 역사 속에 반영된 다양한 모습의 속죄제 패턴을 발견할 수 있게 되는 것이다.

속죄제는 기본적으로 심판과 형벌의 제거를 이루는 방편으로 작용한다. 형벌의 대체, 용서, 유화, 화목 등이 모두 이와 관련된 주제들이지만, 각각의 다른 특성들을 가지고 있다. 형벌의 대체, 용서, 유화, 화목 등은 모두 그리스도의 속죄제물 되심을 통해 단번에 영원히 이루어진 일들이다.

그런데 이와 같은 '한 번으로 영원히' 이루어진 속죄 또는 용서의 성취는 인간 대 인간 차원에서의 용서, 유화, 화목 등을 위한 기초의 역할을 한다. 하나님과의 관계에서뿐만 아니라 사람들 사이의 관계에서도 이런 일들이 일어나야 한다. 우리가 그리스도와 연합될 때 하나님과의 관계에서 용서와 화목을 누리게 된다. 우리는 여기서 그치지 않고 더 나아가서 서로 간의 관계에서도 용서하며 화목을 이루어야 한다. 이처럼 역사 속에서 사람들 사이의 관계는 속죄제와의 연관성을 가진다. 속죄제의 패턴을 취하되 좀 더 멀고 낮은 차원에서 그와 같이 하는 것이다.

역사적 사건들 사이의 유비 관계

위에서 우리가 살펴본 레위기 9:8-11의 속죄제는 단지 하나의 예에 지나지 않는다. 우리는 이 한 예를 통해서라도 특정 역사적 사건이 어떻게 다른 사건들과 연결점을 가지는지를 살펴볼 수 있었다. 물론 다른 예를 선택할 수도 있었겠지만, 속죄제는 다른 예들보다 더 좋은 장점들을 가지고 있다. 우리는 히브리서를 가지고 있기 때문에 이 책을 통해 보다 명시적으로 이 한 사건이 다른 사건들과 어떻게 연결되는지, 그리고 무엇보다 그리스도의 사역과 어떻게 연결되는지를 분명히 볼 수 있다. 또한 속죄제는 그리스도의 구속 사역을 예표하는 전체 장막 체제 속에서 가장 뚜렷한 역할을 가지고 있다. 성경에 나오는 모든 일들이 다 뚜렷한 기능이나 선명한 의의를 가지는 것은 아니다. 어떤 요소들은 좀 더 선명한 연결점을 가지기도 하고, 신약의 "그림자"로서 보다 직접적인 기능을 가지기도 한다.

그리스도의 사역은 역사 전체의 중심 자리에 놓여 있기 때문에 어떤 사건이라도 그 사역과는 중요한 연결점을 가지고 있다. 그 연결점이 때로는 덜 분명하거나, 덜 강력하거나, 덜 철저할 수도 있다. 어떤 경우에는 그 연결점이 그리스도의 사역과 거짓 종교의 거짓 구속에 관한 것일 수도 있다. 이런 일도 얼마든지 일어날 수 있다.

왜 이런 다양한 연결점이 생길 수밖에 없는가? 첫 번째로, 하나님의 특성이 그러하기 때문이다. 하나님은 전체 역사에 대해 하나의 계획을 가지고 계시며, 이 계획은 그분의 지혜의 단일성을 드러낸다. 하나님은 역사 속의 모든 사건 속에 현존하시며 활동하신다. 그러므로 역사 속의 모든 사건이 다 하나님의 "영원하신 능력과 신성"을 드러낸다(롬 1:20).

두 번째로, 그리스도의 구속 때문에 다양한 연결점들이 만들어지지 않을 수 없다. 죄와 그 파괴적 결과는 그것이 어디서 어떤 방식으로 일어나든 다 동일한 하나의 치유 방법을 필요로 한다. 그 유일한 치유 방법은 곧 예수 그리스도이다.

세 번째로, 사람이 인격을 가진 존재라는 이유 때문에 이런 연결점이 만들어진다. 모든 사람은 다 하나님의 형상으로 지음받았다. 따라서 사람들은 모두가 유사한 행위의 패턴을 따라간다. 인간은 하나님을 반영하며, 무엇보다 원천적 하나님의 형상(골 1:15)이신 하나님의 아들을 반영한다.[76]

하나님은 무한하시고 또한 무한히 지혜로우시기 때문에 그분의 생각 속에

76. 위의 세 문단(세 가지 이유) 속에서 나는 차례로 의미(meaning), 통제(control), 임재(presence)의 삼각대를 적용시켜 보았다.

있는 연결점들은 그야말로 무한히 풍성하고 다양하다. 비록 피조 세계 자체는 유한하지만, 그런 가운데서도 피조물은 자신의 무한한 창조자가 되시는 하나님의 지혜를 드러낸다. 따라서 역사적 사건들 사이의 연결점들은 말로 다할 수 없이 다양하고 풍성하며 편만하다.

하지만 이런 풍성함이 혼돈을 일으키지는 않는다. 어떤 연결점들은 더 두드러지고 더 중요하다. 예를 들어 속죄제의 패턴이 복음서에 기록된 모든 사건에 다 균등한 방식으로 강력한 연결점을 이루지는 않는다. 무엇보다도 십자가 사건과 가장 두드러지게 연결된다(히 13:11-12).

연결점들은 또한 분류가 가능하다. 우리는 다양한 연결점들을 종류별로 구분할 수 있다. 어떤 특정한 한 사건을 다룰 때에도 우리가 다루는 것이 어떤 종류 또는 어떤 차원에 속하는 것인지를 구분할 수 있다.

예를 들어 우리가 하나의 속죄제를 다른 속죄제와 비교한다고 해 보자. 우리가 비교하고 있는 이 속죄제들이 이스라엘 사람들의 눈에는 하나의 동일한 분류 범주에 속하는 것일 수 있다. 진행되는 절차도 공통적이고 사용하는 동물의 부위들도 공통적이다. 그러나 우리가 어떤 속죄제를 그리스도의 속죄제와 비교한다고 할 때는 그 대비의 차원이 달라진다. 하나는 불충분하고 예비적인 그림자에 속하는 것인 반면, 다른 하나는 온전히 충분하고 최종적인 실체에 해당되는 것이다. 이 두 차원의 속죄제 사이에, 곧 동물을 잡아서 드리는 과정과 그리스도의 십자가 죽음 과정 사이에 반드시 일대일 일치가 있을 필요는 없다. 심지어 우리가 세밀한 부분에서 상응 관계를 찾아낼 수 있다고 하더라도, 그 차원은 이미 동물에서 하나님의 아들로, 또한 지상 차원에서 천상 차원으로 전환되어 있다.

전쟁의 예: 사무엘상 13:5

이번에는 사무엘상 13:5의 예를 들어서 역사적 사건들 사이의 연결점 문제를 조금 다른 각도에서 생각해 보도록 하자.

“블레셋 사람들이 이스라엘과 싸우려고 모였는데 병거가 삼만이요 마병이 육천 명이요 백성은 해변의 모래같이 많더라 그들이 올라와 벧아웬 동쪽 믹마스에 진 치매”

이 본문은 이스라엘과 블레셋 사람들 사이에 있었던 여러 전쟁 이야기들과 연결된다. 구약에서 하나님은 전쟁에 개입하시고 이스라엘을 승리로 이끄신다. 이스라엘이 하나님께 불순종하고 하나님에게서 떠나가면, 하나님은 그들에게 패배를 안기신다. 인간들의 전쟁 배후에는 이처럼 하나님의 거룩한 전쟁이라는 주제가 자리 잡고 있다.

이와 더불어 하나님의 왕 되심이라는 주제가 또한 중요하게 작용한다. 하나님은 이스라엘 백성의 요청에 응답하여 사울을 이스라엘의 왕으로 세우셨다. 전쟁에서 왕이 이끌어 주기를 바라는 백성의 요구에 부응하여 사울이 무엇을 하려 하는지가 이 본문에 나타나고 있다. 사무엘상은 전체적으로 다윗과 사울로 각각 대표되는 좋은 왕과 나쁜 왕의 대비를 주된 문제로 다루고 있다. 하나님은 골리앗을 이긴 다윗을 통해 이스라엘에게 결정적인 승리를 가져다주신다(삼상 17장). 다윗의 이 승리는 십자가에서, 그리고 마지막 날 그리스도께서 사탄을 물리치고 이기시는 종말론적 전쟁을 예고한다.

사무엘상 13:5은 블레셋 사람들이 매우 위협적인 방식으로 이스라엘을 대항하여 진을 치고 있는 장면을 보여 준다. 이는 3-4절에 나타난 것처럼 요나단이 블레셋의 수비대를 쳐서 그들의 권위에 도전한 일에 대한 일종의 반격이다. 블레셋 군대의 이동은 사울과 그의 부하들로 하여금 전쟁에 나가지 않을 수 없도록 만든다. 사울이 할 일은 무엇인가? 또 사울을 통해 하나님께서 하실 일은 무엇인가? 자기 백성을 위해 그분 원수들과의 전쟁을 일으키시는 하나님의 목적은 어디에 있는가? 요나단이 믿음으로 이룬 성공들은 하나님께서 장차 온 세상을 위해 행하려 하시는 일을 작은 규모로 보여 준다. 하지만 사울의 일관되지 못한 행위와 달리 요나단의 신실함을 가진 사람을 우리는 찾을 수 있을 것인가? 이때 다윗이 등장한다. 다윗의 일시적이요 부분적인 성공들(이후에 있었던 그의 도덕적 실패와는 별도로)은 미래의 메시아 왕의 등장과(사 11:1-9) 하나님께서 친히 일으키실 전쟁(사 27:1)을 바라보게 한다.

이처럼 거룩한 전쟁이라는 주제를 통하여 사무엘상 13:5은 구속의 전체 과정과 연결점을 가진다. 이 연결점이 비록 유일하고 또한 가장 두드러진 것은 아니라 할지라도, 최소한 이런 연결점들이 있다는 것은 부인하지 못할 사실이다.

좀 더 구체적으로 사무엘상 13:5이 다른 본문들과 어떻게 연결되고 있는지, 그 몇 가지 방식들을 살펴보도록 하자.

첫째, 공통된 형태를 통한 연결점을 찾아볼 수 있다. 블레셋의 도전은 군사적 형태의 모든 다른 도전들과 연결된다. 우선은 사울과 그의 대적들 사이의 군사적 대결과 연결되며, 좀 더 넓게는 하나님의 백성과 그 대적들 사이의 대결, 그리고 더 넓게는 그 어떤 종류의 대결이든 모든 대결들과 연결된다.

둘째, 여기에는 부분과 전체의 위계상의 연결점도 있다. 이런 종류의 군사적 대결에는 원리적으로 여러 가지 작은 부분들이 포함된다. 군사를 모집하는 일, 적진을 향하여 나아가는 일, 진을 치는 일 등이 그것이다. 우리는 또한 개개인 용사들의 움직임도 발견한다. 그리고 5절은 사무엘상 13:5-10이 다루고 있는 도전과 반응이라는 더 큰 전체의 한 부분을 이룬다. 이스라엘의 응전은 사울이 믿음을 지키지 못함(삼상 13:9)으로 말미암아 결과적으로 실패로 끝이 난다. 그리고 사무엘상 13:5-10에 나타나는 일련의 사건들은 사무엘상 13:2-14:26이 다루는 블레셋과의 싸움이라는 더 큰 단위의 한 부분을 이룬다. 이 더 큰 단위의 싸움은 사무엘상·하에서 다루는 사무엘과 사울과 다윗의 더 큰 이야기의 한 부분을 이룬다.

셋째, 맥락상의 연결점을 또한 찾아볼 수 있다. 동물 제사에서와 마찬가지로 여기에서도 우리는 이 사건이 창조와 구속과 종말론적 극치와 어떻게 연결되는지를 물어볼 필요가 있다. 블레셋 사람들의 군사적 도전은 조직력과 기획력, 무기 제작 능력, 그리고 창조 시에 인간에게 주어진 다스림의 능력 등을 바탕으로 한다. 하지만 이 모든 것이 전쟁을 위해 사용됨으로써 원래의 평화로운 창조 질서와는 대조되는 결과가 나타난다.

종말론적 극치와의 연결점 역시 역방향으로 연결된다. 마지막 극치(완성)의 때에는 최종적 평화가 회복된다(사 2:4). 사람들이 하나님을 거역하고 하나님과 전쟁을 일으키기 위해서가 아니라, 구속받은 나라들이 하나님을 높이고 그분의 백성이 되기 위해 다 함께 모인다(계 21:26-27).

구속과의 연결점은 세 가지 핵심적인 단계, 곧 타락, 그리스도의 지상 사역, 그리스도의 다시 오심으로 나누어서 살펴볼 수 있다. 인간의 타락은 전쟁과 살육에 이르는 증오를 가져왔다(창 4:8, 24; 6:4-5). 그뿐만 아니라 거룩한 후손과 뱀의 후손 사이의 첨예한 적대감도 생겨났다(창 3:15; 4:4-5; 6:9-11). 거룩한 전쟁의 뿌리는 창세기 3:15에 나타나는 하나님의 약속에 놓여 있다. 악이 번성함에 따라 악한 자들은 더 큰 힘과 무기를 앞세워 자신들의 힘을 과시하고 싸움을 일으킨다. 악한 자들의 결정적인 결집과 준동은 십자가에서 일어났다(행 4:25-26). 요한계시록 20:8에 따르면, 마지막 때에 악한 자들은 다시 한 번 결집할 것이며, 한 번 더 최종적 패배를 맛보게 될 것이다.

앞에서도 본 것처럼 이 연결점은 개인적이면서 공동체적이고, 또한 우주적이다. 첫째로, 사무엘상 13:5은 블레셋과 이스라엘 두 민족 사이의 집단적 갈등을 다룬다는 점에서 공동체적이다. 둘째, 그러면서 여기에는 개인적 연결점도 작용한다. 이 싸움에서는 차차 두 대표적인 개인, 곧 다윗과 골리앗 사이의 대결이 부각된다(삼상 17장). 이 지점에 이르기 전에도 사울과 요나단의 개인적 행위들이 주목을 받기도 하는데, 이들의 믿음이나 혹은 믿음의 결핍에 따라 그들의 군대 전체가 영향을 받기도 한다.

셋째로, 여기에는 우주적 연결점도 있다. 물론 이 전쟁의 우주적 의의는 명시적으로 드러나지 않는다. 하지만 사무엘상 13장의 배후에는 이것이 놓여 있다. 고대 근동의 사람들은 일반적으로 인간들의 전쟁 배후에는 신들의 전쟁이 있다고 믿었다. 이스라엘이 블레셋 사람들과 싸울 때, 그 배후에는 이스라엘의 하나님과 블레셋의 신들의 싸움이 놓여 있다. (사무엘상 5장의 다곤 신과의 싸움이나 사무엘상 17:43의 신들에 대한 언급을 염두에 둘 필요가 있다.) 따라서 이 싸움은 세상 군대들의 싸움뿐만 아니라 영적 차원의 싸움도 포함한다. 이를 위하여 사울은 제사의 중요성을 인식하고 있고(삼상 13:9), 요나단은 하나님의 개입을 명시적으로 요청한다(삼상 14:6).

찬양의 예: 에스라 3:11

또 다른 예로 에스라 3:11을 생각해 보자. 이 구절은 다음과 같다.

> "[아삽 자손 레위 사람들이] 찬양으로 화답하며 여호와께 감사하여 이르되
> 주는 지극히 선하시므로
> 그의 인자하심이 이스라엘에게 영원하시도다 하니
> 모든 백성이 여호와의 성전 기초가 놓임을 보고 여호와를 찬송하며 큰 소리로 즐거이 부르며"

이 구절은 바벨론 포로 생활로부터의 회복 이야기 가운데 성전 예배가 회복되는 정황을 다루는 본문이다. 이 회복은 "기름 부음을 받은" 지도자(사 45:1)에 의해 이루어진 정말 값진 구원의 사건이다. 이는 애굽으로부터의 구원과 비견된다(사 51:9-11). 바벨론의 우상들은 그 옛날 애굽 땅의 우상들과 연결된다. 출애굽기 15:17에서와 마찬가지로 용사이신 하나님의 승리는 그분의 백성이 그분이 주신 기업을 얻고 성소를 재건하는 결과를 가져다주었다. 이런 승리를 축하하는 행위가 곧 찬양이다. 에스라 3:11의 찬양에 사용된 용어들은 과거의 하나님의 승리들을 축하할 때 사용했던 용어들의 반복이다(시 118, 136편). 따라서 이 구절은 연관된 더 큰 패턴, 곧 하나님의 전쟁과 승리, 그리고 축하의 패턴을 따른다.

따라서 우리는 이 구절과 하나님의 전쟁이라는 주제와의 연관성을 고려하지 않을 수 없다. 물론 에스라 3장에는 보다 명시적으로 예배라는 주제와 하나님 임재의 장소로서의 성전 주제가 더 강조되고 있다. 따라서 우리는 이런 연결점들도 함께 살펴보아야 한다.

에스라 3장은 모세 율법과의 연결점도 강조한다(2절). 그럼으로써 우리 본문을 성막 제작과도 연결시켜서 생각하게 만든다. 그뿐만 아니라 여기에는 다윗과 솔로몬 시대에 이루어진 예배 형식의 정착과도 연결점이 만들어지고 있다(대상 16:34; 대하 7:3).

이 외에도 우리는 앞에서 사용했던 여러 가지 종류의 연결점들의 구조를 여기서도 동일하게 적용해 볼 수 있을 것이다. 첫째, 분류적 측면의 연결점이다. 에스라 3:11의 찬양은 또 다른 찬양들과 연결된다. 사용하는 용어들이 어떤 부분에서는 상당히 일치하기도 하고, 때로는 매우 다른 용어들도 나타난다. 여기에 노래가 포함된다는 측면에서는 시편 전체와의 연결점도 찾아볼 수 있다.

둘째, 부분과 전체의 위계적 관계도 생각해 볼 수 있다. 에스라 3:11의 찬양 행위는 더 세부적인 부분으로 나누면 아삽 레위 사람들의 선창, 백성의 외침, 그리고 성전 기초를 놓는 행위 등으로 구성된다. 이 구절 전체는 더 큰 전체, 곧 에스라 3장에 나오는 성전 기초를 놓은 일, 에스라 3-6장에서 언급하고 있는 성전 회복 과정의 여러 사건들, 그리고 에스라서 전체가 다루고 있는 회복의 이야기와 연결된다.

셋째, 맥락과 조합 측면의 연결도 찾아볼 수 있다. 에스라 3:11은 하나님의 전쟁과 승리, 그리고 임재의 송축이라는 더 넓은 맥락과 연결되어 있다.

에스라 3:11은 거슬러 올라가면 멀리 창조와도 연결된다. 하나님은 창조 시에 인간에게 하나님께서 하신 일을 감사하고 찬양하고 높일 수 있는 능력을 주셨다. 물론 연결점은 여기에서 그치지 않는다. 세상을 창조하실 때 하나님은 거대한 우주적 차원의 거주지를 만드셨다(시 104:1-3; 암 9:6; 욥 38:4-6). 천사들이 하나님께서 하신 일을 찬양했으며(욥 38:7), 하나님 자신도 "매우 아름답다"라고 말씀하심으로써(창 1:31) 자신의 일을 '찬양'하셨다.

에스라 3:11은 또한 종말론적 극치(완성)와도 연결된다. 극치의 때에 새 성전과 새 예루살렘이 만들어지며, 완전한 찬양이 하나님께 돌려지게 된다(계 19:5-8; 21:1-22:5). 에스라의 찬양은 또한 땅 위에서의 그리스도의 구속 사역과도 연결된다. 그리스도께서는 그의 부활과 성령 부어 주심을 통해 새 성전인 교회를 만드셨나(마 16:18; 고전 3:10-17). 그리스도 자신이 아버지를 찬양하며, 교회는 이 찬양에 함께 동참한다(히 2:12; 롬 15:5-13).

구속 역사의 전 과정 속에서 우리는 몇 가지 중요한 계기들을 구분한다. 예를 들어, 타락 시에 일어난 일, 그리스도의 십자가 죽으심에서 일어난 일, 그의 재림 시에 일어날 마지막 전쟁에 관한 일, 그리고 그 사이의 어느 시점에서 일어나는 일 등이다.

그중에서도 타락은 하나님께 돌려드려야 마땅한 감사로부터의 이탈이라고 볼 수 있다. 에덴의 축복에 대해 감사하는 대신 아담과 하와는 하나님이 금하신 과일을 탐하고 말았다. 그 결과 그들은 원초적 성소라고 볼 수 있는 에덴으로부터 내쫓김을 당했다(참조, 겔 28:13-14). 창세기 4:26에서 우리는 찬양의 회복을 발견한다. 하지만 그 규모는 제한된 것이었다. 마찬가지로 바벨론 포로 이후의 찬양의 회복도 작고 실망스러운 규모였다(스 3:12).

그리스도의 재림 시에는 신실한 남은 자들이 하나님을 크게 찬양할 것이다. 왜냐하면 그리스도가 이 불신실한 세상으로부터 그들을 건지셨기 때문이다(계 7:9-12; 19:1-4). 계시록은 우리 성도들을 향해 하나님을 진정으로 찬양하고 예배하는 가운데서 끝까지 인내하기를 요청하고 있다. 비록 우리가 스스로를 작고 약하다고 느끼며 주변 세계로부터 극심한 박해를 받는다 할지라도(계 3:8; 13:5-10), 마침내 승리하시는 분은 그리스도이시기 때문이다.

하나님의 행위의 군집화

앞에서 살펴본 예들 속에서 우리는 타락으로부터 재림에 이르기까지의 시간을 매우 단순하고 공식적인 방식으로 살펴보았을 뿐이다. 특히 세 가지 사건에 초점을 맞추었다. 곧 아담의 타락, 그리스도의 십자가와 부활, 그리고 그리스도의 재림이 그것이다. 물론 이 세 가지 사건들은 역사를 전체로 이해하는 데 있어서 가장 결정적인 사건들이다. 하지만 성경은 이 사건들 외에도 수많은 다른 사건들을 기록하고 있다. 그뿐만 아니라 성경이 기록하지 않은 많은 사건들이 일어났고, 또 지금도 일어나고 있다.

우리는 위의 세 가지 결정적 사건들 사이에 끼어 있는 다른 사건들이 별로 주목할 만한 가치가 없는 평퍼짐한 평지와 같은 사건들이라고 생각해서는 안 된다. 아니면 세 개의 봉우리를 천천히, 그리고 일정하게 솟아오른 땅이라고 생각해서도 안 된다. 오히려 하나님의 결정적인 행위들은 각각의 군집을 형성한다. 역사 속에는 하나님께서 결정적으로 일하셨던 시기들이 있다. 노아 홍수의 시기, 아브라함과 이삭과 야곱과 요셉의 족장들의 시기, 출애굽과 가나안 정복의 시기, 다윗과 솔로몬 왕의 시기, 예루살렘 멸망의 시기, 회복의 시기 등이 그것이다. 우리가 앞에서 살펴본 주제와 맥락상의 연결점들은 하나님의 위대한 구속 행위, 곧 출애굽 사건을 중심으로 두고 볼 때 그 연결의 강도가 훨씬 높아지는 것을 볼 수 있다.

예수님의 지상 생애 속에서도 몇 가지 주목할 만한 시기들이 구분되는 것을 볼 수 있다. 세례 이전의 시기, 치유와 가르침과 축귀 사역을 포함하는 공생애 시기, 예루살렘으로의 여정, 마지막 날들, 십자가와 부활과 승천 등이 그것이다. 사도행전 속에서도 우리는 예루살렘과 유대로부터 사마리아까지, 그리고 땅 끝까지의 구분이 나타나는 것을 볼 수 있다(행 1:8).

우리는 역사적 연결점들에 민감해야 하겠지만, 그렇다고 각각의 사건들이 일어난 각각의 시기들을 간과해서는 안 된다. 우리는 각 사건의 고유성을 잘 이해해야 하고, 또 연관된 사건들의 군집이 가지는 고유성도 존중해야 한다.

연결점 때문에 고유성을 침해해서는 안 되며, 오히려 이 양자가 전적으로 보완성을 가지도록 해야 한다.

우리는 앞에서 구약성경 속의 비교적 사소하고 그다지 의미 있어 보이지 않는 사건들을 사용하여 역사가 어떻게 상호 연관성을 가지는지를 살펴보았다. 그렇다면 보다 더 두드러지고 의미 있는 사건들 사이의 연관성은 더욱더 중요할 수밖에 없다. 창조, 출애굽, 바벨론 포로 생활로부터의 회복, 그리스도의 구속 사역, 그리고 종말론적 극치와 같은 중요한 주제들이 이사야 40-66장의 예언들 속에 놀라운 방식으로 함께 직조되어 있다. 성막, 제사 제도, 그리고 구속의 주제가 히브리서 속에 잘 직조되어 있다. 구약 전체에 나오는 이미지들이 요한계시록 속에 놀랍게 직조되어 있다. 이와 같은 성경적 자원을 바탕으로 이 시대에도 우리로 하여금 역사적 사건들 사이의 풍부한 연결점들을 예민하게 잘 찾아볼 수 있게 하는 성경신학의 작업들이 적지 않게 나타나고 있다.[77]

문법적-역사적 해석

우리는 성경의 역사적 사건들 사이에 풍부한 연결점들이 있다는 것을 보았다. 그렇다면 이제 우리의 해석 작업에 있어서 이런 연결점들을 어떻게 다룰 것인가?

성경 해석은 성경 언어에 초점을 맞추는 언어학적 측면, 역사 속 사건들과

---

77. 비교적 쉽게 접근할 수 있는 중요한 저작들 몇 가지를 소개해 본다. Edmund P. Clowney, *The Unfolding Mystery: Discovering Christ in the Old Testament* (Colorado Springs: Navpress, 1988); Geerhardus Vos, *Biblical Theology: Old and New Testaments* (Grand Rapids: Eerdmans, 1966); O. Palmer Robertson, *The Christ of the Covenants* (Grand Rapids: Baker, 1980); Mark R. Strom, *Days are Coming: Exploring Biblical Patterns* (Sydney: Hodder and Stoughton, 1989); Geroge E. Ladd, *A Theology of the New Testament* (Grand Rapids: Eerdmans, 1974); Richard B. Gaffin, Jr., *The Centrality of the Resurrection: A Study in Paul's Soteriology* (Grand Rapids: Baker, 1978); Herman Ridderbos, *The Coming of the Kingdom* (Philadelphia: Presbyterian and Reformed, 1969).

그 사건들이 일어난 맥락에 초점을 맞추는 역사적 측면, 이 양자를 포함한다. '한 번으로 모두' 관점이 우리에게 상기시켜 주는 것처럼, 하나님의 권위와 거룩하심에 의거해서 우리는 하나님 말씀의 원래 맥락에 주의를 기울이되, 그 언어학적 측면과 역사적 측면 모두에 주의를 기울여야 한다. 우리는 이것을 문법적-역사적 해석이라 부른다.

문법적-역사적 해석은 원래 맥락에 해석의 초점을 맞춘다. 그렇지만 우리가 앞에서도 살펴본 것처럼, 후대의 전승과 현대의 수용, 그리고 하나님의 전체 계획 속에서의 사건들의 의의 등이 또한 다 같이 중요하다. 따라서 문법적-역사적 해석은 우리가 그것을 바르게 이해한다면 하나님과의 전적 교류의 관점이라고 정의할 수 있다. 이는 우리가 하나님에 대해 알고 있는 모든 것과의 전적 상호작용 과정이며, 그 속에서 우리가 그리스도의 형상으로 변화되는 것을 포함하는 과정이다(고후 3:18). 원래 맥락에서의 문법적 측면은 이후의 역사 속에서의 하나님의 말씀하심과 서로 일치한다. 또한 원래 맥락에서의 역사적 측면은 이후의 역사 속에서의 하나님의 행위 및 계획과 일치한다. 이 양 측면을 잘 이해할 때 우리는 오늘날 교회 속에서의 우리 개인과 공동체의 역사 가운데서 점진적 변혁을 경험하게 된다.

하지만 대부분의 학자들은 문법적-역사적 해석을 이런 방식으로 이해하지 않는다. 오히려 그들은 문법적 분석을 통해 고대 언어의 세계나 그 언어로 된 텍스트가 만들어 내는 의미 세계를 그 자체에 고립시키는 일을 하고 있다. 결국 언어가 고도로 복잡한, 그러면서도 본질적으로 기계적인 하나의 체계로 환원되고 마는 것이다. 마찬가지 방식으로 역사적 분석을 통해서는 고대의 사건들과 시공간 속에서의 그 근접 정황을 그 자체로 고립시키는 일을 하고 있다. 그들은 역사 연구에서 하나님의 목적을 엄격하게 배제하려 하며, 역사적 사건들 사이의 연관성(예를 들어, 그리스도의 십자가와 부활의 연관성)을 고려하려 하지 않는다. 하지만 순수한 고립(순전히 그 자체의 의미로만 보고자 하는 것 - 역주)은 실제로 불가능할 뿐만 아니라, 그런 고립을 만들어 내려는 시도 자체가 왜곡을 불러일으킨다.

오늘날 상황은 좀 더 다른 양상을 맞고 있다. 신비평이나 독자 반응 이론을 채택하는 일부 현대 해석자들은 문법적-역사적 해석을 부정한다. 이 해석이 지향하는 목적이 그들이 볼 때는 바람직한 것이 아니라는 것이다.[78] 일부 해방신학 옹호자들은 문법적-역사적 해석이 오늘날의 정치적 투쟁 상황 속에서 압제에 항거하는 입장을 취하기보다 오히려 그것을 회피하는 방향으로 나아가게 만든다고 하여 이를 거부하기도 한다. 또 어떤 사람들은 문법적-역사적 해석에 대해 우리가 가지는 것과는 급진적으로 다른 이해를 가지기도 한다. 오늘날의 이런 상황 앞에서 우리는 어떻게 해야 할 것인가?

지금까지 우리는 성경이 그 스스로에 대해서와 또 하나님에 대해서 가르치는 것을 그대로 수용하는 해석의 형태를 발전시켜 보고자 해서 단순한 한 마음으로 달려왔다. 이런 초점은 매우 결정적인 것이다. 하지만 동시에 우리는 우리의 관심을 현대의 상황에 돌리지 않을 수 없다. 우리는 최소한 요약된 형태로나마 해석과 관련하여 어떤 의견 불일치가 존재하고 있는지, 또 그것을 어떻게 잘 걸러낼 수 있을지 이해하지 않으면 안 된다. 특히 우리는 우리가 견지하는 성경 중심적 접근이 현대의 주요한 접근 방법들(때로는 복음주의자들이 옹호하기도 하는)과 어떻게 다른지 잘 살피지 않으면 안 된다.

가장 근본적인 차이는 영적 전쟁의 차원에서 일어난다. 따라서 우리는 이 영적 전쟁의 성격이 어떤 것인지를 요한계시록이 제시하는 바를 따라서 살펴보고자 한다.

78. 현대 해석학 이론들에 대한 상세한 분석과 평가를 위해서는 다음을 참조하라. Anthony C. Thiselton, *New Horizons in Hermeneutics: The Theory and Practice of Transforming Biblical Reading* (Grand Rapids: Zondervan, 1992). 『해석의 새로운 지평』(최승락 역, 서울: SFC출판부, 2015).

제13장

모조품으로서의 우상

"

- **교리주의자 교선**: 알다시피 성경은 우리를 지혜롭게 하고 또 우리의 정신을 밝혀 줘. 성경은 죄가 우리의 이해력을 왜곡시키고 우리의 정신을 어둡게 만든다고 경고하고 있어. 우리 안에 있는 이해의 어려움이나 의견의 불일치 등은 단순히 서로의 관점이 다르기 때문에 생기는 문제만은 아니라고 봐. 그건 모두 우리 속에 남아 있는 타락한 죄성에서 비롯되는 것이라고 생각해.
- **긍정주의자 근주**: 너무 그렇게 어둡게 볼 필요는 없다고 생각해. 하나님께서는 성령을 주셔서 우리를 인도해 주시겠다고 약속하셨지 않아?
- **경건주의자 경민**: 그 말이 맞아. 하지만 바른 인도를 받으려면 심령이 청결한 사람이 되어야만 해. 하나님께서 우리를 청결케 해 주셔야 하고, 그에 부응해서 우리 스스로가 또한 우리 심령을 청결하게 해야만 하는 거야. 시편 19:12에서 말하는 '숨은 허물', 곧 비밀한 죄를 들추어 낼 필요가 있어.
- **선교학자 선자**: 그런데 어떤 죄는 말이야, 문화 전체를 물들일 수도 있어. 문화 전체가 하나의 흑점이 되어서 하나님의 말씀을 가리는 경우가 있거든. 미국의 예를 들자면, 미국 사람들은 고난이라는 말을 싫어하잖아? 그렇기 때문에 그리스도인도 고난당할 수 있다는 성경의 가르침을 받아들이려 하지 않는 거지.

• **문화 변혁가 문호**: 구조화된 죄의 문제도 생각해 보아야 해. 우리는 우주적 차원에서의 영적 전쟁에 임하고 있거든.

요한계시록의 중심부를 이루는 6장에서 20장까지는 영적 전쟁을 주제로 다루고 있다.[79] 사탄과 그 대리자들이 하나님을 대항하고 있다. "그들이 어린 양과 더불어 싸우려니와 어린 양은 만주의 주시요 만왕의 왕이시므로 그들을 이기실 터이요 또 그와 함께 있는 자들 곧 부르심을 받고 택하심을 받은 진실한 자들도 이기리로다"(계 17:14).

누가 서로 대치하고 있는가?

요한계시록에 따르면, 이 세상과 이 세상에 사는 모든 사람들이 우주적 차원의 영적 전쟁에 개입되어 있다. 하나님이 사탄과, 사탄이 하나님과 전쟁을 벌인다. 모든 인간은 하나님의 은혜와 심판의 영향을 받든지, 아니면 사탄의 속임과 지배의 영향을 받든지 한다. 하나님과 사탄이 서로 적대적 관계에 놓여 있다. 그러면서도 사탄과 그 대리인들이 하나님께 종속되어 있다는 것이 아이러니가 아닐 수 없다. 하나님은 이 싸움의 전 과정을 미리 보여 주실 뿐만 아니라, 사탄이 기필코, 불가피하게, 그리고 완전하게 패할 수밖에 없음을 밝히 보여 주신다.

더군다나 사탄과 그 하수인들은 모방자들이다. 아무리 그들이 무시무시해 보인다 할지라도 그들이 할 수 있는 일은 기껏 하나님의 참된 영광을 거짓으로 모방해 내는 일일 뿐이다. 몇몇 학자들이 잘 지적하는 것처럼, 요한계시록

---

79. 영적 전쟁이라는 주제는 6-20장에만 국한되는 것은 아니다. 2-3장은 보다 현실적인 측면에서 교회에 임하여 있는 영적 전투를 말해 주고 있다. 4-5장에서는 모든 영적 전쟁을 주관하고 계시는 하나님에 대해 말해 준다. 21:1-22:5에서는 하나님의 최종적 승리에 대해 말해 준다. 22:6-21에 나오는 마지막 권면 부분도 영적 전투에의 독려로 끝맺고 있다. 그러고 보면 요한계시록 전체가 영적 전쟁을 다루고 있음을 알 수 있다.

에서 사탄의 편에 선 자들은 하나님의 삼위일체를 모방하고 있음을 본다.[80] 우선 사탄 자신이 성부 하나님의 모방자이다. 그리고 사탄의 분신인 짐승은 악의 전사로서 거룩한 전사인 그리스도를 흉내 내고 있다(13:1-10과 19:11-21을 비교해 보라). 또한 거짓 선지자는 성령의 모방자이다. 조작된 표적들을 통해 이 거짓 선지자는 짐승에 대한 숭배를 획책하고 있다. 이는 사도행전에서 성령이 그리스도를 위하여 기적을 행하시는 것과 유사성을 가진다. 그리고 음녀 바벨론은 그리스도의 신부인 교회의 모방자이다.

짐승은 여러 가지 방식으로 그리스도를 흉내 내고 있다. 짐승의 치명적인 상처가 다시 회복되는 것(13:3)은 그리스도의 부활을 흉내 내는 일이다. 이 기적적인 회복으로 말미암아 사람들은 놀라게 되고 짐승을 따르게 된다. 이는 그리스도의 부활로 말미암아 사람들이 그를 믿게 되는 것과 매우 유사하다. 짐승의 모습을 볼 때도, 그의 열 면류관(13:1)은 그리스도의 많은 면류관(19:12)을 모방하고 있다. 용(사탄)은 짐승에게 "자기의 능력과 보좌와 큰 권세"를 주는데(13:2), 이는 성부께서 아들에게 그의 권세를 주심(요 5:22-27)과 유사하다. 용에 대한 숭배와 짐승에 대한 숭배가 함께 이루어지고 있는 것(계 13:4)도 아버지에 대한 예배와 아들에 대한 예배가 함께 이루어지는 것(요 5:23)과 유사하다. 짐승이 온 세상 나라들 가운데서 추종자들을 모으고 있는 것(계 13:7)도 그리스도께서 온 민족들의 주가 되시는 것(계 7:9-10)과 유사하다.

더군다나 짐승에 대해 소개하고 있는 13장에서도 그 첫째 절을 보면, 창조 사건의 흉내 내기가 나타나고 있다. 사탄이 바닷가에 서서 그 바다로부터 자기 형상을 닮은 한 짐승을 불러낸다. 이 짐승은 일곱 머리와 열 뿔을 가졌는데, 이는 용의 일곱 머리와 열 뿔(12:3)을 그대로 반영한다. 성자가 성부의 형상인 것과 마찬가지로 짐승은 용의 형상이다. 그뿐만 아니라 여기에 나오는 바다는 하나님께서 천지를 창조하실 때에 수면 위를 운행하시던 것(창 1:2)을

80. 참조, G. R. Beasley-Murray, *The Book of Revelation* (London: Marshall, Morgan & Scott, 1974), 207.

연상시킨다. 이런 점들을 통해 우리는 용이 거짓 창조자가 되어서 성부 하나님의 창조 활동을 흉내 내려 한다는 것을 볼 수 있다.

이런 모방의 행위에는 위험과 소망이 동시에 따른다. 위험이라면 가짜가 진짜로 오인될 수 있다는 점이다. 참된 예배의 모방인 우상 숭배는 진리와 너무나 흡사하기 때문에 사람들이 여기에 속아서 빠져들게 된다. 반면, 가짜는 진짜에 종속될 수밖에 없고 마침내는 거짓으로 판명될 수밖에 없다는 점에서 소망이 있다. 사탄은 결코 제2의 창조자가 아니라 모방자일 뿐이다. 그것도 그 흉내 낸 것들이 너무나 끔찍스러운 것들이라는 점에서 재주 있는 모방자가 되지도 못한다. 정신이 제대로 박힌 사람이라면 어느 누가 사탄의 모조품들의 실상을 똑똑히 보면서 그것을 따르려 하겠는가?

문제의 본질: 우상 숭배

요한계시록에 따르면 이 세상에서 가장 중요한 문제는 참된 예배와 거짓 예배의 문제이다. 우리는 하나님을 예배하고 있는가, 아니면 사탄을 예배하고 있는가? 그리스도를 섬기고 있는가, 아니면 짐승을 섬기고 있는가? 우리는 그리스도의 신부된 자들인가, 아니면 음녀 바벨론에 속하는 자들인가?

너무 성급하게 결론에 도달하기 전에, 먼저 계시록의 첫 번째 독자들인 소아시아 일곱 교회들을 생각해 보자. 이 일곱 교회들이 직면하고 있던 핵심적인 문제들이 무엇이었을까? 이 문제들에 대해 계시록은 어떤 해결의 길을 제시하고 있을까?

주후 1세기 맥락에서 볼 때, 계시록에 나오는 짐승은 로마 제국을 의미한다.[81] 로마는 제국의 모든 신민들에게 황제 숭배 예식에 참여하기를 강요했다는 점에서 계시록의 짐승 숭배를 그대로 드러낸다. 로마의 신민들은 황제 숭배를 통해 그들의 충성과 정치적 복종을 표현했던 것이다. 다신교 신앙을

81. 참조, Beasley-Murray, *The Book of Revelation;* Leon Morris, *Revelation* (London: Tyndale, 1969); 그 밖의 많은 요한계시록 주석들이 이런 견해를 취하고 있다.

가진 자들로서는 그런 것이 큰 문제가 될 것은 없었다. 유대인들의 경우는 그 유일신 신앙을 고려해서 예외적 경우로 인정을 받고 있었다. 그러나 기독교인들의 경우는 달랐다. 더 이상 유대교의 한 분파로 받아들여지지 않음으로 인해 유대교가 누리던 예외적 대우를 받지 못했고, 더 나아가서 정치적 불충성 집단으로 인식되어 극심한 박해에 직면해야 했다.

요한계시록에 나오는 거짓 선지자는 당시의 황제 숭배 예식을 주관하던 사제들과 그 조력자들로 볼 수 있다. 음녀 바벨론은 엄청난 경제력을 지니고 사치와 방탕을 자랑하는 세상의 도시를 나타낸다. 그런 점에서 로마는 가장 주목할 만한 바벨론이다. 로마의 유혹은 로마 자체에만 국한된 것은 아니었고, 일곱 교회들이 자리하고 있던 일곱 도시들 속에도 그대로 반영되고 있었다.

우상 숭배를 조장하는 데에는 탄압과 유혹이라는 두 가지 보조 수단이 동원된다. 짐승은 자신을 숭배하지 않는 자들에게는 죽음의 위협을 가했다. 황제 숭배 역시 이런 위협을 수반했다. 그에게 절하든지, 아니면 죽음을 당하든지 둘 중의 하나였다. 또 다른 한편, 음녀 바벨론은 자신과 합하는 자들에게는 쾌락과 평안을 약속했다. 거대한 도시의 이교적 생활 방식에 참여하는 것은 즐거움을 주는 일이었다. 사회적, 경제적 안정을 누리기 위해서는 이 도시의 우상 중심적 사회 체제 속에 참여하지 않으면 안 되는 것처럼 보였다. 문자 그대로 음녀들이 도시의 사람들에게 육체적 쾌락을 주기도 했다. 이런 상황 가운데서 사람들은 강함 아니면 약함, 즐거움 아니면 고통, 부유함 아니면 빈곤 중에서 양자택일하지 않으면 안 되었다.

1세기 교회가 처했던 상황은 어느 시대에나 적용되는 하나의 큰 원리를 구체적으로 잘 보여 주는 실례이다. 영적 전쟁은 그들에게 현실적으로 진행 중인 사건이었다. 중립이란 있을 수 없었다. 하나님을 섬기든지, 아니면 모조품을 섬기든지 선택해야 했다. 참된 예배가 아니면 우상 숭배를 택해야 했다.

요한계시록이 보여 주는 영적 원리는 1세기 교회를 넘어 모든 시대에 동일하게 적용된다. 사탄은 어느 시대에나 항상 모방자로 존재한다. 사탄은 그 자신을 광명의 천사로 가장하는 자이다(고후 11:14). 그 스스로가 창조자가 아니면서 창조자가 되고 싶어 하는 자이다. 그러니 그는 모방자일 수밖에 없다. 하나님의 위엄과 영광과 권능을 흉내 내고 있는 것이다. 하나님이 언제나 동일하신 분인 것처럼, 사탄 역시 항상 동일한 속성을 유지하고 있다. 요한계시록에 대한 이상주의적 해석의 견해를 따라 우리는 이 책의 원리를 일반화해서 오늘의 시대에도 적용해 볼 수 있을 것이다. 요한계시록 자체가 "귀 있는 자는 성령이 교회들에게 하시는 말씀을 들을지어다"(계 2:7)라는 말씀을 통해 그와 같은 적용을 우리에게 요구하고 있다.

우리 시대에 짐승의 모습을 어디에서 찾아볼 수 있는가? 가장 분명하고도 직접적인 모습은 독재 정권들 가운데서 찾아볼 수 있다. 강압적인 정권들은 때로 우상 숭배에 해당하는 일들을 강요한다. 공산주의 국가들은 그 절정기를 구가하던 시기에 사람들에게 절대 복종을 요구했다. 공산주의 역사 철학(변증법적 유물론)을 그 이데올로기로 삼고, 그 자체의 최후 소망(미래의 유토피아적 공산주의 사회)을 내세우며, 경제적 부정들을 정죄하며, 그 자체의 경전들(예를 들어, 마오쩌둥 어록)로 무장한 유사 교회적 집단(공산당)을 형성했던 것이다.

우파적 성향의 억압 정권들 역시 마찬가지이다. 사우디아라비아 같은 나라는 이슬람교에서 기독교로 개종하는 사람들에게 사형을 언도하고 있다.

음녀 바벨론 또한 우리 시대에 그 모습을 드러내고 있다. 서구의 거대 도시들은 노출되지 않고 취할 수 있는 각종 은밀한 쾌락들을 제공하고 있다. 절대적으로 옳은 것도, 절대적으로 나쁜 것도 없는 회색 지대를 만들고 있다. 더군다나 오늘날의 소비지상주의는 돈을 우상처럼 섬기도록 만들고 있다. 돈뿐만 아니라 돈으로 살 수 있는 재화나 쾌락 역시 섬김의 대상이 되고 있다. 요한계시록의 음녀 이미지 그대로 오늘날의 쾌락지상주의 사회에 있어서 성적 쾌락이 사람들이 주로 추구하는 대상이 되고 있다.

우리가 성경을 통해 배우는 교훈은 오늘날 사회학자들이 말하는 것과도 일치한다. 우상 숭배는 제도화될 수 있고, 또한 그렇게 되고 있다는 점이다.

물론 우상 숭배는 개개인의 행위요, 또한 개개인에게 주어지는 유혹이다. 그러나 이는 개인 이상의 측면을 가지기도 한다. 1세기 소아시아 맥락에서 보았을 때, 우상 숭배는 오늘날의 세속화된 서구 사회 사람들이 이해하기 어려운 방식으로 그 당시 사람들의 의식 세계나 주변 분위기, 사회 구조 등에 깊이 침투해 있었다.

오늘날 세속화가 어떤 면에서는 사람들을 종교의 힘으로부터, 또한 우상 숭배로부터 해방시켜 주었다. 그러나 보다 엄밀하게 말한다면, 자크 엘륄(Jacques Ellul)이나 허버트 쉴로스버그(Herbert Schlossberg) 같은 선각자들이 잘 지적하고 있는 것처럼, 세속화로 말미암아 물리적 형태의 우상들은 사라져 갔지만, 더 교묘한 형태의 우상들이 그 자리를 대신하게 되었다.[82] 때로 사람들은 과학 기술, 국가 권력, 진보, 혁명, 성, 돈 등에 더 철저히 마음을 빼앗기고 맹목적 신뢰를 가지기도 한다. 어떤 면에서 이와 같은 현대의 귀신들은 과거 시대 사람들을 사로잡았던 귀신들보다 더 성질이 나쁘다(마 12:43-45). 더군다나 현대의 귀신들은 교묘하게도 사회 제도들을 타고 돌아다닌다. 제도화된 권력 기구들 가운데는 관료 조직이나 산업체, 재정 기구 등이 있다. 오늘날의 소위 '지식 산업'은 대중 매체나 광고, 정치적 선전, 교육 기구 등의 형태로 그 어느 시대보다 더 잘 발달된 권력 기구들을 형성하고 있다. 이런 것들을 통해 요한계시록이 말하는 '거짓 선지자'가 활개치고 있는 것이다. 이 권력 기구들이 던지는 메시지는 친구들과 이웃의 목소리를 통해 더욱 강화된다. 가만히 보면 거대 기구들이 표방하는 세계관을 따르고 옹호하는 자들은 다름 아닌 우리의 친구와 이웃들이다.

---

82. Jacques Ellul, *The New Demons* (New York: Seabury, 1975); Herbert Schlossberg, *Idols for Destruction: Christian Faith and Its Confrontation with American Society* (Nashville: Nelson, 1983).

보다 교묘한 우상 숭배

가장 두드러지는 우상 숭배의 형태들 가운데는 황제나 국가수반을 문자적으로 숭배하는 것이나, 고대 신전 창녀들에게서 볼 수 있는 것처럼 성적 결합을 숭배하는 것 등이 있다. 이런 것들보다 한층 더 교묘한 형태의 우상 숭배도 있다. 우리가 앞서 보았던 것처럼, 공산주의 같은 것이 그렇다. 사실 공산주의는 무신론을 바탕으로 하고 있어서 종교성과는 거리가 멀다. 그럼에도 불구하고 국가에 대해 종교적 성격에 가까운 전적인 헌신을 요구하고 있다. 현대의 도시들은 공적인 측면에서 볼 때는 지극히 세속화되어 있어서 종교성을 거부한다. 그러나 내면적으로는 그 시민들로 하여금 쾌락과 자기 성취를 위해 전적인 헌신을 바치도록 유혹하고 있다.

요한계시록은 이와 같이 우상 숭배가 어떤 것인지를 우리에게 보여 준다. 오늘날에는 이것이 보다 교묘한 모습으로 우리 곁에 다가옴을 알 수 있다. 현대의 민주주의 국가들은 공식적으로는 전제주의나 공산주의를 배격하고 있다. 그러나 국가 권력은 여전히 우상적 매력을 발휘한다. 어렵고 심각한 문제들이 생길 때 사람들은 국가 권력이 이를 해결해 주리라고 기대한다. 그것이 그들에게 구세주 역할을 해 주기를 바라는 것이다. 관료 조직들이 시민들의 숱한 문제들을 적절히 해결해 주는 데 반복해서 실패했음에도 불구하고 사람들은 여전히 국가가 자신들의 메시아인 것처럼 기대를 건다. 경제 문제, 의료 문제, 노후 문제, 빈곤 문제, 인종차별이나 편견과 같은 문제들이 일어날 때, 사람들은 국가가 이런 문제들을 해결해 주기를 바란다. 국가 권력의 거대함을 보라. 이 집중된 권력 외에 달리 그 무엇에 희망을 걸 수 있겠는가? "누가 이 짐승과 같으냐 누가 능히 이와 더불어 싸우리요"(계 13:4).

마찬가지로 오늘날의 광고들을 볼 때, 성적 주제들이 무차별적으로 시장 속으로 흘러들어오고 있음을 발견한다. 이런 광고 장면들은 사람들이 해당 제품들을 사용할 때 이성들에게 더 매력적으로 보일 것이라고 드러내어 놓고 유혹한다.

요한계시록의 짐승과 바벨론의 상징은 보편성을 가진다. 이는 권력과 부와 쾌락의 유혹에 대해 말해 준다. 여기에 걸려들지 않는 사람이 누가 있겠는가? 교묘한 형태의 우상들이 그리스도인의 삶 속에도 몰래 숨어 들어온다. 그리스도께 우리 삶을 드리는 순간에 우리는 권력에 대한 욕망까지도 포기했다고 생각할지 모른다. 그러나 한참 지난 후에 가만히 살펴보면 어느 사이엔가 가족이나 동료들 중 누군가에게 권력을 행사하면서 은근히 이를 즐기고 있는 우리 자신의 모습을 발견한다. 또는 때때로 정당한 방법보다는 감정적 조작을 통해 권력을 확보하려 애쓰기도 한다.

소득의 십일조를 드리기로 작정하는 순간에 우리는 부에 대한 욕망을 포기했다고 생각할지 모른다. 그러나 한참 지난 후에 가만히 살펴보면 나머지 아홉에 대해서는 그것을 자신의 것인 양 더 탐욕스럽게 챙기고 있는 모습을 발견한다. 십계명을 받아들이고 그리스도인의 생활 지침들을 따르기로 결단하는 순간에 우리는 쾌락에 대한 욕망을 포기했다고 생각할지 모른다. 그러나 한참 지난 후에 가만히 살펴보면 교묘한 방식으로 우리는 여전히 타인을 고려하지 않은 채 이기적으로 자신의 쾌락을 추구하고 있는 모습을 발견한다. 그러면서도 문자적으로는 법을 지킨다는 위안을 잊지 않는다.

죄는 우리 안에 깊은 뿌리를 가지고 있다. 이것이 우리의 마음을 매우 교묘하고도 자극적으로 얽어맨다. 이런 속박으로부터 우리를 구원할 자 누구인가?

수도사들은 '완전한 포기'라는 극단적 방식을 통해 그 마음의 우상들을 제거하려 노력했다. 복종의 서약이 권력의 문제를, 청빈의 서약이 부의 문제를, 순결의 서약이 쾌락의 문제를 해결한다고 생각했다. 그러나 과연 그러할까? 아니다. 죄와 우상 숭배는 훨씬 더 교묘하다. 한 가지 모습으로 다가오는 것을 끊어 버렸다고 생각하는 순간, 또 다른 모습으로 다시 나타난다. 스스로 부과한 규칙들이 아니라 그리스도의 죽음만이 우리가 성화되는 길이다.

"너희가 세상의 초등 학문에서 그리스도와 함께 죽었거든 어찌하여 세상에 사는 것과 같이 규례에 순종하느냐 (곧 붙잡지도 말고 맛보지도 말고 만지지도 말라 하는 것이니 이 모든 것은 한때 쓰이고는 없어지리라) 사람의 명령과 가르침을 따르느냐 이런 것들은 자의적 숭배와 겸손과 몸을 괴롭게 하는 데는 지혜 있는 모양이나 오직 육체 따르는 것을 금하는 데는 조금도 유익이 없느니라"(골 2:20-23)

물론 우리는 수도사들이라고 해서 전적으로 그들을 부정한다든지 또는 전적으로 인정한다든지 할 수는 없다. 역사상 많은 수도사들이 그리스도를 참되게 믿었다. 그들의 서약 역시 그리스도께 대한 진실한 헌신의 표시였다. 그들이 수고해서 경건 생활과 학문에 기여한 점이나, 그들이 봉사 활동을 통해 사회에 큰 유익을 끼치고 하나님의 이름에 영광을 돌린 것을 부인하지는 못할 것이다. 그러나 그 서약이나 봉사 역시도 골로새서 2:20-23이 말하는 문제들에 의해 오염되어 있었다. 오늘 우리의 모든 동기가 그러한 것처럼, 그들의 동기 역시 100% 순전하지는 않다.

때로 우리는 수도사들의 해결이 너무 극단적이라고 평하면서 우리 스스로를 위해서는 보다 손쉬운 형태의 금욕적 삶을 추구하려 하기도 한다. 예를 들어 권력이나 대결을 회피하고자 도피주의나 평화주의를 취한다든지, 또는 율법주의적인 '단순한 생활 방식'에 집착한다든지, 결혼 관계를 유지하면서 성을 멀리한다든지 하는 방식이다.

하지만 오늘날 대부분의 서구인들은 포기나 금욕의 방식보다는 타협의 방식에 더 이끌리고 있다. 예를 들어 그리스도인들은 주일마다 종교적 춤에 참여함으로써 심리적 건강을 얻으려 하고 있으며, 삶 속에서 당하는 고통들을 어떻게 최소화할 수 있을 것인지를 가르쳐 주는 설교에 귀를 기울이고 있다. 주중의 나머지 시간에는 여느 사람들과 다를 바 없는 삶을 살면서 그저 피상적으로 그리스도인으로서의 자기 양심에 저촉되지 않는 행동의 규칙들을 지키고 이를 통해 일종의 우월성을 누리고 있는 것이다.

그리스도인들 역시 비그리스도인들과 마찬가지로 자기중심적 쾌락의 약속들에 유혹을 받기도 한다. 그뿐만 아니라, 잘못된 구원 약속들에 의해서도 유혹을 당한다. 예를 들어, 각종 이데올로기들은 구원의 모조품을 통해 사람들을 유혹한다. 마르크스주의의 경우, 생산 수단 통제와 평등 분배를 통해 사람들을 경제적 죄와 돈의 숭배에서 구원해 주겠다고 약속한다. 사람들은 스스로가 부의 탐욕을 억제하지 못하므로 마르크스주의 체제가 개입해서 대신 이 문제를 해결해 줄 수 있을 것이라고 잘못된 소망을 가지기도 한다.

페미니즘은 또 무엇을 약속하는가? 성적 혼란과 그 욕망에서 비롯되는 고뇌들로부터 우리를 구원해 주겠노라고 약속한다. 우리 스스로가 자신의 성적 욕망이나 수치심, 혼란 등을 극복할 수 없기 때문에, 페미니즘이 대신해서 사회적 혁신을 통해 서로가 서로를 어떻게 대해야 할지 그 바른길을 보여 주겠노라고 장담한다. 한 부류의 페미니즘은 성 정체성의 문제를 단순히 땜질식의 보수 차원으로 인식한다. 과거부터 형성되어 온 왜곡된 관행들을 시정하기만 하면 우리가 모두 동일한 권리를 누릴 수 있을 것으로 보는 것이다. 또 다른 유형의 페미니즘에서는 우리가 그 어떤 고정된 틀이나 도덕관을 사람들에게 주입하지 말고 모든 남자나 여자가 자기 하고 싶은 대로 하도록 허용하면 모든 문제가 해결될 것으로 보기도 한다.

사람들은 모두 해방을 추구한다. 인정하기 싫을지 모르지만, 사람들은 자신의 깊은 내면을 들여다보면 뭔가 자신들의 상황이 잘못되어 있고, 꼬이거나 비뚤어져 있으며, 결핍이나 불만족 상태에 빠져 있다고 느낀다. 그래서 어딘가로부터 위로를 찾고 있는 것이다. 기독교적 해답에도 관심을 가져 보지만, 그것은 고통과 자기부인을 요구하며, 또 그 효과가 느리고 믿을 수 없다고 생각하기 때문에 사람들은 다른 대안에 눈을 돌리고 있다. 그들이 눈을 돌리고 있는 것은 대안적 구원의 약속들이다. 그런 점에서 그것은 우상들이다.

오늘날 우리가 접하는 짐승과 바벨론은 제도의 형태로만 다가오는 것이 아니라, 개인적이고 심리적인 두려움과 욕망의 형태로 다가오기도 한다. 사람들은 소극적으로는 두려움에 의해, 그리고 능동적으로는 욕망에 의해 조종된다. 한편에서는 짐승이 두려움을 이용해 사람들로 하여금 우상에게 절하도록 유혹한다. 사람들은 너나없이 고통이나 비참, 형벌, 타인들로부터의 따돌림 등을 두려워한다. 이런 두려움이 사람들로 하여금 하나님을 경배하는 대신 그들을 위협하는 것 앞에 굴복하게 만든다. 또 다른 한편, 바벨론은 쾌락의 약속으로 사람들을 유혹하여 우상 앞에 절하도록 만들기도 한다. 욕망은 사람들로 하여금 하나님을 경배하는 대신 그들에게 강렬한 흥분과 만족을 주는 것 앞에 굴복하게 만든다. 사람들마다 두려움과 욕망이 어떤 작용을 하는지는 다소간 차이가 있을 것이다. 따라서 각자가 경험하는 우상 숭배의 성격도 다소간 다를 수 있다. 그러나 크게 보면 사람들은 모두가 두려움과 욕망, 또는 짐승과 바벨론이라는 이 쌍둥이 우상을 그 변형된 형태를 따라 경험하고 있다. 하나님은 우리가 이 우상들을 물리치기를 원하신다. 그 길은 참된 두려움 곧 하나님을 두려워함과, 참된 욕망 곧 하나님의 임재 앞에서 만족하고자 하는 욕망을 가지는 것이다(계 22:1-5).

요약하자면, 요한계시록이 보여 주는 우상 숭배는 참된 예배가 그러함과 마찬가지로 집단적 측면과 개인적 측면을 동시에 가지며, 드러난 측면과 은밀한 측면을 동시에 가진다. 외콜람파디우스(Oecolampadius)는 이사야 13장 주석에서 이 양면을 잘 지적하고 있다. 집단적 측면에서 볼 때, "만일 로마[집단적 바벨론]의 압제가 종식된다면 진심으로 기뻐하지 않을 그리스도인들이 하나도 없을 것이다." 개인적 측면에서 볼 때, 그리스도인들은 "그[예수 그리스도]를 통해 매일 우리 안에 있는 바벨론을 이겨 내야 한다."[83]

우리는 또한 우상 숭배가 역사적 측면을 가지기도 한다는 것을 잘 알아야

83. Johannes Oecolampadius, *In Iesaiam Prophetam HUPOMNEMATON, hoc est, Commentariorum, Ioannis Oecolampadii Libri VI* (Basel: Andreas Cratander, 1525), 105a.

한다. 우상 숭배는 역사 발전과 심판 과정 속에서 일어나기도 하고 무너지기도 한다. 배도한 예루살렘은 주후 70년에 멸망을 당했다. 공식적으로 이교주의를 채택했던 로마는 콘스탄티누스의 개종으로 인해 일격을 당했고, 330년 비잔틴으로 황도를 옮긴 것과 410년 로마 약탈로 인해 로마는 파국의 결정타를 맞았던 것이다. 그 밖의 많은 사건들이 우상 숭배에 사로잡혔던 로마의 종국을 가져오는 데 작용했다.

역사상 일어난 최대의 심판적 사건들은 예수 그리스도의 십자가 죽음과 부활, 그리고 예고된 그의 재림 사건이다.[84] 이 두 사건들 사이에 심판을 예고하는 다른 많은 사건들이 자리 잡고 있다. 또 이 두 사건들을 사용하셔서 하나님은 날마다, 보다 작은 규모로 우상 숭배의 세력을 깨트리고 계신다. 곧, 성령을 우리에게 보내셔서 예수 그리스도가 우리 속에 살아 있게 하시고, 그의 사역을 우리에게 계속적으로 적용시키시는 것이다. 이를 통해 우리 자신이 죽고 그리스도의 부활을 받아들이게 된다(골 2:20-3:4; 고후 4:10-12; 빌 3:10-11). 그리스도와의 교제를 통해 하나님은 우리 가운데 변혁을 일으키신다. 우리 개개인, 우리의 가정, 교회, 공동체들, 제도들 속에 변혁이 일어나게 하시는 것이다.

속임과 맹목성

우리의 요점을 다시 한 번 되새겨 보자. 우상 숭배는 하나님에 대한 우리의 이해를 때로는 드러나게, 때로는 은밀하게 오도한다. 어떤 형태이든지 간에 우상 숭배는 이를 행하는 자들을 속이며 또한 맹목적이 되게 한다. 우상 숭배자들은 스스로가 하나님을 예배하고 있노라고 생각한다. 그러나 실상

---

84. 외콜람파디우스는 가장 위대한 이 두 역사적 사건들을 잘 주목하고 있다. 그는 이렇게 말한다. "바벨론이 그리스도에 의해 파멸되고 우리의 자유가 회복되었다는 것이 우리의 신앙과 소망에 얼마나 큰 의미를 가지는지 모른다. 예수께서 말씀하시기를 '담대하라 내가 세상을 이기었노라'[요 16:33]라고 하셨다." "하지만, 이 세상을 전적으로 또 온전하게 이기는 일은 이 세상 마지막 때에 일어날 것이다."(ibid.).

이것은 스스로를 우롱하는 일이다. 그들은 자신들의 예배를 받기에 합당하다고 생각하는 것을 예배한다. 그러나 그것의 실상에 대해서는 맹목성을 키울 따름이다. 시편 115:4-8에서 지적하고 있는 것처럼, 우상들은 입이 있어도 말하지 못하며 눈이 있어도 보지 못한다. 그뿐만 아니라 우상들은 그 숭배자들이 보지 못하게 하고 듣지 못하게 만들어 놓는다. "우상들을 만드는 자들과 그것을 의지하는 자들이 다 그[우상이 보지 못하고 듣지 못함]와 같으리로다"(8절).

그런데 이 맹목성은 결코 진공 상태나 지식의 부재 상태에 머물러 있지 않는다. 참 하나님 대신 그 모조품인 거짓 대체물로 채우려고 한다. 이 모조품은 하나님을 모방하고 있다는 점에서 사람들에게 매력적으로 보인다. 사람들이 이 모조품을 사랑하는 이유는 그들이 하나님을 결코 벗어날 수 없으며 하나님께 의지하지 않고는 살 수 없기 때문이다. 이것이 우상 숭배의 본질이다. 하나님 대신 다른 것을 예배하는 것은 결코 아무것도 아닌 것을 예배하는 것이 아니다. 오히려 하나님의 대체물, 그분을 모방한 어떤 것을 예배한다. 그리고 이 모조품이 우상으로 작용하기 위해서는 우리의 필요와 하나님께 대한 우리의 갈망을 만족시켜 줄 수 있다는 환상을 성공적으로 심어 주는 것이어야 한다.

이 모조품의 본질이 의존성이라는 것은 흉내 내기의 행위 그 자체 속에서 잘 드러난다. 요한계시록의 짐승은 그리스도의 권세와 부활을 흉내 냄으로써 자신이 모방자일 뿐임을 드러내고 있다(계 13:3). 더군다나 그의 야수성을 볼 때, 그가 그리스도보다 열등하다는 것이 잘 나타난다. 피조물로서 사람들은 본능적으로 자신들이 그리스도를 예배해야 함을 알고 있다. 사람들은 이를 그리스도의 모조품인 짐승을 숭배하는 일을 통해 나타내고 있다. 죄인인 사람들은 이렇게 진리의 모조품을 더 좋아한다. 결국 사람들은 우상 숭배의 행위 속에서도 하나님을 멀리 떠나 있는 것이 아니다. 다만 모조품이 아니라 참된 창조자를 예배하는 자리로 돌아와야만 한다. 사람들은 하나님을 알지만 그러면서도 그에 대한 지식을 억누르고 변질시키고 있다(롬 1:18-32).

이런 상황 속에서 우리는 우상 숭배가 전적으로 의식적이요, 맑은 정신으로 행하는 예배 행위가 아니라는 점을 이해하는 것이 중요하다. 우상 숭배에는 언제나 속임과 혼동이 포함된다. 사람들은 우상을 하나님으로 혼동한다. 그들의 생각과 행동이 어두워진다. 우상을 섬길 때 사람들은 자기가 하는 일을 온전히 다 자각하지 못하고 있다. 특히 현대의 세속 사회 속에서는 더욱 그러하다. 예전과 달리 우상이 보다 교묘하고 은밀한 모습으로 존재하기 때문에 우상 숭배 역시 암시적 성격을 가진다.[85] 우상 숭배가 사람들의 생각과 행동을 부패케 하는데, 그 부패의 결과로 사람들은 그 부패가 부패인지조차 자각하지 못하게 되는 것이다.

우상 숭배는 그 어떤 형태의 것일지라도 성경 해석에 불가피하게 그 영향을 끼치게 된다. 우리가 하나님을 바르게 알지 못하고 하나님을 우상으로 바꾸게 되면, 우리는 하나님의 말씀을 우상의 말로 바꾸게 되어 있다. 말씀의 주체를 바꾸어 버리기 때문에 그 해석이 달라지지 않을 수가 없는 것이다. 그런데 문제는 이렇게 변질된 해석이 전적으로 허무맹랑한 말로 바뀌지는 않는다는 점이다. 우상이 참 하나님과 매우 흡사한 점을 가지는 것과 마찬가지로, 성경에 대한 그릇된 해석도 바른 해석과 매우 흡사한 점을 가진다. 실제로 참된 것과 그 모조품은 교묘하게 서로 뒤섞여 있기 때문에, 오직 하나님만이 이를 정확하게 가려낼 수 있다.

결론적으로, 우상 숭배의 맹목성은 해석상의 맹목성을 포함한다. 그러나 영적으로 자라감에 따라 우리는 성경을 더 올바르게 해석할 수 있게 된다.

---

85. 마이클 폴라니(Michael Polanyi)의 저작에서는 명시적 지식과 암시적 지식을 구분하며, 또한 핵심적 인식과 주변적 인식을 구분한다. 보다 자세한 내용을 위해서는 다음을 참조하라. Polanyi, *Personal Knowledge* (Chicago: University of Chicago Press, 1958); Polanyi, *The Tacit Dimension* (London: Routledge & K. Paul, 1967).

제14장

해석의 왜곡, 그 보편적 차원

"

- **교리주의자 교선**: 우리가 한 가지 교리를 잘못 이해하게 되면 다른 많은 부분에 있어서도 잘못된 견해를 가지기가 쉬워. 예를 들어 로마 가톨릭의 전통의 권위에 대한 사상을 봐. 이건 하나의 교리에 불과하지만, 그 결과로 말미암아 다른 많은 부분에 있어서도 교리적 오류와 혼동을 빚어내고 있지 않아?
- **경건주의자 경민**: 난 그런 원리를 내 경건 생활에서도 경험하고 있어. 내 속에서 탐욕과 교만이 자라도록 내버려 두면 이것이 나의 경건 생활을 다 망쳐 놓고 말아. 전처럼 기도가 제대로 되지 않고, 기도를 해도 깊이 들어갈 수가 없어. 기쁨도 곧 말라 버리고 말아. 이는 마치 암이 퍼져 가는 것과 같아.
- **문화 변혁가 문호**: 하나의 주된 사회 조직이 잘못될 때 이것이 사회의 거의 모든 분야에 악영향을 미치게 되어 있어. 옛 소련의 예를 생각해 보면 알 수 있어. 악한 정부와 경제적 실패는 가정에도, 교육에도, 환경에도 나쁜 영향을 미치는 거지.
- **해석학자 형진**: 그렇다면 이런 원리가 성경 해석에도 적용되는 것이 아닐까? 우리가 성경을 해석할 때 한 부분이 잘못되면 이것이 다른 모든 부분에도 영향을 줄 수 있을 것이라고 봐.

"

우리는 앞에서 삼위일체로 계신 하나님을 바르게 이해하는 것이 성경 해석의 특성과 구조를 이해하는 데 핵심적인 역할을 한다는 것을 보았다. 하나님에 대한 우리의 이해가 잘못될 때 우리의 해석 또한 잘못될 수밖에 없다. 그뿐만 아니라 로마서 1:19-21은 심지어 우상 숭배자들에게도 하나님을 알 만한 것이 그들 속에 있다고 말한다. 그들은 자신들이 부당하게 억누르는 하나님에 대한 지식의 바탕 위에서 우상들을 숭배한다. 따라서 타락한 해석이란 것도 생각처럼 그렇게 나쁜 것이 아닐 수도 있다. 하나님을 인정하지 않는 해석자들이 하나님에 대한 숨은 지식을 여전히 보유하고 있다면, 그들이 행한 해석 작업의 결과는 그들이 밖으로 표방하는 무신론적 해석 이론보다 더 하나님의 존재를 인정하는 것이 될 수도 있다.

하지만 하나님에 대한 우리의 지식은 우리의 해석 작업에 불가분 영향을 미치게 되어 있다. 어떤 방식으로 영향을 미치는지 다음의 예들을 통해 살펴보도록 하자.

의사소통에 대한 관점들

앞서 우리가 의사소통에 대해 살펴보았던 것처럼, 화자와 발화와 청중은 서로 밀접하게 연관되어 있다. 우리가 의사소통을 이해한다는 것은 거기에 포함된 의사 표현적, 정보 내용적, 효과 산출적 세 요소를 상호내재의 관점에서 이해한다는 것을 말한다. 이 세 가지 요소들은 하나님의 삼위일체적 상호내재와 유비를 이룬다. 그런데 여기에 참 하나님 대신 모조품 우상을 숭배하는 어떤 해석자가 있다고 생각해 보자. 그 사람은 틀림없이 화자와 발화와 청중의 관계를 왜곡하게 될 것이다.

가장 단순한 형태의 왜곡은 단일론이다. 이는 세 요소 중 어느 하나에 우선권을 둠으로써 상호내재성을 깨트린다. 화자나 발화, 청중 가운데 어느 하나가 일종의 신의 위치에 서게 되고 모든 의미의 원천이 된다. 현대 해석학 이론들 가운데 저자 중심의 접근 방식들, 텍스트 중심의 접근 방식들, 또는 독자 중심의 접근 방식들, 모두가 그 우상 숭배로 인해 왜곡된 형태들이다. 그런데 그 각각이 그럴싸해 보이는 측면들을 가지고 있다. 하나님은 하나님이시기 때문에, 표면 아래에는 여전히 상호내재성이 작용한다. 따라서 이 세 가지 접근 방식들 각각에는 다른 접근 방식들 속에서 강하게 작용하는 어느 정도의 통찰들이 따로따로 보유되어 있다.

하나님에 대한 우리의 지식은 우리의 해석 작업에 보다 분명한 방식으로 영향을 미친다. 왜냐하면 하나님은 화자와 발화와 청자에 대한 우리의 생각에 각각 현존해 계셔서 영향을 미치는 분이시기 때문이다. 이를 하나씩 차례대로 살펴보도록 하자.

성경 저자로서의 하나님 알기

첫 번째로, 성경의 저자들을 생각해 보자. 하나님에 대한 지식이 우리가 성경의 저자들을 이해하는 데 어떻게 영향을 미치는가? 많은 인간 저자들이 성경의 많은 책들을 썼다는 것을 우리는 잘 안다. 그러나 우리가 성경을 하나님의 말씀이라고 고백하는 것은 하나님께서 성경의 신적 저자이심을 인정한다는 것을 말한다. 하나님은 인간 저자들을 감독하시고 준비시키셔서 그들로 하여금 하나님 자신이 말씀하시고자 의도한 바로 그것을 기록하도록 하셨다. 도구적 기능 차원에서의 인간 저자들을 무시해서는 안 된다. 하지만 그들이 무시될 수 없는 이유는 하나님께서 그분의 의도하신 바를 성경에서 우리에게 보여 주셨다는 이유 때문임을 우리는 잘 안다. 성경에서 우리를 향해 말씀하시는 하나님 그분이 직접 이 인간 저자들을 자신과의 회의(counsel)로 이끄시고 이들이 그분의 길을 깨닫도록 하셨다(민 12:6-8; 출 33:13; 고전 2:16; 요 16:13).

따라서 신적 저자이신 하나님이 이 의사소통 행위의 중심에 서 계신다. 저자를 아는 것은 곧 하나님을 아는 것을 말한다. 만일 하나님에 대한 우리의 이해가 어두워진다면, 성경에 대한 우리의 지식 역시, 때로는 은밀하게, 때로는 급진적으로 영향을 받지 않을 수 없다. 이와 관련하여 예수님은 요한복음 8장에서 이와 같이 말씀하신다.

"어찌하여 내 말을 깨닫지 못하느냐 이는 내 말을 들을 줄 알지 못함이로다 너희는 너희 아비 마귀에게서 났으니 너희 아비의 욕심대로 너희도 행하고자 하느니라"(43-44절)

"하나님께 속한 자는 하나님의 말씀을 듣나니 너희가 듣지 아니함은 하나님께 속하지 아니하였음이로다"(47절)

"너희는 그[참되신 하나님]를 알지 못하되 나는 아노니"(55절)

성경의 중심 주제와 관련된 분으로서의 하나님 알기

두 번째로, 이해의 과정 속에서 우리는 의사소통의 주제가 무엇인지를 알아야만 한다. 미식축구에 대해 잘 모르는 외국인들이 이 주제에 대한 이야기를 들을 때에는 매우 혼란스러워할 것이고 이해도 잘 안 될 것이다. 그 이야기를 제대로 알아들으려면 먼저 미식축구 규칙을 알아야 하고 실제로 몇 번 게임을 볼 필요도 있다. 마찬가지로 우리가 성경을 바로 이해하기 위해서는 성경이 다루는 주제들에 대해 어느 정도 익숙해질 필요가 있다. 무슨 이야기가 오가고 있는지 어느 정도 친숙해지지 않으면 우리는 사태를 제대로 이해할 수도 없고 다른 사람들에 대해 피상적인 이해에 빠지기도 쉽다.

물론 성경의 많은 부분은 우리가 경험하는 것과 유사한 사건이나 경험, 관습, 사고, 감정 등을 다루고 있다. 따라서 이런 일들은 거의 모든 인간 독자들이 어느 정도는 쉽게 접근할 수 있는 것들이다. 하지만 이것도 정도의 차이는 있다. 예를 들어 시편 5:8-10이나 유사한 시편들에서 다루고 있는 거짓과 불의에 대한 분개의 감정은 많은 사람들이 느낄 수 있는 보편적인 경험에 속한다. 하지만 통상 이런 경험은 자신들의 삶에서 실제적으로 불의의 문제에 직면하여 날카롭고 치열한 경험을 해 본 사람에게 더 잘 이해되기 마련이다. 출산의 고통과 남편을 잃는 경험은 모든 사회들 속에서 보편적으로 일어나지만, 그런 일을 비유로 삼아 기록한 성경의 진술들(예를 들어, 사 13:8; 54:4 등)은 이런 일들을 직접 겪어 본 사람들이 가장 잘 이해할 수밖에 없다.

성경에서는 우리가 아는 지식의 모든 상세한 차원들이 모두 우리의 구원 문제와 관련하여 제시되고 있다. 성경은 무엇보다 우선적으로 하나님에 대해 그분이 누구이시며, 무엇을 하셨고, 또 우리가 어떻게 응답해야 하는지 이야기하고자 하는 데 그 초점이 맞추어져 있다. 성경은 구원에 대한 책이다. 우리의 죄 곧 하나님에 대한 반역, 하나님의 약속들, 역사 속에서의 하나님의 구원 행위들, 그리스도 안에서의 그의 의롭다 하심과 화목하게 하심, 성령 안에서의 새 생명의 선물 등을 이야기한다. 우리는 이야기의 주제가 뭔지에 대한 아무런 지식도 없이 이런 문제들을 정확하게 이해하고 해석할 수 있을 것이라고 기대할 수 없다. 다시 말해서 우리는 구원을 직접 경험해 볼 필요가 있다.

우리는 하나님이 어떤 분인지, 우리의 죄가 무엇인지를 친히 알아야 하고, 하나님의 약속들을 믿고 내 것으로 삼아야 하며, 그리스도 안에서의 의롭다 하심과 화목하게 하심을 경험해 보아야 한다. 기이하게도 모든 인간 존재들이 이런 일들에 대해 어느 정도의 지식을 다 가지고 있다. 모든 인간 존재들(오직 그리스도만 제외하고)은 다 죄인이며, 또한 모두가 하나님을 안다(롬 1:20-21). 모든 사람들이 어떤 형태로든 죄책감과 하나님으로부터의 단절의 무게를 경험하고 있다. 그리고 이런 근본적인 필요에 근거해서 나름대로 해결책이라고 생각하는 것들을 이론적으로 추론해 내고 있다. 온 세상에 존재하는 종교들은 비록 가장 왜곡되고 기만적인 형태들이기는 하지만, 인간 존재가 근본적으로 구원을 갈망한다는 것을 증명하고 있다. 모든 비기독교적 종교들은 실상은 기독교적 구원의 왜곡된 모방품들을 제공하고 있는 셈이다.

하나님의 구원에 대한 지식과 그분과의 사귐이 없이는 사람들은 스스로의 상상과 욕망에 따라 어둠 속에서 비틀거릴 수밖에 없으며, 또한 이런 어둠의 시각이 성경 해석에 영향을 미치지 않을 수 없다. 하나님은 우리가 그리스도의 구원에 관한 지식을 가질 수 있도록 그분의 빛을 우리에게 비추신다(고후 4:6). 그분의 빛은 모든 것을 한순간에 밝힌다. 우리는 하나님의 거룩하심을 알 때에만 우리 죄의 심각성을 알 수 있다. 우리는 하나님의 은혜와 용서를 알 때에만 우리의 죄책의 온전한 부분을 인정할 수 있고 남에게 그 책임을 떠넘기기를 멈추게 된다. 우리는 하나님의 능력과 지혜를 알 때에만 하나님이 주신 구원의 선물이 얼마나 깊고 부요한 것인지를 볼 수 있게 된다. 따라서 하나님을 깊이 알고, 또 자신이 구원받았다는 사실을 아는 사람만이 성경의 주제를 그 필요한 만큼 온전하게 알게 된다. 물론 그런 사람조차도 이 세상에 사는 동안에는 이 일들을 알아가는 과정에 있을 뿐이다(빌 3:10-14; 고전 13:9-12).

성경은 하나님을 알되 바르게 알지 못하는 것의 결과가 무엇인지 몇 가지 예들을 보여 준다. 바울은 이방인들에 대해 "그들의 총명이 어두워지고 그들 가운데 있는 무지함과 그들의 마음이 굳어짐으로 말미암아 하나님의 생명에서 떠나 있도다"라고 말한다(엡 4:18). 베드로는 "무식한 자들과 굳세지 못한 자들이 다른 성경과 같이 그것도[바울의 편지들을] 억지로 풀다가 스스로 멸망에 이르느니라"라고 말한다(벧후 3:16).

우리는 또한 사두개인들의 예를 생각해 볼 수 있다. 그들은 예수님 당시의 종교적 전문가들이었고 성경에 대해 많은 것을 잘 알고 있는 사람들이었다. 그러나 예수님은 그들을 가리켜 "너희가 성경도, 하나님의 능력도 알지 못하는 고로 오해하였도다"라고 말씀하신다(마 22:29). 그들이 성경은 알아도 하나님의 능력은 알지 못했다는 것은 가장 치명적인 오류이다. 하나님에 대한 그들의 지식은 영적으로 결핍되어 있다. 예수님은 그들이 하나님에 대해 아는 것과 달리 "하나님은 죽은 자의 하나님이 아니요 살아 있는 자의 하나님"이라고 말씀하신다(32절). 이는 하나님을 바르게 아는 것이 성경 해석에 있어서 얼마나 중요한지를 보여 주는 또 하나의 말씀이다.

말 건넴 대상을 알기 위해 하나님 알기

세 번째로, 정확한 해석을 위해서는 의사소통 과정에 있어서 말 건넴의 대상 곧 수신자들이 누구인지를 아는 것이 중요하다. 많은 경우에 있어서 이 부분에 대한 지식은 의사소통이라는 주제 문제와 겹치거나 또는 그 속에 포함된다. 예를 들어, 고린도 교회에서 문제가 되었던 "죽은 자들을 위하여" 세례를 받는 일(고전 15:29)은 하나의 주제 문제(바울이 다루고 있는 이슈 또는 사안이 무엇인가?)일 수도 있고, 수신자들의 문제(고린도 사람들이 무엇을 행하고 있었는가?)일 수도 있다. 이런 경우 우리가 하나의 문제에 대한 답을 알면 동시에 다른 문제에 대한 답도 알 수 있다.

일반적으로 수신자들의 역사적 정황이 무엇인가 하는 점은 해석과 많은 연관성을 가진다. 하지만 역사적 정황의 모든 요소들이 모든 종류의 의사소통에 다 똑같은 정도로 관련되는 것은 아니다. 신학적인 논문과 같은 유형의 글은 당장 일어나고 있는 사건들과 직접적 연관성을 그렇게 많이 가지지는 않을 것이다. 그러나 지금 당장 일어나고 있는 사건들에 대한 보고서를 쓴다면 그 연관성은 매우 높을 수밖에 없다. 특정 정황이 해석의 과정에 있어서 더 의미를 가지게 되는 것은 텍스트가 그런 정황의 일부 요소들을 암시하든지 아니면 전제하고 있을 때이다. 이런 경우 그 연관된 역사적 정황은 수신자들에 대한 필요한 지식을 제공하는 자료가 되며, 또한 동시에 텍스트가 다루고 있는 주제 문제가 무엇인지를 알려 주는 자료가 된다.

수신자들은 텍스트가 다루고 있는 정황들이 무엇인지를 잘 알고 있다. 따라서 텍스트를 읽을 때 그런 정황들을 늘 염두에 둔다. 우리 역시 그 텍스트가 수신자들에게 어떤 효과를 불러일으켰을지 알기 위해서는 같은 방식으로 그 정황들을 늘 염두에 둘 필요가 있다. 마찬가지 방식으로 텍스트가 역사적 정황에 대해 어떤 암시를 하고 있을 때는 그 정황과 관련된 요소들을 텍스트가 다루는 주제 문제의 범위 안에 포함시키는 효과를 갖는다.

간단히 말해서, 수신자들이 누구인가를 이해하는 것과 텍스트의 주제 문제를 이해하는 것은 서로 긴밀하게 연관되어 있다. 텍스트의 주제 문제와 관련하여 우리가 앞에서 말했던 모든 것은 다 수신자 이해에도 동일하게 적용된다.

우리가 하나님을 아는 것이 말 건넴의 대상을 이해하는 데 어떤 영향을 미치는지와 관련하여 다소 특별하게 고려해야 할 점도 있다. 첫째, 우리가 가지는 하나님에 대한 이해는 수신자들을 향한 텍스트의 목적과 의도가 무엇인지를 판별하는 일에 영향을 미친다. 어떤 글을 쓸 때 그 글의 저자는 수신자들 속에 어떤 방식으로든 하나의 변화가 있기를 바라고 글을 쓴다. 어떤 진리를 가지고 사람들을 설득하기 위한 목적이든, 아니면 어떤 소정의 자세를 취하도록 권면하기 위한 목적이든, 아니면 어떤 종류의 행동을 취하도록 명령하고자 하는 목적이든, 다양한 종류의 목적이 있을 수 있다. 성경 텍스트의 경우, 그 일차적 저자는 하나님이시다. 따라서 하나님이 어떤 분이신지를 아는 것이 수신자를 향한 텍스트의 목적이 무엇인지를 아는 일에 결정적으로 중요하다.

다음으로, 하나님을 아는 것은 우리가 수신자 자신을 이해하는 일이나 수신자들의 이해 방식을 이해하는 데에도 영향을 미친다. 모든 인간 수신자들은 하나님의 형상으로 지음받았다. 우리가 하나님을 알지 못하고서는 우리 자신을 깊이 이해할 수 없는 것과 마찬가지로, 그 동일한 지식이 없이는 다른 사람 또한 잘 이해할 수 없다.[86] 특히 우리가 하나님의 의와 자비에 대한 바른 이해를 가지지 못할 때 다른 사람들을 부당하게 비판하거나 잘못 감싸 주는 잘못을 범하기 쉽다. 하나님의 지혜는 죄의 교묘함을 밝히 비추어 드러낸다.

---

86. John Calvin, *Institutes of the Christian Religion* (reprint, Grand Rapids: Eerdmans, 1970), 1.1.2. 『기독교 강요(상)』(원광연 역, 고양: 크리스천다이제스트, 2003).

> 그러나 우리의 생각을 높이 올려서 하나님께로 향하기 시작하여 그분이 어떤 분이신가를 생각하고, 또한 그분의 의와 지혜와 권능이 얼마나 절대적으로 완전한가를 생각하며, 또한 그것이야말로 우리가 따라야 할 표준이라는 것을 생각하면, 그 이전에 거짓으로 의(義)인 것처럼 뽐내어 우리를 즐겁게 하던 것들이 그야말로 추악하고 더러운 것이 되고 말 것이며, 지혜라는 이름으로 우리에게 감동을 주던 것이 지극히 어리석음의 냄새를 풍기게 될 것이며, 또한 덕스러운 열심의 모습을 보이던 것이 지극히 비참한 무능함으로 드러나고 말 것이다. 다시 말해서, 완전 그 자체인 것처럼 보이던 우리 속의 것들이 하나님의 순결하심에 비추어 볼 때에 그것과는 너무나도 거리가 멀다는 것이 드러나는 것이다.[87]

죄 아래 있는 수신자들을 더 깊이 알수록 우리는 하나님께서 죄를 꾸짖고 극복하기 위해, 그리고 그분의 구속받은 백성에게 치유의 말씀을 주시기 위해 어떻게 성경을 통하여 일하시는지를 더 잘 볼 수 있게 된다.

셋째, 하나님을 아는 것은 수신자들의 하나님 인식이 어떻게 그들의 텍스트 수용에 영향을 미치는지를 알 수 있도록 우리에게 영향을 미친다. 때로 수신자들은 텍스트의 의미를 적당히 왜곡하도록 유혹을 받기도 하는데 우리는 그런 것들이 어떤 방식으로 일어나는지를 잘 볼 수 있다. 그뿐만 아니라 하나님께서 어떤 방식으로 이런 왜곡 행위들을 극복할 수 있도록 구속의 수단들을 공급하시는지도 잘 볼 수 있게 된다.

예수님의 비유 속에서 하나님 알기

예수님의 비유들 중의 일부를 통해서 우리는 이런 과정이 어떻게 일어나는지를 잘 볼 수 있다. 예를 들어, 마가복음 4:2-20에 나오는 씨 뿌리는 자의

87. Calvin, *Institutes of the Christian Religion*, 1.1.2.

비유를 생각해 보자. 무엇보다도 이 비유는 비유들에 관한 비유이다. 말씀 듣는 일에 관한 비유이며(4:9, 14-20, 23), 근접 문맥 속에서 보면 문제의 말씀은 곧 예수님 자신이 선포하시는 말씀이라는 것을 알 수 있다. 이를 잘 보여 주는 것이 4:10-12에 나오는 해설인데, 이는 예수님께서 주로 비유들로 가르치시는 이유가 무엇인지에 대해 알기를 원하는 제자들에게 답변하는 말씀이다.

그렇다면 이제 마가복음 4:13-20에 나오는 이 비유의 해석 부분을 보도록 하자.[88] 이 부분은 예수님의 말씀이 어떤 다양한 방식으로 수용되고 있는지를 보여 준다. 예수님은 11절에서처럼 "너희"와 "외인들" 두 그룹을 구분하신다. 이 둘 중 오직 한 부류의 사람들만 비유의 내용을 이해한다. 이런 차이는 결국 청중의 차이에 따른 결과이다. 한 부류의 청중은 영적으로 건강한 반면, 다른 쪽은 그렇지 않다. 이런 점은 24-25절에 나타나는 다소 신비로운 말씀에 의해 더 확실히 드러난다. "있는 자는 받을 것이요 없는 자는 그 있는 것까지도 빼앗기리라"라고 하셨는데, 여기서 "있는 자"에 해당하는 제자들은 예수님과 그들의 관계를 통해 더 많은 것을 받을 것이다. 그러나 "없는 자"는 어두움을 더 깊이 경험하게 될 것이다. 보아도 알지 못하고 들어도 깨닫지 못하게 되는 굳어짐(4:12; 사 6:9-10에서와 같이)은 하나님께서 마음 내키는 대로 행하심의 결과가 아니라 사람들의 죄에 대한 심판의 결과이다.

비유 이해 과정에 있어서 중심 역할을 하는 축은 예수님 자신이다. 제자들은 예수님과 따로 있는 자리에서(10절) 예수님으로부터 이 비유에 대한 설명

88. 여기서 상세히 논의하기는 어렵지만, 마가복음 4:13-20의 비유 해석 부분이 후대의 첨가라는 데 대해 여러 가지 이유로 나는 반대한다. 오히려 이는 제자들에게 예수님 자신이 사적으로 자신의 비유에 대해 해석해 주시는 것이라고 보는 것이 더 좋다. 주류 성경학자들은 이 점에 있어서 불필요한 혼란 속에 스스로를 밀어 넣었다. 그렇게 된 데에는 몇 가지 이유들이 있다. 첫째는, 성경학계의 주류 흐름이 복음서 메시지의 일부 요소들과 관련하여 신적 권위에 대한 자신감을 잃어버렸기 때문이다. 둘째는, 실제적인 나사렛 예수의 인격이나 의식과 관련하여 주류 학계가 가지고 있는 영적 불신의 조짐을 인정하지 않기 때문이다. (참조, Geerhardus Vos, *The Self-Disclosure of Jesus* [Grand Rapids: Eerdmans, 1954]). 셋째, 복음서 전승 과정을 분석하는데 있어서 주류 학계가 오류 있는 방법론들에 빠져들었기 때문이다.

을 듣는다. 예수님과 제자들 사이의 관계와, 또한 제자들이 예수님께 비유에 대해 질문하기 위해 기꺼이 나아왔다는 사실이 그들로 하여금 더 온전한 이해에 이르도록 그들을 이끌었다. 예수님과의 이런 관계가 없었더라면 그들은 더 많은 이해를 얻지 못했을 것이다.

제자들이 거쳐 간 이 과정이 우리가 비유를 이해하는 보다 일반적인 과정의 한 범례라고 볼 수 있다. 예수님의 사역 전체가 그분의 비유들을 이해할 수 있게 하는 결정적인 맥락이요 방향점이며 참조점이다. 따라서 예수님의 사역에 우호적인 사람들, 그래서 그 속에 이미 하나님의 구원 사역의 여명이 동터 오고 있는 사람들은 비유의 그림들과 예수님 사역의 특성을 연결시켜서 이해하기 시작했고, 더 깊은 이해를 위한 안내서를 이미 확보한 셈이 되었다. 그러나 예수님의 사역에 대해 적대적인 사람들은 그분의 비유를 들었지만, 알 듯 모를 듯 혼란만 얻게 되었다. 예수님께서 누구를 가리켜 말씀하시는 것인지 금방 알 수 있도록 매우 암시성이 강한 비유를 던지셨을 때에도 그들은 마음으로 그것을 받기를 거부하고 오히려 그 마음이 더욱 굳어져 버렸다(막 12:1-12).

이처럼 예수님의 비유들은 예수님의 인격과 그분 사역의 목적에 대한 지식이 그 비유들의 해석에 얼마나 결정적인 영향을 미치는지를 잘 보여 준다. 비유를 이해한다는 것은 어떤 멸균되어 안전하고 중립적인 객관성의 상태로 비유에 접근한다는 것을 말하지 않는다. 말 건넴을 받는 자들은 이미 자신을 던진 사람들이다. 그들은 이미 의사소통의 과정 속에 포함되어 있다. 그들은 이미 어떤 종류의 밭에 속해 있다. 이미 그들이 듣는 것이 무엇인지에 대한 질문을 듣고 있다. 이미 그들은 예수와 함께하든지, 아니면 반대하든지 둘 중 하나에 속하는 사람들이다(마 12:30).

더 나아가서, 예수님의 사역에 대한 그들의 이해는 하나님에 대한 그들의 영적 지식 및 하나님과의 사귐과 결코 분리될 수 없다. 하나님을 아는 것과 예수님을 아는 것은 함께 간다. 예수님과 함께하는 사람이 된다는 것은 하나님께서 그를 통해 구원을 이루신다는 것을 아는 것을 말한다. 이런 지식은 점차적으로 예수님 그분이 바로 하나님이라는 것을 아는 지식으로 꽃피워 가도록 되어 있다(요 20:28). 아직 여기에 도달하지 않은 상태에서라도 예수님에 대한 지식은 하나님에 대한 지식과 서로 맞물려 있다. 역으로 말해서 예수님께 반대하는 것은 곧 하나님께로부터 멀어지는 것을 말한다.

의사소통의 수신자들과 관련된 이런 모든 문제들은 우리가 생각하는 이상으로 우리에게 직접적인 영향이 있다. 성경을 읽을 때, 우리는 하나님께서 말씀하시는 말 건넴 대상자들의 한 사람이 된다. 우리가 하나님과 이런 관계 속에 있다는 것을 알 때, 성경 텍스트를 대하는 우리의 자세에도 급진적 변화가 수반될 수밖에 없다. 우리는 우리 자신을 실제로 하나님의 말 건넴의 대상으로 보고 있는가, 아니면 우리는 단순히 고대의 텍스트 하나를 들여다보고 있는 것인가? 우리가 그저 한 사람의 관찰자로 머문다면, 우리는 성경의 요구들을 우리 자신에게 적용해야 할 의무를 가지지는 않을 것이다. 하지만 그렇게 할 때 우리는 하나님의 목적으로부터 벗어나 있다는 것을 스스로 증명하는 셈이 된다. 하나님은 우리를 회개에로 부르신다(행 17:30). 하나님께서 성경을 기록하게 하신 데에는 오늘 우리를 향하여 가지신 목적도 있다. 하나님께서 행하신 모든 일들은 당대의 사람들뿐만 아니라 후대의 우리를 깨우치기 위한 목적으로도 기록되었다(롬 15:4; 4:23-25; 고전 10:11).

결론적으로, 하나님에 대한 우리의 지식 및 그분과의 사귐의 질은 해석의 과정에 포함된 세 주요 영역 모두에 영향을 미친다. 저자를 이해하는 데에도 영향을 미치며, 주제 문제를 이해하는 데에도 영향을 미치며, 또한 청중을 이해하는 데에도 영향을 미친다. 이런 영향은 그 본질상 눈에 띄지 않게 일어난다. 하지만 앞서 보았던 것처럼, 죽은 자들의 부활을 믿지 않는 사두개인들의 경우, 그 영향은 매우 급진적인 방식으로 일어나기도 한다(마 22:23-32).

하나님을 대적하거나 또는 하나님에 대한 지식이 빈약한 많은 사람들도 성경을 읽으면서 성경 속의 많은 사실들을 이해할 수는 있다. 하지만 그들이 성경을 이해하는 방식은 틀이 정해져 있다. 어떤 부류의 일들을 어떻게 또 어느 정도까지 그들이 이해하는지는 하나님에 대한 그들의 지식이 어떠하냐의 문제와 불가피하게, 그리고 본질적으로 연결되어 있다.

"기본적" 의미에 대한 지식에까지 미치는 영향

예수님의 비유들은 우리의 영적 상태 또는 하나님과 우리의 관계가 해석에 있어서 얼마나 중요한 위치를 가지는지를 생생하게 잘 보여 준다. 마가복음 4:11-12은 "하나님 나라의 비밀"이 모든 사람들이 취할 수 있는 것은 아니라고 말한다. 오히려 "외인에게는 모든 것을 비유로 하나니"라고 못 박는다. 이는 예수님께서 비유로 말씀을 전하시는 이유가 외인들에게 진리를 가리기 위한 목적에서라는 것을 분명히 한다.[89]

독일의 저명한 비유 해석자인 아돌프 율리허(Adolf Jülicher)는 비유의 명징성을 주장하는 사람인데, 그의 주장과는 달리 예수님의 일부 비유들은 대단히 신비적이다.[90] 비유의 의미가 즉각적으로 모든 사람들에게 다 명료하게

89. 마가복음 4:12의 첫머리에 놓인 '히나'(*hina*, ~하도록)는 목적의 의미로 읽는 것이 좋다. 참조, Robert H. Gundry, *Mark: A Commentary on His Apology for the Cross* (Grand Rapids: Eerdmans, 1993), 202; C. A. Evans, *To See and Not Perceive* (Sheffield: JSOT, 1989), 92-99. 하지만 이 문구를 어떻게 보느냐의 문제와 상관없이 4:11-29의 전반적 논조는 이런 방향을 가리키고 있다.
일부 학자들은 몇 가지 전문적 이유들을 들어서 이런 결론에 반대한다. 그들은 이 단락의 핵심 구절들에 대한 대안적인 해석을 제시하고 있다. (이에 대한 논의는 다음을 참조하라. Gundry, *Mark*, 195-204). 하지만 이사야 6:9-10과 마가복음 4장은 같은 주제를 다루고 있으며, 모두가 성령님을 그 저자로 삼는데, 성령님의 뜻은 예수님과 충돌되지 않는다. 다른 증거들과 종합해 볼 때, 예수님은 그의 비유가 가리는 기능을 가지도록 의도하셨다는 것을 인정하지 않을 수 없다. 이런 해석이 마가복음 4장의 문맥과도 가장 잘 어울린다.
내가 볼 때 학자들은 이 문제에 있어서 중립적이지 않다. 대안적인 해석을 제시하는 일부 학자들이 이런 "가리는" 기능을 거부하는 이유는 이것이 그들이 생각하는 예수상과 맞지 않기 때문이다. 하나님에 대한 불완전한 이해 및 그로 인한 예수님께 대한 잘못된 기대가 이 문제에 있어서도 학자들의 생각을 오염시키고 있다. 자신들의 경향성 때문에 학자들이 이런 실수를 범하는 것은 사실은 비유의 "가리는" 원리가 옳다는 것을 보여 주는 또 하나의 예에 지나지 않는다.

90. 비유 해석에 있어서 율리허가 미친 영향에 대해서는 다음을 참조하라. Madeleine Boucher,

드러나지 않는다. 제자들의 경우는 마가복음 4:13-20에 기록된 예수님의 설명을 듣고서야 그 비유의 의미를 깨달았지만, 나머지 많은 사람들은 그 의미를 알지 못했다(막 4:34; 마 13:51). 우리는 이런 이상한 현상을 그저 단순히 의미와 적용을 구분하는 것이나, 또는 석의의 기교와 개별적인 적용을 구분하는 것으로 피해 갈 수 없다. 쉽게 말해서 그들이 예수님 말씀의 의미는 알았지만 자신에게 적용을 못 시켜서 그런 것이라고 볼 수 없다는 것이다. 적용뿐만 아니라 "의미" 차원에서도 문제를 노출하고 있다. 죄인들은 의미도 적용도 바르게 인지하지 못한다. 예수님께 헌신하지 않는 사람들은 예수님의 일부 비유들의 표면적인 의미조차도 바르게 이해할 수 없을 것이다. 예수님께 더 많이 자신을 드릴수록 우리는 더 많은 것을 이해할 수 있다(막 4:24-25).

씨 뿌리는 자의 비유가 가르치는 요점 중의 하나는 우리가 하나님 말씀을 수용하는 과정에 있어서 죄가 다양한 방식으로 악영향을 끼칠 수 있다는 점이다. 어떤 사람들은 말씀을 듣기 시작하자마자 그 귀를 닫아 버리기도 한다. 그래서 그들은 말씀의 의미를 최소한의 수준으로도 이해하지 못한다. 또 어떤 사람들은 위선에 빠지기도 한다. 공식적으로는 진리라고 고백하지만, 실제 행위에 있어서는 그것을 부인한다.

"외인들"과 달리 '안에 있는 사람들'의 특징은 그들이 예수님과의 교제를 누리는 좋은 밭이라는 점이다. 이런 차이는 총체적이고, 두 왕국 사이의 차이이다. 예수님의 사역 속에 임재하시는 성령님은 마지막 열매를 추수하시는 과정에서만 감독자로 개입하시는 것이 아니라 우리 속에 총체적인 변화를 일으키시는 분이다.

The Mysterious Parable: A Literary Study (Washington: Catholic Biblical Association of America, 1977), 3-10. Craig Blomberg, *Interpreting the Parables* (Downers Grove: InterVarsity, 1990); Leland Ryken, *How to Read the Bible as Literature* (Grand Rapids: Zondervan, 1984), 99-154.

해석에 있어서 과학적, 중립적 객관성을 추구함

이상의 논의를 바탕으로 현대 해석학 이론들 속에 나타나는 몇 가지 예를 생각해 보도록 하자. 하나님에 대한 지식이 해석학 이론들에 어떤 방식으로 영향을 미치는가? 첫 번째 예로 서구 계몽주의 이상이 해석의 사고방식에 미친 영향을 예로 들어 보자. 계몽주의는 종교적으로 중립적인 해석이라는 이상을 고안해 냈다. 이 이상에 따르면, 학자들은 오직 이성이 명하는 것만을 따라야 하며 종교적 신념이나 헌신은 버려야 한다. 학자들은 성경을 역사적 텍스트의 하나로 다루어야 하고, 그 기원과 의미를 결정할 때에도 모든 종교적 배경에 속한 사람들이 다 동의할 수 있는 이성적 연구 방식을 따라야 한다. 학문적 해석은 결코 종교적 헌신에 의해 영향을 받아서는 안 된다.

이런 해석의 원칙이 매력적으로 인식된 데에는 여러 가지 이유들이 있다. 첫째, 해석 작업이 전통(중세의 해석 방법)에 지배당하거나 신학적 체계(종교개혁 이후의 신앙 고백적 해석 방법)에 지배당해 온 것에 대한 반작용이다. 둘째, 그 해석 원칙은 전통과 신학 체계로 인해 발생한 신학적 불일치를 넘어서는 길을 약속하고 나섰기 때문이다. 사람들은 종교가 분열의 원인이 되었던 분야에서 이성이 화합시키는 역할을 해 주기를 갈망하고 있었다. 셋째, 이성에게 주도적인 역할을 부여하는 것이 철학적, 문화적 조류와 일치했기 때문이다.

여기에 언급한 이 모든 부분들과 관련해서 계몽주의는 진리의 단편들을 잘 포착한 측면도 있다. 부분적으로 계몽주의는 진리의 한 면을 담고 있기는 하지만, 그러나 그것 역시 하나의 모조품 진리를 만들어 놓았다.

전통의 남용이라는 측면을 생각해 보자. 특정 전통 또는 신학적 체계에의 헌신이 남용의 소지를 가지는 것은 분명하다. 전통이나 신학적 체계가 우상이 될 수도 있기 때문이다. 계몽주의는 이런 우상에의 예속을 목격했다. 하나님은 어떤 전통이나 신학적 체계가 "이것이 하나님이다."라고 제시하는 것보다 더 크신 분이다. 중립적 이성이라는 계몽주의의 인식은 하나님의 합리성, 지혜, 자기 일관성의 그림자이다. 따라서 여기에도 진리의 단편이 있으며, 이 때문에 이것이 매력적인 것이 되기도 했다. 하지만 계몽주의는 하나님의 지혜를 대신하는 교묘한 모조품을 만들어 놓았다. 사람들은 하나님께 자신을 헌신하지 않고도 계시의 내용을 스스로 판단할 수 있다고 믿었다. 이런 생각은 창세기 3장에 나오는 것처럼 사탄이 진리를 왜곡하는 방식의 반복이다. 인간의 합리성은 이제 하나의 추상적이고 비인격적 일관성의 문제가 되어 버렸고, 죄짓기 쉬운 인간의 합리성 개념을 하늘에 투사한 것이 되어 버렸다.

어떤 면에서 우리는 계몽주의가 삼위일체와 관련하여 잘못을 범하는 것이라고 말할 수도 있다. 하나님의 자기-일관적 합리성은 그 자신에 대한 신실하심이며 따라서 인격적이다. 이는 아들에 대한 아버지의 신실함이며, 아버지에 대한 아들의 성령 안에서의 신실함이다. 더 나아가서 하나님의 지혜는 그분의 말씀이며, 그 안에 만물이 함께 선다(골 1:17). 이런 삼위일체는 인간의 이성이 다 포착하지 못하며, 그 합리성을 거역하는 인간 존재가 다 수용하지 못한다. 오히려 인간은 단일신론적인 추상화된 원리만을 산출할 뿐이다. 그러면서 거기에다 하나님이나, 이성(Reason) 또는 논리(Logic)라는 이름을 붙인다.

두 번째로, 계몽주의는 하나 됨을 약속한다. 이 약속에는 어떤 단편적 진리가 담겨 있을까? 요한복음 17:20-27과 에베소서 4:1-16에 따르면 진리 안에서의 하나 됨은 새 인류를 이루시고자 하는 하나님의 목표이다. 계몽주의는 이 진리를 따서 하나의 모조품을 만든다. 계몽주의 이상에 따르면 모든 인간 존재의 하나 됨은 성령님을 통하여 그리스도와 더 위대한 사귐을 가지는 데서 오는 것이 아니라, 오히려 종교적 헌신으로부터 학문적 독립을 이루는 데서 온다. 계몽주의는 그리스도 대신에 이성을 그리스도보다 더 나은 구세주로 내세웠다. 이성은 사람들 사이의 싸움과 소외를 극복하는 더 나은 구원의 길로 여겨진다. 이 새 구세주가 진리와 매우 닮아 있기 때문에 그만큼 더 매력 있게 다가오는 것이다. 이성은 하나님의 지혜이신 그리스도의 모조품이다.

세 번째로, 계몽주의 안에서 이성이 가지는 우월적인 지위는 다양한 철학적, 문화적 사조와 매우 긴밀한 조화를 이룬다. 하나님은 한 분이시기 때문에 모든 진리는 조화를 이룬다. 따라서 여기에도 역시 진리의 단편이 있다. 그와 동시에 여기에서도 진리는 왜곡되고 있다. 왜냐하면 당대의 철학적, 문화적 사조들이 그리스도를 통한 구속적 변혁을 경험하지 못했기 때문이다.

우리가 예상할 수 있는 것처럼, 계몽주의 원리들이 성경 해석에 미친 영향은 진리적 측면과 그 모조품 왜곡의 측면이 뒤섞여 있다. 예를 들어, 역사적 연구의 문제를 생각해 보자. 계몽주의는 기본적으로 전통에 대한 의심에서부터 그 탐구를 시작한다. 따라서 전통이 바꾸어 놓기 전으로 거슬러 올라가서 역사 속의 사건들이 실제로 일어났을 때의 원래 모습대로 복원하고자 하는 것이 그 탐구의 목표이다. 이런 시도에는 진리의 단편이 있다. 하나님의 권위는 특정 역사적 정황 속에서의 그분 말씀의 기원과 대단히 중요하게 연결되어 있기 때문이다. 하지만 계몽주의는 그것이 우상으로 삼은 이성의 기준으로 볼 때 기적들이 이와 상합하지 않는다는 이유로 역사에 대한 하나님의 통치를 다른 것으로 대체시켜 버렸다.

또는 의미의 문제를 생각해 보자. 계몽주의는 합리성의 원리에 따라 의미의 기원적 단일성이라는 개념을 받아들이고 있다. 어떤 이성적인 화자가 어떤 일리가 있는 말을 선언했다고 해 보자. 그 발화의 배경과 관련된 충분한 정보를 가지기만 하면 우리는 그 말의 의미를 복구할 수 있으며, 심지어 그 배경 정보가 충분하지 못하다 하더라도 다른 대안들을 합리적으로 찾을 수 있다는 것이 계몽주의가 가지는 생각이다.

다시 한 번 여기에서도 모조품이 만들어지고 있다. 한 면에서 보면 의미의 단일성은 진리에 가깝다. 성부 하나님의 의도에 근거해서 의미는 그 안전성을 확보한다. 그러나 이성의 이상을 합리주의적 단일신론적 우상으로 내세우는 계몽주의의 입장에서는 이 의미의 안정성이라는 것이 삼위일체 하나님에 대한 지식과는 상관없이 자기충족적인 성격을 가진다. 의미의 단일성은 그 유관 요소들인 적용과 취지와의 상호내재적 관점으로부터 분리시킬 수 있는 것으로 보는 것이다. 따라서 계몽주의는 하나님의 의미에 관련된 진리를 왜곡시켰고 또한 그 대체물을 만들어 놓았다.

우상은 실패할 수밖에 없다. 하나님은 우상들을 깨트리시고 그것이 무용지물임을 보여 주신다. 우상은 그 출발이 모조품이기 때문에 본질상 파생적일 수밖에 없다. 사탄 자신이 그러한 것처럼, 우상은 결코 하나님의 상대가 되지 못한다. 따라서 우상을 섬기는 자는 결코 만족을 얻지 못한다.

계몽주의의 이상 역시 그러하다. 추상적 이성이란 것은 인간의 철학적 체계들 속에서 자라나고 발전된 하나의 전통으로서, 계속 진행 중인 전통의 한 부분에 지나지 않는다. 따라서 그 자체로서는 우리를 전통으로부터 결정적으로 자유롭게 하지 못한다. 다만 우리를 다른 전통 곧 합리주의에 예속시킬 뿐이다. 먼 안목에서 보면 이 전통 또한 사람들이 추구하는 진리의 단일성과 안정성을 주는 데 실패하고 만다. 서로 다른 사람들이 투사한 진리의 추상체가 각자의 죄로 인한 이기심에 따라 서로 교묘하게 다를 수밖에 없다. 사람들은 이성 그 자체가 무엇인지에 대해서도 의견 일치를 이루지 못한다. 성경 해석도 파편화된다. 역사적 재구성도 객관적인 것이 되지 못하고, 텍스트의 의미에 대해서도 합리주의 해석자들 사이에 의견의 일치가 이루어지지 못한다.

삼위일체의 맥락 속에서는 의미가 함의와 상호 내재한다. 한 특정 본문의 뜻(sense)은 다른 모든 성경 텍스트와 상호 내재한다. 어떤 특정 본문의 뜻은 하나님 계획 전체의 함의(import)를 떠나서는 이해될 수 없다. 따라서 특정 본문의 뜻에 대한 해석의 차이들이 생길 때도 그것은 더 큰 틀 안에 놓인 것이기 때문에 그 차이들은 이 더 큰 전체 속에서 뉘앙스의 차이로 이해될 수 있다. 아우구스티누스를 따라 우리는 일단 진리를 하나의 전체로 인정하기만 하면 특정 본문 속에서 어떤 진리가 가르쳐지고 있느냐 하는 문제는 이차적인 문제로 볼 수 있다는 데 동의한다. 어떤 특정 본문에서 내 동생이 나와는 다른 의미를 찾아낸다고 하더라도, 그것은 내가 또 다른 본문에서 종종 찾아내는 의미와 다른 것이 아니다. 이와 달리, 만일 우리가 의미의 독립성이라는 합리주의적, 단일신론적 진리 개념을 채택한다면, 한 본문에서 서로 다른 의미를 찾아내고 그 차이들 속에서 의견의 일치를 이루어 내지 못한다는 것은 재앙에 가까운 일이 된다. 이 경우 고립된 의미가 함의와 적용의 관점들에 의해 뒷받침을 받지 못하기 때문에 서로 다른 본문의 의미라고 생각하는 것들 사이에서 일치를 찾기는 어렵게 된다.

우리는 동일한 문제를 의사소통 과정의 세 요소, 화자와 발화와 청자, 또는 의사 표현적, 정보 내용적, 효과 산출적 요소들 사이의 관계에서도 발견할 수 있다. 계몽주의 합리성은 의사소통을 정보 내용적 측면으로 너무 쉽게 환원시키는 경향을 가진다. 물론 여기에도 진리의 단편은 있다. 그와 동시에 이런 관점은 그 자체의 모조품을 만들어 낸다. 의사 표현적 요소와 효과 산출적 요소가 전적으로 간과되든지 아니면 정보 전달적 요소 속에 흡수되어 버리고 만다.

시간이 지나면서 여기에 대한 반작용이 나타날 수밖에 없다. 낭만주의가 그 하나인데, 이 사조 속에서는 예술가적 천재의 감정과 표현을 과도할 만큼 부각했다. 정보가 아니라 표현이 일차적인 자리를 요구하고 나선 것이다. 반면에, 보다 최근의 독자 반응 이론들은 단일 의미에 대한 지루한 주장에 맞서서 각각 다른 독자들의 각각 다른 해석에 따른 의미의 다중성을 강조하고 있다. 또한 해방주의 해석에서는 상아탑의 중립적 객관성이라는 지루한 주장에 맞서 학문적인 활동조차도 개인적·사회적·경제적 지위나 헌신에 따라 특정 색깔을 가질 수밖에 없다는 것을 강조하고 있다.

해방주의 해석

다음으로 해방주의 해석을 좀 더 자세히 생각해 보도록 하자. 해방주의 해석은 계몽주의가 가지는 일부 중요한 결핍에 맞선다. 그렇게 함으로써, 계몽주의가 가리고 있던 몇 가지 진리들을 확인한다. 계몽주의가 정보의 요소에

경도되어 있는 것에 맞서서 해방주의는 의사소통의 효과 산출적 요소를 강조한다. 해방주의자들이 볼 때 의사소통은 억압이나 해방이라는 목표를 섬기는 기능을 한다. 계몽주의가 개인주의적 성향을 가지는 것에 반해 해방주의자들은 모든 해석 과정에 미치는 집단적, 문화적 영향을 강조한다. 계몽주의가 교육받은 특권층 지성인들의 합리적 해석을 선호하는 데 반해, 해방주의자들은 가난한 자들의 해석에 초점을 맞춘다.

때로 하나님은 사람들의 죄를 경고하기 위해 교회 안에 예언자적 목소리를 일으키신다. 때로는 이방인들을 사용하기도 하신다. 교회 바깥의 사람들이 그리스도인들의 죄를 그리스도인들 자신보다 더 잘 보는 수가 있다(로마서 2:24에서처럼 유대인들의 죄를 이방인들이 더 잘 보는 것과 유사하게). 때로는 하나님께서 비그리스도인인 마르크스주의자들을 이런 방식으로 사용하시는 것이 틀림없다.

따라서 권력자들의 죄에 대한 해방주의자들의 분석에서 진리의 단편들을 발견하는 것은 결코 이상한 일이 아니다. 이런 죄들 속에 우리는 권력을 가진 그리스도인들의 죄를 포함시켜야만 할 것이다. 이들은 권력과 부의 특권을 자신들을 위하여 유지하려고 한다. 이 모든 분석에 있어서 해방주의자들은 요한계시록 속에 나타나는 권력과 부와 쾌락에 대한 우상 숭배 분석을 흉내 낸다. 하나님께서 출애굽 속에서, 그리고 궁극적으로는 그리스도 안에서 이루신 해방을 그들 역시 갈망하고 있다.

하지만 해방주의자들 역시 다른 부류의 사람들과 마찬가지로 모조품 진리의 덫에 걸리고 있다. 그렇다면 우리는 해방주의 이론과 실천들 속에서 어떻게 참된 것과 모조품을 구분해 낼 수 있을 것인가? 다시 한 번 우리는 교묘한 혼합에 직면한다. 죄와 마귀의 교묘함과 같은 교묘함이다. 이를 구분하는 작업은 대단히 방대해서 따로 몇 권의 책을 써야 할 정도이다. 하지만 이는 매우 가치 있는 작업이 될 것이다. 여기서는 다만 성경에 근거하여 몇 가지 간단한 관찰 정도만 제시하고자 한다.

요한계시록은 권력과 부를 가진 자들의 죄를 분석하고 비판하며 또한 그

치유책을 제시한다(계 18장). 그뿐만 아니라 모조품 우상 숭배에 대한 치유책을 제시하기도 한다. 권세 있는 자들은 자신의 지위를 보호하기 위해 모조품 이데올로기를 생산하기도 한다(계 13:11-18). 이런 비판은 해방주의 이데올로기 자체에도 적용된다. 해방주의자들 역시 자신들의 사회적, 정치적 필요를 따라 모조품 우상들을 만들어 내고 있다. 마르크스주의가 왜 일부 소외된 지성인들에게 매력적으로 수용되고 있는지에 대한 칼 만하임(Karl Mannheim)과 마이클 폴라니(Michael Polanyi)의 분석은 대단히 눈길을 끈다. 이는 마르크스주의가 소외된 지성인들의 독특한 갈망을 잘 만족시켜 주기 때문이다.[91]

요한계시록이 제공하는 의구의 해석학(hermeneutic of suspicion)은 우리 자신의 계시록 해석에도 동일하게 적용된다! 요한계시록이라는 책은 우리 인간의 요한계시록 해석과 어떤 방식으로든 동일시될 수 없다. 요한계시록 해석의 과정 속에서도 우리는 영적 전쟁의 현장을 경험한다. 우리는 그 속에서 요한계시록의 하나님을 만나지만, 우리 자신을 두고 볼 때는 계시록이 묘사하는 우상 숭배에 아주 교묘한 방식으로 빠져 있을 수 있다. 이 우상 숭배는 개인적 차원을 넘어 집단적 차원을 가지기도 한다. 사회적, 경제적, 정치적, 마귀적 실재들이 우리의 존재를 관통하고 있다. 악한 해석자들은 성경을, 특히 요한계시록을 이데올로기적 무기로 삼아 교만과 증오와 압제를 정당화하기도 한다. 이런 도착(倒錯, perversion)은 악한 것이기는 하지만 요한계시록이 진리의 책임을 입증하는 증거이기도 하다.

요한계시록을 신실하게 해석하는 것이 대단히 어려운 일이긴 하지만, 이 책이 사회 개혁의 일차적 도구로 존속할 수밖에 없는, 적어도 하나의 근본적인 이유가 있다. 그것은 요한계시록이 하나님의 순수하고 믿을 만한 말씀이

91. 참조, Karl Mannheim, *Ideology and Utopia: An Introduction to the Sociology of Knowledge* (New York: Harcourt, Brace & World, 1968), 136-46, 215-22; Michael Polanyi and Harry Prosch, *Meaning* (Chicago: University of Chicago Press, 1975), 3-21; Michael Polanyi, *Personal Knowledge* (Chicago: University of Chicago Press, 1958), 226-43.

라는 것 때문이다. 물론 모든 사람이 이것을 인정하지는 않는다. 하지만 이 책은 하나님을 보좌 위에 앉으신 분으로, 그리고 어린양을 그 앞에서 통치하시는 분으로 나타낸다. 우리는 요한계시록에서 만나는 하나님과 어린양을 통해 세상의 제반 방식들로부터 결정적으로 깨끗해지는 것, 곧 부활을 얻는다. 요한계시록의 하나님 앞에서 우리가 누리는 영원한 해방은 이 세상의 모든 모조품 해방들을 다 능가한다. 그뿐만 아니라 이 해방은 세상의 해방 운동들이 파편적으로 가진 통찰들이나 해방의 행위들 모두를 궁극적 차원에서 수렴한다.

독자 반응 해석

우리는 독자 반응 해석에서 계몽주의 이상이 가지는 또 하나의 결함을 발견한다. 독자 반응 이론에도 다양한 종류들이 있기 때문에 일일이 구분해서 접근하는 것이 필요하겠지만, 여기서는 보다 단순화된 방식으로 전체를 통괄해 보고자 한다. 일반적으로 말해서 독자 반응 이론은 청자 또는 독자에 강조점을 둔다. 이는 계몽주의가 모든 것을 정보 측면으로 환원시키려는 경향을 가진 것에 대한 반대 차원이 강하다. 독자의 존재를 의식하는 것은 의미 이해에 있어서 매우 지대한 차이를 유발한다.

우리는 독자 반응 이론 안에서 해방주의의 관심도 작용하고 있는 것을 발견한다. 계몽주의는 언제나 항상 동일한 형태를 견지하는 단일하고도 추상적인 의미 개념을 가정한다. 이런 동일성은 하나님과 그분 말씀의 항정성(stability)에 대한 일종의 왜곡이다. 이런 왜곡에 맞서서 독자 반응 이론은 신적 창의성을 내세운다. 독자는 단 하나의 의미만을 계속 되새겨야 한다는 요구에 의해 압제를 당하거나 억압을 받거나 구속을 당하는 대신에, 텍스트에 반응하면서 창의적 역할을 수행한다.

우리는 여기에서도 진리의 단편과 진리의 모조품을 동시에 발견한다. 하나님은 창조적이시고 또한 독자들로 하여금 그분 말씀을 그들의 구체적 정황 속에 적용함에 있어서 창조적으로 반응하기를 원하신다는 것은 진리다. 하지만 이런 창조성이 하나님의 항정성과 우리에 대한 그분의 확정적인 요구들을 소멸시키는 것이라고 생각한다면 이는 또 하나의 우상적 모조품이다. 하나님은 그분의 불변적인 기준들과 함께 다른 어떤 영역에서뿐만 아니라 해석의 영역에서도 여전히 현존하신다.

해체주의 해석 역시 모조품을 만든다. 해체주의는 관점의 상호내재라는 진리 요소를 사용한다. 특이한 관점이나 출발점이라도 진리 전체나 전체 텍스트의 한 관점에 해당한다는 것이다. 이런 방식으로 해체주의는 언어나 진리, 또는 인격의 상호내재 개념을 지속적으로 활용한다. 한 면에서 이런 시각은 우리 자신이나 텍스트 이해에 빛을 던지기도 한다. 곧 우리 안에 반영되고 있는 하나님의 창조주 되심을 보여 주는 시각이 될 수도 있기 때문이다. 하지만 해체주의는 모든 종류의 항정성과 특히 "이성중심주의"(logocentrism)를 거부한다. 해체주의는 우상으로 작용하는 것들을 부수는 데 관심이 많으며, 이런 점에서 여기에는 진리의 요소가 있다. 하지만 해체주의는 모든 우상 중에서도 가장 근본적인 우상을 보지 못하고 있다. 곧 성경이 말하는 '하나님 중심성' 또는 '그리스도(말씀, logo) 중심성'에 대비되는 '인간 중심성'이 그것이다. 이런 점에서 해체주의는 우리의 우상들을 진정으로 깨트리실 수 있는 그리스도의 모조품에 지나지 않는다.

정통 신학의 반응

앞에서도 이미 언급한 것처럼, 스스로 정통 그리스도인이라 생각하는 우리 자신 역시 우상 숭배의 덫에서 자유롭지는 못하다. 우리가 이 시대의 해석 동향들에 대응하는 방식에도 우상 숭배의 영향이 작용하기도 한다. 정통 신학의 입장을 고수하는 우리 학자들 역시도 계몽주의의 옛 우상들의 일부 형태에 사로잡혀 있기도 하다. 사실 이 우상들은 학문의 세계 속에 너무나 은밀하게, 그리고 철저하게 녹아들어 있기 때문에 우리가 의식하지도 못한 채 그 지배를 받기도 한다. 우리는 해방주의나 독자 반응 이론, 해체주의 해석과 같은 새로운 우상들에 대해 반박하고 있다. 그런데 이런 일을 할 때 우리의 동기는 여러 가지가 혼합된 것일 수 있다. 물론 우리는 모조품들과 우상들을 반박한다. 하지만 우리가 그렇게 하는 동기 중의 하나는 이 새로운 운동들이 우리가 결탁되어 있는 옛 우상, 곧 계몽주의의 우상을 위태롭게 하는 것이기 때문일 수도 있다.

조금 더 복잡하게 생각한다면, 우리는 최근의 새로운 접근 방식들 속에도 진리의 단편이 있다고 인정할 수 있다. 하지만 이런 새로운 접근 방식들이 가지는 전적인 급진성을 우리는 보지 못하고 있다. 이 새 접근 방식들은 옛 것들에 대해 단순히 땜질 처방만을 요구하지는 않는다. 그들이 요구하는 것은 단순히 "장식을 더 첨가하고 가장자리를 조금 더 손보고 화장을 고쳐 보시오." 하는 정도가 아니다. 오히려 그들은 "당신이 따랐던 우상을 부수시오."라고 말한다. 그러면서 그들은 해석의 과정 전체에 근본적으로 새로운 관점을 제시하려 한다. (이 새로운 접근 방식들이 비록 모조품들이긴 하지만, 여기에는 이치에 맞는 부분도 있다. 왜냐하면 상호내재의 관점에서 볼 때 어느 하나의 출발점을 취하든지 그것은 전체를 보는 시각을 제공해 줄 수 있기 때문이다.)

옛 계몽주의 접근을 땜질하는 방식으로는 그것이 표방하는 단일신론적 우상을 극복할 수 없다. 다시 말해서, 계몽주의의가 기반을 두고 있는 옛 합리주의는 다양성을 상쇄하는 단일성을 제공하는 하나의 인식론과 하나의 해석학 이론을 요구했다. 다양성을 배제하고 구조의 단일성을 추구하는 이와 같은 해석학적 개념은 그 바탕에 단일신론적 인식이 놓여 있다. 이런 우상은 단순한 땜질을 가지고는 극복되지 않는다.

어떤 사람들은, 심지어 그리스도인들조차도, 새로운 접근 방식들을 아무 비판 없이 받아들이기도 한다. 우리는 옛 접근 방식들 속에 우상 숭배의 요소가 있다는 것을 잘 알고 있는 반면, 이 새로운 접근 방식들 속에도 동일하게 우상 숭배가 작용한다는 것을 잘 알지 못하는 편이다. 혹은 우리는 이 새 접근 방식들을 다소 수정하여 가장 발칙한 형태의 우상 숭배를 제거해 보려 하는지도 모른다. 이렇게 하면서도 우리는 약간의 주변적 변화를 주는 정도에 만족한 채 우상 숭배의 뿌리는 건드리지 않고 남겨 두는지도 모른다.

일부 사회 비평 이론은 우리가 주어진 지위에 쉽게 만족하는 일이 불순한 동기들에 의한 것일 수 있다고 경고해 준다. 우리는 진리보다 자신의 안락을 지키고 싶어 할 수도 있는 것이다. 해석을 하나의 방법론적 테크닉으로 환원시키는 인식의 배후에는 계몽주의식 합리주의 영향도 일부 놓여 있지만, 그와 동시에 이 시대의 사회가 테크닉에 매료당해 있는 현실도 일부 영향이 있다. (응용과학에서 테크닉이 가지는 힘을 생각해 보라.) 여기에도 일부 진리 요소가 있는 것은 사실이다. 우리가 테크닉을 사용하여 어떤 과업을 이루어 나아가는 능력을 가진 것은 하나님의 신실하심에 대한 증거가 되기도 하며, 또한 우리 인간이 하나님의 형상으로 만들어졌다는 것의 증거가 되기도 한다. 하지만 이런 종류의 능력은 쉽게 모조품 우상으로 변질될 수도 있다. 우리는 테크닉을 하나의 신처럼 숭배할 수도 있다. 테크닉을 통해 성공을 보증받으려 하기도 한다. 우리는 테크닉을 하나님의 약속을 대체하는 하나의 모조품 우상으로 사용하기도 한다. 이를 통해 우리는 우리가 당하는 고통을 피해 갈 수 있다는 보장을 얻으려 한다. 이것이 십자가를 피하는 길이 되고 있다.

이런 동일한 원리가 성경 해석에도 적용된다. 해석의 테크닉이 다양한 방식으로 발전한 것이 오히려 우리를 우상 숭배의 덫에 가둘 수도 있다. 우리는 십자가 없는 해석을 원하고 있다. 해석의 기술과 방법에 지나치게 의존하는 가운데서 해석학적 십자가 죽음의 고뇌가 주는 두려움을 떨쳐 버리려 하고 있다. 다시 말해서, 우리는 이미 친숙하게 알고 있고 또 성취해 놓은 것을 십자가에 못 박으려 하지 않는다. 우리는 이미 구축해 놓은 해석의 안정된 과정을 다 던져 버리기보다는 고통 없이 곧바로 이해에 도달하기를 원하고 있다.

하지만 그리스도의 길은 십자가를 지는 길이다. 그리스도께서는 우리에게 부활의 능력, 곧 새롭게 됨의 소망을 공급하신다. 하지만 이 새롭게 됨은 항상 십자가를 포함한다. 우리는 너무 안락에 젖어 있어서 이 십자가를 통한 새롭게 됨을 갈망하지 않는다.

영적 전쟁의 편만성

우리가 처한 상황을 요한계시록이 제시하는 영적 전쟁의 시각을 통해 바르게 바라볼 수 있을 것이다. 하나님은 이 지상의 삶의 모든 현장 속에 임재해 계신다. 참된 예배의 문제가 삶의 모든 부분에서 위기를 맞고 있다. 성경해석의 영역에서도 동일하게 문제가 되는 것은 참된 예배이다. 해석의 기본적 구조가 하나님이 어떤 분이신가에서부터 도출되는 것이기 때문에 해석의 구도에 따라 하나님의 삼위일체적 본질이 계속해서 도전을 받고 있다. 이 책의 각각의 장들이 모두 영적 전쟁에 관한 장이라고 생각하면 된다. 왜냐하면 장마다 공통적으로 하나님의 성격이 어떻게 문제시되고 있는가 하는 것을 다루고 있기 때문이다. 모조품 우상 숭배의 문제는 해석의 모든 영역에 영향을 미치도록 되어 있다.

제15장

단어들의 왜곡

- **객관주의자 관수**: 지금까지 우리가 논의한 상당 부분에 대해 나는 동의할 수 있어. 하지만 해석의 문제에 있어서 나는 어떤 것은 단지 그 자체 그대로일 뿐이라고 생각해. 충분한 기술적 역량을 가진 사람이라면 누구나 다 일치된 의미에 이를 수 있다고 봐.
- **선교학자 선자**: 하지만 문화적 상황을 생각한다면 기술적 역량을 갖춘다는 것도 누구에게나 다 열려 있는 일은 아니지 않겠어? 어느 정도의 사람을 평균적인 사람이라고 볼 수 있을까?
- **경건주의자 견민**: 기술적 차원에서 일치된 의미에 도달한다고 하더라도 하나님에 대한 태도나 섬김의 자세는 사람들마다 다 다르지 않아? 그렇다면 사람들이 같은 의미라고 생각하는 것도 실상은 외면적인 것에 지나지 않겠지.
- **해석학자 형진**: 의미의 일치라는 것이 밖으로 보이는 것처럼 그렇게 완전한 것일까?
- **객관주의자 관수**: 너무 복잡하게 생각하지 말고 단어의 의미 차원을 생각해 봐. 개는 ‘개’를 의미하는 것 아냐? 더 이상 뭘 말할 게 있어?

하나님께서는 해석의 모든 자리에 임재해 계시기 때문에 우리가 그분을 어떻게 보느냐 하는 것이 해석의 모든 것에 영향을 미치지 않을 수 없다. 모조품 만들기와 기만은 하나님에 대한 우리의 관점을 왜곡시킴으로써 해석의 총체적 틀뿐만 아니라 그 세부적인 내용에 대해서도 왜곡된 결과를 빚는다. 실제로 이것은 우리가 단어들 하나하나를 어떻게 다루느냐 하는 데까지도 영향을 미친다. 그런 일이 어떤 방식으로 일어나는지를 살펴보도록 하자.

자율적 범주들의 파멸

앞서 우리가 논의했던 것처럼 언어 체계 속의 단어 하나하나가 모두 하나님의 삼위일체적 본질을 반영하는 차원에서 분류적, 예시적, 조합적 측면을 가진다는 것을 먼저 상기하도록 하자. 만일 단어들이 하나님의 본질을 반영한다면 우상 숭배적 왜곡이 단어의 취급에도 역시 동일하게 영향을 미칠 수 있을 것이다. 따라서 우리는 우리의 단어 이해가 우상 숭배의 영향 아래 놓여 있을 수 있음을 충분히 예상하고 있어야 한다.[92]

우선 우리는 사고와 논증과 의사소통 속에서 사용하는 근본적 범주들과 관련하여 어떤 입장을 취할 것인가? 이 논의를 위하여 중세 시대에 논란이 되었던 실재론(realism)과 유명론(nominalism)을 생각해 보자. 실재론은 보편(universals)이 "실재하는" 존재라고 본 반면, 유명론은 보편을 개별적인 것들의 집합을 지칭하기 위한 편리한 이름에 지나지 않는다고 보았다. 실재론은 다양성을 배제하면서 보편적인 것들(분류 차원)의 일체성을 부각하는 경향을 가진다. 반면 유명론은 일체성(보편적인 것들)을 배제하면서 특수한 것들(개별적인 것들)의 다양성을 강조하는 경향을 가진다.

이와 같은 양극단적 접근은 사실상 잘못되었다. 일체성과 다양성은 똑같

92. 아래의 논의는 보다 확대된 논문의 형태로 출판된 바 있다. Vern S. Poythress, "Reforming Ontology and Logic in the Light of the Trinity: An Application of Van Til's Idea of Analogy," *Westminster Theological Journal* 57 (1995): 187-219.

이 궁극적이다. 보편적인 것들, 곧 분류나 "종류"가 가지는 일체성은 앞서 우리가 사용한 개념인 '분류적 측면'과 연관된다. 반면 개별적인 것들의 다양성은 '예시적 측면'과 연관된다. 이 두 측면은 서로가 서로를 전제한다. 어느 하나가 다른 하나보다 더 근본적이라고 주장하지 못한다. 어떤 특수한 예에 대한 이해 없이 순수하게 보편적 차원에서 무엇인가를 이해할 수 있는 그런 것은 아무것도 없다. 그뿐만 아니라 하나님의 계획에 일치하는 방식대로의 보편적 특성을 가지지 않고 순수하게 개별적인 것으로만 존재하는 그런 것은 아무것도 없다. 분류의 일체성과 특수한 것들의 다양성은 다 같이 하나님 안에 있는 궁극적인 차원의 일체성과 다양성에 의존하고 있다. 이것의 표현이 각각 분류적 측면과 예시적 측면이다.

이와 같은 우리의 분석은 서양 철학 전체에 적용될 수 있는 보다 넓은 함의를 가진다. 플라톤과 아리스토텔레스 이전 시대부터 서양 철학은 근본적인 존재의 문제(존재론)에 관심을 쏟아왔다. 사물의 근본적인 존재론적 특성이 무엇인가? 철학은 사람의 생각과 언어를 통해 이와 같은 존재론적 질문을 탐구하기 위해 노력해 왔다. 철학자들은 범주들의 체계를 만들어 낸다. 이런 범주들은 사람들로 하여금 세상의 체계적인 성격과 구조에 대한 통찰을 얻도록 돕는다. 예를 들어, 플라톤의 이론에서 '형식'과 '선'과 '이데아'와 같은 범주들은 핵심적 역할을 수행한다. 다른 사람들의 철학에서는 이 범주들이 다를 수 있다. 하지만 항상 어떤 특정 범주들이 중심적 역할을 한다는 것은 공통적이다. 철학자들은 이런 범주들이 세상을 이해하는 데 있어서 특별히 중요하다고 역설한다.

데카르트와 칸트의 시대에는 철학이 존재론보다는 인식론(지식의 이론)에 주로 관심을 가졌다. 그러다가 20세기에 들어서는 그 강조점이 언어 쪽으로 옮겨 왔다. 이 모든 변화의 과정 속에서 근본적 범주들은 언제나 중요한 역할을 계속해 왔다.

이 범주들을 좀 더 세밀하게 들여다보면 어떤 모습을 하고 있을까? 먼저 단어들을 생각해 보지 않을 수 없다. 단어들은 인간 언어의 필수적인 부분이다. 우리가 앞에서도 보았던 것처럼 인간의 언어는 자율적이거나 자기 충족적 지위를 가지지 못한다. 인간 언어의 모든 단어 하나하나가 다 신적 언어에 의존한다. 그 분류적, 예시적, 조합적 측면들은 서로가 서로에게 포함되며, 하나님의 삼위일체적 존재를 반영하는 신비로운 상호내재 관계를 형성한다. 그러나 세속 철학자들은 이런 의존성을 인정하려 하지 않는다. 그들은 빛 대신 어둠 속에서 행하는 것을 더 좋아한다(요 3:19-20).

합리주의 철학자들의 체계 안에서는 철학적 범주들이 자기 충족성을 주장한다. 이 범주들은 자기 스스로 존재하려 한다. 삼위일체의 신비 속에서가 아니라, 자기 충족성의 무한한 명료성 안에서 스스로의 정체성을 찾으려 하는 것이다.[93]

일반적으로 철학자들은 조합적, 예시적 측면들을 배제하고 분류적 측면을 존중하는 경향을 가진다. 고전 철학의 범주들을 이해하기 위해서는 조합이나 예시가 필요하지 않다. 사실 이런 요소들이 필요했다면, 조합과 예시는 잠재적인 "불순물들"을 들여왔을 것이다. 범주들은 일상의 삶이나 개개인의 개별적 특성들과는 상관없이 다만 순수한 이성이나 순수한 통찰을 통해서만 포착될 수 있는 것으로 이해되었다.

고전 철학에 있어서 개념적 범주들은 다양한 예들에 일반적으로 적용될 수 있지만, 이 범주들이 존재하기 위해서 구체적 예들이 꼭 필요한 것은 아니었다. 다시 말해서 예시가 실제로 필요하지는 않았던 것이다. 범주들의 본질은 지저분한 예시들과는 철저히 독립적인 상태로 머문다. 그러나 실제적

93. 형이상학 안에서의 공식화된 형식 논리 사용에 대한 불만족과 비판에 대해서는 다음을 참조하라. James F. Ross, "The Crash of Modal Metaphysics," *Review of Metaphysics* 43 (1989): 251-79. 토마스 아퀴나스의 관점에 근거하여 로스는 개별적인 예시들(보편이 적용되는 실제적 개체들)과 독립된 차원에서의 추상적 보편화의 시도를 반대하고 있다. 하지만 토마스 아퀴나스의 사상이 범주들과 관련한 아리스토텔레스의 관점에 동조적인 입장을 가지는 한 여전히 여기에는 결점이 존재한다.

인 삶의 영역 속에서는 사람들은 예시들을 통해 개념적 범주들을 배운다. 플라톤의 경우, 형식의 예시들이 실제로는 형식 그 자체를 오염시키고, 물질을 사유 속에 들여옴으로 말미암아 지식을 혼잡하게 만드는 것으로 보았다. 또 다른 철학자들의 경우, 아리스토텔레스에게 좀 더 많은 영향을 받아, 형식이 예시들 "안에서"만 존재한다고 말하는 사람도 있지만, 이 경우도 인간 이성은 원칙상 형식을 특정 예시들로부터 분리시키는 것으로 만족해야 한다. 예시들 속에 동상적으로 나다니는 자아 정체성은 여전히 문제로 인식되지 못하고 있었다.

합리주의 철학자는 하나의 신적 비전으로 언어를 통달함으로써 스스로의 신성을 주장하려 한다. 물론 세상의 모든 언어들을 다 통달할 수는 없겠지만, 적어도 그 자신의 조직적 체계와 보편적 이론을 위해 필요한 만큼의 언어적 통달은 가능하다고 보는 것이다. 자신의 신적 비전에 근거하여 철학자는 모든 것을 하나의 분류 체계로 환원시킴으로써 상호내재의 신비를 극복할 수 있다고 생각한다. 이런 방식으로 철학자들은 조합적 측면이나 예시적 측면을 배제하고도 그들의 체계적 범주들을 수립하고 통제할 수 있다고 믿는다. 이렇게 되면 이 범주들은 조합과도 무관하여 예시와도 무관한 방식으로 존재할 수 있게 된다.

하지만 철학자들 역시 사람이다. 그들이 언어를 배운 것도 조합과 예시들을 통해서이다. 그들의 현재 지식은 그들의 과거 학습이나 현재의 신체적 경험들의 "오염"으로부터 자유롭지 않다. 그들 자체가 인간됨의 구체적 예시들로 존재한다. 그들의 생각과 말들 역시 인간의 생각과 언어의 예시들이다. 그들의 삶 또한 그들의 몸이 놓인 사회적, 역사적 맥락과의 조합 속에서 이루어지고 있다.

그런데도 철학적 반성은 자꾸만 이상화되는 경향을 가진다. 철학자들은 그들의 사유를 조합으로부터 독립되고 예시로부터도 독립된 하나의 이상화된 형태로 계속 투사해 놓는다. 만일 그들이 진정으로 솔직하고 민감하다면,

이러한 투사가 이상화되어 있다는 것을 인정해야 할 것이다. 그러나 그렇게 하지 않는 것은 이런 이상화가 그들이 바라는 차원의 결과들을 제공하기에 유익하기(꼭 필요하다기보다) 때문이다.

우리는 이제 서구 합리주의 철학을 특징짓는 이 특정한 종류의 이상주의가 본질적이고 또한 돌이킬 수 없이 우상 숭배적인 성격을 가진다는 것을 알 수 있다. 이러한 접근이 추구하는 이상적 범주는 자기 충족적 분류의 형태로 존재하며, 예시적 또는 조합적 측면을 필요로 하지 않는다. 또는 예시적, 조합적 측면을 가지고 있다고 하더라도 그것은 매우 사소한 것으로 간주되기 때문에 철학적 반성에서는 안심하고 무시해 버릴 수 있는 대상이 된다. 범주에 대한 이와 같은 관점은 본질적으로 일원론적이거나 단일신론적이다.

때로 철학자들은 차이가 존재한다는 것을 인정하기도 한다. 하지만 그 차이의 자리도 적용의 한 하부 부류에 지나지 않는다. 각각의 범주는 본질적으로 차이를 허용하지 않으며 단자적(monadic), 분류적 보편(classificational universal)의 성격을 가지지만, 때로는 예시들의 형태로 자신을 나누기도 하는데, 이는 현실 세계 속에서 실제적 용어로 적용될 필요가 있는 경우에만 그러하다.

이런 차이도 그 성격상 하나님에 대한 양태론적(modalistic) 이해 속에 나타나는 차이와 유비를 이룬다. 양태론적 이단은 하나님이 한 분뿐이며, 순수하게 불가분리적 방식으로 존재한다고 주장한다. 그러면서 한 하나님이 창조세상에 대하여 자신을 계시하는 양식을 세 가지 형태로 바꾸어서 성부로, 성자로, 그리고 성령으로 그 접촉(그 존재가 아니라)의 양상을 달리하는 것이라고 가르친다. 합리주의 철학은 근본적 범주에 대한 그 접근에 있어서 단일신론적 관점을 전제하며, 기껏해야 양태론적 신론까지만 나아갈 뿐이다.

철학적 합리주의가 잘못된 길로 가고 있다면, 경험주의는 어떠한가? 경험주의자들에게 있어서는 사건, 사실적 자료, 지각 대상, 특정 사례가 근본적인 자리를 차지한다. 이런 점에서 현대 경험주의는 중세기의 유명론과 상당히 가깝다. 본질적으로 경험주의자들은 분류적, 조합적 측면들을 배제하고 예시적 측면을 과도하게 높이는 출발점을 가진다. 이런 출발 역시 그 뿌리에는 합리주의와 마찬가지로 단일신론적 세계관이 놓여 있고, 따라서 우상 숭배적이다. 차이가 있다면 신격화되는 것이 분류적 측면이 아니라 예시적 측면이라는 것뿐이다.

경험주의자들이 그들의 견해를 표현하기 위해서는 그들이 볼 때 결코 문제를 발생시키지 않는 것, 보편적인 것, 자명한 것의 범주에 속하는 것들을 사용한다. "감각 자료들"(sense data)이나 "물리적 대상들" 또는 "감각 경험" 같은 것들이 신격화된다. 이런 결과는 불가피하다. 오직 한 차원의 존재나 한 차원의 지식만 존재한다면, 자기 자신의 분석이 거의 신적 지위를 가지지 않을 수 없다. 그 하나가 우주적 차원을 가진다고 볼 것이며, 그와 동시에 철학자에 의해 철저하게 파악되고 통제되는 것으로 생각할 것이다.

다음으로 관계와 관련된 철학들을 생각해 보아야 하겠지만, 여기에는 어느 하나의 철학 사조와 유비를 찾는 데 어려움이 있다. 가장 근접하는 형태로 철학적 구조주의와 해체주의를 생각할 수 있을 것이다. 이런 사조의 근본적 출발점은 조합적 측면이다. 관계적 철학들은 분류적, 예시적 측면들을 조합적 차원으로 환원시키는 방식으로 단일신론적, 또는 양태론적 우상 숭배의 양상을 취한다. 분류적 측면은 관계의 체계 안에서 일종의 마디의 지위를 가질 뿐이다. 또한 예시적 측면은 언어와 문화의 체계 속에서 뚝뚝 떨어져 있는 점적인 사건들로 존재한다.

관계적 철학이 그 자신을 진술하고자 할 때는 다른 세속 철학들이 가지는 것과 같은 어려움을 동일하게 가진다. 보편성을 주장하면서 그 진술이 언어로 표현되기는 하지만, 여기에는 조합도 없고 예시도 없다. 자신의 주장을 이론적으로 형성한다고 하더라도 합리주의 철학을 괴롭히는 동일한 문제를 피해 가지 못한다. 해체주의는 이런 문제를 누구보다 예리하게 간파하기 때문에 자신의 주장들에 대해서도 역설적 지위만을 줄 뿐이다.

인간의 언어와 인간의 범주들은 실제로는 삼위일체 하나님께 의존한다. 그 속에는 하나님의 "영원하신 능력과 신성"이 배어 있다(롬 1:20). 하나님의 본질이 삼위일체적이기 때문에 인간의 언어도 이런 삼위일체적 본질을 반영한다. 그러나 믿지 않는 사람들은 이 삼위일체 하나님을 인정하지도 않고 그분에게 자신을 복속시키려 하지도 않는다. 오히려 그들은 하나님을 대신하는 대체물을 만든다. 그것은 나무로 만든 우상일 수도 있고 아니면 철학적 사상일 수도 있다. 그들은 인간의 자율을 원한다. 따라서 그들은 우상을 만들되 그것을 예배하기 위해서뿐만 아니라, 그것을 다스리기 위해서도 그렇게 한다. 그들의 우상 숭배는 근본적 범주들에 대한 그들의 자율적 접근 속에서 잘 드러난다.

하지만 우상 숭배는 결코 성공하지 못한다. 하나님은 오직 한 분이신 하나님이시며, 그분은 온 세상을 의로 다스리신다(시 97:1-2). 합리주의와 경험주의, 그리고 관계주의는 그들이 사용하는 언어의 본질 자체를 위배한다. 그러면서도 합리주의와 경험주의와 관계주의는 일정 부분 타당성을 가지며, 때로 상당히 강한 통찰을 우리에게 주기도 한다. 왜 그런가?

그 이유는 분류적, 예시적, 조합적 측면들이 상호내재의 관계를 가지기 때문이다. 우리가 앞에서 본 것처럼 그 각각은 다른 요소들을 전제로 하며, 또한 다른 요소들을 포함한다. 예를 들어 분류의 측면은 구체적 예시들이 조합 가운데서 표현되는 것을 항상 전제로 한다. 따라서 좀 더 적절하게 이해한다면, 분류의 측면은 예시적 측면과 조합적 측면을 그 자체의 성립을 위한 필수 불가결 요소로 은밀하게 간직하는 것이라고 말할 수 있다.

합리주의는 분류적 측면의 관점적 특성을 극대화하여 모든 실재를 이 관점으로 보려 한다. 유사한 방식으로 경험주의는 예시적 측면을 강조하며, 관계주의는 조합적 측면을 강조한다. 이 세 측면은 상호내재의 관계를 가지는데, 각각의 관점을 독립적으로 취하게 되면, 어떤 면에서는 진리에 매우 가까워 보이지만 실상은 좋은 모조품 우상이 되고 마는 것이다. 이 셋이 다 삼위일체의 하나님 대신 각각의 단일신론적 타락한 진리를 섬기는 것이기 때문에 결국 그 추구하는 것들이 실패할 수밖에 없다.

의사 표현적, 정보 내용적, 효과 산출적 관점들의 적용

우리는 의사소통의 삼각대를 이 문제에 동일하게 적용해 볼 수 있다. 우리가 앞에서 보았던 것처럼 의사 표현과 정보 내용과 효과 산출의 세 요소들은 함께 하나님의 말씀하심을 구성하는 필수 요소들이다. 유비적 차원에서 인간의 의사소통 행위에도 이 세 가지가 동일하게 핵심 요체를 이룬다. 말과 지식은 긴밀하게 연결되어 있기 때문에 우리는 이 관계를 인간 지식 이해에도 동일하게 적용시킬 수 있다. 우리는 이 삼각대의 도움으로 세속 철학 체계들 속에 있는 결핍 요소들을 좀 더 잘 살펴볼 수 있다.

합리주의는 절대적 합리성 또는 절대적 진리라는 사상을 표방한다. 이런 접근은 정보 내용적 관점을 극대화한다. 하지만 이런 이상은 그 성격이 삼위일체적이기보다 단일신론적이다. 합리주의는 하나님의 진리가 인격적(따라서 의사 표현적)이라는 것을 부정한다. 그뿐만 아니라 합리주의는 하나님의 진리가 영원히 생산적(따라서 효과 산출적) 성격을 가진다는 것을 부정한다. 오히려 합리주의는 진리를 실제적 효과들과는 분리된 하나의 합리적 추상체로 이해한다. 이런 진리는 합리주의자들만의 진리일 뿐, 결코 하나님의 진리가 될 수 없다.

반면 실용주의는 절대적 효과의 이상을 표방한다. 따라서 실용주의는 의사 표현적, 정보 내용적 요소들을 부정하고 효과 산출적 관점만을 극대화한다. 진리를 오직 그 효과성 차원에서만 이해하려 하는 것이다. 그런 점에서 이 또한 단일신론적이다. 결국 실용주의자들은 창조주보다는 창조된 것을 우상으로 만든다.

마지막으로 주관주의는 절대적 개별성의 이상을 표방한다. 곧 개별적 인격성의 표현을 절대시하는 것이다. 이런 접근은 의사표현적 측면을 하나의 단일신론적 모조품의 형태로 변질시킨 접근이다. 이 접근 역시 창조주를 높이기보다는 인간의 개별성을 우상화한다.[94]

---

94. 존 프레임 역시 그의 관점의 삼각대(규범적, 상황적, 실존적 관점들)를 이용하여 이와 유사한 결론을 도출한 바 있다. 참조, Frame, *The Doctrine of the Knowledge of God*, 73-75, 89-90, 109-22.

프레임은 합리주의가 모든 것을 규범들로 환원하면서 규범적 관점을 신격화한다고 비판한다. 경험주의는 모든 것을 자료로 환원하면서 상황적 관점을 신격화한다고 본다. 또 주관주의는 모든 것을 개개인 주체로 환원하면서 실존적 관점을 신격화한다고 말한다. 비그리스도인들의 범주 체계들은 대부분 합리주의의 성격을 가진다. 이 범주들이 그것을 예시하는 개별 자료들(상황적 관점)과 반드시 결부될 필요가 없다고 보든지, 아니면 인격적 맥락에서 그것을 구성하고 이해하는 개개인들(실존적 관점)과 반드시 결부될 필요가 없다고 보는 것이다.

눈치가 빠른 독자들이라면 필자의 의사 표현적, 정보 내용적, 효과 산출적 관점들이 프레임의 실존적, 규범적, 상황적 관점들과 각각 연결이 된다는 것을 알아차렸을 것이다. 하지만 특히 두 개의 관점은 약간의 차이가 있다. 필자의 관점의 삼각대는 원형적 차원에서는 하나님께 적용되며, 모형적 차원에서는 인간에게 적용된다. 반면 프레임의 삼각대는 이런 균형이 없다(이는 프레임 자신이 인정한다, 63쪽). 규범적 관점은 신적 율법과 관련되지만, 실존적 관점과 상황적 관점은 인간과 피조물에게만 적용된다. 프레임의 삼각대는 필자의 삼각대의 유비적 반영이다.

프레임의 접근은 하나님의 말씀을 실제적으로, 그리고 구체적으로 수용함에 있어서 규범과 세상과 자아의 연결 관계가 어떻게 되는지를 강조하는 면에서 그 유용성이 매우 크다.

제16장

옥던-리처즈 의미 삼각대의 재조정

"

- **객관주의자 관수**: 사전 만드는 사람들은 언어의 의미와 관련하여 철학자들이 논쟁하는 모든 일들을 다 다룰 필요는 없겠지? 그들이 할 일은 정해져 있으니까 말이야. 우리가 사전에서 얻는 정보는 철학이나 종교적 신념과는 상관없이 기술적 역량과만 연관되는 것이라고 봐.
- **해석학자 형진**: 하지만 사전 만드는 사람들이라고 하더라도 암암리에, 아니면 명시적으로 자기들의 일이 무엇인지 이해하는 것과 관련해서 나름대로의 틀을 가지고 있지 않겠어? 이를테면 언어가 어떻게 작용하는지, 단어들의 역할이 뭔지, 의미가 뭔지 이런 등등의 문제들에 대해 나름대로의 가정을 가지고 있을 것 아냐?
- **객관주의자 관수**: 그렇긴 해. 하지만 그들 사이에는 일치점이 있지 않겠어? 수년 전에 옥던과 리처즈가 이런 문제와 관련하여 기본적인 이론적 틀을 만들어 놓은 것이 있어. 이것이 오랫동안 매우 유용하게 사용된 것으로 알아.
- **해석학자 형진**: 그래? 그렇다면 먼저 그것을 살펴보도록 하지.

"

참된 예배와 우상 숭배 모두는 해석의 전체적 구조뿐만 아니라 그 세세한 측면들에도 영향을 미친다. 이런 영향의 한 예로 우리는 옥던-리처즈 삼각대(Ogden-Richards triangle)를 검토해 보고자 한다.

옥던-리처즈 삼각대

옥던-리처즈 삼각대는 언어적 상징들의 본질을 모델화한 시도이다.[95] 원래의 도식은 아래와 같이 이루어져 있다.

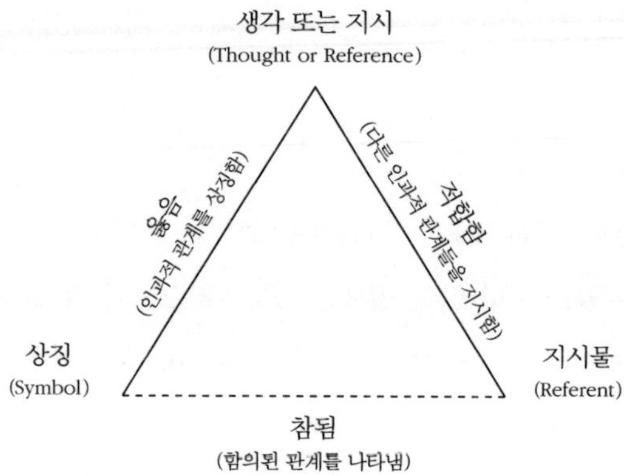

표 16.1. 옥던-리처즈 삼각대

이 삼각대를 구성하는 세 가지 주요한 요소들은 "상징", "생각 또는 지시", "지시물"이다. 상징이란 하나의 특정 음성적 또는 도해적 형상을 가리킨다(e-l-e-p-h-a-n-t와 같은 방식으로 적어 놓은 글자들). 생각 또는 지시란 이 형상이 가진 의미-내용, 곧 코끼리라는 사상을 가리킨다. 그리고 지시물은 이 세상 속에 있는 어떤 대상물, 곧 실제적인 동물 코끼리를 가리킨다. 울만(Stephen

95. Charles K. Ogden and I. A. Richards, *The Meaning of Meaning: A Study of the Influence of Language upon Thought and of the Science of Symbolism*, 8th ed. (New York: Harcourt, Brace & World, 1946), 11.

Ullmann)은 삼각대의 이 세 항목들을 각각 "이름"과 "뜻"과 "사물"로 다소 다르게 표기한다.[96] 모이세스 실바(Moisés Silva)는 이를 "상징"과 "뜻"과 "지시물"로 또 조금 다르게 이름 붙인다.[97]

앞에서 우리가 시도했던 분류의 틀은 이런 자연적 구분을 설명하는 데도 사용될 수 있다. 하지만 이를 위해서는 몇 가지 분명히 해야 할 것들이 있다. 첫째, 우리를 향한 하나님의 계획에는 통제, 의미, 임재의 세 측면이 있다는 것을 상기할 필요가 있다. 하나님은 이 세상에서 일어나는 일들을 통제하신다. 다시 말해서 그분은 지시물들(이를테면 코끼리 같은 동물들)을 창조하시며 또한 통제하신다. 하나님은 이 일을 그분의 말씀을 통해 행하시는데, 이 말씀은 곧 의미이다. 의미는 생각과 상징 모두를 포함한다. 따라서 우리는 지시물을 하나님의 통제와 연결시킬 수 있다. 그리고 생각과 상징을 의미 측면과 연결시킬 수 있다. 그렇다면 우리는 통제와 의미와 임재의 삼각대 가운데서 두 개의 측면, 곧 통제와 의미의 연결점을 찾았다. 그런데 옥던-리처즈 삼각대는 우리의 입장에서 볼 때는 필수 불가결의 요소인 세 번째 측면, 곧 언어 사용자의 인격적 임재의 요소를 전적으로 제외시키고 있다. 우리는 이 배제된 요소에 좀 더 주의 깊은 관심을 기울이지 않으면 안 된다.

생각과 상징은 둘 다 의미 측면에 속한다. 그렇다면 이 둘 사이의 차이는 무엇일까? 생각은 우리가 그것에 대해서 생각하고 말하는 어떤 사물들과 관계된다. 상징은 우리가 그것을 말하는 수단들, 곧 소리나 글자와 관계된다. 여기에는 모스(Morse) 부호나 수화 같은 것도 포함된다.

상징은 의사소통에서 사람들이 사용하는 이 창조 세상 안에 있는 매체들에 의존한다. 이 매체들은 비록 창조된 것이긴 하지만 신적 원형에 기반을

96. Stephen Ullmann, *Semantics: An Introduction to the Science of Meaning* (Oxford: Blackwell, 1964), 57.
97. Moisés Silva, *Biblical Words and Their Meaning: An Introduction to Lexical Semantics* (Grand Rapids: Zondervan, 1983), 103.

둔다. 요한복음 1:1에 근거하여 우리는 성부 하나님이 원형적 화자요, 아들 하나님은 원형적 말씀이라는 것을 믿는다. 성령님은 이 말씀을 그 의도된 목표점으로 이끌어 가는 숨결이다(시 33:6; 비교, 겔 37장). 이 창조의 영역 속에서는 성령님과 유비를 이루는 것이 인간 화자의 숨결이다. 발화된 말은 공기 중의 소리를 통하여 밖으로 나간다. 따라서 우리는 소리의 요소, 혹은 도해의 요소는 유비적 차원에서 성령과 연결되는 것으로 이해한다. 생각의 요소는 유비적 차원에서 성부 하나님과 연결된다. 그분의 생각이 그분의 말씀으로 표현되는 것이다. 생각과 짝을 이루는 언어적 표현은 유비적 차원에서 말씀이신 성자 하나님과 연결된다. 이렇게 우리는 생각과 언어적 표현, 그리고 소리를 가진다. 이에 반해 옥던-리처즈 삼각대는 오직 생각과 소리만 가지고 있다.

울만과 실바는 옥던과 리처즈와는 달리 삼각대의 꼭대기 점을 "생각/지시" 대신 "뜻"이라는 이름으로 고쳐서 부른다. 이렇게 하는 이유는 그들의 강조점이 발화된 표현에 집중되기 때문이다. "생각"의 경우와 같은 심적 행위는 고려 대상에서 제외하고 있는 것이다. 이와 같은 용어의 변경은 매우 유용하다. 이렇게 하면 옥던과 리처즈가 의도했던 것을 더 분명하게 이룰 수 있다. 다시 말해서 강조점을 언어적 차원에 더 집중시킬 수 있는 것이다. 하지만 이름을 어떻게 붙이든지 간에 우리의 기독교적 관점에서 볼 때는 생각과 말과 소리 사이에는 상호내재 관계가 존재한다.

우리가 이 삼각대를 더 정확하게 이해하기 위해서는 우리의 관점과 다른 점 한 가지를 더 언급할 필요가 있다. 옥던과 리처즈는 자신들의 삼각대의 용도를 어떤 특정 발화의 기능을 설명하는 데만 국한시키려 하지 않는다. 오히려 그들의 관심은 하나의 언어 체계 전체에 있어서 뜻과 상징과 지시물의 기능이 어떤 것인지를 체계적으로 설명하는 데 있다. 그들은 하나의 언어 체계가 가지는 내적 구조를 총괄적으로 설명하려는 것이다. 하나의 특정 발화를 다루기보다는 사전이나 문법 속에 요약되어 있는 총괄적인 용례의 규칙에 더 관심을 쏟고 있다. 사전에서는 코끼리(elephant)라는 단어를 정의할 때 그 단어가 사용되는 다양한 용례들을 통합하여 코끼리 과(Elephantidae)에 속하는 동물로 정의한다. 따라서 영어 사용자들은 특정한 용례 속에서 이 단어를 이해하기 위해서는 일반적 차원에서의 이 단어의 의미를 알아야만 한다. 다시 말해서 그들은 사전에 소개된 용례들을 포함하여, 이미 하나의 언어를 알고 있는 상태에서 출발한다.

우리가 기대할 수 있는 것처럼, 언어의 특정 용례들과 그 일반적 정의는 서로 긴밀하게 연결되어 있다. 특정 용례들은 우리가 앞에서 사용했던 용어인 예시적 측면과 연관된다. 반면 일반적 정의는 분류적 측면과 연관된다. 이 특정 용례들과 일반성의 차원 모두는 다른 모든 특정한 것들과 일반적인 것들과 함께 하나의 관계 체계를 형성한다. 이런 관계성은 조합적 측면과 연관된다. 예시적, 분류적, 조합적 세 측면들은 삼위일체의 형상이라는 점을 고려한다면, 언어 사용 속에 나타나는 특정 발화들, 일반성 차원, 그리고 조직적인 관계의 세 측면 역시 삼위일체를 반영한다고 볼 수 있다.

삼위일체의 세 위격들이 상호 내재하는 것처럼, 언어 사용에 있어서의 일반성, 특정 발화, 그리고 조직적 관계 또한 상호 내재한다. 생각, 언어적 표현, 소리 역시 상호 내재한다. 지시물, 의미, 발화자 역시 상호 내재한다.

하나님은 한 분이신 하나님이기 때문에 언어에 있어서도 일체성이 있다. 언어적 상징은 단독으로 존재하지 않고, 상징과 생각과 지시물이 서로 함께 존재한다는 점에서 일체성을 가진다. 하나님은 삼위일체로 존재하시는 분이기 때문에 언어에 있어서도 상징과 생각과 지시물을 서로 구분하는 것이 가능하다.

우리는 이런 이해를 바탕으로 언어 이해에 있어서의 몇 가지 오류들을 식별해 낼 수 있다. 위의 옥던-리처즈 삼각대에서 상징과 지시물을 연결하는 점선은 "생각"과 이 둘 사이의 다소 다른 정도상의 차이에 더하여, 이 둘(상징과 지시물)의 관계가 서로 간접적이라는 것을 나타낸다. 이런 미묘하면서도 복잡한 관계를 무시하면 오류들이 일어난다. 말-사물의 직접관계를 상정하는 언어 이해는 상징을 지시물과 아주 단순하게 동일시해 버린다. 예를 들어, 우리가 매우 추상적인 신학 용어인 "칭의" 같은 단어를 취급할 때, 그 지시물은 하나의 신학적 "개념"이라 부를 수 있는 것과 유사한 것이 된다. 따라서 말과 지시물을 동일시하고 있는 것이다. 이렇게 되면 우리는 "TDNT(신약 신학 사전)가 취하는 것과 같은 역사적-개념적 방법"의 혼동에 빠지게 된다.[98] 이를테면, *dabar* 같은 히브리어 단어는 역동적인 역사적 사건을 "지시"하기 때문에, 따라서 그것은 "역동적 역사적 사건"을 의미해야만 한다고 생각하는 것이다. 하지만 실제로 이 단어는 "말, 사물, 사태" 등과 같이 색채 없는 정의를 가질 뿐이다.[99]

옥던-리처즈 삼각대는 우리가 해석의 과정 속에서 기억해야 할 중요한 구분들을 잘 정리해 준다는 면에서 그 유용성이 크다. 하지만 우리는 또한 이 삼각대가 다음과 같은 몇 가지 점에서 문제를 너무 단순화하고 있다는 점을 지적하지 않을 수 없다.

1. 이 삼각대는 의사소통을 하는 자와 그 사람의 발화 사이에 존재하는 신비적 차원들을 다루지 않고 있다. 곧 임재의 측면이 그것이다. 화자가 자신의 발화에 참여한다는 측면을 이 삼각대는 다루지 않고 있다.

2. 그뿐만 아니라 이 삼각대는 생각과 언어('뜻' 측면)의 관계에 포함된 신비적 차원을 명시적으로 다루지 않는다. 그러하기 때문에 이 관점은 뜻(텍스트의 의미)과 생각이 원리상 서로 분리될 수 있다는 환상을 주기 쉽다.

3. 이 접근 방식은 특정 발화들(용례들)과 언어적 일반성, 그리고 이것들이

---

98. Silva, *Biblical Words and Their Meaning*, 107(특히 105-7쪽에 나오는 논의를 참조하라). 제임스 바는 이 문제와 관련된 집중적인 논의를 제시한 바 있다. 참조, James Barr, *The Semantics of Biblical Language* (London: Oxford University Press, 1961). 바가 말하는 "비합법적인 동일성 전이"와 "비합법적인 전체 의미의 전이"(앞의 책, 218쪽)는 상징과 지시물을 동일시하는 사람들이 가장 흔하게 저지르는 실수들이다.

99. 이 예는 Barr, *The Semantics of Biblical Language*, 131에서 따온 것이다.

다른 언어적 체계들과 가지는 관계들을 명시적으로 다루지 않는다. 이 때문에 일부 혼동의 위험이 일어난다. 예를 들어, "상징"이라는 이름을 통해 강조되는 것이 에베소서 4:28에 나오는 '도둑질하다'라는 단어의 특정 번역본의 특정 용례가 될 수 있다. 곧 하나의 특정 발화가 강조되는 것이다. 하지만 동일한 이름이 모든 실제적이고 가능한 상황들 속에서의 모든 '도둑질하다'의 용례들을 포괄할 수도 있다. 곧 일반성이 강조되는 것으로 볼 수도 있다. 아니면, 같은 이름을 가지고 '도둑질하다'와 유사한 의미론적 영역에 속하는 다른 단어들과의 관계를 지칭하는 것으로 볼 수도 있다.

4. 이 삼각대는 의사소통의 맥락의 측면을 전면에 부각하지 않는다. 하지만 우리가 앞에서 보았던 것처럼 의미라는 것은 보다 넓은 맥락의 긴밀한 연결 관계, 곧 '뜻'과 적용과 함의(import)의 상호내재적 관계 속에서만 존재하고 작동한다. 옥던과 리처즈의 도표는 의미의 기능을 단어나 그보다 약간 긴 표현 등, 하나의 최소 단위 차원에서만 분석하고 있다. 하지만 이런 단위들은 더 큰 맥락이나 위계 구조에 연결되어 있으며, 그 속에서 함의 차원의 의미를 발생시킨다.

5. 이 삼각대는 상징과 뜻이 서로 깨끗하게 분리될 수 있을 것처럼 제시한다. 하지만 상징이 발화의 측면에 초점을 맞추는 데 비해, 뜻은 의미 측면에 초점을 맞추는 것임을 기억하라. 실제적인 경우에 있어서 이 두 가지는 동일한 의사소통의 두 측면을 이룬다. 따라서 이 두 가지는 깔끔하게 나누어질 수 없다. 모든 의미는 파이크가 주장하는 것처럼 "형식-의미 복합체"로 작용한다.[100]

상징과 뜻은 관점상 연결되어 있다. 이 각각은 상호내재의 방식으로 서로를 포함한다. 상징은 그것이 무엇인가를 상징하지 않으면, 다시 말해서 그것

---

100. Kenneth L. Pike, *Language in Relation to a Unified Theory of the Structure of Human Behavior*, 2nd rev. ed. (The Hague: Mouton, 1967), 62-63; Pike, *Linguistic Concepts: An Introduction to Tagmemics* (Lincoln: University of Nebraska Press, 1982), 111.

이 상징으로 인식되는 어떤 뜻을 이미 함유하고 있는 것이 아니라면 상징이 될 수 없다. 역으로, 어떤 특정 뜻은 오직 매체, 곧 상징을 통해서만 뜻으로 인식될 수 있다.

울만과 실바는 이 삼각대의 꼭짓점 부분(생각/지시)을 더 자세히 살펴본 결과, 상징과 뜻의 내포 관계가 더 뚜렷하다는 것을 알게 되었다. 울만은 뜻을 "이름(단어)이 듣는 사람에게 전달하는 정보"라고 정의한다.[101] 이런 정의는 말할 것도 없이 진리 내용 또는 생각 내용에 우리의 초점을 맞추도록 인도한다. 그러나 넓은 의미에서 상징은 그 음운론적 형태를 통해 "정보를 전달한다." 이런 정보는 결코 사소한 것이 아니며, 언어 학습자나 해석자에 의해 반드시 사용되어야만 할 요소이다. 따라서 상징은 상징으로서의 그 형태를 통해 전달된 정보의 한 부분으로 작용한다. 실바는 뜻을 "상징에 의해 떠올려진 심적 내용"이라고 정의하는데, 여기서 "심적"(mental)이나 "내용" 같은 단어를 사용하는 것은 그 초점이 화자와 그 화자의 생각에 맞추어져 있다는 것을 보여 준다. 이 "심적 내용"은 넓은 의미에서 개라는 단어의 소리와 실제 개들 사이에 느슨한 연결 관계가 구성되어 있다는 것을 함의한다. 따라서 상징과 뜻 사이에 매우 확정적인 어떤 구분선을 그으려는 시도는 결코 성공할 수 없음을 잘 보여 준다.

6. 이 삼각대에 따르면 지시물은 "비언어적"인 것이기 때문에, 언어적 분석에서는 지시물은 제외시키고 오직 상징과 뜻만 다루고 싶어 하는 마음을 갖게 한다.[102] 이처럼 지시물을 배제하는 경향은 어떤 상황과 그 상황에 대한 사람의 이해는 관점상 구분이 가능하다는 합당한 인식에 근거한다. 울만이 제시하는 예를 들어보자.

> 원자[지시물]는 오십 년 전이나 지금이나 동일하다. 그러나 원자 또한 더

101. Ullmann, *Semantics*, 57.
102. Ullmann, *Semantics*, 56.

> 작게 나누는 것이 가능해졌기 때문에 우리는 이것이 물질의 가장 작은 구성요소는 아니라는 것을 알고 있다. 그뿐만 아니라 원자[뜻 차원에서]는 새로운 함의들로 인해 그 범주가 넓어졌다. 어떤 사람에게는 획기적인 것일 수도 있고 어떤 사람에게는 끔찍한 것일 수도 있는데, 이는 원자폭탄과 같은 원자력 시대의 도래에 따른 결과이다.[103]

다시 한 번 강조하지만, 이처럼 상징(또는 뜻)과 지시물을 구분할 수 있다는 것이 곧 분리할 수 있다는 의미는 아니다. 의미는 의사소통을 하는 사람에 의존한다. 또한 이 사람은 자신이 말하는 것을 어떤 상황과 규범 또는 관습들 속에서 의사소통한다. 따라서 지시물은 언어의 분석에서 쉽게 배제될 수 없다.

이 마지막 5번과 6번은 특별히 중요한 의미를 가진다. 5번에서 우리는 상징과 뜻(달리 표현하면 형식과 의미)이 관점상 구분될 수는 있지만 분리될 수는 없다는 것을 확인했다. 유사한 방식으로 6번에서 우리는 뜻과 지시물 역시 관점상 구분될 수는 있지만 분리될 수는 없다는 것을 확인했다. 인간의 말이 아니라 하나님의 말씀하심을 생각한다면 이 6번의 강조점은 더욱더 부각된다. 하나님은 모든 것들, 곧 모든 지시물을 주관하시는 분이다. 이 모든 지시물은 하나님의 선포의 말씀에 따라 그 모습 그대로 존재한다. 하나님의 말씀은 모든 것들을 주관한다. 모든 만물이 그분 말씀에 순종한다. 하나님의 말씀 바깥에 어떤 것들이 존재하는 일은 있을 수도 없고 또 의미도 없다. 따라서 우리가 어떤 의미 있는 지시물을 가진다는 것은 하나님의 말씀, 곧 그의 "뜻"에 그 존재의 모든 것이 복속되는 그런 지시물을 가진다는 것을 말한다. 모든 지시물은 궁극적으로, 그리고 완전히, 뜻 안에서 이해된다. 물론 인간의 유한한 뜻 이해가 모든 지시물을 다 남김없이 파악할 수 있는 것은 아니다.

---

103. Ullmann, *Semantics*, 56.

하지만 신적 의사소통의 통로로서의 인간 언어는 그 언어에 대한 인간의 이해로 모든 것이 다 해소되는 것도 아니다.

언어적 구분의 뿌리

옥던과 리처즈의 삼각대가 가지는 또 다른 주된 한계 중의 하나는 그것이 제시하는 구분들이 생각처럼 그렇게 잘 설명되지는 않는다는 점이다. 예를 들어, 이 도식은 상징과 뜻이 형식과 내용처럼 잘 구분될 수 있다고 제시한다. 한 면에서 이는 좋은 지적이다. 그러나 우리가 어떻게 이 둘을 구분할 수 있을 것인가? 의미론자들은 우리로 하여금 이런 구분을 잘 할 수 있도록 돕는 수많은 예들을 동원할 수 있을 것이다. 그들은 이렇게 말할 것이다. "개(dog)를 d-o-g으로 표기하는 것은 하나의 상징이며, 뜻은 의미 영역에서의 분류, 곧 '개 과(*Canis familiaris*)에 속하는 동물'이다." 하지만 제시된 예들 속에서 하나의 일반적 규칙을 발견하게 하는 것은 무엇인가? 우리는 형식과 내용이 구분될 수 있다는 것을 직관적으로 아는데, 이는 우리 안에 이미 이를 구분할 수 있는 능력이 있기 때문이다. 예들을 제시하고 설명을 할 수 있다는 것은 "요점을 볼 수 있는" 선행된 능력이 있다는 것을 전제한다. 우리는 이런 능력을 보유하고 있다. 인간의 본질 속에는 이와 같은 분석되지 않는 공통요소가 내재되어 있다. 이런 인간 본질 자체도 진공 상태로 존재하지는 않는다. 우리가 어떤 의미-내용을 아는 것은 하나님의 진실성을 알기 때문이다. 곧 하나님의 생각과 아들 안에서의 표현이 우리의 언어적 이해의 궁극적 뿌리를 이룬다. 우리가 어떤 언어적 형식을 아는 것은 하나님께서 정교하게 발화하신 말씀을 우리가 성령을 통하여 알게 되기 때문이다.

유사한 방식으로 뜻과 지시물의 구분 또한 정당하고 옳지만, 그 근원적 뿌리가 무엇인지를 우리는 또한 묻지 않을 수 없다. 인간 의사소통에 있어서의 이와 같은 구분은 신적 의사소통에 있어서의 구분, 곧 하나님의 작정(뜻 측면)과 이에 순종하여 창조된 것들(지시물 차원) 사이의 구분을 반영한다.

이와 같은 두 차원의 구분들은 하나님과 관련한 구분들 및 세상에 대한 그분의 일하심의 본질 문제로 거슬러 올라간다. 이 두 구분들이 하나님께로 소급되는 것은 전형적인 현상이다. 우리는 의미론자들이 제시하는 그 어떤 구분도 삼위일체로 존재하시는 하나님의 인격적 임재와 결부시키지 않고는 온전히 이해하지 못한다.

여기에 또 하나의 복잡한 문제가 추가된다. 삼위일체의 위격들이 상호내재의 관계를 가지기 때문에, 옥던-리처즈 삼각대의 세 축 역시 유비적 차원에서 상호내재의 관계를 가진다고 보지 않을 수 없다. 하지만 대부분의 의미론자들은 이런 면을 고려하지 않는다. 오히려 그들은 세 축이 아주 완벽하게 분리될 수 있을 것처럼 생각한다. 이런 왜곡 현상에 하나의 우상 숭배의 차원은 없는지 의심하게 된다. 단일신론적 우상 숭배에 있어서는 우리가 어떤 지식을 가진다는 것은 그 어떤 다양성도 남기지 않는 일체성에 대한 지식을 가지는 것을 말한다. 우리는 분리될 수 있는 일체성들만을 가질 뿐이라는 것이다.[104] 이와 같은 일체성들의 분리는 또한 일종의 다신론을 반영한다. 왜냐하면 세상에는 많은 일체성들이 따로따로 존재하기 때문이다. 우리는 하나님의 세상에 살고 있고 또한 하나님을 알고 있기 때문에, 이런 단일신론적 함의들이 생각처럼 그렇게 파괴적 지식으로 작용하지는 않는다. 그러나 이런 모조품 인식이 언어 분석 차원에도 진리와 오류의 혼합을 불러올 수 있다. 모조품 인식은 삼위일체 하나님에 대한 우리의 지식을 왜곡시킨다. 더 나아가서 이런 왜곡은 옥던-리처즈 삼각대의 이해도 왜곡시키며, 또 다시 이

---

104. 데리다(Jacques Derrida)는 기표로부터 기의를, 다시 말해서 상징으로부터 뜻을 쉽게 분리할 수 있다고 생각하는 환상을 지치지 않고 공격한다. 이 면에서 그는 옳다! 서양 형이상학의 전통은 특정 기표를 사용하여 하나의 절대적이고 (원리상 특정 의미 표현 행위와는) 자유로운 의미 전달이 가능하다고 생각해 왔다. 이런 전통은 단일신론적 우상 숭배에 오염된 것이라 보지 않을 수 없다. 그러나 데리다 역시 형이상학 전통과 마찬가지로 삼위일체 하나님에 대해 합당한 가치를 부여하지 않고 있다. 하나님은 그 스스로 기의와 기표가 되시는 분이며, 그 자신 안에서 자신으로부터 자신을 구분하실 수 있는 분이다. 그러면서도 그 구분된 위격들은 상호내재 관계를 가진다.

런 왜곡은 우리의 언어에 속한 모든 단어들의 의미 이해에도 영향을 미친다. 이런 영향은 매우 교묘하고 또한 전방위적이다.

하나님에 대한 우리의 지식에 있어서의 차이는 우리의 해석 과정 전반에 다 영향을 미친다. 여기에는 특정 단어의 뜻을 연구하는 매우 기술적인 측면까지도 다 포함이 된다. 그리스도인과 비그리스도인 사이에는 하나님에 대한 그들의 지식에 있어서 급진적인 차이가 존재한다(엡 4:17-24). 해석의 영역에 있어서도 이런 급진적 차이는 불가피하다. 무엇보다 우선적으로 이런 차이는 성경을 해석하는 면에 있어서 가장 두드러지게 나타나게 된다. 그러나 하나님을 아는 것의 차이는 그 영향이 성경 해석에만 국한되지 않고 모든 문서나 사물의 이해에도 영향을 미치지 않을 수 없다.

제17장

신론에 있어서의 견해 차이들

“

- **객관주의자 관수**: 우리가 믿지 않는 사람들이 성경을 해석하는 것을 보면 엄청 문제가 많다는 것을 느끼게 될 거야. 사람들은 온갖 종류의 편견들을 가지고 성경을 이해하려고 하지. 이에 반해 복음적인 그리스도인들 사이에는 그 세계관 속에 최소한 기본적인 일치는 있다고 생각해. 그럼에도 불구하고 우리 사이에 아직도 남아 있는 편견들을 어떻게 하면 제거할 수 있을까?
- **경건주의자 경민**: 우리는 마음속에 아직도 숨어 있는 죄들을 처리해야 해.
- **문화 변혁가 문호**: 우리는 오늘날의 타락한 교육 기관 같은 데서 받은 나쁜 영향들을 해결해야 해. 이런 것들이 이 세상에서 살아가고 있는 우리 그리스도인들에게도 은밀하게 들어와 있는 거지.
- **선교학자 선자**: 우리는 이 세상 다른 곳에서 접할 수 있는 거대한 문화적 차이들을 직면하지 않을 수 없어.
- **교리주의자 교선**: 그리스도인들 사이에도 교리적인 차이들이 있다는 것을 인정해야 해.
- **객관주의자 관수**: 그래, 이 교리적인 차이를 예로 들어 보자. 물론 우리 사이에 세례 방식이나 교회 정치 문제나 종말론 등과 관련해서 사소한 차이들이 있

는 것은 사실이지. 이런 문제들과 관련된 본문들을 만날 때 우리가 가진 신학적 편견이 작용한다는 것을 쉽게 알 수 있어. 사람들마다 그 본문이 자기의 입장을 지지해 주기를 은밀하게 바랄 거야. 하지만 이런 차이가 일어나는 본문은 제한되어 있다고 생각해. 우리는 어떤 문제들이 논란이 될 수 있는지 알고 있어. 그래서 이와 관련된 본문들을 만날 때마다 '아, 이런 선입견들이 여기에 작용할 수 있겠구나.'라고 인식을 하면서 그런 본문들에는 특별히 주의를 기울이면 돼. 그러나 그 밖의 대다수의 본문들에 대해서는 우리가 안심할 수 있는 것 아냐?

- **교리주의자 교선**: 그게 생각처럼 그렇게 쉽지가 않아. 복음적인 그리스도인들 사이에도 교리적인 차이가 예상 밖으로 심각한 경우들이 많이 있어. 칼빈주의자들과 알미니안들 사이의 차이에 대해 생각해 봐.
- **객관주의자 관수**: 그래, 그런 문제는 좀 더 심각한 경우지. 이와 관련된 성경 본문들도 많이 있겠구나. 하지만 칼빈주의자들과 알미니안들의 견해 차이와 관련된 본문들도 제한되어 있는 건 마찬가지 아냐?
- **예전주의자 예지**: 그렇긴 해도 그건 쉬운 문제가 아니지. 교리적 차이는 우리가 예배하는 분이 누구냐 하는 것과 연결되어 있어. 하나님을 어떤 분으로 이해하느냐 하는 문제지.
- **경건주의자 경민**: 예지야, 넌 칼빈주의자들과 알미니안들이 하나님에 관한 교리에 있어서 서로 차이가 있다고 보는 거니? 그들은 모두 성경에서 말하는 한 하나님을 믿고 있는 것 아냐?
- **교리주의자 교선**: 그렇긴 해. 하지만 우린 그들이 하나님의 예지나 전능하심과 관련해서 서로 다른 생각들을 가지고 있다는 것을 무시할 순 없어.
- **해석학자 형진**: 하나님에 대한 교리가 다르다는 것은 나머지 모든 부분에도 영향을 미치는 것 아니겠어? 그렇다면 이것이 성경 모든 부분을 해석하는 면에도 당연히 영향을 미친다고 봐야 하지 않을까?
- **객관주의자 관수**: 그건 너무 지나친 생각이야. 사람들 사이에는 일치하는 점들

이 더 많아. 한 부분에 차이가 있다고 해서 그것이 꼭 나머지 모든 부분에 다 영향을 미친다고 볼 수는 없어.

”

우리는 그리스도인들과 비그리스도인들 사이에 근본적 관점의 차이가 있다는 것을 앞에서 살펴보았다. 하지만 보다 미묘한 방식으로 그리스도인들 사이에도 중요한 교리들에 있어서 서로 차이들이 있다는 것을 부인하지 못한다.

우리가 이 세상을 사는 동안에는 그리스도께 속한 거듭난 그리스도인이라 할지라도 죄의 오염 상태에서 완전히 자유롭지는 못하다. 우리는 하나님을 안다. 하지만 하나님에 대한 우리의 지식 역시 암암리에 죄에 의해 오염되어 있다. 따라서 그리스도인들 사이에서 하나님에 대한 지식의 차이들을 보는 것은 크게 놀랄 일이 아니다. 이런 차이들은 성경 해석에도 당연히 영향을 미친다.

하나님에 대한 암묵적 지식과 명시적 지식

우리는 무언가를 선언하거나 가르칠 때 최대한 명료하게 이를 표현하고자 애쓴다. 하지만 우리는 또한 우리가 아직 명료하게 다 드러내지 못한 더 많은 지식의 암묵적 배경 속에서 살아간다.[105] 특별히 하나님에 대한 지식과 관련해서는, 우리의 명시적 지식과 가르침에 우리가 온전히 다 부합하여 살아내지 못하는 부분까지도 남아 있다. 우리가 믿는다고 말은 하지만, 우리의 행위가 그것을 보여 주지 못하는 경우가 많다(약 2:14-26). 이런 경우 우리의 명시적 지식은 정통적인 모습을 보이고 있지만, 우리의 암묵적 지식에서는 문

105. 암묵적 지식에 대한 논의를 위해서는 다음을 참조하라. Michael Polanyi, *The Tacit Dimension* (London: Routledge & K. Paul, 1967); Polanyi, *Personal Knowledge* (Chicago: University of Chicago Press, 1958).

제가 드러나고 있는 것이다. 역으로, 우리의 암묵적 지식이 우리의 명시적인 가르침보다 더 나은 형태를 가지고 있는 경우도 있다. 제임스 패커(James I. Packer)는 이런 현상과 관련된 중요한 예 하나를 이와 같이 묘사한다. 그는 구원에 있어서 하나님의 주권과 관련된 문제를 다룬다.

> 인간의 행위 및 구원하는 믿음과 관련하여 하나님이 정말로 주님이시냐 아니냐의 문제를 두고 교회 안에서는 오랜 논란이 있어 왔다. 지금까지 우리가 말한 것은 우리가 이 논제를 어떻게 다루어야 하는지를 보여 준다. 상황은 표면적으로 드러나는 것과 동일하지 않다. 어떤 그리스도인들은 하나님의 주권을 믿지만, 또 다른 그리스도인들은 그 반대의 견해를 취한다고 보는 것은 옳지 않다. 실제로는 이렇다. 모든 그리스도인들이 하나님의 주권을 믿지만, 어떤 사람들은 그들이 그것을 믿고 있는지를 의식하지 못한 채 자기들은 그것을 부인한다고 잘못 상상하며 또한 주장하고 있는 것이다.[106]

패커가 말하는 것을 우리가 지금 사용하고 있는 용어를 빌려서 이렇게 표현할 수 있을 것이다. 모든 그리스도인들은 암묵적으로는 하나님의 주권을 믿는다. 그러나 그중의 일부는 명시적 차원에서 그것을 부정한다.

이처럼 암묵적 지식이 작용하고 있다는 사실을 인정하는 것은 하나님에 대한 우리의 지식이 어떻게 성경 해석에 영향을 미치는지의 문제와 관련해서 대단히 중요한 함의를 가진다. 우리가 앞에서도 본 것처럼 하나님에 대한 지식은 우리의 삶과 인식의 모든 영역에 영향을 미친다. 그런데 이런 영향은 대체로 암암리에 작용한다. 우리는 대체로 이런 영향들을 의식적으로 잘 인지하지는 못한다. 예를 들어서 우리는 이런 방식으로 말하지는 않는다. "하

106. J. I. Packer, *Evangelism and the Sovereignty of God* (Chicago: InterVarsity, 1961), 16.

나님에 대하여 단일신론적 견해를 가지고 있기 때문에, 나는 옥던과 리처즈의 삼각대를 따라 개라는 상징이 생각으로서의 '개'와는 분리될 수 있다고 본다." 또는 "하나님에 대하여 삼위일체론적 견해를 가지고 있기 때문에, 나는 개라는 상징이 생각 및 의미로서의 '개'와 일관성을 가진다고 본다."라고도 말하지 않는다. 우리는 매일 이런 방식으로 스스로를 밝히며 살아가지는 않는다. 그러나 우리의 말 배후에 이런 차이들이 놓여 있는 것은 사실이다. 하나님에 대한 지식이 미치는 영향들은 많은 경우 은밀하게 우리 배후에서 작용한다.

결과적으로, 이런 영향의 문제는 대단히 복잡한 양상을 가진다. 로마서 1:18-21에 근거해서 보면, 심지어 무신론자라고 해도 그들의 명시적 부정에도 불구하고 그들은 하나님에 대한 지식을 가지고 있다. 하나님에 대한 지식 덕분에 그들 또한 언어를 사용하며 세상에서의 갖가지 기능을 수행할 수 있는 것이다. 그와 동시에 하나님에 대한 지식에 있어서의 왜곡과 타락은 우리 속에 파괴적인 영향을 미친다. 따라서 그리스도인들 사이에 나타나는 하나님에 대한 지식에 있어서의 차이들을 우리는 가볍게 볼 수 없다.

하나님의 주권과 관련된 구체적 예

우리는 한 가지 예로 그리스도인들 사이에서 신자의 구원의 안전과 관련된 견해의 차이들이 어떤 작용을 하는지를 생각해 보고자 한다. 어떤 그리스도인들은(나를 포함해서) 한 번 구원을 받은 사람은 끝까지 구원된다고 믿는다. 반면 어떤 사람들은 진정으로 구원을 받은 사람도 뒤에 가서 구원을 잃을 수 있다고 믿는다. 우리는 전자의 견해를 "영원한 안전"이라 부르지만, 내가 볼 때는 개혁신학에서 사용해 왔던 "신자의 견인"이라는 통상적인 용어가 더 나아 보인다. 이것은 배도나 회개하지 않은 심각한 죄가 지속되고 있음에도 불구하고, 과거에 단 한 번, 그것도 불명확한 "헌신"을 했다고 해서 그것에 근거해 구원을 받는다는 뜻이 아니다(비교, 고전 6:9-10; 갈 6:7-8). 오히려 하나님께서는 그리스도와 연합되어 구원받은 자들을 보존하시며, 그들 모두가 마지막까지 그리스도 안에서 진정한 믿음을 지속해 간다는 것을 의미한다. 하나님은 우리를 그분의 사랑 안에서 지키시기 때문에 우리가 계속해서 그리스도를 믿게 되는 것이다. 로마서 8:29, 38-39, 요한복음 6:39, 54, 빌립보서 1:6 등이 이런 입장을 지지하는 대표적인 성경 본문이다.[107]

이 주제와 관련해서도 다른 교리적 논제들과 마찬가지로 제임스 패커가 지적했던 것이 동일하게 적용될 수 있다. 어떤 그리스도인들은 성도의 견인 교리를 명시적으로 부정한다. 그러나 그들이 구원을 위해 그리스도를 믿지 않는 것은 아니다. 그리스도를 믿는다는 것은 포괄적으로 모든 국면에 걸쳐서 그를 믿는 것을 말한다. 따라서 실제적으로는 그들도 그리스도께서 자기들을 끝까지 붙들어 주시고 그들로 하여금 끝까지 견디게 하실 것을 믿고 있다. 그들은 자신들이 명시적으로 부정하는 교리를 암묵적으로는 믿고 있는 셈이다.

하지만 교리에 있어서 명시적 차이는 실제적인 차이를 포함하기도 한다. 특히 이 차이는 하나님에 대한 교리와 맥이 닿아 있다. 성도의 견인 교리에 관한 두 가지 입장은 하나님의 의지와 인간의 의지의 관계에 관한 입장 차이와 연결된다. 견인 교리를 믿는 사람들은 하나님이 인간의 의지를 통해 그분의 의지를 이루신다는 것을 인정한다. 물론 성도들도 죄를 지을 수 있다. 때로는 그 마음이 완고해지기도 한다. 얼마 동안 고집을 부리면서 회개를 거부하기도 한다. 이처럼 인간의 의지도 하나의 능동적인 실체이다. 그러나 하나님은 인간의 의지 행위 안에서, 또 그것을 통해서 일하시며, 인간의 마음을 그분이 원하시는 방향으로 돌려놓으실 수 있다(잠 21:1; 비교, 빌 2:12-13).

---

107. 이와 관련한 보다 상세한 논의를 위해서는 다음을 참조하라. Louis Berkhof, *Systematic Theology*, 4th ed. (Grand Rapids: Eerdmans, 1968), 545-49; Loraine Boettner, *The Reformed Doctrine of Predestination* (Philadelphia: Presbyterian and Reformed, 1963), 182-201; G.C. Berkouwer, *Faith and Perseverance* (Grand Rapids: Eerdmans, 1958).

이와는 달리 견인 교리를 부정하는 사람들은 마치 하나님이 인간의 의사 결정에 "간섭"하지 못하시거나 아니면 그럴 생각이 없다는 의미로 인간 의지를 "불가침의" 궁극적인 것으로 생각하곤 한다. 하나님도 자신의 몫을 하시긴 하지만, 배도의 길로 나아갈 것이냐 아니냐 하는 것은 대체로 우리 인간이 결정하는 일이라고 보고 있다.

우리는 여기에서 하나님의 의지와 관련하여 인간의 의지가 가지는 위치가 무엇인지에 대한 두 가지 다른 인식을 가진다. 이 인식들 배후에는 우리 인간에 대한 하나님의 의지와 계획을 어떻게 보느냐와 관련된 서로 다른 인식들이 놓여 있다.

이처럼 신학적 체계들 사이에는 더 폭넓은 교리적 차이들이 존재한다. 알미니안들, 칼빈주의자들, 루터파 교인들, 로마 가톨릭 교인들 사이에는 다양한 차원의 교리적 논쟁거리들이 계속 일어나고 있다. 여기에는 하나의 교리만 걸린 것이 아니라 많은 교리들이 걸려 있다. 우리가 교리 체계들 전체에 미치는 결과들을 생각한다면, 그 해석이 교리적 관점에 따라 영향을 받는 성경 구절들은 한두 개 정도에 그치는 것이 아니라 대단히 많다는 것을 알 수 있다.

이런 영향은 명시적으로 인간의 의지와 하나님의 의지에 대해 말하고 있는 구절들만 아니라 그 너머에까지도 확대된다. 우리가 이와 관련하여 타락한 인식을 가지고 있다고 생각해 보라. 이런 타락은 우리의 언어와 역사 해석에도 영향을 미치게 될 것이다. 인간의 말은 화자이신 하나님 앞에서의 책임과 창의성을 포함한다. 인간의 행위는 행위자이신 하나님 앞에서의 책임과 창의성을 포함한다. 따라서 이런 타락한 인식은 인간의 말과 행위에 대한 판단에도 영향을 미치지 않을 수 없다. 만일 우리가 인간의 행위를 하나님의 통제와는 상관없는 독립적인 것으로 생각한다면, 이런 관점이 성경을 기록한 사람들에 대해서도 동일하게 적용되지 않겠는가? 과연 그들은 "독립적으로" 행하였는가, 아니면 그들의 행위는 하나님에 의해 전적으로 통제를 받았

기에, 성경이 가르치는 것처럼 그들의 기록은 온전히 하나님의 말씀인가?(벧후 1:21)

더 나아가서 인간 의지에 대한 우리의 이해는 하나님의 의지에 대한 우리의 이해에도 불가피하게 영향을 미친다. 사람들은 자신들의 욕망에 따라 결정을 내린다. 그들은 행위에 있어서 땅의 차원의 "창의성"을 가진다. 이 창의성은 하나님의 무한하고도 원형적인 창조성의 유한 차원의 형상이다. 그렇다면 인간의 창의성, 그리고 우리와 그리스도의 연합의 안정성 사이에는 어떤 관계가 있는가? 이 질문의 배후에는 하나님의 안정성과 창의성 사이의 관계가 놓여 있다. 이런 문제들은 하나님의 삼위일체적 존재 양식과 관계를 가진다. 인간의 의지 행위와 하나님 계획의 안정성 및 항상성 사이의 관계에 대한 우리의 지식은 궁극적으로 삼위일체로 존재하시는 하나님에 대한 우리의 지식으로부터 도출된다. 이 면에 있어서 우리의 지식이 타락하게 되면, 하나님의 삼위일체성과 연관된 다른 모든 부분(우리가 이 책에서 다룬 모든 주제들)의 지식도 타락하게 된다. 따라서 이 하나의 교리적 차이가 성경 해석의 전반적 차원에서의 오염을 불러오게 되는 것이다.

성경 해석상의 차이와 관련된 결론들

우리의 결론은 무엇인가? 그리스도인들 사이에는 하나님과 관련된 교리에 있어서 서로 차이가 있다. 이런 차이들이 존재하는 한 우리는 총칭적인 차원에서의 "기독교" 성경 해석이란 것을 기대할 수 없다. 오히려 알미니안 성경 해석이나 칼빈주의 성경 해석 같은 것들이 있을 뿐이다. 교리적인 차이는 구원에 있어서 하나님의 주권을 직접 언급하는 몇몇 논쟁적 구절들의 해석에만 영향을 미치는 것이 아니다. 오히려 그 영향은 원리상 성경의 모든 구절에 확대되며, 성경에 기록된 모든 사건들 하나하나에 확대된다.

그러나 다행스럽게도 하나님은 오직 한 분이신 하나님이시다. 우리는 우리의 죄에도 불구하고 하나님의 임재나 그분의 은혜를 피하지 못한다. 성경 본문의 해석이 비록 모조품이라 하더라도 여전히 그것은 진리의 모조품이다. 진리는 결코 지나가지 않으며 영원히 승리하게 될(마 24:35) 하나님의 말씀이다. 그리스도인들 사이의 전적인 일치는 이 세상에서 우리가 소유할 대상이기보다는 종말론적 목표이다(엡 4:13-15). 하지만 오늘 이 세상에서 우리가 누리는 일치가 있다면 그것은 하나님의 선물로 주어지며 또한 그리스도와의 연합을 통해 이루어진다(엡 4:3-6).

하나님은 우리에게 구원의 큰 주제들에 대해 분명하게 말해 주는 성경을 주셨다. 하나님은 또한 성령을 주셔서 우리의 마음을 새롭게 하심으로 그분의 가르침을 받고자 하는 마음을 주셨다. 우리는 아직도 자라가야 할 것이 많다는 것을 알지만(고전 13:12), 그럼에도 불구하고 하나님께서 이미 우리에게 주신 것을 기쁨으로 누리며 살아간다.

제18장

해석의 구속(救贖)

❝

- **사실주의자 상직**: 내가 보기에 하나님에 대한 우리의 관점을 오염시키는 것은 다름 아닌 죄야. 여기서부터 시작해서 다른 모든 것이 오염되고 있는 거지. 우리가 처한 상황은 매우 심각한 상황이야. 우리는 이걸 어떻게 하면 좋을까?
- **경건주의자 경민**: 우린 회개할 수 있잖아? 그게 답이야. 하나님께서 우리를 구속해 주셨고 또 계속 구속해 주실 거야. 그분이 우리의 모든 오염된 것을 제거해 주시리라는 것을 우리는 믿기만 하면 돼.
- **객관주의자 관수**: 죄가 문제라는 건 맞아. 하지만 주관적인 죄만 따지고 있을 수는 없는 것 아냐? 사람들은 객관성의 차원이 저 세상에서만, 다시 말해서 우리가 최종적으로 완전하게 되었을 때에만 가능한 것으로 너무 쉽게 믿고 있어. 지금 이곳에서의 성경 공부를 포기하지 않도록 하려면 무엇이 필요한 걸까?
- **문화 변혁가 문호**: 우리가 성경 공부를 포기하지 않도록 만드는 것 중의 하나는 우리가 가진 실제적 필요들이지. 오늘날 이 세상이 변혁을 필요로 하고 있는데, 우리가 변명이나 하면서, 아니면 이상한 해석들이나 내놓으면서 시간을 허비할 수는 없지 않겠어?
- **예전주의자 예지**: 하나님께서도 우리가 곁길로 나가지 않도록 막아 주셔. 우리

의 변혁과 정화를 위해 예배가 하는 기능을 잊지 않기를 바라. 해석의 구원을 위해 가장 필요한 것은 하나님과의 만남이야.

- **선교학자 선자**: 하지만 그 일을 위해 다른 문화권에 복음을 전하는 일이 가지는 기능도 잊지 않았으면 좋겠어.

"

하나님은 그분의 모든 창조 세계 안에 임재해 계신다. 하나님은 우리의 모든 지식 안에 임재해 계신다. 하나님에 대한 우리의 지식, 그리고 그분과 우리의 사귐은 우리의 성경 해석의 전반적인 면에 영향을 끼친다. 우리는 앞에서 이와 관련한 몇 가지 핵심 주제들을 살펴보았다. 성경을 어떻게 이해할 것인지의 주제를 필두로, 진리와 의미, 의사소통, 해석 이론, 역사, 해석학적 틀, 의미론, 사전학(옥던-리처즈 삼각대를 통해) 등의 주제들을 차례로 생각해 보았다.

하지만 우리가 잊지 말아야 할 것은, 우리 모두가 죄로 말미암아 눈이 어두워져 있다는 사실이다(고후 4:3-4). 우리는 개인적 차원에서뿐만 아니라 공동체적 차원에서도(엡 4:11-16) "하나님을 아는 것"에 자라가야 한다(골 1:10). 해석과 성경 이해 측면에서의 성장의 중심에는 그리스도와의 연합을 통한 계속적인 구속의 자람이 놓여 있다. 우리는 바울과 함께 이와 같은 고백을 한다. "내가 그리스도와 그 부활의 권능과 그 고난에 참여함을 알고자 하여 그의 죽으심을 본받아 어떻게 해서든지 죽은 자 가운데서 부활에 이르려 하노니"(빌 3:10-11). 우리는 그리스도의 승리에 참여한다.

성경을 통해 하나님께서 그분의 말씀을 우리에게 주시는 것은 그분의 은혜의 승리에 우리가 참여하도록 하기 위함이지, 인간의 자율적 주체성의 승리에 도취하거나 의미 없는 무한대의 다원성의 혼돈에 빠지도록 하기 위함이 아니다. 우리를 용서하시는 분은 하나님이시다. 우리를 의롭다 하시는 분도, 우리를 고치시는 분도 하나님이시다.

하나님의 치유와 구원 사역은 인간의 모든 면에 다 적용되는데, 그중에는 성경 해석의 영역도 포함된다. 하나님은 우리를 사랑하시는 자로서 우리를 그분의 상에 부르셔서 함께 먹게 하신다. "어린양의 혼인 잔치에 청함을 받은 자들은 복이 있도다"(계 19:9). "목마른 자도 올 것이요 또 원하는 자는 값없이 생명수를 받으라"(계 22:17). "주의 앞에는 충만한 기쁨이 있고 주의 오른쪽에는 영원한 즐거움이 있나이다"(시 16:11). 하나님은 그분의 말씀 안에서 우리가 이미 지금부터 그분과 영원한 사귐을 가지게 하신다. "내가 너희에게 이른 말은 영이요 생명이라"(요 6:63).

예수 그리스도는 우리를 위하여 하늘의 문을 여셨다(히 10:19-20). 또한 그는 우리를 그 자신에게로 이끄시기 위하여 성령을 주셨다(행 2:33; 요 16:12-16). 교회는 성령의 인도로 그리스도의 진리를 먹고 산다.

세상의 비합리주의를 거절하기

말씀을 통한 하나님과의 사귐으로의 초청을 이해함에 있어서 우리는 두 가지 오해를 극복할 필요가 있다. 하나는 비합리주의의 관점이고, 다른 하나는 합리주의의 관점이다. 먼저 비합리주의를 생각해 보도록 하자. 우리가 사는 이 시대는 끝없는 비합리주의, 이기주의, 쾌락주의, 주관주의의 마약에 중독되어 있다. 우리는 우리 자신만의 길을 가려 하고, 자신이 원하는 것만을 하려 하고, 스스로가 신이 되고 싶어 한다. 우리는 종교적 언어나 심지어 성경을 사용해서라도 자기의 길을 정당화하려 하고, 기꺼이 어리석음의 길을 가기를 주저하지 않는다. 우리는 성경 본문 속에 우리 자신의 사상을 주입해 넣기를 좋아한다. 우리는 이미 자신에게 익숙해져 있는 그런 관점들 속에 편안하게 머물기를 좋아한다.

이것의 근저에는 하나님에 대한 반역이 놓여 있다. 하나님은 이것을 정죄하신다. 용사이신 하나님은 그분의 말씀으로 우리의 반역을 물리치신다. 하지만 그리스도께서 오신 것은 단지 우리 옛 사람을 깨트리기 위함만은 아니며, 우리 안에 그리스도의 형상을 입은 변화된 새 사람을 이루시기 위함이다(골 3:9-10). 성부 하나님은 우리가 그분의 거룩함에 참여하는 자들이 되도록 그분의 자녀 된 우리를 징계하시는 분이다(히 12:4-11).

내가 강조하고자 하는 것은 성경은 우리 취향대로 마음대로 비틀 수 있는 왁스로 만든 코가 아니라는 사실이다. 오히려 하나님의 말씀은 우리를 통치하는 변치 않는 표준이다. 하나님의 말씀은 부수는 힘이 불보다 더 크고 바위보다 더 강하다(렘 23:29). 순종의 자세로 겸손히 말씀을 듣는 사람은 얼마 안 가서 그 말씀이 단단하며 또한 불편한 가르침을 주고 그런 요구들을 많이 한다는 것을 발견하게 될 것이다. 자신이 믿고 싶어 하는 것과는 맞지 않는 이상한 것들도 많이 발견하게 될 것이다. 그의 출발점이 어디가 되었든지 간에 그가 몸담고 있는 문화와 맞지 않는 이상한 것들을 많이 발견하게 될 것이다. 이 시대의 서구 문화가 별로 반기지 않는 것들이 성경 속에는 숱하게 나타나고 있다. 하나님의 존재 자체가 그렇고, 복음의 배타적인 주장도 그러하며, 인간의 교만이 십자가에서 깨어져야 한다는 것, 지옥의 실재, 이단들을 규정하고 출교하는 행위, 마귀와 마귀 들림의 실재, 재물을 섬기지 말라는 가르침, 교회나 가정, 결혼, 정부, 사업 등의 영역에서 권위를 존중하라는 가르침 등이 다 그러하다. 오늘의 문화는 이런 것들을 결코 환영하지 않는다.

이 시대의 자율적인 비합리주의자들은 자신이 모든 것에 대한 통제권을 가지기를 원한다. 하나님께서 말씀하시는 것과는 상관없이 자신의 삶에 대해 스스로 통제하기를 원한다. 심지어 하나님의 입에 그들 자신의 말을 넣어서 하나님까지도 자기들이 통제하고 싶어 한다. 그러나 하나님의 말씀은 이런 사람들을 자신들의 자율적인 목소리만 되돌아오는, 그들이 스스로 선택한 감옥 속에 가두심으로 그들을 통제하신다. 하나님은 우리가 겸손하기를 요구하신다. 우리 스스로가 만든 감옥이 얼마나 비참한 것인지를 인정하자. 그리고 그 감옥 문을 열고 나와 하나님의 말씀이 들리는 곳을 향해 나아가자.

세상의 합리주의를 거절하기

다른 한편으로는, 우리 시대는 끝없는 합리주의, 과학지상주의, 객관주의의 마약에 중독되어 있다. 여기에 중독된 사람은 내가 이 책에서 말하는 것을 또 하나의(어쩌면 다른 것들보다 더 위험한) 주관주의라고 생각할 것이다. 중독된 사람은 진짜 음식의 독특한 특성들을 인정하려 하지 않는다. 합리주의자들이 볼 때는 내가 말하는 것들이 학문과 합리성을 전적으로 부정하는 것처럼 보일 것이다. 그러나 실제로 내가 말하는 것은 새 사람을 입기 위해서는 옛 사람을 벗어야 한다는 것이다(골 3:9-10). 자율적 합리성에 대해 죽어야 하나님 그분의 합리성에 부합되는 참된 합리성을 옷 입을 수 있다.

합리주의자는 이렇게 반박할 것이다. "어떻게 그렇게 된다는 말인가? 구체적으로 이야기해 보라. 좀 더 분명하게 내용을 제시하고, 한계가 무엇이며 어떻게 계측이 가능한지 밝히라." 나는 앞에서 이미 이것을 밝힌 바 있다. 특별히 전수의 관점에서 해석의 세 단계들을 제시한 바 있고, 진리와 모조품이 어떻게 구별되는지도 밝힌 바 있다. 우리는 얼마든지 더 구체적인 내용들을 제시할 수 있다. 무엇이 합당한 해석이며 합당치 못한 해석인지 더 많은 예들을 들어서 이야기할 수 있다.

합리주의에 중독된 사람들은 내가 제시하는 바와 같은 열린 형태의 접근 방식을 좋아하지 않을 것이다. 왜냐하면 그들은 모든 것을 해석의 기술로 해결하려 하고, 모든 것을 명료하게 정리해야 만족하기 때문이다. 해석의 모든 측면들을 다 하나의 관점에만 가두려 하는 이런 접근에 대한 유일한 대안은 오히려 무한하고 비합리적인 주관성이 아닐지 모르겠다. 합리주의적 방식에 중독된 사람들을 위해서는 그 유일한 치료가 영적인 것임을 지적하지 않을 수 없다. 이 부분은 해석의 기술을 통해 측량될 수 있는 그런 영역이 아니다. "어떻게"의 질문을 던지고 있는 니고데모를 향해 예수님은 이렇게 대답하신다.

"진실로 진실로 네게 이르노니 사람이 물과 성령으로 나지 아니하면 하나님의 나라에 들어갈 수 없느니라 육으로 난 것은 육이요 영으로 난 것은 영이니 내가 네게 거듭나야 하겠다 하는 말을 놀랍게 여기지 말라 바람이 임의로 불매 네가 그 소리는 들어도 어디서 와서 어디로 가는지 알지 못하나니 성령으로 난 사람도 다 그러하니라"(요 3:5-8)

도마도 예수님께 "어떻게"의 질문을 던진다. "주여 주께서 어디로 가시는지 우리가 알지 못하거늘 그 길을 어찌 알겠사옵나이까"(요 14:5). 이에 대해 예수님은 이렇게 대답하신다. "내가 곧 길이요 진리요 생명이니 나로 말미암지 않고는 아버지께로 올 자가 없느니라"(요 14:6).

자율적인 합리주의자들은 해석의 기술로 환원될 수 있는 완벽한 통제와 투명성을 추구한다. 그러나 오직 하나님만이 모든 것을 투명하게 통제하신다. 하나님의 말씀은 우리의 해석 과정에 있어서의 모든 생각과 움직임을 다 통제한다. 하나님은 우리가 스스로 겸비하여 우리 자신이 약하고 감정에 쉽게 이끌리는 피조물일 뿐임을 인정하기를 원하신다.

해석의 구속

그러면 우리는 무엇을 해야 할까?

오늘 이 시대의 서구 사회는 사람을 매우 분주하게 만드는 사회이다. 사상의 시장에 흘러나오는 엄청난 분량의 작업이나 책들만 해도 우리로 하여금 "많은 일로 염려하고 근심하"게 만든다(눅 10:41). 우리는 누가복음 10:38-42에 나오는 마르다처럼 분주하게 돌아다닌다. 하지만 주님은 "한 가지만이라도 족하니라"(42절)라고 말씀하신다. 이 한 가지가 무엇인지는 여러 가지 다른 방식으로 표현할 수 있겠지만, 이 모두가 다 '하나님 앞에 경외함으로 서기'라는 이 하나에 귀착된다. 성경은 이를 다음과 같은 방식으로 표현한다.

"그에게 마리아라 하는 동생이 있어 주의 발치에 앉아 그의 말씀을 듣더니"(눅 10:39)

"영생은 곧 유일하신 참 하나님과 그가 보내신 자 예수 그리스도를 아는 것이니이다"(요 17:3)

"여호와를 경외하는 것이 지식의 근본이거늘 미련한 자는 지혜와 훈계를 멸시하느니라"(잠 1:7)

"이스라엘아 들으라 우리 하나님 여호와는 오직 유일한 여호와이시니 너는 마음을 다하고 뜻을 다하고 힘을 다하여 네 하나님 여호와를 사랑하라"(신 6:4-5)

요하네스 외콜람파디우스(Johannes Oecolampadius)는 이사야서 6장에 나오는 이사야의 환상에 대한 해설에서 이를 좀 더 상세하게 설명하고 있다.

설교자로 사역하는 사람은 누구든지 이사야서 6장을 통해 자신의 직무의 본질이 무엇인지를 잘 살펴보아야 한다. 그 직무는 이런 것이다. 이사야처럼 당신은 먼저 선생이 되기 이전에 제자가 되어야 한다. 그리고 하나님을 본 사람들의 무리에 속해야 한다. 이들에 대해서는 성경이 "하나님의 가르치심을 받아"(살전 4:9)라는 표현을 사용하고 있다. 당신은 또한 아론처럼 하나님의 부르심을 받아야 하며(히 5:4), 나답과 아비후(레 10:1-3), 고라 같은 사람들(민 16:1-35)이 되어서는 안 된다. 웃시야는 자신의 교만에 이끌려서 거룩한 성무에 부당하게 뛰어들었다(대하 26:16-21). 당신 안에 있는 웃시야의 욕망이 먼저 죽어야 한다. 이 욕망은 당신이 사람들에게서 영광을 받지 않을 때(요 5:41) 죽어진다. 교만으로 말미암아

> 당신의 마음속에 나병이라는 전염병이 일어난다. 이 병은 이단을 상징한다. 또한 당신은 모세처럼 불타는 떨기나무 앞에 서서 당신의 신발을 벗어야 한다(출 3:1-10). 가죽이나 땅에서 취한 것으로 만든 옷들을 벗어 버리라. 이는 곧 욕정의 더러운 것과 추한 것을 의미한다. 이런 옷들을 벗어 버릴 때, 당신은 보냄을 받아 가르칠 수 있다. 당신이 부름을 받았다는 것을 분명히 알고자 하면, 먼저 땅에 엎드러진 사울이 되고, 다시 바울로 일어나야 한다(행 9:3-19). 당신은 더 이상 육신에 속한 것들이나, 바리새인의 의에 속한 것들(빌 3:4-6), 당신 자신의 것들을 추구해서는 안 되고, 오직 예수 그리스도의 일들과 그리스도께 속한 사람들의 일들을 구하여야 한다(빌 2:21, 4). 사람들에게서 칭찬을 받고 랍비라 칭함을 받지 않도록(마 23:7-8) 에스겔과 함께 그발 강가로 물러나라(겔 1:1). 당신이 하나님을 알고, 그분의 위엄이 인간의 생각이나 판단 이상으로 얼마나 큰지, 그리고 그분의 선하심이 얼마나 큰지를 알 때(출 34:6), 당신에게 주어진 가르침의 부르심을 따라, 비로소 가르치라. 그렇지 않다면 당신은 열심히 달려가기는 하지만 보내심을 받은 자는 아닌 사람들(렘 23:21-22)과 같은 부류에 속해서, 하나님의 말씀 대신 자신의 쓰레기 같은 꿈 이야기나 전하는 사람이 되고 말 것이다. 당신이 성경을 탐구할 때 그 속에서 하나님을 볼 것이다. 웃시야가 죽을 때, 당신은 하나님을 온전하게, 그리고 가장 잘 전할 수 있게 될 것이다.[100]

구원의 다른 측면들과 마찬가지로 해석학적 구원 역시 오직 은혜로만 이루어진다. 우리가 해석학적 책임을 잘 수행할 수 있는 것은 오직 하나님께서

---

108. Johannes Oecolampadius, *In Iesaiam Prophetam HUPOMNEMATON, hoc est, Commentariorum, Ioannis Oecolampadii Libri VI* (Basel: Andreas Cratander, 1525), 57a-57b. 번역과 성경 구절 첨가는 필자가 직접 한 것이다. 뜻을 좀 더 부드럽게 옮기기 위해 일부 문장은 단어를 바꾸어 표현한 것도 있다.

구속자이신 그리스도의 영을 통해 우리 위에 은혜로 역사하시기 때문이다(요 15:16; 6:37-40, 65). 그리스도인의 삶은 하나님의 은혜로 시작된다. 그 시작 이후에 이루어지는 진보 또한 하나님의 은혜로만 가능하다(갈 3:3). 은혜는 행위를 제거하지 않으며 또한 게으름을 조장하지 않는다. 오히려 은혜는 더 열정적이고 열매 있는 일, 더 학구적인 노력, 더 깊은 묵상, 더 하나님을 사랑함, 그리고 세상 속에서 더 고통을 감수하는 순종을 행할 수 있도록 만든다. 이것이 우리를 향한 주님의 부르심이다.

> "아무든지 나를 따라오려거든 자기를 부인하고 날마다 제 십자가를 지고 나를 따를 것이니라 누구든지 제 목숨을 구원하고자 하면 잃을 것이요 누구든지 나를 위하여 제 목숨을 잃으면 구원하리라"(눅 9:23-24)

> "그러므로 나의 사랑하는 자들아 너희가 나 있을 때뿐 아니라 더욱 지금 나 없을 때에도 항상 복종하여 두렵고 떨림으로 너희 구원을 이루라 너희 안에서 행하시는 이는 하나님이시니 자기의 기쁘신 뜻을 위하여 너희에게 소원을 두고 행하게 하시나니"(빌 2:12-13)

> "그러므로 내 사랑하는 형제들아 견실하며 흔들리지 말고 항상 주의 일에 더욱 힘쓰는 자들이 되라 이는 너희 수고가 주 안에서 헛되지 않은 줄 앎이라"(고전 15:58)

은혜 없이 자율적 통제를 통해 해석학적 진보를 이루어 보겠다고 생각하는 사람들은 생수의 근원에서 스스로를 끊어 내는 사람들이다. 그리스도와의 연합 속에 있는 사람만이 날마다 더 강해져서(시 84:7) 마침내 "하나님의 아들을 믿는 것과 아는 일에 하나가 되어 온전한 사람을 이루어 그리스도의 장성한 분량이 충만한 데까지 이르"게 된다(엡 4:13).

참고 문헌

Augustine. *Confession. In A Select Library of the Nicene and Post-Nicene Fathers of the Christian Church*, edited by Philip Schaff. Reprint. Grand Rapids: Eerdmans, 1979.

Barr, James. *The Semantics of Biblical Language*. London: Oxford University Press, 1961.

Beasley-Murray, G. R. *The Book of Revelation*. London: Marshall, Morgan & Scott, 1974.

Beckwith, Roger T. *The Old Testament Canon of the New Testament Church and Its Background in Early Judaism*. Grand Rapids: Eerdmans, 1985.

Berkhof, Louis. *Principles of Biblical Interpretation*. Grand Rapids: Baker, 1950.

______. *Systematic Theology*. 4th ed. Grand Rapids: Eerdmans, 1968.

Berkouwer, G. C. *Faith and Perseverance*. Grand Rapids: Eerdmans, 1958.

______. *Holy Scripture*. Grand Rapids: Eerdmans, 1975.

Blomberg, Craig. *Interpreting the Parables*. Downers Grove, III.: InterVarsity, 1990.

Boettner, Loraine. *The Reformed Doctrine of Predestination*. Philadelphia: Presbyterian and Reformed, 1963.

Boucher, Madeleine. *The Mysterious Parable: A Literary Study*. Washington: Catholic Biblical Association of America, 1977.

Calvin, John. *Institutes of the Christian Religion*. Reprint. Grand Rapids: Eerdmans, 1970.

Carson, D. A., and John D. Woodbridge, eds. *Hermeneutics, Authority, and Canon*. Grand Rapids: Zondervan, 1986.

______, eds. *Scripture and Truth*. Grand Rapids: Zondervan, 1983.

Clowney, Edmund P. *Preaching and Biblical Theology*. Grand Rapids: Eerdmans, 1961.

______. *The Unfolding Mystery: Discovering Christ in the Old Testament*. Colorado Spings: Navpress, 1988.

Eddy, Mary Baker. *Science and Health with Key to the Scripture*. Boston: Trustees under the Will of Mary Baker G. Eddy, 1934.

Ellul, Jacques. *The New Demons*. New York: Seabury, 1975.

Evans, C. A. *To See and Not Perceive*. Sheffield: JSOT, 1989.

Fairbairn, Patrick. *The Typology of Scripture*. Reprint. Grand Rapids: Baker, 1975.

Frame, John M. "The Doctrine of the Christian Life." Unpublished classroom syllabus, Westminster Theological Seminary in California, Escondido, California, n.d.

______. *The Doctrine of the Knowledge of God*. Phillipsburg, N. J.: Presbyterian and Reformed, 1987.

______. *Perspectives on the Word of God: An Introduction to Christian Ethics*. Phillipsburg, N. J.: Presbyterian and Reformed, 1990.

______. "Scripture Speaks for Itself." In *God's Inerrant Word*, edited by John W. Montgomery, 178-200. Minneapolis: Bethany Fellowship, 1974.

Gaffin, Richard B., Jr. *The Centrality of the Resurrection: A Study in Paul's Soteriology*. Grand Rapids: Baker, 1978.

Gaussen, Louis. *Theopneustia: The Bible, Its Divine Origin and Entire Inspiration*. Reprinted as *The Divine Inspiration of the Bible*. Grand Rapids: Kregel, 1971.

Gruenler, Royce G. *Meaning and Understanding: The Philosophical Framework for Biblical Interpretation*. Grand Rapids: Zondervan, 1991.

Gundry, Robert H. *Mark: A Commentary on His Apology for the Cross*. Grand Rapids: Eerdmans, 1993.

Hirsch, E. D. *Validity in Interpretation*. New Haven: Yale University Press, 1967.

Hodge, Charles. *Systematic Theology*. Reprint. Grand Rapids: Eerdmans, 1970.

Jaki, Stanley L. *The Road of Science and the Ways to God*. Chicago: University of Chicago Press, 1980.

Kline, Meredith G. *The Structure of Biblical Authority*. Grand Rapids: Eerdmans, 1972.

______. *Treaty of the Great King: The Covenant Structure of Deuteronomy: Studies and Commentary*. Grand Rapids: Eerdmans, 1963.

Kline, Meredith M. "The Holy Spirit as Covenant Witness." Th. M. thesis, Westminster Theological Seminary, 1972.

Kuhn, Thomas S. *The Structure of Scientific Revolutions*. 2d ed. Chicago: University of Chicago Press, 1970.

Ladd, George E. *A Theology of the New Testament*. Grand Rapids: Eerdmans, 1974.

Lovelace, Richard F. *Dynamics of Spiritual Life: An Evangelical Theology of Renewal*. Downers Grove, Ill.: InterVarsity, 1979.

McCartney, Dan, and Charles Clayton. *Let the Reader Understand: A Guide to Interpreting and Applying the Bible*. Wheaton, Ill.: Victor Books, 1994.

McKim, Donald K., ed. *The Authoritative Word: Essays on the Nature of Scripture*. Grand Rapids: Eerdmans, 1983.

Mannheim, Karl. *Ideology and Utopia: An Introduction to the Sociology of Knowledge*. New York: Harcourt, Brace & World, 1968.

Montgomery, John W., ed. *God's Inerrant Word*. Minneapolis: Bethany Fellowship, 1974.

Morris, Leon. *Revelation*. London: Tyndale, 1969.

Nyquist, James F., and Jack Kuhatschek. *Leading Bible Discussions*. Rev. ed. Downers Grove, Ill.: InterVarsity, 1985.

Oecolampadius, Johannes. *In Iesaiam Prophetam HUPOMNEMATON, hoc est, Commentariorum, Ioannis Oecolampadii Libri VI*. Basel: Andreas Cratander, 1525.

Ogden, Charles K., and I. A. Richards. *The Meaning of Meaning; A Study of the Influence of Language upon Thought and of the Science of Symbolism*. 8th ed. New York: Harcourt, Brace & World, 1946.

Packer, James I. *Evangelism and the Sovereignty of God*. Chicago: InterVarsity, 1961.

_____. *"Fundamentalism" and the Word of God*. Grand Rapids: Eerdmans, 1958.

Pike, Kenneth L. *Language in Relation to a Unified Theory of the Structure of Human Behavior*. 2d ed. The Hague: Mouton, 1967.

_____. *Linguistic Concepts: An Introduction to Tagmemics*. Lincoln: University of Nebraska Press, 1982.

Pike, Kenneth L., and Evelyn G. Pike. *Grammatical Analysis*. Dallas, Tex.: Summer Institute of Linguistics, 1977.

Polanyi, Michael. *Personal Knowledge*. Chicago: University of Chicago Press, 1958.

_____. *The Tacit Dimension*. London: Routledge & K. Paul, 1967.

Polanyi, Michael, and Harry Prosch. *Meaning*. Chicago: University of Chicago Press, 1975.

Poythress, Vern S. "Christ the Only Savior of Interpretation." *Westminster Theological Journal* 50 (1988): 305-321.

_____. "Divine Meaning of Scripture." *Westminster Theological Journal* 48 (1986): 241-79.

_____. "A Framework for Discourse Analysis: The Components of a Discourse, from a Tagmemic Viewpoint." *Semiotica* 38, no. 3/4 (1982): 277-98.

_____. "God's Lordship in Interpretation." *Westminster Theological Journal* 50 (1988): 27-64

_____. *Philosophy, Science and the Sovereignty of God*. Nutley, N. J.: Presbyterian and Reformed, 1976.

_____. "Reforming Ontology and Logic in the Light of the Trinity: An Application of Van Til's Idea of Analogy." *Westminster Theological Journal* 57 (1995): 187-219.

_____. "Science as Allegory." *Journal of the American Scientific Affiliation* 35 (1983): 65-71.

_____. *The Shadow of Christ in the Law of Moses*. Reprint. Phillipsburg, N. J.: Presbyterian and Reformed, 1995.

_____. *Symphonic Theology: The Validity of Multiple Perspectives in Theology*. Grand Rapids: Zondervan, 1987.

Ridderbos, Herman. *The Coming of the Kingdom*. Philadelphia: Presbyterian and Reformed, 1969.

_____. *Redemptive History and the New Testament Scripture*. Revised. Phillipsburg, N. J.: Presbyterian and Reformed, 1988.

Robertson, O. Palmer. *The Christ of the Covenants*. Grand Rapids: Baker, 1980.

Rogers, Jack, and Donald McKim. *The Authority and Interpretation of the Bible: An Historical Approach*. New York: Harper & Row, 1979.

Ross, James F. "The Crash of Modal Metaphysics." *Review of Metaphysics* 43 (1989): 251-79.

Ryken, Leland. *How to Read the Bible as Literature*. Grand Rapids: Zondervan, 1984.

Schaeffer, Francis A. *Escape from Reason*. Downers Grove, III.: InterVarsity, 1968.

_____. *The God Who Is There*. Chicago: InterVarsity, 1968.

Schlossberg, Herbert. *Idols for Destruction: Christian Faith and Its Confrontation with American Society*. Nashville: Nelson, 1983.

Selwyn, Edward G. *The First Epistle of St. Peter*. 2nd ed. London: Macmillan, 1947.

Silva, Moises, *Biblical Words and Their Meaning: An Introduction to Lexical*

Semantics. Grand Rapids: Zondervan, 1983.

_____. "Ned B. Stonehouse and Redaction Criticism." *Westminster Theological Journal* 40 (1977-78): 77-88, 281-303.

Sterrett, T. Norton. *How to Understand Your Bible*. Rev. ed. Downers Grove, III.: InterVarsity, 1974.

Stonehouse, Ned B., and Paul Woolley, eds. *The Infallible Word*. Reprint. Grand Rapids: Eerdmans, 1953.

Storm, Mark R. *Days Are Coming: Exploring Biblical Patterns*. Sydney: Hodder and Stoughton, 1989.

Thiselton, Anthony C. *New Horizons in Hermeneutics: The Theory and Practice of Transforming Biblical Reading*. Grand Rapids: Zondervan, 1992.

Ullmann, Stephen. *Semantics: An Introduction to the Science of Meaning*. Oxford: Blackwell, 1964.

Van Der Laan, Harry. *A Christian Appreciation of Physical Science*. Hamilton, Ont.: Association for Reformed Scientific Studies, 1966.

Van Til, Cornelius. *Christian-Theistic Evidences*. Nutley, N. J.: Presbyterian and Reformed, 1976.

Vos, Geerhardus. *Biblical Theology: Old and New Testaments*. Grand Rapids: Eerdmans, 1966.

_____. *The Self-Disclosure of Jesus*. Grand Rapids: Eerdmans, 1954.

Wald, Oletta. *The Joy of Discovery in Bible Study*. Rev. ed. Minneapolis: Augsburg, 1975.

Warfield, Benjamin B. *The Inspiration and Authority of the Bible*. Reprint. Philadelphia: Presbyterian and Reformed, 1967

Wolterstorff, Nicholas. "The AACS in the CRC." *Reformed Journal* 24, no. 10 (December 1974): 9-16.

_____. *Divine Discourse: Philosophical Reflection on the Claim That God Speaks*. Cambridge: Cambridge University Press, 1995.

Woodbridge, John D. *Biblical Authority: A Critique of the Rogers/McKim Proposal*. Grand Rapids: Zondervan, 1982.

성구 색인

창세기

출애굽기

레위기

요한복음

GOD-CENTERED
BIBLICAL INTERPRETATION